重庆近代城市历史
研　究　丛　书

"十三五"重庆市重点出版物出版规划项目

重庆市出版专项资金资助项目

# 历史与空间：
# 晚清重庆城及其转变

## History and Space:

### Chongqing in the Late Qing Dynasty and Its Transformation
### Yang Yuzhen

杨宇振 著

重庆大学出版社

**图书在版编目（CIP）数据**

历史与空间：晚清重庆城及其转变 / 杨宇振著. --
重庆：重庆大学出版社，2018.7（2020.7重印）
（重庆近代城市历史研究丛书）
ISBN 978-7-5689-1005-7

Ⅰ.①历… Ⅱ.①杨… Ⅲ.①城市史—重庆—清后期
Ⅳ.①K297.19

中国版本图书馆CIP数据核字（2018）第096887号

## 历史与空间：晚清重庆城及其转变
LISHI YU KONGJIAN: WANQING CHONGQINGCHENG JIQI ZHUANBIAN

杨宇振 著
策划编辑：雷少波　张慧梓
责任编辑：张慧梓　杨 敬　　版式设计：张慧梓
责任校对：王 倩　　　　责任印制：张 策

\*

重庆大学出版社出版发行
出版人：饶帮华
社址：重庆市沙坪坝区大学城西路21号
邮编：401331
电话：（023）88617190　88617185（中小学）
传真：（023）88617186　88617166
网址：http://www.cqup.com.cn
邮箱：fxk@cqup.com.cn（营销中心）
全国新华书店经销
重庆升光电力印务有限公司印刷

\*

开本：720mm×960mm　1/16　印张：35.75　字数：403千
2018年7月第1版　2020年7月第2次印刷
ISBN 978-7-5689-1005-7　定价：98.00元

# 为城市存史

中国城市史学科肇始于20世纪70年代末、80年代初，是在改革开放的大潮中伴随着中国经济体制改革从农村向城市的转移而逐步发展起来的。迄今40年了。

那时，我们国家工作的重心开始了从以阶级斗争为纲到以经济建设为中心的伟大转折。在中央高层的酝酿下，提出以重庆为突破口，将国家经济体制改革的进程从农村推向城市。这涉及管理体制的重大变革，其中一个设想就是，让重庆市脱离四川省，以新体制来承担改革重任。这在当时是一件很秘密的事。因此重庆市委对外只能提"如何正确认识重庆在社会主义现代化建设中的地位和责任，更好地发挥重庆这个经济中心城市的作用"。围绕这个主题，1982年3月，以中共重庆市委研究室和重庆市经济学会的名义，召开了"发挥重庆经济中心作用讨论会"。会议的议题只有一个涉及历史——"近代以来重庆作为经济中心所发挥的作用"，希望以此论证由重庆承担国家城市经济体制改革重任的历史逻辑。会议组织者专门约请专家学者撰写了《重庆经济中心的形成及其演进》一文，用近代以来重庆城市由军政中心转变成为经济中心的历史，对重庆在当时国家经济社会发展全局中的作用进行了初步的论述。随后，《重庆日报》全文发表。由党报发表一篇城市经济史论文，不同寻常，加上坊间传闻的"重庆直辖"消息，引起了轰动。这是近代重庆城市历史研究的先声。大约一年之后，1983年2月，中央批准重庆市为全国第一个经济体制综合改革试点大城市。为了搞好这次试点，发挥重庆作为长江上游经济中心的作用，从1984年起，国家对重庆市实行经济计划单列体制，从此拉开了中国经济体制改革从农村到城市转变的大幕。

40年来，伴随着重庆城市的改革开放、发展进步，重庆城市历史研究取得了巨大的进步，在中国城市史研究领域里独树一帜。出版了《重庆开埠史》《近代重庆城市史》《重庆：一个内陆城市的崛起》《重庆通史》《权力、冲突与变革：1926—1937年重庆城市现代化研究》《当代中国城市发展丛书——重庆卷》《中国和世界历史中的重庆》《重庆历史地图集》《重庆古旧地图研究》，以及《一个世纪的历程——

重庆开埠 100 周年》、《国民政府重庆陪都史》、"重庆抗战丛书"、《重庆抗战史》、《抗日战争时期重庆大轰炸研究》[1]、《走向平等：战时重庆的外交界与中国现代外交的黎明曙光（1938–1946）》[2] 等。

40 年中，成立了重庆市地方史研究会，秉持"弘扬优秀传统文化精神，推进地方历史文化研究"的宗旨，团结培养了一大批在中国史（尤其是巴渝、三峡、移民、抗战历史文化）和中共党史、专门史等领域里成就卓著的中青年专家学者，形成了"讲政治，崇学术，重团结，推新人，出成果，走正路"的优良传统，为重庆历史文化研究的繁荣发展贡献良多。

集 40 年之经验，我以为，以城市史研究和以城市历史研究为己任的学者，只有与城市的命运紧密相连，休戚与共，才会有蓬勃的生命力和持续发展的动力。

近年来，重庆大学出版社提出了编辑出版"重庆近代城市历史研究丛书"，并被批准为"十三五"重庆市重点出版物规划项目，获重庆市出版专项资金资助。这是重庆历史学界，尤其是近现代史学界的一件大好事，是面向下一个 40 年，重整行装再出发，继续为中国的城市发展提供历史借鉴和学术支撑的重大举措。

"重庆近代城市历史研究丛书"首先确立学术性的定位，即以科学的态度、求实的精神、学术的理论方法来研究城市的历史，努力揭示其发生发展的规律，而不是宣传性、普及性读物。第二，强调原创性的品质。努力开拓研究的新领域，史料的新披露，理论和方法的新运用。不炒冷饭，不做已有成果的简单重复，努力在现有基础上再探索、再深入、再创新。第三，坚持高水平的追求。确立以原创为目标，以研究为基础，以创新为追求的丛书特色，严格审稿标准，实行匿名评审，保证公正和高水准。这是为了在新的历史条件下展现重庆近现代历史研究在新观点、新材料、新方法方面的新担当、新作为、新水平，

---

[1] 该书随后获国家社科基金中华学术外译项目资助，以《重庆大轰炸研究》为名，2016 年在日本岩波书店出版日文版。
[2] 该书英文版，2018 年由荷兰博睿出版社出版。

努力贡献新时代的标志性成果。这种高水平的追求，还有助于在重庆形成包括文献、国际、建筑、文物、影像视角在内的不同的研究群体，完善重庆历史研究的学科结构，进而形成重庆历史学界的新版图。

"重庆近代城市历史研究丛书"，在选题上继续关注传统史学的重大领域，尤其关注那些至今尚没有系统成果的重要领域，比如城市空间、金融、新闻、地图、国际文化交流等；从微观视角入手，研究那些具有典型重庆个性现象的历史领域，比如防空洞、码头、兵工企业等；还从新的史学研究前沿切入，比如用影像史学、数字史学、心理史学、遗址遗迹考据的方法等，研究重庆近现代历史；还期待对独特的城市档案（如巴县档案）和海外史料新发掘基础上的选题。

"为城市存史，为市民立言，为后代续传统，为国史添篇章"是我们研究城市历史的理念，也是我们40年前出发的初心。

不忘初心，方得始终。

与作者们共勉。

2018 年 7 月 23 日

于十驾庐

序
言

重庆是一个具有独特气韵的城市。它坐落在世界罕见的平行谷岭之间，在日夜奔腾不息的两条大河之间；它北接甘陕，南下云贵，西可抵青藏，东则顺着长江直下两湖和江南地区；它人口密集，商船密布，长期以来是中国内陆和四川盆地里最重要的城，担任了地区转运枢纽的职能。晚清的重庆是整个帝国的一个缩影和分形；它的转型和现代化过程，具有一般性特点和自身的困境与问题。研究晚清的重庆城转变是试图理解这个具有独特自然地理特征的内陆城市历史中的林林总总，也是试图理解帝国解体后民族国家建设的问题与过程。

　　这本书的部分内容开始于 2003 年 3 月到 2005 年 11 月间我在清华大学建筑学院的博士后研究阶段。2006—2016 年间，我虽然留心各种历史资料和研究文献的收集，却仅有少量文字的写作；只有 2008 年在美国访学期间，对"重庆府城内部空间结构"一节作了较大的修订，后来发表在《城市与设计学报》。2008 年以后，我主要的学术兴趣转移到了空间政治经济学，试图理解身在其中的、快速变化的中国城乡社会；之后在 2016 年出版了《资本空间化：资本积累、城镇化与空间生产》。我更加意识到今日的现代化并不能与历史断裂，尤其不能与早期现代化的历史断裂。近现代城市历史的研究是我持久的学术兴趣。2016 年初偶然的机会促成了这本书的出版。我本并无将之前研究工作结集出版的想法，但在师友们的帮助和督促下，在接下来的近两年时间里，我利用之前收集整理的资料，利用历史文献的网络数据库，撰写了目前各位看到的这本书的大半内容，并对之前的写作做了部分增补和修订。

　　一年多来相对集中的专题研究，使我更加清楚地认识到重庆城的变化不仅是它自身内部的变化，更是国家和区域政治、经济和社会结构变化的结果。作为现代性的一种表现，内部的变化往往是外部变化支配的结果。研究重庆的一种方式，可以是研究四川区域的结构性变化以及重庆在其中的状态。如 1935 年四川省政府成立后，曾经有过全省范围的各县、市的土地、产业、人口、教育等的统计，可以研究区域格局中城市间的关系。或者，比较长江上、中、下游地区中心城市的观念、经济、行政、空间的历时演变与可能的相互关系。从区域层面来理解城市的发展，本书虽然稍有涉及，却差去很远，只有待未来进一步增补。

在学习和研究过程中，我受到施坚雅（G. William Skinner）编著的《中华帝国晚期的城市》影响，特别是施坚雅对于中国区域、城市和乡村研究的影响。阅读施坚雅的书，拓宽了我的学术视野；我对他多学科知识的交叉关联应用深感兴趣。本书稿原名拟为《中华帝国晚期的重庆城及其转变》，原因之一是向十年前逝去的施坚雅教授致敬。他留下的区域与城市数据遗产，还有巨大的价值有待挖掘。成稿后定名为《历史与空间：晚清重庆城及其转变》，主要考虑到这本书是对清末民初重庆城发展演变的历史研究，更多是从空间的角度、从人与空间的关联角度展开。书中开始谈到明代四川的城，作为一个历史前景的勾勒，我想亦无不可。

这本书的出版需要致谢的人太多。首先向那些帮助过我而在这里没有列出名字的老师、朋友和学生们致歉。书里的研究和文字的写作需要回溯到在研究所的工作期间。这里首先要感谢吴良镛先生，是先生的引导和指导使我从建筑学的研究走上近现代城市研究的道路；要谢谢研究所里的各位老师和朋友，历时两年半间和大家的讨论启发了我的思维，开阔了我的视野。另外，要谢谢周勇先生和何智亚先生，在重庆城研究过程中的支持与帮助；我也要谢谢妹妹宇静博士，在各个方面，包括英文资料翻译等给予的帮助；最后要谢谢出版社的雷少波、屈腾龙和张慧梓等诸位同志，谢谢两年间的督促、耐心和工作的辛勤付出。

杨宇振

2018.3.26

# 目　录

第三部分 经验与感知中的重庆城

# 图表目录与索引

## 04　清中后期重庆府城的人口、面积与密度

## 05　从普遍观念到地理现实：清末民初的重庆城内部空间结构

第二部分　重庆城市的早期现代化

06　区域格局中的近代中国城市：以"长江上游"和"重庆"城市为参照

07　重庆 1927：一个内陆城市启动现代化的样本

## 08　重庆市与巴县、江北县的"划界"：新市与旧县的治域冲突及其意涵

## 09　现代化的困境：20 世纪 20—40 年代重庆城市问题、市政计划与建设

## 10　"建设"作为关键词：卢作孚与重庆早期现代化

第三部分　经验与感知中的重庆城

## 11　帝国余晖中的重庆城及其建筑样型

## 12 文本中的城市：1883 年阿奇博尔德·立德眼中的重庆城

导　言

————

混杂的现代性：
重庆城的气韵

一

　　晚清重庆城面临着和整个帝国类似的问题。它是帝国在四川东部地区的关键棋子。它本身既是长江上游地区重要的治所和商贸城市，也是连接上游与中游地区，连接甘肃、陕西与贵州、云南等省的重要城市。它既担负有维持川东地区军事与社会安全的职责，也是连接周边地区经济和运输的枢纽。长江和嘉陵江交汇是气势宏大的"来龙"，气壮后的长江冲出群山，蜿蜒奔流向中国的中东部。这使得它成为帝国晚期网络交通中的一个重要节点。地区的政治与行政管理重要性以及高度的商业繁荣，是晚清重庆特有的属性和状态。

　　重庆府城坐落在两江交汇处逶迤的山岩上，张之洞谓之"名城危踞层岩上，鹰瞵鹗视雄三巴"。这大概是从江上抵达重庆时旅客的普遍感受。重庆府城高据山岩，石头砌筑的城墙蜿蜒环围着密集的、高低错落的房屋，几处高耸的楼阁式塔飞檐飘逸、形体俊朗，点缀着附在地表上的连绵灰色房屋。四处大小官衙建筑高出一般民房，端正而威严。川东道衙、重庆府前的旗杆刺入天空，衙旗在风中飘舞。沿江的几个会馆高墙耸立，围得严严密密，能看见的只有牌坊式的精致大门。修建在城里高处的重庆府文庙黄色琉璃屋顶十分明亮和显眼，周围环绕的郁郁葱葱的树群是城里不多见的景观。两江交汇处的朝天门巍峨稳固，瓮城城墙在这里弯折转向，形成遒劲有力的弯角。商人、旅客、挑水工、搬运工如蚂蚁般从城门洞里进进出出，沿江桅杆林立，江上各种大小船只在汹涌的水流中来往穿梭。城墙外有许多用竹竿、竹篾建造的吊脚房屋，它们的极端简陋和不远处城里的房屋，特别是衙门和会馆建筑形成了鲜明的对比。暮气来临，城里城外陆续开始烧柴、烧煤球做饭，烟气弥漫析出瓦面屋顶，整座城笼罩在一层烟雾缥缈中。夏天闷热、冬天潮冷，城里的生活日复一日，发生的各种事情只不过是过去发生事情的再现罢了，没有什么新鲜之事。唯一的变化，是城里的人越来越多，城里越来越拥塞。远方的商人、周边村镇里的人、长得不一样的传教士不断进城来。各省商人组织的会馆起着越来越重要的维护社会公共安全的作用。外来的重要旅客，往往先拜访川东道或重庆府，再而拜访各会馆，似乎已经成为惯例。一般家庭的人口数远比农村地区的人家少，他们大多从事小商业和服务业。城里的街道蜿蜒、高低起伏，不容易辨识方位，却是一个按照国家规制和风水理念布局出来的城。出了城的北门——千厮门，一直向北，就是川东地区最高的华蓥山主峰。乾隆《巴县志》里说，它是周边群山的"鼻祖"。

中华帝国在 19 世纪末遇到了严峻的挑战。军事战争的屡次惨重失败只是表征，是一种不同生产方式社会之间竞争结果的表征。沿海沿江商埠的被迫设立以及后来一些地方商埠的自开，便是这一表征的直接结果。重庆在 1890 年根据《烟台条约续增专条》

"即准作为通商口岸无异"，是这一表征向内陆的蔓延。重庆的现代化转型及其困境是帝国现代化转型的一部分，有普遍共性和自身的独特性。治心、治人的体系被迫转变为"治物"的体系，为"治物"体系建立起来的治人的社会管理，已然不再是之前的状况。帝国的解体带来的是近 20 年地方军阀间的竞争。这是一个混乱的时期，民众受苦受难的时期，观念突变和社会阶层分化的时期，然而也是社会思想自由发展和相互冲突的时期，是中国近现代史、思想史上一段极重要的时期。在四川省境内，1918 年熊克武"防区制"的制度设计，使得各大大小小军阀坐地收税，进而干预、管制地方行政，造成了川内军阀割据的状况与困境。然而从国际的视野来看，中国的境内，此时不也正是这样的状况吗？彼时四川是中国一个具体而微的分形。

二

1921 年，杨森被任命为第一任重庆商埠督办，他高调且大刀阔斧地启动商埠的市政建设计划。他深谙交通对于重庆的重要性，试图借助外来资本、知识与技术，借助西方工程师，动用地方劳动力甚至是军队和囚犯，加速推进江北码头的建设，部分拆除临江门，计划修筑铁桥沟通江北与旧城之间的联系。然而在重庆城现代化之初，他就面临了一个基本问题：是整顿、重新结构化空间存量，还是扩展新量？空间存量中存在着纠缠的、复杂的产权关系和社会关系，任何大的调整，都是对既有利益格局的威胁和调节。没有强人、强力的支持和足够的技巧，就难以推进存量空间中的变革，并且往往以失败而告终。杨森首选的是新增量的建设，只可惜因军阀间的战争使他并无太多时间来经营这一蓝图。

这大概是杨森与重庆间的宿命。1948年他被任命为重庆市市长，但旋即他又失去了与这个城市的联系。他在1921年提出的铁桥计划，一直到1958年才由中华人民共和国政府重新启动。嘉陵江大桥在1966年竣工，仍然是重庆市区内的第一座大桥。

杨森案的经验表明，没有稳定的政权就没有持续的市政建设。1926年年底刘湘初步统一川东地区，才有重庆较稳定的发展时期。潘文华被任命为重庆商埠督办，展开了持续9年的市政建设。大概因为有前车之鉴，潘文华没有选择建设江北，而是从老城入手，但立刻遭遇细密产权与社会关系构成的复杂状况。试图从旧有网络中割开一条新的通路并不容易，他立刻遭遇来自民众和巴县参议会等的强烈反对，城内筑路的计划只好后延；打通通远门城墙，迁坟和发展新市区，不是潘文华的选择，而是综合与均衡各方面利益与力量之后的结果。这一地方历史过程的经验表明，往往只有通过新增量的变革，才能够推进对旧有空间存量的改革，进而产生结构性的变动。新市区的发展，扩展了重庆城区，反过来促进了城内中区、南区等干道的建设。但推进这一变革的，不仅仅是重庆商埠内在的变化，更重要的是之前没有受到足够重视的"简渝马路"的建设，一条简阳到重庆，也即沟通成都与重庆间的现代道路建设。刘湘原本任命唐式遵为商埠督办，旋又转任他为"简渝马路"总办。很可能在刘湘心目中，区域的沟通比商埠的建设更重要。区域交通结构的变化，是现代城市转变的深层原因。简渝马路与中区干道在上清寺处相接，直接促进这一地带成为重庆新的行政中心。行政中心从沿长江的下半城地带转移到上清寺，是一次重大的城市空间结构调整和转型，是传统空间结构的退场和新空间结构的浮现，也表征着在四川区域，陆路交通的重要性超越了水路交通的重要性。

这一时期四川的中心人物是刘湘。他一方面需要在北洋政府与国民政府间保持平衡,另一方面要处理与川内的各大军阀的关系。他同时接受南北两方的任命,也持有和重视川内军阀推选出来的头衔,在不同的时期偏重使用。在"防区制"的制度下,他需要占据更多的县来拓展防区、获得税收,以支持他的军事扩张。但以农业税为主的财税体系有其致命限度,为了抽取税金,一些防区的军阀已经将税收提前预收到几十年后,可见彼时四川农民生活的艰辛和苦难。刘湘在刘航琛、卢作孚等的辅佐下,推进了重庆的金融、交通、实业等的现代化建设。通过对银行、航运业等收取税费和借贷,按照刘航琛的说法"缓急相济",帮助了刘湘的军事现代化建设和扩张。占据重庆是扼住进出四川的物资与人员通道的必要;经营重庆是培养财团的必要,进而服务军事扩张;沟通重庆与下游地区的航运,是加速流动性的必要,是加速经济发展的必要。重庆的市政建设,从本质上讲,也是服务于这一目的,服务于刘湘统一四川的要求,是其权力合法性的一种表征。但也因为这一原因,潘文华常困顿于市政建设财政的捉襟见肘——对于地方财税的抽取更多的是用来扩充军事而非市政建设。

以重庆为据点,刘湘在 1933 年夏战胜刘文辉,随后初步统一了四川。1935 年成立四川省政府,废除防区制。统一后的四川,随着国际、国内军事格局的变化,进入了国民政府的视野。1935 年年底,国民政府的军事委员会委员长行营进驻重庆,辖制大西南地区。潘文华在此年去职市长,结束现代化进程中一段川人治渝的历史,重庆进入了一个新的历史时期。1937 年年底国民政府迁都重庆,重庆成了中国的战时首都。为了更好地应对战时首都市政管理等的复杂状况,重庆在 1939 年 5 月升格为行政院直属市,次年 9 月被国民政府指定为陪都。1935 年到 1945 年间的重庆城市发展，是市政建设的急就章，是在仓促之间处理突发问题、紧急问题的建设过程。它也是近现代中国城市发展史上前无古人、后无来者的一段城市化进程，一段在极短时间里巨量人口、产业、军队等涌入城市的过程，一个畸形城市化的过程。近百万的移民因为政治、经济、军事安全等原因，被困在这个抗战大后方的中心。

从 1926 年潘文华任重庆商埠督办开始，"商埠"以及后来的"市"就面临一个"治域"的问题：治理的空间范围问题。也就是说，"市"作为一种现代化的实验空间，它是如何从绵密连接的、各县的空间——一种代表传统治理方式的空间中诞生出来的呢？这是一个中华帝国解体后民国时期各新设城市遇到的普遍性问题，也是都市计划的核心问题之一。各县民众反对纳入新市区是彼时中国各地的一般情况。重庆市区的划界，从 1926 年开始，持续进行将近 20 年才大致落定，可见其间之难。它在商埠督办公署时期，约定在老城及其周围的大致范围；从 1930 年开始就在二十一军军部的协调下，与巴县、江北县反复协商，一直到 1936 年才取得一致的意见，报国民政府行政院通过。但由于重庆随后成为国民政府的战时首都、行政院直属市以及陪都，行政院否定了之前的划界。行政等级的升格使重庆城欲求得更广大的治域空间，要求从县的空间中划入更多的土地，于是尖锐的矛盾就在省、县、市间产生。由于重庆处在特殊时期的特殊地位，最后经由国民政府内政部、行政院和军事最高委员会等共同勉力强力推进，才从巴县和江北县中切入计划的土地。即便如此，市、县间的财税分割、公产分割等却仍然是复杂和纠缠的问题，充满着各种利益与矛盾冲突。县、市划界的落定意味着一种新空间的法律确定和一种旧空间的日渐暗淡。县、市的划界问题，是近现代史上的重要问题，是一种新空间，一种新的观念、行政、财税、生活方式等的新空间如何从小农生产和生活方式的县的空间中分割、浮现出来的现代性问题。

20世纪20年代的重庆，距离帝国晚期的模样差去不远。舒新城在1924年的游记中记录了对重庆的感知，一个对外十分封闭的城市，对内却得风气之先的城市。重庆的现代化转变，开始于杨森的短暂经营，启发于潘文华的九年市政建设。重庆在1939年成为行政院直属市，同年还成立了以康心如为议长的重庆市临时参议会。临时参议会的设立和广泛实践是重庆市政的一大进步。康心如从议会的提案与监督市行政的角度出发，提出了《重庆市建设方案》，以及随后应社会之需的若干具体工作意见。1940年9月重庆被指定为陪都后，随即成立了以孔祥熙为主任、以重庆市市长吴国桢为秘书长的陪都建设计划委员会。因为战时建设的困难、职责的不清和重叠设置等原因，陪都建设计划委员会只存在了短短两年。其间《市政评论》等刊物上发起了对陪都建设的广泛讨论，镜像了彼时重庆的城市问题和都市计划理念。1945年抗战胜利后，张笃伦任重庆市市长，在蒋介石的授意下，成立了市属的陪都建设计划委员会，组织制订了《陪都十年建设计划草案》，并群策群力、苦心经营，在不长的时间里完成了包括下水道、北区干道等多项市政工程。历史过程的多次市政计划与建设，从20世纪20年代的杨森计划到抗战结束后的张笃伦、周宗莲的《陪都十年建设计划草案》，体现了现代化进程中社会分工的细化与深化，也体现了山地地理，长江、嘉陵江两江对于重庆城市发展持久的制约和作用。

中华帝国解体后近半个世纪的重庆现代化，五方杂处和商业的高度繁荣，是历史路径的延续；长江航运的沟通，促进了重庆与中下游地区的经济往来；进而"重庆小上海"成为彼时的普遍看法。学习和模仿西方的发展模式——更确切地说，在很大程度上经由学习与复制上海租界、上海市、汉口市等的样式，"崇洋"成为一种社会常态——其中有其合理与不合理的因由。重庆可能有它独特的发展路径吗？当时的杨森、潘文华、吴国桢、康心如以及张笃伦等大概未曾考虑这样的问题；对于许多留洋归来的专家，大概也未有这一追问和思考。经济繁荣、社会稳定、城市的现代化是普遍的目标。要达到这样的目标，需要市政管理的科层化、科学化、理性化，需要引进和应用西方发达的知识与技术。卢作孚也是持着这样的观点，但他多了一层思考并在偏远的小镇北碚持续耕耘实践，在 20 世纪三四十年代获得广泛称赞：刘湘曾赞扬之非"西洋式徒供消耗奢侈的洋八股"。卢作孚提出"政治应以建设为中心"。此中的建设，不仅仅是经济建设、实业建设，还有社会建设和文化建设。他并不偏颇于生产的建设，无论是在北碚小镇的经营上，还是在民生公司的发展中。他理解到人不是经济工具，意识到精神世界对于人的重要性，进而提倡"集团"的生活方式。他对中国的现代化有着更加完整的思考，他也因地制宜地实践了这种思考，是中国和重庆早期现代化中的另类实践。

三

晚清的重庆城及其转变，在其生产方式和生产力的转变；在其价值观念与社会结构的转变；在其空间结构和城与建筑的形态转变。转变的机制是抽象的，过程是经年累月且漫长的，是不可显见和难以觉察的，却体现在日常空间的种种状态中，体现在人们对这个城的各种经验和感知的变化中。地方上绝大部分人为谋生日日劳作，对于城的微小变化虽有感知，或期待或抱怨，却少有鲜明的经验和记录。他们往往因为太熟悉而不能跳脱出来，不能理解这个城与其他地方的差异，进而在比较中写出这个城的特点。重庆城峭然于两江之间、社会的高度混杂和分化、高低的街道和炎热的气候等给外来者留下了与其经验中的其他城市所不同的独特感知。从19世纪中期开始，陆续有许多外来者途经或者驻寓重庆，留下大量文字、图画和照片。它们从另外的角度共同拼贴和建构，也镜像了重庆城的转变。它们建造了一座令人遐想和可以漫步其间的想象之城，一个有待后人重新再建构的想象之城。

在19世纪中期到20世纪中期留下的各种关于重庆城的文字、图画和照片里，可以看到一座城的苦难，一座精致老城的垂垂死去和一座新城在大小的战争烈火、在现代化过程中诞生。帝国晚期的重庆，有一种优雅的美，蒙罩着迟暮的气息。这种美是帝国的文化、制度和建造的结果，一种与大自然协调、与社会有序的美。这种美有其深刻的内在和独特性，在包括伊莎贝尔·伯德、立德、莫里循等众人的笔下多有表露。他们不自觉地把中国城市——更确切地说，是中国的风景（城市的风景是整体风景中不可分割的一部分），和已经工业化的西方城市进行比对，感慨中国风景的优美和自然。布莱基斯顿的《江行五月》（*Five Months on the Yang-tze*）中，有一张1861年巴顿医生绘制的从珊瑚坝方向看重庆城的透视图画，这可能是重庆城最早也是最精致的画像。它让我们想象出重庆城曾有的一种巍峨壮丽。英国商人立德是重庆城市早期现代化中的重要人物。跟着他的扁舟，穿越三峡艰险来到重庆，我们可以随之拜访城里的各位显要，沿着城墙漫步，去参观城外郊区大户人家的宅子，在宅子的堂屋里享用中式的盛宴，去看初步工业化的矿井；我们也可以跟着立德夫人的脚步，在重庆城的大街小巷逛荡，看孩子们既紧张又兴奋地或近或远地跟随，看会馆里庄严又烦琐的礼仪、精致的舞台和屋顶的飞檐。我们也可以和张伯伦一起，在日暮时从南岸观看群山间夕阳下的重庆，在长江江滩上凝视炊烟袅袅的城，在文庙前的泮池前静看树影婆娑间魁星楼的倒影，想象着再过一段时间，泮池就要被填平作为公共的体育场，寻思着这不就是重庆城转变的一种方式吗？我们也似乎看到 1917 年 27 岁的西德尼·甘博带着圆帽，携着沉重的三脚架，在重庆城四处激动地拍照，惊异于这个城社会生活的多样和复杂。

三峡航运的沟通极大地促进了长江上游与中下游地区之间的流动性。这个城在流动性的冲击下慢慢地转变。李鸿球在 1933 年溯江而上，考察沿江城市的金融与产业。他说，重庆入夜后笙歌达旦，比肩上海和汉口；他又说，彼时重庆的税捐奇重，导致各种产业的颓顿。他最后的感受是"军政紊乱，人民痛苦，农村破产，都市进步"。从 1935 年起，随着国民政府可能西迁，开始出现一些介绍重庆的文字，介绍一个对于许多下江人来说完全陌生的城市。到了 1939、1940 年，重庆已然是媒体报道的中心。除了宣扬这座城在战争中的坚韧，"愈炸愈勇"，更多的文字，却是讲在这座城里生活的艰辛和世间百态。朱自清说，重庆热闹而俗气；高绍聪说，重庆是上海式的重庆；张恨水意味深长地说，重庆"拦街一索是关城"；司马訏则断言，憎恶她的人尽管憎恶，留恋她的人却留恋愈深。抗战胜利后，国民政府还都南京，丰子恺的漫画中说："谢谢重庆"——这已然是见外的说法，重庆成了他者、被感谢的对象，不再是几年前的中心所在。1949 年 11 月，重庆进入了新的历史时期，进入了另外一段历史。

# 四

"憎恶她的人尽管憎恶，留恋她的人却留恋愈深。"这道出重庆城现代化过程中的"奇幻"特质。这样差异巨大的情感在许多来过重庆的人笔下常有流露；往往是初见之因其不整洁、混乱而极度厌恶，可生活上一段时间后，却又是十分留恋、不舍离去。是什么让重庆城使人产生这样差异的情感？重庆有根深蒂固的"土性"、坚韧的"地方性"。这一特性是由其在总体上"封闭中的开放"的格局所决定的，是由其坐落在高低不平的山地上、在两江交汇处所决定的，是由其在历史过程中不断遭受战争的洗礼所决定的。重庆城有数量巨大的人口和极高的人口密度，高度的社会分化。这种状况从二十世纪二十年代到二十世纪四五十年代，并没有太大的变化。1924年舒新城抵达重庆时，开始十分惊异于这个内陆城市消费价格之高，令人咂舌；可随后几天，他又惊讶于有极低价格的地方。各种社会阶层的人在这里都可以找到安身立命之所。他可以享受和留恋这个密密集集的城的斑斑驳驳，这个城的社会多样性、差异性和景观的复杂性，土气和洋气的共存、吊脚楼和钢筋混凝土的西式银行大楼共存、城市里的高密堆集和大江上的清风明月共存；当然他也可以憎恶和轻视这样的城，如果欲求整齐划一、干净整洁，拿现代化、高度理性化的城，拿平原地区规矩的、横平竖直的城来和重庆比对。它已然接受了现代性的规训，它必须接受现代性的规训；但因历史过程中它的地理和社会独特性，它还强烈地保留着"土性"。"现代性"与"土性"的互叠共生、交融并置，一种独特气质的"混杂的现代性"，成为转变中重庆城的一种基因、一种持久的生动气韵。

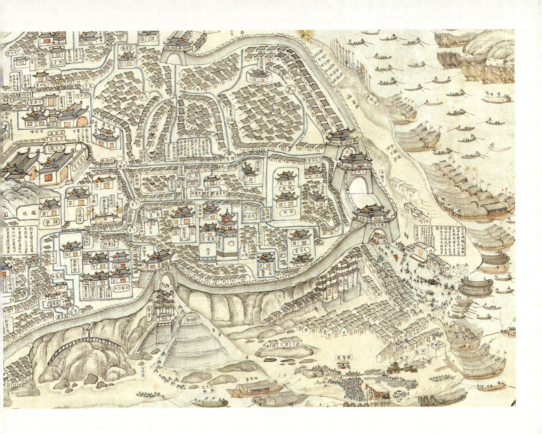

第一部分

# 帝国晚期的重庆城

高下渝州屋，参差傍石城。
谁将万家炬，倒射一江明。
浪卷光难掩，云流影自清。
领看无尽意，天水共晶莹。

字水宵灯无题诗作
【清】 王尔鉴

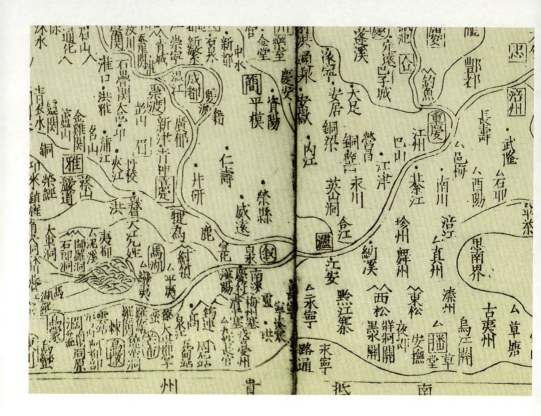

**01**

---

# 明代四川的城池与人口 [1]

[1]　本文原发表在：杨宇振，《明代四川的城池与人口》，清华大学建筑学院主编，《建筑史》，北京：清华大学出版社，2005，190-197 页。

中国古代城池一方面是中央集权间架性设计的主要元素之一，与行政等级设置、礼仪规制相关；另一方面，城池的形成又是这种间架性设计在地方的实现，必须与地方的实际相结合。与地方相关的因素涉及了自然地理差异、经济发展差异、人文状况差异等；更加微观的层面还与地方官、地方士绅等的努力有关。同时，城池又有其本身的特定属性，一旦修成，要调整规模或者改变大的形态，在人事、物力上都不是一件容易的事情；常有的情况是零星的扩建和修补——或者，换另外一种提法，城池的形成是行政等级设置、地方人口数量、土地使用情况、区位以及历史过程层积等的结果。相对应于其他因素，城池的规模变化是缓慢的、滞后的，因而是可参照的。

　　因此，中国古代城池规模可以作为地方经济、文化发展水平的一种反映和比较，揭示地区发展的差异。这种比较在一定的区域范畴中更容易获得认识：相近的历史过程和土地使用的情况使得这种比较更加清晰。但是，长期以来，"城池规模"作为一个重要的历史元素并未获得深入研究，其中的困难是不言而喻的。研究的开展既涉及历朝历代的行政设置、区划与等级调整等，又与地方复杂的历史过程，如人口数量、土地面积、田赋、银丁以及历史事件等关联密切；而获取确实可信的历史数据更非一件容易的事情。

本章的目的在于尝试研究城池规模与人口之间的相对关系，从城周的大小、人口数量以及府、州粮额等多重关系反映明代四川地区的发展状况，同时探讨城周与人口数量之间的关系。需要说明的是，这是水平方向的比较研究，不涉及府、州、县土地面积大小，因而不是绝对的人口密度和城池密度比较；另外，人口数值以明代天顺年间《大明一统志》中提供的数据为依据，并参照《读史方舆纪要》中的数据。《大明一统志》中的人口统计单位为"里"。明代编制 1 里为 110 户，非绝对的人丁数量，而且实际统计中出现多户或者少户也是常见的事情。但是作为相对关系的比较，采用这一数据也并无不可。最后，城池的数据来自雍正《四川通志》中的记载。明清以来四川的城有两次较大规模的修筑，一次在明天顺至正德年间，一次在清乾隆年间。这两次筑城都是在经历了大规模战争之后为恢复地方经营而采取的举措。明承元，但元代并不重视城的修筑，这可能与统治者的游牧本源有关，也可能与其在战争中遇到城的阻力经验有关——所向披靡的元大汗蒙哥就战死于久攻不下的合川钓鱼城下。明代初年四川的城多为土夯筑而成，后甃以砖、石。清承明，但明代的城大多在崇祯末年的战争中坍塌。清时期的城虽然有修补，但基本延续了明代的规模。明清四川的城大致可以做一个恒量来看待。

## 1.1　府、州总人口、总粮额与总城周比较

表 1.1 是明代各府和直隶州城周、粮额以及辖县人口的比较。

天顺《大明一统志》的数据与《读史方舆纪要》中嘉靖、隆庆年间的人口数，除了少数县略有增减外[1]，基本呈稳定的状态。

表 1.1  明代各府、州总人口、粮额、城周、领县数以及相应的平均数

| | 各府、州总人口（里） | 各府、州粮额（万石） | 各府、州总城周（丈） | 领县数 | 平均城周（县） | 平均粮额（县） | 平均粮额（里） | 平均里数（县） |
|---|---|---|---|---|---|---|---|---|
| 成都府 | 230 | 166 000 | 30 868 | 32 | 964 | 5 188 | 722 | 7.2 |
| 保宁府 | 60 | 20 000 | 8 226 | 11 | 748 | 1 818 | 333 | 5.5 |
| 顺庆府 | 111 | 72 000 | 8 340 | 10 | 834 | 7 200 | 649 | 11.1 |
| 叙州府 | 204 | 100 000 | 6 098 | 11 | 554 | 9 090 | 490 | 18.5 |
| 重庆府 | 380 | 350 000 | 17 244 | 20 | 862 | 17 500 | 921 | 19 |
| 夔州府 | 67 | 20 000 | 8 290 | 13 | 638 | 1 538 | 299 | 5.2 |
| 直隶潼川州 | 66 | 20 000 | 7 318 | 8 | 915 | 2 500 | 303 | 8.3 |
| 直隶眉州 | 35 | 30 000 | 4 446 | 4 | 1 111 | 7 500 | 857 | 8.8 |
| 直隶邛州 | 24 | 20 000 | 3 420 | 3 | 1 140 | 6 667 | 833 | 8 |
| 直隶嘉定州 | 63 | 40 000 | 6 308 | 8 | 795 | 5 000 | 635 | 7.9 |
| 直隶泸州 | 100 | 20 000 | 2 952 | 4 | 738 | 5 000 | 200 | 25 |
| 直隶雅州 | 12 | 8 000 | 3 186 | 4 | 797 | 2 000 | 666 | 3 |

从平均每县人口"里"数看，最高的是泸州、重庆府与叙州府；最低的是雅州、夔州和保宁府。成都府、眉州、邛州、嘉定州比值较为接近，皆在 7~9，体现了明代川西地区的均衡性，也反映了明代中期的成都府并未起到区域首府的带动作用；相对应的是长江流域的叙州府、泸州和重庆府的发展。里数较低的雅州、夔州和保宁府分别坐落于四川盆地的西、东和北部边缘。这种人口分布格局体现了四川盆地的内聚性发展；而长江流域的人烟密集很可能与元末明夏时期明玉珍定都重庆，十多年的区域经营而改朝换代时又未受到大规模战争的破坏有关。

从每"里"的平均粮额看，最高的是重庆府、眉州和邛州；最低的是泸州、夔州和潼川州；叙州府、保宁府的值也不高。可以看出，农业生产率比较高的府州除重庆府外，基本上分布在川西平原地区。这一结果和众多历史文献中记载川东、川南有相当地区"烧地而耕"而川西早已进入精细耕作是相吻合的。潼川州、

[1] 最大的变化是成都县与华阳县，分别由天顺年间的 14 里和 11 里增加到 24 里和 17 里。参见梁方仲，《中国历代户口、田地、田赋统计》，上海：上海人民出版社，1980，甲表 73。

# 明代四川府县人口与分布

POPULATION OF CITIES
OF SICHUAN PROVINCE, CHINA

明天顺　　Tianshun Period,Ming Dynasty

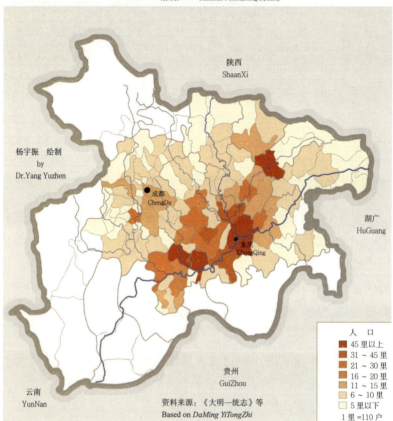

图 1.1　明代天顺年间四川主要府、州人口与分布

（注：图中以明代四川中心区域府、州为主，未包括数据不全的龙安府、马湖府以及后隶属贵州省的遵义府。）

保宁府为何生产效率低下则需进一步考证。

从每"县"的平均粮额上看，由于重庆府拥有最高的平均县"里"数以及每"里"的平均粮额，因此其辖县提供的粮额最高，达到了平均 17 500 万石，远远超过了其他任何府、州。叙州府虽然劳动生产率不算太高，只处于中间偏下水平，但由于每县的人口数量众多，仅次于重庆府位居第二，因此每县的平均粮额也很高。从粮额、领县数以及府辖人口 3 个方面可以看出叙州府是继成都府、重庆府后四川一个重要的发展区域。

从平均城周看，最高的是邛州、眉州和成都府，最低的是叙州府、夔州府。城池规模的形成是上述提到多重因素经历复杂历史过程的结果。川西、川北地区城池平均规模的相对大（1 平方里以上）和川东、川南地区的相对小（1 平方里以下）的空间格局显示了历史时期四川盆地经济和政治格局的地区差异。

那么，在复杂的数据中，城周与人口之间是否存在一定的关系？图表 1.1 是三者各自总和的直观比较。从图表中可以非常清晰地看出，除了长江流域的叙州府、泸州以及重庆府，嘉陵江流域的顺庆府，其他府、州的总城周和总人口的变化较为一致。这一方面说明了城池的规模大小从总量关系来看，与人口呈一定的正相关，这种关系在明代川西地区体现得尤其明显；另一方面则

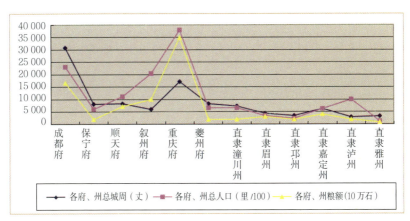

图表 1.1　明代天顺年间四川主要的府、州总人口、粮额与总城周关系

说明了川南、川东沿长江流域地区的大发展，改变了区域历史空间格局。相应的，总的城池规模已经偏小——其中尤其是叙州府，人口、粮额以及辖县虽多但县城很小，多在720丈（方1里）以下。隋唐以后，伴随着中国经济、政治重心的东南移动，长江流域的城逐渐比嘉陵江流域的城更加繁荣起来。这一观点在蓝勇的《明清时期西南地区城镇分布的地理演变》中获得支持。蓝勇利用章潢《图书编》以顽、冲、僻、简、烦、刁六字的统计等来评定州县的等级和地位，得出"明代四川东南地区城镇经济已经有十分大的发展，其经济地位更加突出，而唐代和北宋为四川经济重心的川北和川西两个地区的经济地位则明显下降"[1]的结论。

接下来的问题是出现与城的折线趋势不一致，并且人口和粮额呈现增长趋势的府、州空间分布是否存在关联？因为府、州发展不会是纯粹的个案现象，必然与区域的发展相关。关于这一点在表1.1中无法得到展示，遂根据《大明一统志》的县里数和《四川州县建置沿革图说》中第20幅《明代的行政区划》制作了图1.1。从图中可以清晰地看到，明代四川人口密集的区域包括了泸州、叙州、重庆府、夔州府在内的沿长江流域府州，川中丘陵地区的潼川府也有很大发展。这张图直观地支持了明代四川东南地区的大发展和川西、川北地区经济地位相对下降的观点。

## 1.2　府、州各首县人口、辖县人口与城周比较

通过明代四川各府、州总人口和总城周的比较得到了一个初步结论，即两者间存在正相关但又体现出地区差异。在各府、州辖县中情况又是如何？

表1.2是各府、州首县人口和首县城周以及相关的数值。图

---

[1] 蓝勇，《明清时期西南地区城镇分布的地理演变》，《中国历史地理论丛》，1995，第1期，107-118页。

表 1.2 是根据表 1.2 部分数值生成的府、州首县城周与人口的关系比较。和表 1.1 总量的情况类似，两者间出现关系大的异常的首先是叙州府的宜宾县、重庆府的巴县和泸州城，其人口数值相对地远高于城周的数值。除去该三县城，其他县城基本上呈现人多城大，人少城小的趋势。

表 1.2　明代天顺年间四川各府、州首县人口与首县城周

| | 各府、州首县人口（里） | 占府、州总人口（%） | 各府、州首县城周（丈） | 占府、州总城周（%） | 首县总人口（%）/总城周（%） | 府、州总人口/首县人口 |
|---|---|---|---|---|---|---|
| 成都府(成都县、华阳县) | 25 | 10.87 | 4 014 | 13 | 0.84 | 9.2 |
| 保宁府（阆中县） | 10 | 16.67 | 1 674 | 20.35 | 0.82 | 6 |
| 顺庆府（南充县） | 10 | 9.0 | 1 746 | 20.9 | 0.43 | 11.1 |
| 叙州府（宜宾县） | 28 | 13.7 | 1 080 | 17.7 | 0.77 | 7.3 |
| 重庆府（巴县） | 82 | 21.58 | 2 268 | 13.15 | 1.64 | 4.6 |
| 夔州府（奉节县） | 4 | 6.0 | 972 | 11.72 | 0.51 | 16.8 |
| 直隶潼川州 | 6 | 9.1 | 1 620 | 22.13 | 0.41 | 11 |
| 直隶眉州 | 21 | 60 | 1 854 | 41.70 | 1.44 | 1.7 |
| 直隶邛州 | 10 | 41.67 | 1 386 | 40.53 | 1.0 | 2.4 |
| 直隶嘉定州 | 10 | 15.87 | 1 980 | 31.39 | 0.51 | 6.3 |
| 直隶泸州 | 70 | 70 | 1 242 | 42.07 | 1.66 | 1.4 |
| 直隶雅州 | 4 | 33.33 | 900 | 28.25 | 1.18 | 3 |

从首县人口占府或州总人口的比值上看，出现的数值是缺乏规律性的。这一方面与明代长江流域城的快速发展有关，使得该区域的府、州首县人口比值远高于其他区域的府、州；另一方面也与不尽合理的行政设置有关。成都、重庆两府辖县数达到了 52 个，接近占了四川布政使司总辖县数的 50%；这种状况在清代有了很大的调整，使得四川行政框架较为均衡。

从首县城周占各府、州总城周比值上看，府一级的首县大致为 10% ~20%，州一级的首县则为 20% ~40%。除了雅州和夔州府城外，其他府、州城城周均在 1 000 丈以上。首府城城周达到 4 014 丈，折算方 5.5 里左右，是二级府城重庆府方 3 里的近两倍——这种比

值关系在一定程度上反映了行政等级设置的差异[1]。

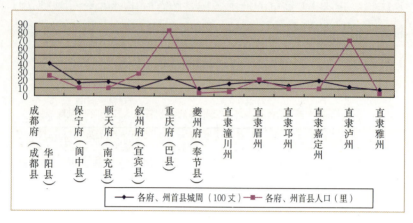

图表1.2　明代天顺年间各府、州首县城周与首县人口比较

从图表1.1和图表1.2得到的结论是相近的，但未涉及各自府、州辖县间的比较。重庆府与成都府历来是四川盆地中最为重要的核心地区。图表1.3是明代天顺年间成都府与重庆府辖县城周与人口关系对比：第一，成都府辖县城周大于1 000丈的城数远多于重庆府。第二，成都府的人口数折线基本在城周折线之下；重庆府则相反，人口折线远远高于城周折线，其中尤其以巴县、合川、江津、大足、铜梁、荣昌、永川为典型。第三，就成都府和重庆府各自辖县的人口与城周关系看，两折线起落趋势相近，城大管

---

[1] 比值趋近于不同行政等级城池城方"9∶7∶5∶3∶1"之间5∶3的关系。然而这种比值关系是否确切存在，依然需要基于不同时代城池数据的收集、归类和比较才可能作出一定的判断。基于收集明清四川城池数据的经验以及相关文献的阅读经验，笔者认为这种比值关系很有可能存在，以作为国家在制订地方城镇规模的一个衡量标尺，同时也是将城池规模纳入礼制规范中的一种表现。但地区间的差异将使得行政等级与规模比照变得复杂。一个可以参照的案例是斯波义信对于宋代江西路与华北地区城周的数值统计："下位与中位之所city面积间的差异赫然可见。亦即城周相差3倍，而城内面积却有9倍之多的差异。非附郭县，平均城内面积只有不到1平方里……华北的城郭下位治所的城周平均值是较为稳妥的数据，即其城市的平均面积不足1平方里。中位治所与下位治所的城周平均值之差为3.6倍，面积则相差近13倍；而上位治所与下位治所的城周平均值之差为7.5倍，两者面积之差高达56倍有余。"参见斯波义信，《宋代江南经济史研究》，石健、何忠礼译，南京：江苏人民出版社，2001，308-309页。

辖的人口数多，反之亦然。相较之下，川东地区的重庆府处在强劲发展状态之中，人口曲线变化颇为强烈，但与城周关系并非无规律可循。当然，应该说明的是，图表 1.3 中的人口是县辖人口而非县城人口，但可以推测的是县城人口的折线不会与县辖人口的折线变化相去甚远。

从图表 1.3 还可以得到几个推论。成都府辖县在人口数远低于重庆府的情况下，城的规模却远大于重庆府，说明了城的规模不完全依据人口数，还与历史时期文化的发展、地方的开发、行政等级的设置以及"礼制"的规矩有关。但是，从两府城各自的情况看，人口与城周又存在一定的正相关，体现了区域发展与城之间的关联性。县城的发展不会是个别的现象，必须回应于区域的地理和人文条件，并与周边的城形成竞争与共生。

再选择两个地域空间相邻的府辖县进行比较。保宁府与顺庆府处于嘉陵江流域，辖县数相近，有很好的可比性。从图表 1.4 看，保宁府平均城周略少于顺庆府，人口却少了近一半。保宁府人口与城周的关系凌乱，但并非没有规律可循。人口数较多、人口值相对高于城周的县多分布在府域的东、南和东南方向。这是和嘉陵江流域、渠江流域的发展趋势相符合的。类似的空间格局也体现在了顺庆府中。相对于保宁府，顺庆府辖县人口与城周变化清晰，基本反映出人多城大、人少城小的情况，但同时又体现了地域空间的差异性。图表 1.4 中顺庆府城周折线在人口之上的辖县多分布在嘉陵江流域，而人口折线在城周折线之上的多分布在渠江流域。这种空间格局体现了明代渠江流域的更大发展，这也可以从图 1.1 中嘉陵江、渠江流域的人口差异中阅读出来。需要说明的是，广元县的城周在图表中非常突出，达到了 1 500 丈之上，人口却非常少。这种人口与城周的关系反映了历史时期四川发展

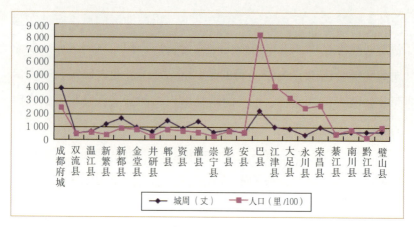

图表 1.3　明代天顺年间成都府与重庆府辖县城周与人口关系

（注：成都府人口包含成都县与华阳县。）

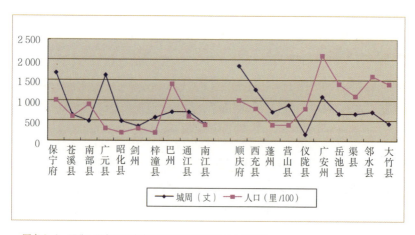

图表 1.4　明代天顺年间顺庆府与保宁府辖县城周与人口比较

中心的迁移。广元明清以前一直是沟通四川与中原地区重要的节点，元代还曾作为"路治"存在，这是其城周大的历史因由；但伴随着整个经济中心向东南移动，该地区的相对衰退也在情理之中。

为了更加清晰地说明问题，制作图表1.5作为参照。图表1.5展示的是明天顺年间湖广布政使司湖北部主要府城城周、府辖县总城周、粮额与首县人口以及府辖总人口的关系。表中同样可以很直观地看出三者间变化的正相关。表中值得引起注意的是黄州府人口数量的大大异常，远远超过了其他任何府的人口数量；其中尤以其辖县麻城和黄冈人口数为最多，分别达到了135里和86里。相比较当时其他府城首县，如成都县14里、巴县91里、江夏县63里，可知麻城县、黄冈县在人地关系上达到了十分紧张的状态。这应当是"湖广填四川"中大量移民来自该两县城的主要原因。

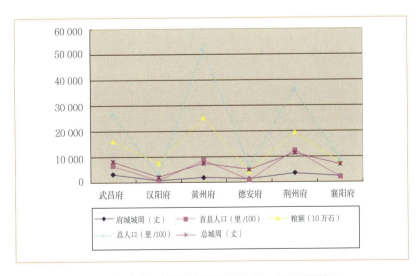

图表1.5　明代天顺年间湖广布政使司湖北部主要府城城周、人口与粮额关系

## 1.3  观察地区演变的参照

由于城池具有国家和地方两重性，并具稳定性和滞后于地区经济发展的特点，故可以作为观察地区演变很好的参照物，从中比较国家设计的行政框架——某种程度上也是一种经济框架与地方实际的差异。本章通过府、州总城周，人口和粮额的比较以及府、州首县、辖县人口和城周的比较，得出了城池的规模与人口数量之间存在一定正相关，但又存在地区差异的结论；同时，也展示了明代四川地区以重庆府为中心的川东和以叙州府、直隶泸州为中心的大发展以及其他府、州的相对缓慢。这种格局随着明末清初频繁的大规模战争在四川境内纵横，以及之后持续近百年、数量巨大的人口迁移而完全改变。

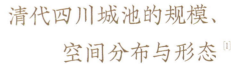

**02**

———————

# 清代四川城池的规模、
# 空间分布与形态[1]

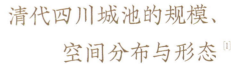

———————————————

[1]　原文发表在：杨宇振，《清代四川城池的规模、空间分布与区域交通》，《新建筑》，2007，第5期，第45-47页；《清代四川城的形态与祠庙建筑空间格局》，《华中建筑》，2005，第1期，157-158、163页。

城的行政等级、人口、田赋、城周等历史过程落到地表上面，与地理因素相结合，共同形成了城的空间分布。只有将这些抽象的数据与具象的、感性的"广谷大川"结合起来，才能够清晰地认识城的面貌。

　　《大清一统志》《读史方舆纪要》以及雍正《四川通志》《嘉庆重修一统志》等是展开研究的基础资料。具体的研究方法是数据收集统计、比较分析以及数据的可视化——地图的绘制，同时注重现象之间的历史关联。

## 2.1　区域交通网络

　　区域交通网络是城空间分布的基本脉络。图 2.1 是根据四川的主要河流交通与日本东亚同文会编《新修支那省别全志·四川省》的陆路交通资料整理的四川区域交通网络结构示意图。图中从广元水路经顺庆府至重庆、陆路经绵州至成都府、成都府陆路经内江至重庆（水路经嘉定府、叙州府、泸州至重庆）历史时期以来是四川盆地中较为稳定的交通网络。广元地处四川盆地北部边缘，虽然规模不大，但自秦汉始就是四川与中原地区文化往来的首要"驿站"，"虽弹丸一邑，实咽喉之区"[1]，在文化上深受中原文化的影响，至今还留有皇泽寺、千佛崖和观音岩等著名石窟。

将图 2.1 的区域交通网络与行政体系结合起来，就可以清晰地看到，所有的府、州一级的城都分布在主要的交通路线上。在府一级的设置中，除了保宁府、潼川府以及夔州府、绥定府四府外，其他所有的府城均在水路与陆路或者重要水路的要冲上（交叉点）。民国初年（1912）起，上述四府城在区域的重要性降低，行政等级随之下降[2]。龙安府处于农牧交界地区，是中央政府西"界以番族"的重要据点，但伴随着西部战事的常年宁静，龙安府的重要性逐渐降低，民国初年（1912）前还设有专员驻地，之后便与一般城同；府治平武城至今还留有报恩寺等规模宏大的寺庙。

图中的重心在成都与重庆，两城均具有 6 个方向的通路（重庆共合川计），远高过四川盆地中其他城的数量；两城的差别是成都向四周发散，而重庆集中在长江北侧。这与历史时期长江上游长江以南地区缺乏长期有效的开发有关。伴随着贵州省的析置和发展，到了民国时期，由重庆经綦江、遵义至贵阳已经成为一条重要的区域交通干道。

---

[1] 见雍正《四川通志》中对广元的表述。
[2] 保宁府、潼川府并入顺庆府，废府后设嘉陵道，治南充市。夔州府、绥定府废府降为县，水陆要冲万县设市。

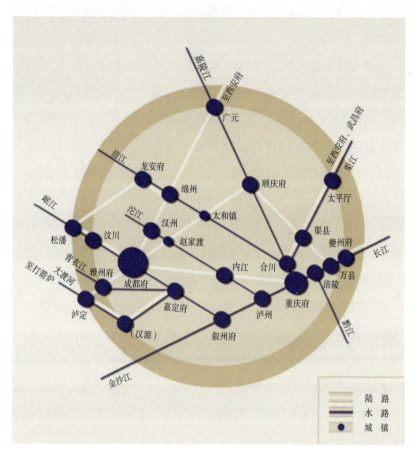

嘉陵江
至西安府
广元
潜江
龙安府
岷江
绵州
顺庆府
至西安府、武昌府
渠江
太平厅
沱江
汉州
太和镇
渠县
夔州府
松潘
汶川
赵家渡
长江
青衣江 雅州府
内江 合川
万县
至打箭炉
大渡河
成都府
涪陵
重庆府
泸定
嘉定府
泸州
黔江
（汉源）
叙州府
金沙江

| | 陆　路 |
|---|---|
| | 水　路 |
| ● | 城　镇 |

图 2.1　清末四川的区域交通网络结构

## 2.2　城池的规模与空间分布

根据雍正《四川通志》《大清一统志》中一百多个府、州、县城周数据，并参考《四川州县建置沿革图说》中第22幅《清代中叶的行政区划》，笔者制作了图2.2。图中按照城周大小分为若干等级并标示相应大小的小黑圆点，落于相应位置上。

从图中可以明显看出，以成都为中心的川西地区城市群发育远比以重庆为中心的川东地区完善。川西地处四川盆地平原部分，处于游牧与农耕的交界处；平原内部河道密布、沃野千里，这些条件都为文明的产生和发展提供了有利的条件——"三星堆"的考古发现即是明证；秦以后，四川地区纳入国家视野和李冰郡守治理都江堰，为之后两千多年的文化与经济发展打下了基础；汉、唐时期的成都在全国是"富足安定""人文渊薮"的大城市，唐时有"扬一益二"之说。川东地区虽然很早时期就有古巴人的活动，并在秦时以"巴郡"纳入国家版图，但是其地理区位北接秦岭、南临云贵高原、东有三峡天堑，复杂的山地地理空间使得各种族群以"大分散、小聚居"的方式存在，切割了文化丛群间的往来；更为重要的是阻碍了与外部文化的交流。明代的川东地区虽然有较大发展，但这种格局的变化随着明末清初四川盆地中多次持续的大规模战争而消失。一个浅显的例子就是在方志记载中，川东地区还有相当一部分处于"烧地而耕、信巫、无医药"的状态，而在川西地区早已经摆脱了这种生产力低下的"刀耕火种"方式，进入了精细的耕作模式，且"奢而好文"。

另外，城周在1 500丈以上的城市基本上沿着嘉陵江、涪江、沱江、岷江等水流分布。在嘉陵江流域，均匀地分布着广元、阆中（保宁府治）、南充（顺庆府治）；涪江流域分布着平武（龙

# 清代四川城的规模与分布

DISTRIBUTION & SIZE OF WALLED CITIES
OF SICHUAN PROVINCE，QING DYNASTY

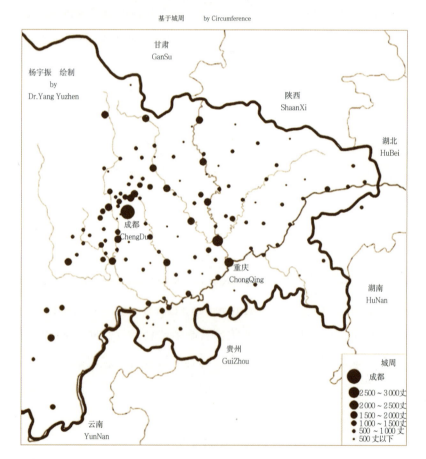

基于城周　　　by Circumference

图2.2　清代四川城的规模与分布

（资料来源：清雍正《四川通志》《大清一统志》《四川州县建置沿革图说》）

安府治）、绵州、三台（潼川府治）以及遂宁。嘉陵江、涪江、渠江在合川交汇，"枕两江之口，当众水之凑"使得合川城在图中格外突出：城周达到 2 916 丈，比其府治城重庆还要多出 648 丈，在明清四川各城中排列第二。渠江流域无大的城，为了加大对该地区的开发，达州在 1729 年升为直隶州，后再升为绥定府。再者，以成都为中心的城市群在一定程度上挤压了岷江与沱江流域下游的城市发展，竞争的结果是直到与长江交汇处的川南沿江地区才出现以叙州府、泸州为核心的城市群——该地区是四川盆地中除成都、重庆外第三个重要的文化区域，这从叙州府的辖县数、城池密度、人口数量以及祠庙建筑的数量和种类等多方面比较中可见一斑。和川陕交界的川东北、川黔交界的川东南地区相比，明清时期的川西南地区虽然地广人稀，但已经出现了一定等级结构的城市群，这是与长期的地方文化发展有关的[1]。

在"城池的规模"研究中潜藏着的一个问题是"府城是否一定比州城或者县城大？"按照通常的理解，回答应该是肯定的，因为传统中国的城池与中央集权设定的行政等级紧密相关，而且这种设定往往与"礼制"观念结合在一起，更具社会伦理的意味。这一观点也在章生道对 1910 年中国 11 个省府城、县城抽样测量的比较[2]中获得支持。然而比较清嘉庆年间四川主要 19 个府、州及辖县的城周大小，得出的结论并不完全如是。除了上述的合川城比重庆府城大得多外，遂宁县城比潼川府城、南溪县城比叙州府城、清溪县城比雅州府城、大邑县城比邛州城、资阳县城及内

---

[1] 这和历史时期岷江下游、横断山脉地区持续的开发和统治有关。在其他地区尚是一片空白的时候，该地区在秦时就为古邛国地，后一直以"越巂"或"巂"纳入中央的视野。进入清代以后，建昌卫升为宁远府，即今西昌所在地。
[2] 章生道对 1910 年 11 省的府城、县城抽样测量的比较，参见章生道，《城治的形态与结构研究》，载于施坚雅主编，《中华帝国晚期的城市》，叶光庭等，译，北京：中华书局，2000，99 页。

江县城比资州城都要大出许多。造成这种状况的原因比较复杂，可能与行政区划调整、县的区位、经济发展情况以及府城的地理条件限制等多种情况有关，需要进一步深究。

表 2.1 是根据《嘉庆重修一统志》中的各府、州的辖县数以及相关资料中各府、州的土地面积和人口数量做的统计表格。图表 2.1 以直观的方式展示了表 2.1 中的数据。从图表 2.1 中可以很明确地看出，清代中期成都府在城池密度、人口密度以及人口数

表 2.1　清嘉庆二十五年（1820）四川府、州城池密度、人口密度与人口数量

| 府、州 | 城池密度（座 / 万平方公里） | 人口密度（人 / 平方公里） | 人口数量（人） | 府、州 | 城池密度（座 / 万平方公里） | 人口密度（人 / 平方公里） | 人口数量（人） |
|---|---|---|---|---|---|---|---|
| 雅州府 | 0.379 4 | 4.64 | 857 044 | 忠州 | 5.128 2 | 63.67 | 496 648 |
| 宁远府 | 0.998 | 25.27 | 1 266 273 | 嘉定府 | 6.201 6 | 160.11 | 2 065 421 |
| 茂州 | 1.282 | 25.45 | 396 999 | 顺庆府 | 6.606 | 155.72 | 2 055 493 |
| 绥定府 | 2.688 1 | 60.48 | 112 485 | 泸州 | 6.666 7 | 74.34 | 446 055 |
| 夔州府 | 2.777 8 | 39.86 | 861 059 | 邛州 | 6.666 7 | 136.01 | 612 046 |
| 保宁府 | 2.857 1 | 30.56 | 962 702 | 叙州府 | 6.878 3 | 91.84 | 1 735 814 |
| 龙安府 | 3.252 | 67.73 | 833 168 | 绵州 | 7.692 3 | 141.49 | 1 103 625 |
| 重庆府 | 4.377 1 | 101.61 | 3 017 957 | 眉州 | 14.814 8 | 282.78 | 763 518 |
| 潼川府 | 4.678 4 | 105.37 | 1 801 863 | 成都府 | 14.815 | 507.8 | 5 484 272 |
| 资州 | 5.050 5 | 96.34 | 953 738 | | | | |

（资料来源：府、州辖县数量根据《嘉庆重修一统志》，人口密度与数量来自梁方仲：《中国历代人口、田地、田赋统计》甲表 88，原资料来源根据黄盛璋《清代前期人口分布图说》附表人口分布数据油印本）

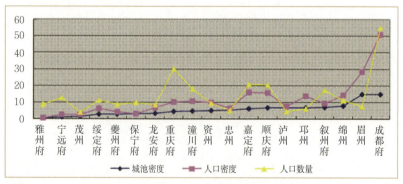

图表 2.1　城池密度升序排列的清嘉庆二十五年（1820）四川府、州城池密度、人口密度与人口数量

（注：依据表 2.1 数据整理获得。为了获得可供参照的变化折线，对数据的数量级进行了处理。人口密度单位为 10 人 / 平方公里，人口数量单位为万人。）

量均在四川各府州中排列第一；以成都为中心，包括眉州、绵州、嘉定府等在内的府州成为清代四川发展的重心，这与明代的状况有很大的不同。重庆府虽然人口数紧随第二，但人口和城池的密度远远落在后面。城池和人口密度的差异暗示了各府州的人文景观差异。

## 2.3 城池高度与地区安全

除了城周的大小，城池的高度也是一个重要的研究参数，与城的战略意义、经济意义相关。图表 2.2 根据雍正《四川通志》中的数据整理得到。蓝色部分为各府、州辖县的城高平均数，并由高到低排列——平均数反映了该辖区的普遍状态。红色部分是各府、州治城的高度。从图表 2.2 中看出，平均数排在前 5 位的宁远府（西昌）、嘉定州（乐山）、龙安府（平武）、雅州府（雅安）以及绵州（绵阳）分布在川西北到川西南的沿线上，是四川"界以番族"的明显表现，其本质是农耕与游牧两种文明之间冲突的结果。宁远府出现了特殊的状态，即平均数最大，而府治城的高度最小。与城周规模结合起来，可以看出，在这个区域中府治西昌城最大而城墙高度最小，这种状况符合明代章潢《图书编》对该地区"民夷安业，非所忧也"的描述；相对的，周边向西南扩展的城池规模小而城墙高，则反映了中央政府试图深化地方统治体现出来的压力。该地区土司分布密集，清雍正以来推行的"改土归流"可能与城的这种状态有关。最后一位的顺庆府平均数小，府治城墙高度也低；这是顺庆府地处四川中部，周边均为省辖府州使然，"天下有事，夔剑门诸州先备，而果独闲暇自保不为动，以其非要害之国是故"[1]。从府、州治城的高度来看，比较特殊的是茂州。茂州的城墙高度达到 36 尺，比成都城要高出 6 尺多，而且有内、外二城。这种情况可能与茂州处于农耕与游牧的交界地带有关，"威茂两州实灌口之障蔽，其势特与沿边诸州不同，堡寨参错于中，州城孤立于外而属部藩落周分环据，二三百里之闲官路惟留一线"[2]；同时也与地方普遍修建"高碉"的历史习惯有一定关联。岷江上游地区在历史上一直是民族迁移的走廊，各类大小战争接连不断。该地区至今还遗留着为战争而修建的数量庞大的"高碉"，成为历史的一道风景线。

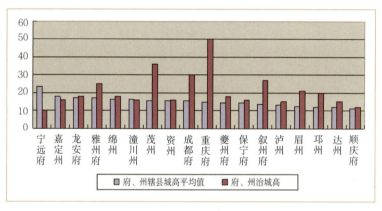

图表 2.2　清代四川府、州城池的高度与各管辖县的平均高度

（注：城高单位为尺。府、州高度未纳入各管辖县总和中计算。重庆雍正《四川通志》中载城高 10 丈，因沿两江为城，江有涨落，系概数，表中取半，作为比较观测用。表中按照城池高度平均数降序排列。）

## 2.4　城的形态

传统中国城的形态是否具有鲜明的特色？这里的特色并非指

---

[1] 顺庆府治南充唐武德四年（1612）始为果州治，引文载嘉庆年间《顺庆府志》。
[2] 宋胡元质奏议，转引自《嘉庆重修一统志》。

中西文化比较中可以展现出来的差异，而是指普遍的城之间的差异性。就清代四川的城池而言，如果仅从形态上看，将志书中任何两个县的舆图摆置一起，颇难道出其间的典型差别——除了醒目的城墙和城门外，县治、县学、文庙、武庙、城隍庙等都是其中主要的图像要素。即使就城中的精英主体而言，大都亦不存在太大的差别——除了来自中央官僚体系指派的官员，就是地方上的乡绅。牟复礼认为传统中国城市与城郊、乡村是连续的统一体，体现在建筑式样、布局和空地利用的一致性上，"无论是城垣还是城郊集中区的实际边界，都没有在建筑方面把城市从乡村分开。服装式样、饮食方式、交通工具或是日常生活的其他显见的方面，也都没有显示出城乡之间特有的区分"[1]。这一观点同样可以用在同一区域中城的形态描述中。

但应当承认的是城墙内外的确存在景观的差异性。这种差异性的特点在于"密度"和"多元性"，如人口、钱银和房屋的数量等，而非建筑的规模或者形态——许多修建在城外的书院、寺庙规模宏大而优美，远非城中建筑可比。"密度"和"多元性"的差异可能是导致同一区域中城特色差异的主要原因，从而导致了城池具体形态的差异性；"密度"和"多元性"又多与城在区域中的政治、经济重要性相关，体现在城的行政等级和区域交通网络中的位置等方面。

以上几节通过城池空间分布、城周规模、城墙高度、区域交通网络四个方面已经勾勒出四川城池形态的初步状况，但缺少对城平面形态的感性认识。可以推断的是，四川盆地由东至西所具有的山地、丘陵和平原地理差异将带来城池形态的变化。四川各

---

[1] 参见牟复礼，《元末明初时期南京的变迁》，载于施坚雅主编，《中华帝国晚期的城市》，叶光庭等，译，北京：中华书局，2000，129 页。

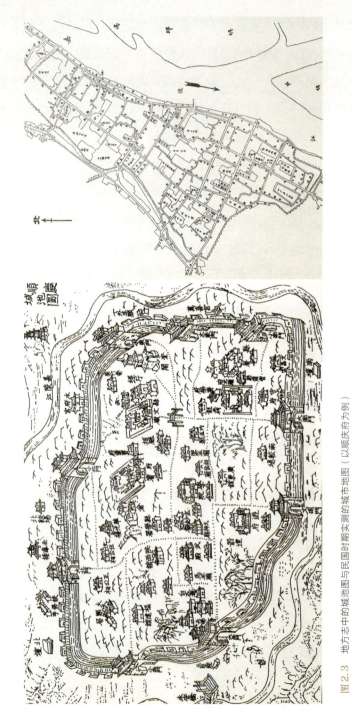

图 2.3　地方志中的城池图与民国时期实测的城市地图（以顺庆府为例）

（资料来源：应金华，樊丙庚主编，《四川历史文化名城》，成都：四川人民出版社，2000）

县县志中的舆图充分展示了这种变化：丘陵和平原区域城池相对几何化，川东山地地区的城池则多随山地弯曲行走。笔者曾经试图整理县志中的舆图作为较确切的、可以比较认知的城池形态展示材料，但最后发现这是一项徒劳的工作：舆图作为一种"意向地图"与实际的城池形态相去甚远，而且缺乏量化的可能；许多舆图中城池的形态以简单的"方"或"圆"或"方圆"结合来示意；或者有稍微详尽的表达，也与实际情况有较大差异（参见图2.3）。最后笔者收集了民国年间的四川城市测绘图纸，并根据图纸和雍正《四川通志》中的城周数据、城门个数以及参照各府县县志绘制了图2.4，图中同时将城池与主要河流的关系标示了出来。[1]

图2.4展示了清代四川的城池并非简单的几何形态。除了少数的城池，如什邡城、会理城是较方正的形态外，大多数的城池随地形的变化呈现各种形态，其中比较不同的是叙永府面向永宁河而筑的东西双城、茂州的内外城以及最为特殊的没有城墙的仁寿城。仁寿县城清代仅遗石墙75丈，在乾隆五十一年（1786）时仅在县治前建四石坊"以象四门"——可见城有四门是普遍的观念。

然而对于四川地区沿江而筑的许多城池来说，4个城门远远不够。最为典型的是坐落在嘉陵江与长江交汇处的重庆府城，城门达到了17个（9个开门、8个闭门），其他还有如合州12个城门，嘉定府10个城门，资州、犍为县、江津县9个城门，顺庆府、内江县8个城门，富顺县7个城门等。之所以会出现如此多的城门，这与城池选址以及以水路交通为主的运输方式紧密相关。其中有两种情况：一种是处于两江交汇口——这是四川盆地中最为典型的城池选址模式，如重庆府、嘉定府、泸州等，因为沿江周边面

---

[1] 此图仍然是概念性的表达，用于观察城空间相互的形态与尺度关系。

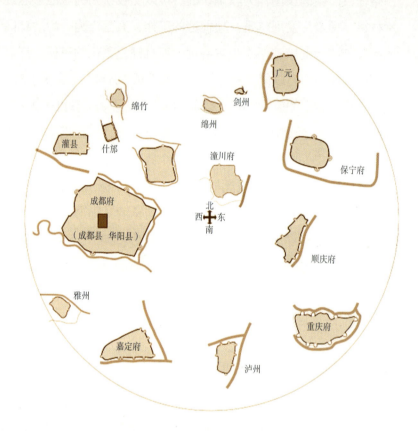

图2.4　清代四川城池平面形态举例

（注：布图按照相对方位排列，城池大小按照城周数据绘制，形态根据民国时期各县测绘地图，并参考清代各府、州、县志舆图改绘。）

长，需要众多的城门；另一种则是城池单向沿江河布局，城池呈带状发展，两个带状边均需多开城门，如顺庆府（南充）就非常典型。城池与江河的紧密关系从城的名称也可以获得认识：在清代四川130多个府州县中，至少有三十几个城池的命名与江河有关，如资阳（资水南面）、江津（江的渡口）、涪州、邻水、渠县、合江等。

城的形态面临着一个拓展变化的过程。陕西的西安府、甘肃的兰州府是两个很典型的例子，两者均在母城外面修建了关厢，与母城共同构成了新的城池形态。总结起来，清代四川城池的拓展大致有3种模式：一是嘉定府模式，即在靠主要交通来向的城墙一侧发展出新的活动区域；由于受地形限制，这些用地往往距离母城比较近，并沿江河发展，形成了常称的"河街"。这一模式在沿江河的城池中很普遍。清咸丰十年（1860），嘉定府在岷江一侧发展出来的街市外围圈筑了外城，是这一模式中的突出者。第二种是重庆府模式，由于严重受到地理条件的限制而难于进一步拓展，只好另筑新城。嘉庆六年（1801）在嘉陵江北岸新筑江北厅。还有一种是保宁府模式。因城池处于平原或者浅丘地带，城池的发展用地充裕，可以比较自由地朝代价小或者主要交通来向发展。保宁府的东侧地段宽广且环有嘉陵江，明清以来建有相当多亭台楼阁、寺庙祠堂，虽然不环以城，却是城市生活的延伸。

关于城的形态还有一点需要阐明的是，今天我们通常关注的是城池的具体形态，然而传统中国文化中城的形态却不只限制在城池之中——城池与周边的山水共同构成了城的形态。我们很少在地方志中看到孤零零的城池图像，相反，城池总是与山川河流一起构成了一幅优美的城市山水画。在更为详尽的城市舆图中，我们还可以清晰地看到大量分布在城池以外的祠庙、学堂等公共建筑以及塔、楼、观等景观建筑。这些建筑无疑是城市生活重要的组成部分。另外，地方志的记载中往往有"某某县、州几景"的描绘，这些景色作为城市优美形态的表现，通常不在城池之中，而在于城池与山水、与光阴变化的关系之中[1]。然而，对此深入地进行讨论已经超出了本书的空间，需另作文叙之。

## 2.5　祠庙建筑的空间布局

城的形态研究离不了城池内部的空间结构。关于中国传统城市内部空间结构的研究，特别是普通府、州、县城内部空间结构的研究，目前的学术成果非常少，还是一个亟待开拓的领域。

对于一般县城而言，城中的建筑布局是否存在一定的共性？提出这样的问题是因为传统中国是一个"礼制"社会，严格的礼制等级和框架必然会在物质层面上留下痕迹。这种痕迹在都城中非常明显，也容易获得认识；在普通的县城中又是如何？文中不可能全面展开，仅选取了雍正《四川通志》中的"祠庙"资料作为研究基础，试图指出清代四川城市形态中一定的共性。

雍正《四川通志》中"祠庙"一节记录了府、州、县各种祠庙的名称和分布。工作的方法是制作表栏：表的左栏是府、州的名称，上栏是各类祠庙的名称，交叉部分是文献中该祠庙方位、分布等。关于分布的情况，雍正《四川通志》中按照强度分为几类：①制同；②俱有之；③多有之；④具体某县有之。资料整理的结果出乎意料地一致：所有的府城、州城、县城"制同"的有文庙、社稷坛、风雨雷电山川坛、先农坛；"俱有之"的关帝庙、崇圣

---

[1] 永宁县的春秋祠中保留有8幅晚清时期精美的雕刻，集中反映了清代叙永城的八景，充分展现了叙永城池与山水之间的关系。

祠、名宦祠、乡贤祠、忠义祠、节孝祠、厉坛；"多有之"的因府、州有差异，普遍有的是东岳庙、文昌祠。其中令人感兴趣的倒是那些"没有"或者"独有"的府州，事实上表现出了一种文化的差异性。东岳庙在雅州府、眉州、茂州、绵州以及达州不见记载——东岳庙是北方文化的产物，反映了这些府、州、县相较成都、重庆、叙州等府，较少受到北方文化的影响；武侯祠、桓侯庙多分布在保宁府、顺庆府和雅州府；川主庙则在成都府、重庆府、顺庆府和叙州府——四川文化的核心区域分布较多；而仅雅州府没有文昌祠的记载。还应该指出的是清代的祠庙系统远比明代名目繁多、纷繁复杂，某种程度上体现出清代在"礼制"方面强化了对地方的控制。

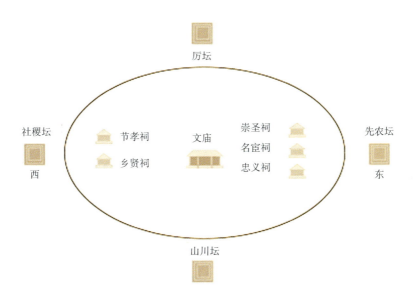

图2.5 清代四川祠庙建筑的基本格局

（资料来源：雍正《四川通志》）

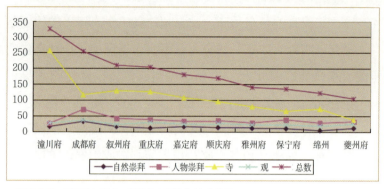

图表2.3　清嘉庆四川府、州祠庙寺观数前 10 位统计

（注：打箭炉厅寺庙数达 161 个，紧随潼川府后；因属于厅一级设置，未纳入统计。资料来源：
王笛《跨出封闭的世界——长江上游区域社会研究 1644—1911》649 页提供的资料整理，
原资料来源根据嘉庆年间《四川通志》卷 38—43。）


　　文庙是整个祠庙分布的核心。大部分的文庙分布在城的南面，
少量的因为地形限制分布在城东、城北。崇圣祠、名宦祠、忠义
祠在文庙东，乡贤祠、节孝祠在文庙西已经成为一种固定的格局。
这种格局体现了以孔孟儒学（文庙）为中心的国家（崇圣祠、名
宦祠、忠义祠）与地方（乡贤祠、节孝祠）之间的微妙平衡。社
稷坛在城西，山川坛在城南，先农坛在城东，厉坛在城北也基本
上成为祭祀坛的恒定布局 [1]（图 2.5）。关帝庙分布最为普遍，
记录中"各州县乡镇俱有之"，以城的北边为多，但亦不乏城西
的位置。城隍庙和文昌祠在分布上没有规律性，可以灵活布局。
　　还有一点需要指出的是，祠庙寺观数量与城的文化生活颇为
相关。图表 2.3 是根据嘉庆《四川通志》中祠、庙、寺、观记载
得到的前 10 位府州列表，包括自然崇拜、人物崇拜、寺庙和道
观 4 类，按总数由多至少排列。表中以佛、儒为主的寺庙在四川

---

　　[1] 将这种格局对照地方志中的城池图，发现《四川通志》中的记载与图示中分布情况并
不完全一致，略有偏差；但文字的记载体现了当时普遍的观念。

占有绝对优势；总量上川东地区仅有重庆、夔州两府，其余均为川中、川西地区，显示了地区间文化发展的差异性。其中一个有趣的现象是潼川府的寺庙数远高于其他府州，其中原因是否与当地极高的赋税等有关值得进一步深究（清代各府、直隶厅的田赋起征点不一，以重庆为最低，雅安、潼川府最高，相差高达7倍）。成都府、重庆府和叙州府排在潼川府之后，这与它们是四川盆地中的文化核心区域是相符合的，也与它们的县辖数在全川中列前三位有一定关联。

03

# 清乾隆重庆府城城垣维修：
# 大型公共工程、国家与社会[1]

[1]　本文原发表在：杨宇振，《大型公共工程、国家与社会：清代重庆府城城垣维修》，《城市地理·城乡规划》，2011，第 3 期，30-33 页。

在施坚雅看来，用行政设置的视角来认识帝国时期的中国城市存在着很大不足之处。由此，他从经济交换角度提出清代帝国城市和地方体系共同构成的连续层级结构。[1] 尽管如此，我们仍然必须说，中国王朝时期的城池设置与中央集权权力架构本质上是同构的；试图将政治中心与经济中心结合在一起，是历代王朝统治阶级最关心的事情。因为，王朝时期的城池兼具两种极为重要的、根本的社会功能：①它犹如中央插到地方吸血麦管的穿刺点，要将地方的财富（以地租为最主要形式）缴纳上来，逐级上交，最后收归到最高统治者的囊中。②它要保证这种"统治—被统治"社会关系的稳定，由此衍生出两种基本的社会功能：一是国家暴力支持下的行政管理机构处理地方性矛盾；二是意识形态的极力渲染，试图从观念上消除平民的反抗意识，进而维持当时"剥削—被剥削"的社会结构。将政治中心与经济中心结合在一起，是吸纳财富的最低成本方式；在此，"农村—城市"的关系基本可以转换为"生产—消费"的两元关系；在这种结构关系中，城池的

---

[1] 施坚雅主编，《中华帝国晚期的城市》，叶光庭等，译，北京：中华书局，2000。

规模取决于它能够获取的剩余量，而剩余量的大小取决于地方生产能力和中央对其吸纳量的差值。通常情况下，生产能力低下、赋税额小的城市及其农村地区很可能处在边远之地，或者行政等级较低；生产能力强而赋税额度高的城市及其周边农村地区往往处在中央集权的高度控制之中，城池的行政级别也较高。

作为地方大型公共工程的城垣为以上所有的社会功能提供了空间可能。于是，我们不禁要问：既然地方城池的存在是为着中央口袋的充盈，那么修筑或者维护地方城垣的钱从哪里来？它是如何运作的？为什么会出现这样的状态？从各种历史文献中我们得知，地方正式的行政机构职员（相当于今天的"国家公务员"）领国家发放的薪水，不同的职务有不同的收入，收入之外还可能获得国家发放的奖金——"养廉银"；高级官员还有国家提供的住房（如知府、知县往往住在衙署内），住房的修缮也通常从国家的钱库里支出。[1]

但是，城垣不是国家工程而是公共工程。我们必须清楚地意识到，这两词有着很大的不同。杨联陞在《从经济角度看帝制中国的公共工程》一文中谈道："规模庞大的公共工程如果不是由帝国政府给予经费，便是由皇帝的私人钱袋——'内库'支给……地方性的工程，往往由各级地方政府，从其支配的款项里提供经费，这在明清时代，有一个重要来源，就是所谓的'赃罚银'。不过，这些经费更常由地方官、绅与老百姓们同心协力而筹措出来。"[2] 这样的论述固然不错，却没有能够把两者分开，进行更深入的分析。在这里，我把关系国家从地方吸纳税收的过程最必需的建设都称为"国家工程"，其中既有物质建设又有意识形态

---

[1] 瞿同祖，《清代地方政府》，北京：法律出版社，2005。
[2] 杨联陞，《国史探微》，北京：新星出版社，2005，165 页。

的维护，比如，漕运、驿道、驿站、衙署的建设，官员的薪水，威武以及壮观的统治或者礼仪建筑，包括孔庙在内的各种国家规定的庙堂、坛以及相关人群的特定活动及其支出等。公共工程涉及地方公共性事务的建设，它和国家工程很显然有交叉的部分，但可以说，公共工程含义比国家工程更加广泛。以城垣为例。某种程度上讲，城垣的首要任务是保护衙署的存在，进而保证税收缴纳的过程；《说文》中"城以盛民"的最本意是《吴越春秋》中的"筑城以卫君"，或者说"筑城以卫官"。如果城垣保护不了衙署（比如，清末热兵器时代的来临），城垣自然就丧失了它存在的社会价值和意义。[1] 但是，城垣不是衙署的院墙，它围括的空间里还有从事各种活动的大量人群，容纳着每日各种民间活动和事件的发生。城垣在可能具有潜在社会冲突的地景中划出了一个特定的异质空间区域，为围纳在其中的人群（官员与非官员的各种人群）提供了保护性的空间；同时，城垣也成为"中央权力在地方"的一种符号和象征景观。从这个意义上讲，城垣的修筑既是国家工程又是公共工程。[2]

本章的目的就是要探讨清代重庆城垣维护的财政来源与社会运作过程，进而讨论地方大型公共工程项目与政府和地方社会之间的关系。使用的主要材料来自清代四川巴县档案。[3] 四川省档

---

[1] 坍塌和消失是必然的历史过程，尽管作为集体记忆和历史它还有存在的另一层意义和价值。

[2] 关于中国历史时期的"公与私"问题，费孝通在《乡土中国》的"差序格局"一文中有着深刻阐述。他认为中国传统结构中的差序格局具有伸缩能力，在这个网络里，是以自己为中心的，"在差序格局里，公和私是相对的，站在任何一圈里，向内看也可以说是公的"。见费孝通，《乡土中国》，上海：上海世纪出版集团，2007，23-29 页。

[3] 此档案内容丰富、数量庞大，保存完整，极为珍贵；曾引起包括黄宗智等在内的不少国际、国内学者高度关注。在《清代乾嘉道巴县档案选编》的序言中，该档案还被称为"一座内容极其丰富的文献宝库"，"对研究清史具有不可估量的作用"，"更值得重视的是，在我国清代地方政府档案奇缺的情况下，这部分档案可以说明清代地方政府档案的一个缩影"。

案馆曾经根据这批材料编辑出版过多本档案选编，包括《清代乾嘉道巴县档案选编》（1989 年，1996 年，上、下两册）、《清代巴县档案汇编（乾隆卷）》（下称《乾隆卷》）（1991）。本书主要根据《乾隆卷》中第六部分"工房"第 4 条款"城建"中"乾隆二十八年（1763）重庆府捐修城垣引文及捐册·劝捐修重庆城垣引"（下称《劝文》）、"乾隆三十二年（1767）九月初八日巴县申文及清册·为修补城垣事"（下称《清册》）和"乾隆三十二年( 1767 )九月初八日工房李琼元承·为详报捐修城工事"（下称《详册》）的材料展开讨论。

## 3.1　清乾隆重庆府城城垣维修

　　瞿同祖在《清代地方政府》一书中对地方政府与公共工程之间的关系有一个概括性论述。他谈道："理论上讲，疏浚河道、维修堤坝以便百姓灌溉，是州县官的职责。但由于政府不为这些工程拨付经费，州县官不得不用别的方法寻找经费。通常的做法是：或招募当地的居民提供劳力，或根据其田产面积按比例劝捐。如果要搞大规模的工程，常常会通过摊捐的方式建立一个特别基金。"[1] 他还指出："由于州县官要对自己主持的工程在一定期限内的坍坏负责任，且向上级衙门申请官银时还免不了要向上级衙门书吏支付陋规银，因此很少有州县官申请官银自主修缮工程，除非事情绝对需要又万分紧急。基于这一理由，有官员曾忠告：'修缮公共工程之事，州县官最好能躲则躲，以免自找麻烦。'"[2]

---

[1] 瞿同祖，《清代地方政府》，北京：法律出版社，2005，261 页。瞿同祖还进一步指出了 4 种集资方式：州县官自己捐款、说服乡绅和富人捐款、对犯人罚款以及由城区百姓分摊，见 262 页。
[2] 瞿同祖，《清代地方政府》，北京：法律出版社，2005，263 页。瞿同祖在文中还提供了一组数据：如果城墙损毁不大，其处罚为夺常俸六个月；如果城墙坍塌，处罚为夺常俸六个月或降一级。见该书脚注 82。

大概重庆府城垣的修缮已经到不得不进行的程度了。《详册》一文中提到，维修城垣的财政评估早在乾隆二十六年（1761）就着手进行，但一直到乾隆二十八年（1763）才开始有劝捐行动。《劝文》中首先指出重庆水陆总汇，是巴蜀地区的一个大都会，但由于多年使用，城垣石头基础多有剥落，垛口日渐坍塌。城垣败坏潜在的危险是城墙外的竹瓦棚屋容易引起火灾，进而可能烧到城内，引起更大的祸害。写这篇《劝文》的重庆知府王采珍该年（1763）八月上任，言说自己巡查城垣为之忧虑。十二月撰写的文中指出了四个方面的内容：①前任地方领导倡议捐款，但捐钱者寥寥；②维修城垣是部里官员的意见，应该迅速办理；③重庆城内有众多的绅士商人，重庆城的安危和所有人，特别是"你们"有关，不可以相互推诿；④出钱多者根据钱两数目可以给予奖励，匾额或者八品顶戴。

　　《劝文》的后面附有佃租银和乐输银数额，但没有交代这笔钱的用处。钱来自对临江场、通远坊、洪崖坊、定远坊、临江厢和定远厢房主的抽税（佃租银）和"自愿捐赠"（乐输银）。可见当时提议修筑的城垣很可能集中在嘉陵江一段，抽税并不是对全体城厢内外的人群，而是居住在这一地区的房主。

　　也就是说，在这个案例上，局部城垣的维护，国家并不掏这笔钱，全体民众也并不为之付款，而是由地方政府划定和责令相关的责任人群出钱[1]。其中潜在的逻辑是：城垣作为公共工程，政府有责任管理；但特定民众享用了城垣的好处，所以这些民众需要出钱；而政府的作用就是促成这件事情并负责收取银两。其中有三点需要引起注意：一是这个逻辑成立的前提之一是需要修

---

[1] 瞿同祖曾经利用《清通考》卷二十四的史料指出，工程费用低于1 000两银子时，州县官可以直接招募本地居民修缮城墙。见瞿同祖，《清代地方政府》，北京：法律出版社，2005，262页。

补的城垣还没有损坏到影响所有人的安全；二是政府完全不出钱；三是征收银两具有强制性。关于最后一点，我们可以通过佃租银与乐输银的比例发现其中的奥秘（表3.1），即数额透露了官方规定了乐输银的数目必须是佃租银的四分之一。很显然，这不是自愿捐赠，而是摊派。

表 3.1　乾隆二十八年（1763）各厢、坊被收取维护城垣的银两

|  | 佃租银（两） | 乐输银（两） | 佃租银 / 乐输银 |
|---|---|---|---|
| 临江场 | 727.50 | 184.30 | 3.9 |
| 临江厢 | 254.10 | 63.51 | 4.0 |
| 通远坊 | 1 029.90 | 257.46 | 4.0 |
| 洪崖坊 | 688.20 | 172.03 | 4.0 |
| 定远厢 | 306.04 | 75.82 | 4.0 |
| 定远坊 | 792.40 | 198.05 | 4.0 |
| 总数 | 3 808.50 | 951.92 | 4.0 |

（资料来源：根据《劝文》中资料整理）

在劝捐4年后，也就是乾隆三十二年（1767），城垣修缮完工。《清册》和《详册》就是为了"结印是实"的档案文件。图表3.1提供了社会各阶层的捐款数额，总数达到23 584.84两[1]。这一数字远大于乾隆二十八年（1763）的3 808.5两。档案中并没有提供这一数字变化的原因。一个可能的判断是，城垣修缮最终扩大了规模，特别是对具有一定面子工程意味的"朝天门"的修缮——朝天门历来是迎接上层官员最重要的城门，《详册》中说明了修缮朝天门的费用占去总费用的一半多，由此政府决定对城厢内外所有人群"劝捐"。在这里，公共工程与政府的面子工程在一定

---

[1] 此笔钱如果没有对比参照就没有概念。《乾隆卷》中有很多物价的记录。举三条作为比对。"乾隆三十一年（1766）川东道修理署衙卷"第五条中有材料价钱的记录："条石每丈一钱五分"；"巴县各厂行应差维修县衙及其领钱状"第二条有劳动力价钱的记录："情蚁实领得署内修理、夹泥、灰旋、作灶、检瓦。二月初八日启，十八日止，共计用工匠九十六名，每工钱三十二文，共合钱三千零七十二文"。第十二条中有更夫每人每夜40文的记录。估计一般劳动力每天的工钱在30～40文。另一个比对是，瞿同祖在《清代地方政府》中指出，知县在首邑者年俸60两，在外地者年俸45两，加上养廉银，年俸最高1 000两、最低500～600两，尽管其每年的开支在五六千两到一万两，这些额外的收入来自"陋规费"。（瞿同祖，《清代地方政府》，北京：法律出版社，2005，40-47页）。

程度上结合在了一起。那么，用于维修这一大型公共工程的巨大款项从哪里来？

根据《乾隆卷》档案整理了图表3.1。从图表中可以看出，地方政府、绅士商人和城内各种居民共同出钱承担了维修的费用。政府领导的捐款占总额极小的一部分，具有一种象征性意义。占总额最大百分比是各坊的房主、寺僧的捐款，达到一半多。这一部分采取的方式完全可能与4年前强征摊派类同。绅士、各省会首和船帮等捐款数额几近总额的一半。

图表3.1说明了在乾隆三十二年（1767）的重庆府城垣修缮工程中，地方政府大概尽可能动员了所有的社会力量，既对数量巨大的一般房主、寺僧等平民阶层征收款项，也对社会地位高的士绅，占有大量财富的商人、船帮征收款项。士绅、各省会首和牙行占有相当比例（以及档案中不少个人捐款额度的巨大）值得引起注意，这和处在两江交汇的重庆府具有大量商业活动的性质有很大关系，从一个侧面体现了士绅、各省会首在地方经济生活中可能起到的较大社会影响。由于缺乏和清代其他城市的比较，不能对重庆府的这一现象是否具有独特性作出判断，但是在清末民初不少西方人、下江人从上海或者武汉沿江而上的游记中，可以读出重庆士绅、商人在社会生活中的显要地位。[1] 重庆的八省会馆在地方社会生活中的重要作用也在何炳棣的《中国会馆史论》一书中相当引人注意，占有突出的地位。[2] 施坚雅则指出，这类商行联合会的意义有点像市政府；在《讨论清代中国的城市社会结构》一文中，他专门引用材料来

[1] 杨宇振，《从〈巴蜀鸿爪录〉阅读三十年代重庆城市景观》，《建筑史》，第3期；郑官应，《长江日记》，丁日初主编，《近代中国：第十辑》，上海：上海社会科学院出版社，2000。
[2] 何炳棣，《中国会馆史论》，台北：台湾学生书局，1966。

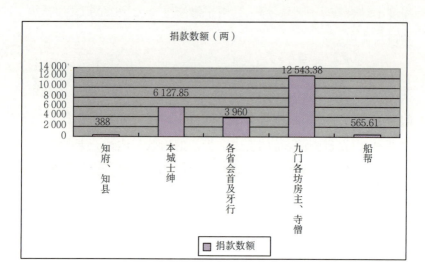

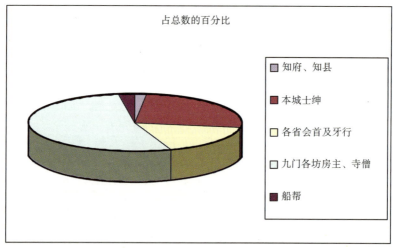

图表3.1　乾隆三十二年（1767）为修筑城墙、城门各社会阶层捐款数额[1]及百分比

（资料来源：根据《清册》中提供数额整理）

---

[1] 原文中为555.85，很显然是个记录笔误。第一位捐者李瑢的捐款额600两。此数额系根据总额减去其他所有数额得出的数值。

讨论重庆的八省会馆：从最初的调解商务纠纷、刑事纷争，维持城市码头运作，指定商业条例到承担了包罗很广的慈善事业和公共工程；此外，在特定时期地方政府还要求它肩负起一定的地区防御的责任。[1] 下引《乾隆卷》中关于城市公共事业的"消防"一则档案作为佐证材料。此档案中的意图十分清晰，是八省会首为了保护自身利益、希望借助地方政府的力量加强城市消防管理，由此介入了城市公共事务。

"情渝城人烟凑集之地，向蒙前宪示谕各厢长等传谕各铺户门前设立水桶，以备不虞。及今日久怠废，应宜添设修造。但民等系管各省会馆事务，街坊公事，原属厢长所管，民等虽有其心，呼之不应。是以禀乞宪天俯赐示谕四十八厢长，监督修添水桶，或湾角空地添设大桶，蓄水盈满，上置小提桶十个，照十家牌轮流经管，临事庶无推诿。"

——乾隆五十九年（1794）三月初十日八省会首禀状（330 页）

## 3.2　城垣修筑中的多维关系

我们可以把统治阶级获得国家总收入的支出划分为几个主要方面：①皇族的日常生活支出；②维护国防安全，主要包括了军队日常运作和驻军空间的投入——这一层是指向外的；③公共管理的支出，主要包括了官僚体系的运营和维持、强化意识形态的投入——这一层是指向内的；④向建成环境的投入，主要包括为农业生产服务的大型水利工程、衙署、城池、坛庙等，其中最重要的是"吸血麦管"的投入，即保证吸取的各种地方财富能够顺

---

[1] 施坚雅主编，《中华帝国晚期的城市》，叶光庭等，译，北京：中华书局，2000。

利抵达统治阶级手中（其中最为典型的是漕运）——这一层是指向生产性和关联性的。

在以农业为主要产业的空间中，在商业税占国家总收入较低比例的状况下，财富的产出来自土地的耕作。在一个封闭的、不对外（或者极少对外）交往的空间中，理想的治理状况大致可以说是：地方农业社会的最高产出 加上国防、公共管理和对于生产性设施和建成环境的最低支出，也就是说，出现"国富民安"的和谐社会。然而这只是一种通论性的叙述，农业的丰收不见得能够减少农民生存的压力，高度剥削的社会状况（财富集中在极少人的手中）可能导致公共管理成本的剧烈增加，比如，从不断爆发的各种民间社会矛盾到大规模的农民革命运动都将产生公共管理在维护社会稳定方面投入的巨额增长。无论是为了解决民族间矛盾还是民族内部矛盾，统治者必须从各个地方中汲取、积累经验，然而这种积累进一步挤压了农民和在地地主的生存空间，破坏了地方社会对中央的忠诚度。从宏观上看，这种维护社会稳定的公共管理（无论对内还是对外）是一种非生产性的消费，当这一消费在总消费中所占比例越来越大，当日趋膨胀的总消费超出了农业生产所能够提供的极限时，整个体系是趋于崩溃的。

进一步来分析，我们借用施坚雅的观点，中华帝国晚期因各地方历史、地理、经济交往等状况的不同，可以把整个中国分为若干个地文大区。系统的崩溃往往从局部某个空间开始，进而影响、作用到整体。由此，整个政权体系和架构能否维持最终取决于地文大区之间的互搏——其中，国家动员地方的能力，包括抽税的能力及其成本、调动基层社会人力的能力极为关键。

在这种情况下，城垣的建设和维修在什么情况下可能获得国家投资？可能性只有一种，也就是城垣建设和维修从地方性事务

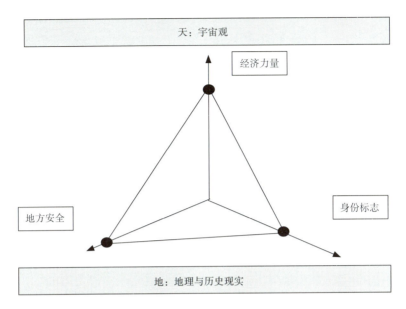

图表3.2　城垣建设与维修的三重力量

上升为国家事务，从地方公共工程上升为国家工程，包含了在安全（最主要是战争，也包括了水患等）、经济和象征意义上的3个方面；否则就只能由地方社会完成——需要注意的是，地方城垣的规模，仍然是特定历史时期这三重力量综合作用的结果（图表3.2），任何单独讨论其中单一方面因素的影响都会显得力有不逮。作为地方大型公共工程的城垣建设或维修的财政支出也只能由地方自己筹集，虽然模式各有不同。一个可以参照的例证是，哈雷·拉姆利（Harry J.Lamley）在《修筑台湾三城的发轫与动力》中指出了3个建设城市不同的财政来源：宜兰主要靠对农村地区的田赋和劳役；台北在筑城的早期主要从邻近的城市筹集资金；新竹从自己的辖区和淡水厅的其他亚区汲取支持。[1] 在《乾隆卷》

[1]哈雷·拉姆利，《修筑台湾三城的发轫与动力》，载于施坚雅主编，《中华帝国晚期的城市》，叶光庭等，译，北京：中华书局，2000。

档案中，乾隆四十八年（1783）成都省会城垣的维修费用"蒙圣主保卫黎元，准动帑项数十余万"[1]——也就是成都作为省城，城垣维修的费用直接来自国库。在重庆府的案例中，维修城垣的费用最终来自城厢内外的各个社会阶层，并不依赖于周边农村地区的田赋，劳工的支出靠商业关系而不是行政摊派的劳役[2]，在一定程度上说明了重庆府较为浓厚的商业特性。这种依靠对高密度的商业交换抽税获得的积累一直是重庆对于地方政权的重要意义。

## 3.3　在国家与社会之间

杨联陞在《明代的地方行政》中有一节专门回溯了历史时期封建制度与郡县制度的争论。两者间的尖锐矛盾在于，封建制容易产生"地方坐大"，威胁甚至挑战中央集权；而郡县制则可能产生过度集权，一方面由于需要"事事制之"而大大提高了公共管理的成本，另一方面又使得地方失去自主性而萎缩。杨联陞指出："地方财政方面，自唐宋以来一直是令知府知州知县尽其所能地把所有税额往省级缴纳，并进而输送到中央政府或皇帝手中。因此知府知州知县也就拼命地去征收辖区内的税，以凑足上级所配的税额。"[3]接着，他又进一步引用明末大儒顾炎武的论述："今日所以百事皆废者正缘国家取州县之财，纤毫尽归之于上，而吏与民交困遂无以为修举之资。"[4]杨氏的观点似乎倾向于顾炎武

---

[1]《乾隆卷》·乾隆四十八年（1783）十月十七日重庆府札、重庆府照抄四川总督福康安告示，312-133 页。
[2]　虽然在《乾隆卷》的档案中没有明确说明这一点，但从《清册》和从衙署维修政府支付费用的档案中可以推测，劳动力在市场上的售卖已经是当时的一种普遍现实。
[3] 杨联陞，《国史探微》，北京：新星出版社，2005，106 页。
[4] 杨联陞，《国史探微》，北京：新星出版社，2005，109 页。

的观点，即"寓封建之意于郡县之中，而天下治矣"。也就是说，必须在集权与分权之间找到一种平衡。集权是一种基本构架，但需要赋予地方一定的自主性。

在更深入地进行分析后，瞿同祖指出，清代中国的地方政府无论是政治上还是经济上都是高度集权的，服从是所有官员普遍遵守的价值标准和终极目标。但是由于中央集权政府并没有给地方政府留有任何额外开销的款项，甚至未包括为中央政府征税和运送税金的费用，造成了"陋规"的普遍盛行，而省级高官加入了这一分肥的行列。他最后得出结论：清代中国地方权力只在官吏（正式政府）和士绅（非正式政府）之间进行分配，然而其间充满着各种持续不断的紧张冲突。接着，他提出一个有趣而尖锐的问题：为什么从中央到地方的官员之间，在官员和衙吏、长随等之间，在地方官员与士绅之间等的紧张冲突没有导致显著的变革？瞿同祖论断道："一个决定性的因素就是，所有这些集团，都在现行体制下获得了最大的回报，唯一例外的是普通百姓。因此，尽管有紧张冲突，他们却没有兴趣去改变现状；于是我们就看到了社会和政治秩序中的稳定性和持续性。"[1]

如果我们认为西方具有现代意义的城市（或者说，资本主义城市）是从宗教势力和传统土地贵族的控制中摆脱出来的，那么，沿循着这一思路，中国具有现代意义的城市是从什么社会背景中诞生出来的？是新兴的商人阶层从中央集权（正式政府）和土地贵族（地主阶级，非正式政府）的控制中摆脱出来吗？在原有"官、学、商"联系高度紧密的社会结构中——瞿同祖指出的所有集团都在现行体制下获得了最大的回报——能够摆脱出来吗？这个问题至今没有答案。不过，如果有可能，会是什么时候？这一过程

---

[1] 瞿同祖，《清代地方政府》，北京：法律出版社，2005，339页。

及其特点和西方社会有什么同和不同？这是一个需要深入研究的理论命题。值得引起注意的讨论是，在探讨了清末官、商关系，以及绅商阶层在地方社会的作用后，施坚雅问道："是否可以说一个新的城市上流阶级超越了绅商之间古老的社会划分而融合起来了呢？大概还不能这么说。但未来的研究却很可能会证实一个广泛的社会过程，这个社会过程最后可能曾改变了中国城市的社会政治结构，而完全未受西方的影响。一个严格中国式的市政府，看起来究竟会是什么样子，却是个引人深感兴趣的历史疑问。"[1]

城垣维修作为一种集体实践，一种费时费力的大型城市公共工程，处在上述集权与分权的关系网络中、在国家与地方社会之间关联节点上、在政府权力地方运作的逻辑中。当加大中央集权（包括财政的集权），建城的观念、城垣的型制、建设财政来源等更加受制于中央设置的框架，黄仁宇指出的"间架性的设计"，就会展现出更符合根据行政等级差异制订的整体划一的状态——虽然这种状态必须和地方地理及历史现实结合起来；当地方获得一定自主性（无论是政治还是经济的自主性）时，作为大型公共工程的城垣建设就有可能溢出原本设定的框架，获得一种地方的特性。

这样的描述似乎过于笼统。笔者将用更加有趣和鲜明的案例来说明：近代以来，将拆除城墙和修筑马路作为大型城市公共工程。从1900年八国联军攻陷天津以来的近代中国，无论是谁来拆除城墙、修筑马路，都可以看成对原有中央集权及其原有统治方式的挑战。八国联军在1901年为了消除反抗力量而用武力拆除了天津城墙；汉口和上海先后于1907年和1912年因商业的溢出拆城为路；广州和武昌分别在接下来的1919年和1926年拆毁

---

[1] 施坚雅主编，《中华帝国晚期的城市》，叶光庭等，译，北京：中华书局，2000，656页。

了大规模的城墙，这是新革命力量的展现；而北京在 1915 年改造了正阳门瓮城，反映了古老中国对现代的渴求。[1]

作为大型公共工程的城垣，其建设、维护或者拆除是国家与地方社会关系的一种镜像。重庆府在乾隆三十二年（1767）动员各种社会力量，在地方政府的主持下修缮了城垣；而 160 年后的 1927 年，刘湘初步控制四川内战、占领重庆，才在其幕僚潘文华的主持下，拆除城墙，开拓新市区，修筑新马路。笔者曾经在一篇长文中详细论证并指出，重庆府城不是许多文献中谈到的不符合型制的格局，恰恰相反，是高度符合中央集权设置的等级与型制，不脱原有中央集权设置的框架，是一种"被限制的自由"——而这又回到了封建与郡县、集权与分权、国家与社会之间关系的讨论。

讨论作为大型城市公共工程的城垣建设有其现实意义。即便到了今天，从大型城市公共工程的运作，也可以在一定程度上洞察和理解国家与地方社会之间的关系。而对清代重庆城垣维修的研究，为认识这一对矛盾的辩证关系提供了可能的视野，也是"引人深感兴趣的历史问题"。

[1] 见本书第 6 章。

本城朝天驛

一牌長唐圓士等十戶、　男二十四丁、　婦二十四口、

一牌長何玉堂等十戶、　男四十丁、　婦三十六口

一牌長陳國佐等十戶、　男四十八丁、　婦四十二口

一牌長郭其英等十戶、　男三十四丁、　婦三十二口

一牌長王其禮等十戶、　男四十一丁、　婦三十六口

一牌長何東陞等十戶、　男三十二丁、　婦三十一口

一牌長徐其文等十戶、　男三十四丁、　婦三十七口

一牌長劉以仁等十戶、　男三十八丁、　婦三十三口

一牌長周從禮等十戶、　男四十六丁、　婦四十一口

一牌長陳現章等十戶、　男四十丁、　婦三十六口

一牌長劉品一等十戶、　男四十七丁、　婦三十二口

一牌長左鷹鳴等十戶、　男三十二丁、　婦三十口

一牌長羅盛等十戶、　男二十六丁、　婦二十四口

# 04

# 清中后期重庆府城的人口、面积与密度[1]

---

[1]　本文与第五章一起原发表在：杨宇振，《被限制的自由——清末民初的巴县（重庆府城）内部空间结构》，《城市与设计学报》，2015，第22期，55-89页。

关于中国传统城市人口与城市空间结构的研究还有大量工作需要进行。历史时期各府、州、县等人口数量自汉代以来，在浩瀚的历史文献中（尤其是地方志中）有着丰富的记录，虽然这些记录会因为各地方想达到的种种目的而存在与实际不符合的情况，往往需要后世对之进行判断、推测和修正，但其仍然是一份十分珍贵的人类文化遗产，为了解历史时期各个地区的人口变动——在很大程度上反映了农业社会地区经济和文化发展的变动，提供了可以量化的数据，从而与现代研究方法结合起来，超越传统文献中普遍的描述性类型，获得地区发展状况的结构性认识。研究中国城市的西方学者在利用人口与城池数据方面已经获得了相当进展，其中一个众所周知的例子就是施坚雅编著的《中华帝国晚期的城市》，其中又以历史计量统计方法结合区域分析和研究最为突出。

但是，以地方志为代表的历史文献中记载的人口数据通常并非今天所指的城市人口，需要界定的是，本书所指的"城市人口"是以城墙内居民为主，包括城墙周边的聚集人口，也就是"城厢内、外人口"——而非该府、州、县的辖区人口——这为进一步研究城市人口与城市规模和结构之间的关系造成了困难。另外,除了少量的都城、府城之外,中国古代的城市地图大多用山水写意的方法绘制,缺少可以量化的依据。两个基本研究材料的缺失或者说缺乏相对准确性可能是造成该类学术成果稀少的主要原因。然而需要指出的是,伴随着人口统计和测绘方法的近代化,清末民初城市人口的数据和较为准确的城市地图已经容易获得,但并未带来该领域研究的繁荣。

在历史城市的空间结构研究方面,北京、南京、西安等面积巨大、人口众多的"都城"在相当程度上掩盖了对一般府、州、县的认识。"在中国城市史的研究方面,通常总是以长安、洛阳或北京之类的模式,千篇一律地概括中国的城市,而且满足于这种研究的思想非常根深蒂固,因此很难作出,诸如一般的和正规的城市论、城市形态论或城市生态论之类的研究。"[1] 这与"天子之城"深厚的文化积淀与保留资料的丰富、浩瀚有关,同时也和其他城市的资源相对缺乏不无关系;这种状况客观地造成了对中国历史城市丰富性认识的缺乏。明显地,城周 4 里的城池形态和结构与城周 40 里的城池形态和结构在规划设计上会有很大程度的不同;同时,城市的人口多寡和功能构成、自然地形的差异和限制、国家立令的礼制在地方上实施的状况、地方的宗教生活、民族的构成等都将造成城市形态和结构的差异,从而促成城市的多样性和丰富性。这种多样性如何体现由南到北、由西到东的区域性变化,依然是中国古代城市研究需要进一步拓展的内容,进而才能够逐步摆脱普遍的、笼统的认识。

本章的目的即在于通过对清末重庆府城人口和城市空间结构

---

[1] 斯波义信,《宋都杭州的城市生态》,《历史地理:第六辑》,上海:上海人民出版社,1988,268 页。

的研究，将人口数据与地理空间结合起来。一方面，解析重庆这个中国最大的山地城市的结构和形态，与常规的城池"模式"有何同与不同；另一方面，为晚清中国城市研究框架提供一个可资借鉴和比较的样本——一个普通的府城，它的城市人口数量、密度和管辖范围内总人口的比率是如何一种状况，它的社会生活结构以及相应的建筑分布又是如何一种状况？这些数据在全国层面上又可能处于什么样的位置？

在具体的研究方法和材料上，通过对《清代乾嘉道巴县档案选编》中记载的道光四年（1824）巴县人口数据进行分析，结合1912年《重庆城全图》的剖析——利用计算机重新析置和绘制图中的主要功能要素，来获得清末民初重庆府城的人口与空间结构的状况与关联[1]；同时，利用何凡能等著《中国清代城镇用地面积估算及其比较》、章生道著《城治的形态与结构研究》文中提供的统计数据框架进行全国性比较，希望获得对城市在人口和空间结构方面独特性与普遍性的认识。

## 4.1 总人口与城市人口

《清代乾嘉道巴县档案选编》为研究清代重庆巴县的社会生活提供了大量珍贵的历史档案资料，其中详尽的人口数据是研究清代巴县的重要史料。[2] 表 4.1 是根据《巴县档案选编》中的记录整理的人口数据。道光四年（1824）巴县城内 28 坊、城外 14 厢[3]；辖县内还有 3 乡，包括了 9 里 84 甲，连接大小 75 场镇，

[1] 虽然档案记录与城市地图的时间跨度有 87 年，但重庆府城的规模并没有拓展。
[2] 清重庆府辖多县，本章不对重庆府辖的总人口和城市人口进行研究；只研究府治所在城（利用巴县的数据）的总人口与城市人口。
[3] 乾隆时期以及清末的地方志中有 29 坊、15 厢的记录；本章以《巴县档案选编》中的记录为依据。

土著流寓、当佃铺店、庙宇居民共 82 053 户，男女共 386 478 丁口。

其中，城厢内外的总人口 65 286[1]，与辖区总人口的比值为 16.9%；也就是说，道光时巴县城市人口占总人口的 16.9%；略高于相近时期江苏省的 13.6%（1776 年）和 14.2%（1893 年）。[2]

从人口总量上看，巴县的聚居规模可大略分为 3 个等级：1 个主城区，人口在 6.5 万左右；2 个较大市镇，人口 4.5 万~5 万；以及 7 个人口 2.5 万~4 万的市镇里场。

从平均每户人口数看，城厢中的家庭规模远比郊区的家庭规模小，平均只有 3.66 人，而城外 14 厢则低于平均一家 3 口的状况，仅有 2.79 人；与此相对，郊区的里、场则有高达 6.47 的数值。这从一个方面体现了城市生活的压力及与乡村生活的差异。

从每坊（厢、里、场）的人口数看，平均值在每单位 1 948 人。除掉城外 14 厢比较特殊的区域，每个居住单元的人口在 1 500~2 500 人波动[3]。从平均每甲拥有的户数上看，所有坊、厢、里、场基本在 100 户左右，这符合清代普遍的 1 甲有 10 牌，1 牌有 10 家的保甲规定。在巴县 10 个相对集中的聚居点中，城内 28 坊的平均坊人口和甲数并非数值最高，部分郊区里、场（廉里、节里、智里、仁里）的人口数和甲数还要高于城中。这种差异一方面说明了"坊（里、场）"只是人口聚居的单位；另一方面，

---

[1] 城厢内外 65 286 的人丁总数很可能不包括驻重庆府城的军队人口。重庆府城有左、中、右三营军队；根据《巴县档案选编》中道光十三年（1833）的一份移交财务清册，城中驻有守兵 1 080 名。另外，根据清雍正《四川通志》中对兵制的记载，驻重庆府城中有总兵 1 名、游击 3 名、守备 3 名、千总 5 员，马步战守兵 1 341 名。若加上道光十三年（1833）档案记录的驻军数，总人数应为 66 366 人。参见四川大学历史系，四川省档案馆主编，《清代乾嘉道巴县档案选编》（下），成都：四川大学出版社，1996，228 页。

[2] 曹树基，《清代江苏城市人口研究》，《杭州师范学院学报：社会科学版》，2002，第 4 期，50-56 页。

[3] 一个可以对照的确切数值是嘉庆十八年（1813）巴县金紫坊和灵壁坊的户口人丁统计。嘉庆十八年（1813），金紫坊有 1 017 人，灵壁坊有 1 011 人，共 534 户。其中 1~3 口的户数 181，占总数的 33.9%；4~6 口的户数 333，占总数的 62.4%；7 口以上的户数 20，占总数的 3.7%。参见四川大学历史系，四川省档案馆主编，《清代乾嘉道巴县档案选编》（下），成都：四川大学出版社，1996，318 页。

表 4.1 道光四年（1824）巴县厢、坊、甲、场构成及人口数据

| | 男（人） | 女（人） | 总人口（人） | 总户数（户） | 甲长（人） | 平均每户人口数（人） | 男女比例 | 平均每坊（厢、里、场）的人口 | 每甲户数（户） | 平均每坊（厢、里、场）甲数 |
|---|---|---|---|---|---|---|---|---|---|---|
| 城内 28 坊 | 30 311 | 24 837 | 55 148 | 14 214 | 152 | 3.88 | 1.22 | 1 970 人/坊 | 93.5 | 5.4 |
| 城外 14 厢 | 5 737 | 4 401 | 10 138 | 3 636 | 36 | 2.79 | 1.30 | 724 人/厢 | 101 | 2.6 |
| 城厢内外 | 36 048 | 29 238 | 65 286 | 17 850 | 188 | 3.66 | 1.23 | — | — | — |
| 忠里十甲并8场 | 16 692 | 9 030 | 25 722 | 5 774 | 58 | 4.45 | 1.85 | 1 429 人/甲·场 | 99.5 | 3.2 |
| 孝里十甲并11场 | 17 019 | 14 497 | 31 546 | 6 669 | 67 | 4.73 | 1.18 | 1 502 人/甲·场 | 99.5 | 3.2 |
| 廉里十甲并7场 | 25 493 | 21 422 | 46 905 | 9 683 | 98 | 4.84 | 1.19 | 2 759 人/甲·场 | 98.8 | 5.8 |
| 节里十甲并10场 | 26 040 | 22 376 | 48 416 | 10 997 | 110 | 4.40 | 1.16 | 2 421 人/甲·场 | 100 | 5.5 |
| 智里四甲并6场 | 21 223 | 17 797 | 39 030 | 6 035 | 60 | 6.47 | 1.19 | 2 439 人/甲·场 | 100.6 | 3.8 |
| 仁里十甲并6场 | 15 146 | 12 328 | 27 474 | 6 465 | 61 | 4.25 | 1.23 | 2 747 人/甲·场 | 106 | 6.1 |
| 慈里十甲并11场 | 21 699 | 18 879 | 40 578 | 6 033 | 60 | 6.72 | 1.15 | 1 932 人/甲·场 | 100.6 | 2.9 |
| 正里十甲并7场 | 17 179 | 9 572 | 26 751 | 5 879 | 59 | 4.55 | 1.79 | 1 574 人/甲·场 | 99.6 | 3.5 |
| 直里十甲并8场 | 19 279 | 15 475 | 34 754 | 6 656 | 67 | 5.22 | 1.26 | 1 931 人/甲·场 | 99.3 | 3.7 |
| 总计 | — | — | 386 478 | 82 053 | 828 | 4.71 | — | 1 948 人/单位 | 99.1 | — |

（注：其中忠里十甲并8场以及正里十甲并7场男女比例严重失调，有可能存在人口数据的错报。）

如果"城市人口密度高于郊区人口密度"这种今天看来似乎是普遍性的认识成立——虽然前工业时期的中国城乡之间的差距可能并不十分明显，可以推测的是城内外的坊、厢和郊区的里、场面积并不一致，甚至存在较大差异；或者说，坊（里、场）是以人口数（户数）为划分依据而不是以占地面积为划分依据的地理空间。

## 4.2　城市主要官僚机构与人数

表 4.2 是清代的地方行政及军事设置框架与官员位阶示意表。需要说明的是，这是一个典型的设置而不代表所有的情况，比如，"道"一级的设置在省城中有，在府城中有（普遍的状况），在少数县城中也存在；同时表中未涉直隶州、厅的设置以及基于该主流框架延伸出的一些设置。其中，带 ※ 者为清代重庆府的官员设置。

根据清雍正《四川通志》中兵制设置，重庆府设镇标，镇标中设左、中、右三营，各设游击、守备 1 名，千总 2 名，把总 4 名；额定设置马兵 200 名，步战兵 800 名，守兵 1 000 名，马、战、守兵总共 2 000 名；其中驻重庆府城总兵 1 名，游击 3 名，守备 3 名，千总 5 名，把总 9 名，马、战、守兵总共 1 341 名。"总兵"是重庆府城中军阶最高的官僚，为正二品。"道"为布政司、按察司与府级之间的行政设置，官阶正四品，有分巡道与分守道之分，另有加"兵备道"衔者，可节制辖区内都司以下的武职；重庆府城中为川东兵备道，属四川省 4 个分巡道之一。

知府官阶从四品，略低于道员。但知府乃吏治之本，作为地方日常行政事务的主持人，下面有同知、通判的辅佐，以及处理日常事务的府堂、经历司、照磨司等机构。知县官阶正七品，同样是地方的行政长官，只是处理的事务范围相对比知府小，也更为具体，因此衙门的设置也有所不同。

表 4.2　清代的地方行政及军事设置基本框架与官员位阶示意表

| | 省　城（区域行政中心） | | | | 府　城（地方行政中心） | | 县　城 | |
|---|---|---|---|---|---|---|---|---|
| | 总督 | 巡抚 | 布政使 | 按察使 | 道 | 府 | 县 | |
| 正一品 | | | | | | | | |
| 从一品 | | | | | | | | 提督 |
| 正二品 | | | | | | | | 总兵※ |
| 从二品 | | | | | | | | 副将 |
| 正三品 | | | | | | | | 参将 |
| 从三品 | | | | | | | | 游击※ |
| 正四品 | | | | | 道台※ | | | 都司 |
| 从四品 | | | | | | 知府※ | | |
| 正五品 | | | | | | 同知※ | | 守备※ |
| 从五品 | | | | | | | | |
| 正六品 | | | | | | 通判※ | | 千总※ |
| 从六品 | | | 经历司理问所 | | | | | |
| 正七品 | | | | 经历司 | | | 县令※ | 把总※ |
| 从七品 | | | 都事 | | | | | |
| 正八品 | | | 库大使 | | | 经历司※ | 县丞※ | 外委千总 |
| 从八品 | | | 照磨所 | | | | | |
| 正九品 | | | 仓大使 | 照磨所 | | | 主簿 | 外委把总 |
| 从九品 | | | | 司狱司 | | 照磨所※ 司狱司※ | 巡检※ 驿丞※ | 额外外委 |
| 不入流 | | | | | | | 典史※ | |

（资料来源：根据清雍正《四川通志》整理）

　　除了军事、行政官员，重庆府城中还有府学教授（正七品）和县学教谕（正八品）。官僚的结构设置体现了城市教、养、卫的职能，同时也体现了重庆城在区域的"冲要"位置。表 4.3 是重庆府城中主要的建筑类型的种类、设置、地点以及演变情况的一个略表。

表 4.3　重庆府城主要建筑类型的种类、设置、地点以及演变

| 重庆城主要机构 | 地　点 | 清末民初名称 | 民国时期用途 | |
|---|---|---|---|---|
| 川东兵备道署 | 东水门内府城隍庙左 | 民政司 | 第一模范市场 | 行政建筑 |
| 重庆府署 | 太平门内 | 蜀军政府财政部 | 重庆市商会 | |
| 重庆府同知署 | 移驻江北厅 ※ | | | |
| 重庆府通判署 | 丰瑞楼内 | 蜀军政府军政部 | 商业场 | |
| 重庆府经历署 | 府署右 | 蜀军政府交通部 | 商业场 | |
| 重庆府照磨署 | 移驻江北厅 ※ | | | |
| 重庆府司狱署 | 在府署内 | | | |
| 巴县署 | 府署右 | | | |
| 县丞署 | 白市驿 ※ | | 民房 | |
| 巡检署 | 木洞驿 ※ | | 民房 | |
| 典史署 | 县署左 | 县议会 | 县市党部 | |
| 重庆镇署 | 金紫门内 | 镇守使署 | 中央军事委员会委员长行营 | 军事建筑与设施 |
| 中营游击署 | 中营街 | 警视厅 | 公安局 | |
| 左营游击署 | 八仙土地街 | 21 军司令部川康善后督办 | 川康绥靖行署 | |
| 右营游击署 | 凤凰门内 | | 高等法院第一分院及地方法院 | |
| 中营守备署 | 旗纛庙街 | | 青年里 | |
| 左营守备署 | 八仙土地街 | 重庆关监督公署 | 民众电影院 | |
| 右营守备署 | 凤凰门内 | | 民房 | |
| 校场 | 校场口 | | 商业场 | |
| 炮台 | 炮台街 | | | |
| 学院署 | 川东师范学校 | 第三模范市场 | | 教育设施 |
| 重庆府文庙 | | | | |
| 巴县文庙 | | | | |
| 来凤书院 | 在府治右 | | | |
| 社稷坛 | 在府城西 ※ | | | 礼制建筑 |
| 厉坛 | 在府城北 ※ | | | |
| 先农坛 | 在府城东 ※ | | | |
| 风雨雷电山川坛 | 在府城南 ※ | | | |
| 重庆府城隍庙 | 在府治东 | | | 祠庙建筑 |
| 巴县城隍庙 | | | | |
| 崇圣祠 | 在文庙东 | | | |
| 乡贤祠 | 在文庙西 | | | |
| 忠义祠 | 在文庙前 | | | |
| 节孝祠 | 在朝天驿内 | | | |
| 东岳庙 | 在府城东 | | | |
| 关帝庙 | 在府西 | | | |
| 文昌祠 | 在府西 | | | |
| 大禹庙 | 在府南门 | | | |
| 川主祠 | 在府南门 | | | |
| 璧山庙 | 在府内 | | | |
| 三贤祠 | 在府南门 | | | |
| 李公祠 | 府城治平寺内 | | | |
| 崇因寺 | 在县治北 | | | |
| 治平寺 | 在县治西 | | | |
| 朝天驿 | 在县治内 | | | 其他 |
| 古巴蔓子墓 | 在县治西北 | | | |

（资料来源：根据雍正《四川通志》中学校、祀典、驿传、官署、祠庙、寺观等整理，演变根据向楚《巴县志》中对于官舍废署的记载）

## 4.3 厢坊构成与街道名称统计

根据《巴县档案选编》，道光巴县城内外共有 42 厢坊。其中城内有朝天、东水、太平、仁和、金沙、翠微、宣花、巴字、神仙、储奇、杨柳、南纪、凤凰、金汤、太善、金紫、灵壁、临江、西水、崇因、红岩、华光、莲花、渝中、治平、通远、定远、千厮 28 坊；城外有丰碑、太安、朝天、东水、太平、仁和、南纪、望江、储奇、临江、西水、红岩、千厮、金紫 14 厢。城内 28 坊中有 16 坊按照除太安门外其他 16 城门命名；城外 14 厢中，除了丰碑（对应翠微坊）、望江（对应金汤坊）两厢外，有 12 厢依据城门命名[1]。由此可见，9 个开门，8 个闭门在城市空间中起十分重要的结构性作用。从城市人口的分布上看，按照表 4.1 提供的平均坊人口数 1 970 人每坊估算，16 坊有人口 31 520 人，加上城外 14 厢 10 138 人，共 41 658 人，占城市总人口 65 286 人的 63.8%；从 1911 年的重庆城图看，城门地区的道路密度要相对高于城中的道路密度，这种现象映射着城门地区的人口密度要比城中的高，因此城墙周边的人口总量与总人口比值可能要高于 63.8%。另外，城外 14 厢的人口分布由于城门区域的不同功能以及可使用江滩地的多寡而有较大差别。较多人口的城厢可能会分布在临江厢、千厮厢、朝天厢、南纪厢等。

历史过程中各个城门形成了相对稳定的功能区域。表 4.4 是根据普遍流传的重庆地方民谣整理的各个城门主要功能内容。[2]

表 4.5 是对《巴县档案选编》中金紫坊和灵壁坊人口社会职业构成的一个统计，很清晰地体现了清代中晚期巴县厢坊的典型

---

[1] 其中，定远、通远以及凤凰门外未有厢坊，体现了城西接陆地区发展的相对缓慢性。
[2] 聂云岚，《中国歌谣集成》，重庆：科学技术文献出版社重庆分社，1989，5-8 页。此处的功能分布可以和后节"城市功能分区的经验性判断"结合起来。

表 4.4　城门地区的主要功能分布

| 朝天门 | 千厮门 | 临江门 | 通远门 | 南纪门 | 金紫门 | 储奇门 | 太平门 | 东水门 |
|---|---|---|---|---|---|---|---|---|
| 迎官接圣 | 花包如雪 | 木料家具 | 卜葬造坟 | 菜市屠宰 | 镇台驻衙 | 药材市场 | 海味山珍 | 寺庙香火 |
| 礼仪区 | 棉布区 | 手工业区 | 坟墓区 | 食品供应区 | 军事区 | 医疗区 | 奢侈品区 | 宗教区 |

表 4.5　嘉庆十八年（1813）4 月 18 日金紫坊、灵壁坊社会职业成分统计

| 职业构成 | 户数（户） | 百分比（%） | 备　注 |
|---|---|---|---|
| 商业 | 287 | 53.7 | 各种与售卖（除饮食外）有关的行业 |
| 饮食业 | 60 | 11.2 | 酒铺、菜铺等 |
| 服务业 | 64 | 11.9 | 担水、剃头等 |
| 手工业 | 49 | 9.2 | 各种作坊，如铁铺、银铺、染坊等 |
| 以上合计 | 460 | 86.1 | |
| 官差 | 12 | 2.2 | 包括府差、道差、县差、坊差、捕差等 |
| 其他 | 62 | 11.6 | 包括医生、教书、唱戏、坐家等 |
| 总计 | 534 | 100 | |

［资料来源：《清代乾嘉道巴县档案选编》（下），318-319 页］

表 4.6　嘉庆十九年（1814）孝里 7 甲社会职业构成统计

| 职业构成 | 户数（户） | 百分比（%） | 备　注 |
|---|---|---|---|
| 载粮户 | 16 | 7.8 | |
| 自耕 | 28 | 13.7 | |
| 佃耕 | 16 | 7.8 | |
| 佃土 | 131 | 64.2 | |
| 以上合计 | 191 | 93.6 | |
| 其他 | 13 | 6.4 | 包括开店、打鱼、贸易、手艺各一，以及不详 9 户 |
| 总计 | 204 | 100 | |

［资料来源：《清代乾嘉道巴县档案选编》（下），321 页］

组成。其中，从事商业、饮食业、服务业以及手工业的户数占总户数的 86.1%，体现了清代中晚期巴县的城市商业属性。与此相对应，选择城郊的孝里 7 甲进行统计对比；表 4.6 中从事农业活动的户数高达总户数的 93.6%——两者的对比强烈展示了城乡之间社会功能和生活的差异性。

街道——作为中国前工业时期城市空间最主要的表现形式，它的命名在相当程度上可以展示城市的性质和特征[1]。表 4.7 是对清末民初重庆城主要街道名称的大略统计[2]，从中可以获得城市的一般认识。占绝对优势的是以地形、地势、事物名称和时间以及商业作坊命名的街道，均超过总量的 20%。其中以商业活动命名的街道达到了 22.2%，和城门区域功能以及厢坊人口职业构成结合起来，更容易理解商业职能在重庆城市中的主导作用。以官署命名的街道也占有相当比例，主要分布在沿长江北岸的下半城地区；同时宗教生活也占有相当的比例。

这种为街道命名的比例差别除了各个种类之间可以得到的感性认识之外，还可能有什么样的启示？可以进一步拓展的是寻找长江沿岸一个或者几个城（府或县）的街道名称统计，进行城市间的比较，也许这种比较可能更容易看出"街道名称"的社会功能意义和城市性质的差异。但获得这方面的历史数据并不容易，有待进一步收集。

---

[1] 封建时期城市场所的命名通常有几种情况。其一，对于重要城市节点，如城门、坊门等，往往引经据典，将礼制的规界、文学的意蕴、风水的意味与实际的使用性质结合起来，如北京城的正阳门、崇文门和宣武门等，重庆府城的金紫门、朝天门、太平门、通远门等。另一类，则和使用场所的功能紧密结合起来，体现了城市生活的特征。街道的命名属于后一种的居多。
[2] 有些名称同时具有若干的属性，如打枪坝、牛皮凼等。这两个地名的前面两字为功能内容，后面一个表达了场地的自然特征。

表 4.7　巴县城街道名称统计

| 街巷命名分类 | 数目（个） | 比例（%） | 备　注 |
|---|---|---|---|
| 以官署命名 | 36 | 11.9 | 如上都邮街、左营街、炮台街、县庙街、打枪坝等 |
| 以寺庙命名 | 40 | 13.2 | 如关庙街、华光楼街、龙王庙街等 |
| 以地形、地势命名 | 62 | 20.5 | 如上大梁字街、大阳沟街、四方街等 |
| 以事物名称和设置时间命名 | 69 | 22.8 | 如上石板街、新街口、过街楼等 |
| 以历代人物姓氏命名 | 28 | 9.2 | 如天官街、曹家巷、蔡家巷等 |
| 以商业作坊等命名 | 67 | 22.2 | 如油市街、牛皮凼、米亭子街等 |
| 总　计 | 302 | 100 | |

（资料来源：彭伯通，《古城重庆》，重庆：重庆出版社，1981，23-30 页）

## 4.4　城池面积与人口密度

根据 1911 年的《重庆城全图》以及清嘉庆《四川通志》中对重庆府城城周 12.6 里的记录[1]，利用计算机绘制城周形态并计算城池面积，约为 2.18 平方公里[2]。需要指出的是，计算机绘制的是平面正投影的城池形态，实际的城墙则是按照山地地形的变化修建，因此实际的城池面积会略有所减小。但即使修正了这一误差，也不会使下面的分析结果有大的变化。

表 4.8 是重庆府城城周、面积、总人口、密度以及坊的平均人口密度等。[3] 另外，表中关于坊提供的是一个平均值的状况；如上文所说，坊的划分依据可能是人口数值，因此为便于管理，

---

[1] 相当于 2 268 丈，今约 7 259 米。根据 1986 年的调查资料表明，旧遗城墙为 6 890 米。
[2] 城周相近并不意味着城池面积相近。一个可以比较的例子是大同府城。大同府城城周与重庆府城相近，为 7 120 米，但因为处于平原地区，城池形态方正，面积达到 3.16 平方公里，较重庆府城多出近 1 平方公里。
[3] 实际的城市建成区用地和城市人口要超过表中所给的数据，但因为不可能得到城厢面积，因此以城池中的人口和用地为基本统计数值。

人口密度高的区域其坊的面积则有可能相对小些[1]。明清重庆府城下半城要比上半城来得热闹得多，人口密度也应该要高一些；加上用地面积相对较小，因此下半城坊的面积也可能较上半城的为小。

表 4.8　清代道光重庆府城城周、面积、总人口、密度以及坊的平均人口密度

| 城　周 | 12.6 里 =2 268 丈 |
|---|---|
| 城池面积 | 2.18 平方公里（218 公顷） |
| 城池内总人口 | 55 148 人，14 214 户 |
| 城池内的人口密度 | 25 297 人 / 平方公里，507.6 户 / 平方公里 |
| 坊　数 | 28 坊 |
| 平均每坊面积 | 0.078 平方公里（7.8 公顷） |
| 平均每坊人口数量 | 1 970 人 / 坊，507.6 户 / 坊 |
| 平均每坊的人口密度 | 253 人 / 公顷，65 户 / 公顷 |

虽然是平均值，但提供了一个比较的基准。人口密度每公顷 65 户（25 297 人 / 平方公里）、每坊面积 7.8 公顷的指标在全国层面到底处于什么样的一种状态？这种密度对于城市居民而言意味着什么？

仅和南方的武昌府城比较。武昌府城城周 20 里有奇，根据《湖北武昌等十一属六十八州县城议事会议员姓名履历（清册）》（1911 年）附县城人口数，武昌城区有 182 345 人[2]。1926 年重庆商埠有居民约 18 万人（未包含机关、法团、兵营、学校、庙宇等人数）。重庆城面积比武昌城小近一半（直至 1927 年开

---

[1] 这一推测也可以从明代北京城的厢坊划分获得支持。皇宫周围坊的面积(如明照坊、灵椿坊、安富坊等)要远小于较外一点的坊(如正东坊、崇南坊等)。参见徐苹芳编著的《明北京城复原图》，收入《明清北京城图》，北京：地图出版社，1986. 历史时期坊的划分很可能经历了由面积为依据(如隋唐)向以人口为依据的转变，这是行政设置适应社会空间变化的结果。
[2] 转引自皮明庥：《近代武汉城市人口发展轨迹》，1995 年，第 4 期，53-57 页。另外，根据 1917 年英国人菲尔德维克著《汉口》一书以及《汉口小志・商务志》中载，武昌府城人口在 25 万左右。

通通远门城墙之前，重庆城市用地一直被限制在原有的城墙内区域），人口数却相当，由此可见重庆城人口的密集程度。[1] 这就是为什么早在乾隆时期就有对重庆府城"酒楼与市阛铺房鳞次绣错，攘攘者肩摩踵接"的记录，而一直到 1886 年巴县县令国璋在其督制的《重庆府治全图》识语中同样有"渝郡为水陆要冲，人烟辐辏……贾楼民居，鳞编节比，层楼叠屋，一望迷离"的描述。在 1895 年英国领事谭德乐（J.Noel Tratman）关于重庆的一份报告中写道，1894 年 8 月重庆城内发生了一场特大火灾，大火燃烧达 15 小时之久，有 1 000 多栋住宅被毁坏，1 万多人无家可归，"重庆的人口十分稠密……要找到一个比重庆更拥挤的城市不太容易"[2]。

## 4.5　与其他省区城池规模与人口平均值的比较

以上关于重庆府城城市人口密度是基于与武昌城市的比较，相对于清代中国其他省区城池规模和人口又是如何一种状况？表 4.9、图表 4.1 是对于清代各省不同行政等级城池城周与面积的统计。从中可见，重庆府城 12.6 里的城池规模要高于安徽、江西、福建、广西、云南的省府城周，在府级城周中和江苏省、浙江省的平均值最为接近。在城市人口规模上，根据曹树基总结江苏省清代早中期城市人口的不同等级（表 4.10），其中重

[1] 还有一个可以比较的例子是以"坊"为基本居住单元人口密度的比较。以山西平遥干坑村五成寨和段村和熏堡为例。五成寨和熏堡是很典型的清代北方村落居住聚落。两个居住单元的基本密度是在 140 平方米的空间范围中居住 40 户左右人口，则在 280 平方米的范围中应有 160 户居住人口。相对应的，重庆府城的平均坊面积 7.8 公顷（约为 280 米 × 280 米的空间范围）有 507 户，是五成寨和熏堡的 3 倍多。尽管乡村地区平均每户人口数要较城市中多，重庆府城"坊"的平均人口密度依然是相当高。
[2] 见周勇，刘景修译编，《近代重庆经济与社会发展（1876—1949）》，成都：四川大学出版社，1987,209-210 页。

表 4.9　清代各省省府城周、平均府级、县级城周及面积

| 行　省 | 省府城周（里） | 平均府级城周（里） | 县平均级城周（里） | 府　城 | | 县　城 | |
|---|---|---|---|---|---|---|---|
| | | | | 平均面积（公顷） | 统计个数(个) | 平均面积(公顷) | 统计个数(个) |
| 直隶省 | 58 | 14.07 | 5.42 | 154 | 6 | 125 | 12 |
| 江苏省 | 96 | 12.44 | 5.89 | 194 | 5 | 175 | 12 |
| 安徽省 | 9 | 9.56 | 5.19 | 138 | 4 | 109 | 9 |
| 山西省 | 24 | 9.30 | 4.82 | 175 | 4 | 155 | 5 |
| 山东省 | 12 | 11.36 | 5.53 | 147 | 5 | 117 | 8 |
| 河南省 | 20 | 8.09 | 5.88 | 186 | 4 | 160 | 7 |
| 陕西省 | 24.3 | 8.88 | 4.49 | — | — | — | — |
| 甘肃省 | 14 | 8.45 | 4.83 | — | — | — | — |
| 浙江省 | 35 | 12.64 | 5.92 | 136 | 5 | 110 | 15 |
| 江西省 | 11.5 | 8.78 | 4.55 | — | — | — | — |
| 湖北省 | 20 | 8.00 | 4.19 | — | — | — | — |
| 湖南省 | 14 | 7.10 | 3.40 | 73 | 3 | 60 | 5 |
| 四川省 | 22.3 | 7.19 | 5.06 | — | — | — | — |
| 福建省 | 10 | 11.8 | 5.05 | 109 | 5 | 104 | 18 |
| 广东省 | 26.5 | 6.65 | 3.86 | 45 | 6 | 39 | 28 |
| 广西省 | 12 | 5.23 | 2.59 | — | — | — | — |
| 云南省 | 9 | 5.54 | 2.79 | — | — | — | — |
| 贵州省 | 9 | 5.08 | 3.21 | — | — | — | — |

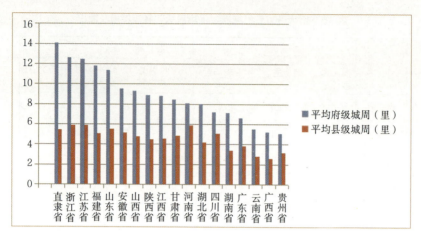

图表4.1　清代各省平均府级与县级城池城周（按照平均府级城周降序排列）

（资料来源：城周根据何凡能等著《中国清代城镇用地面积估算及其比较》，载于《地理学报》，2002，第6期；城池面积根据章生道著《城治的形态与结构研究》，载于施坚雅主编《中华帝国晚期的城市》，叶光庭等，译，中华书局，2000，99-100页中数据整理。图表按照平均府城降序排列）

表4.10　清代早中期江苏城市人口的分级

| 地市等级 | 人　口 | 备　注 |
|---|---|---|
| 中心城市 | 15万～85万 | |
| 府城及大市镇 | 5万 | 重庆府城的人口规模位置 |
| 县城及中等城镇 | 1.2万～1.5万 | |
| 小市镇 | 0.2万 | |

（资料来源：根据曹树基著《清代江苏城市人口》，载于《杭州师范学院学报：社会科学版》，2002，第4期数据整理）

庆城符合府城及大市镇5万左右的人口规模。

　　也就是说，清代重庆城的城周规模在全国处于靠前的位置，大于少数几个省府城的城周，远高于四川省的府级平均城周，和江苏省与浙江省的平均值相近。在人口规模上则和江苏省府级城市人口数量相当——由于同时期城池规模接近，清代重庆府城的发展状况应与江苏省府城城市的一般发展状况相当。

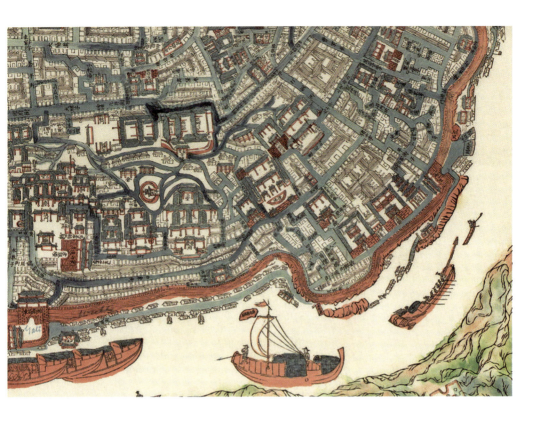

## 05

从普遍观念到地理现实：

清末民初的重庆城内部空间结构

> 传统帝国时期的中国城市……事实上，未有本质上的改变，延续到现在这个国家的许多地方；其不少轮廓仍然清晰可辨……这些传统城市原先主要是帝国权力强将划一的模式（a uniform plan）置放到多样的地景来的中心，是权力象征性的纪念碑和占统治地位的中国政府和文化的威严体现。
>
> ——罗兹·墨菲（Rhoads Murphey）
> *City as a Mirror of Society: China, Tradition and Transformation*

20 世纪初以来，现代城市空间结构成为西方城市社会学、城市地理学等学科重要的研究对象。迈克·萨维奇（Michael Savage）与艾伦·沃德（Alan Warde）在《城市社会学，资本主义与现代性》（*Urban Sociology, Capitalism and Modernity*）一书中回溯了城市社会学的发展脉络，可以作为现代城市空间结构研究阶段的一个映照。萨维奇将城市社会学的发展划分为 3 个时期：作为创始时期的 1900—1930 年芝加哥学派的研究与影响，第二次世界大战后城市社会学的式微以及 20 世纪 70 年代以来以"新马克思主义"为代表的新城市社会学的浮现。作为受到法国哲学家路易斯·阿尔都塞（Louis Althusser）影响至深的曼纽尔·卡斯特尔（Manuel Castells）和彼得·桑德斯（Peter Sauders，韦伯主义者），皆指出传统的城市社会学作为一门学科（scientific discipline）缺乏独特的、恰当的"理论体"或"理论标的"（theoretical object）。"在这样的框架下，所有现存的城市社会学都是观念上的（ideological），因为它开始于普遍的概念如社区、城市或者城市问题，由此无法建立理论性的基础。"[1]曼纽尔·卡斯特尔在《城市问题：马克思主义的视觉》(The Urban Question: A Marxist Approach) 中即有一专章详尽地回溯现代城市空间结构研究的历程，然后，他批评旧有传统并试图在新的基础之上重建城市社会学[2]。除了卡斯特尔、桑德斯，大卫·哈维（David Harvey）、亨利·列斐伏尔（Henri Lefebvre）、瓦尔特·本雅明（Walter Benjamin）等人都是新城市社会学研究的重要人物，对于晚期资本主义城市社会有着不同方面的理论贡献[3]。

在关于过去一个世纪以来西方对于中国城市史的研究中，李孝悌总结了4种模式。一种是马克斯·韦伯(Max Weber)发表的《中国的宗教》和《城市》中的观点，书中韦伯对西、中城市产生的差异机制进行讨论，对中外关于中国城市史的研究产生了深刻影响；一种是以施坚雅和斯波义信为代表（主要的论述译著分别在《中华帝国晚期的城市》和《宋代江南经济史》两书），对于中国的商业、市场网络体系展开研究；一种是以李欧梵的《上海摩登：一种新都市文化在中国 1930—1945》为代表，从文化史的角度对城市的演进进行了阐释；再另一种是梅尔清（Tobie Meyer-

[1]Savage, Michael. *Urban sociology, capitalism, and modernity*, New York:Continuum, 1993, p.28.
[2]比如，他提出了"集体消费"的概念。见Castells, Manuel. *The urban question: a Marxist approach*. London: E. Arnold, 1977, 空间结构部分讨论见第 3 章。
[3]另外，关于中国城市空间结构研究综述可参见冯健，周一星，《中国城市内部空间结构研究进展与展望》，《地理科技进展》，2003，第 22 卷第 3 期，304-315 页；吴启焰，朱喜钢，《城市空间结构研究的回顾和展望》，《地理学与国土研究》，2001，第 17 卷第 2 期，46-50 页；易峥，阎小培，周春山，《中国城市社会空间结构研究的回顾与展望》，《城市规划汇刊》，2003，第 1 期，21-24 页等。

Fong）著述的《早期清代扬州的文化建构》（*Building Culture in Early Qing Yangzhou*），代表着城市史研究典范上的转变，从施坚雅的人类学、经济史，威廉·罗（William Rowe）的商业、经济史转向文化史的研究视野。李孝悌的划分试图从不同的研究角度归纳城市史研究的类别，虽然简略，却可以是认识中国城市史研究的一个出发点 [1]。

简略回顾城市社会学（以"社会过程"为核心）和城市史研究（以"历史过程"为核心）的基本脉络，是因为以城市物质空间及其形态与建造技术（包括历史时期的建成环境）研究为主的传统城市建设史必须在很大程度上依赖于其他学科，尤其是这两个学科（包括以"空间过程"为核心的城市地理学）的理论基础、研究方法，甚至是研究内容 [2]。尽管如此，当下的中国城市建设史与城市社会学、与更广的城市史之间的关系仍然薄弱，基本停留在较浅层面的普遍描述上。

作为个案城市研究的这一章不可能容纳讨论该命题的空间。同时，处于前现代的、转型时期的中国城市研究如何与现代城市社会学等较为完整的理论体系、研究方法搭建关联也仍然是一个具体的难题，不脱离学界早已经引起的"西方理论（经验）与中国问题"的诸多讨论与思辨。本章仅试图在一个略具宏观理论视野的背景下，通过对清末民初重庆城的空间结构研究，揭示该时期基本的城市形态，为清末民初转型中的中国城市研究提供一个可以比较的样本。在研究方法上，首先利用对于重庆城历史地图

[1] 参见李孝悌编，《中国的城市生活》，北京：新星出版社，2006。另外可参见曲英杰，《近年来中国古代城市研究的新进展》，《中国史研究动态》，1996，第 2 期，9–16 页；中村圭尔、辛德勇编，《中日古代城市研究》，北京：中国社会科学出版社，2004。
[2] 城市社会学与城市地理学之间的界限已经日趋模糊；空间过程与社会过程之间的研究互涉日深。另外在学科领域，存在着广泛的"知识分工"（一个对照是，今天中国教育界称之为一级学科、二级学科等的状况）。某一个低层级的学科领域，又如何才能够突破层层的学科间壁垒？又能够在多大程度上突破学科壁垒而又保持"自我的身份"，获得学科存在的意义？

的元素抽取，结合计算机绘图和统计、历史文献参考，解读和分析城市的街道网络以及各种不同使用功能建筑的空间分布，从而认识城市内部的异质性和空间分化；同时，将经验性的解读与数量化的统计结合起来，使得对于清末民初重庆城的研究不仅具有描述性，同时具有一定的解释性。最后，再将重庆城个案研究的结论放置到全国层面的普遍状况进行讨论。

另外，略述研究重庆府的意义。马丁·海德格尔（Martin Heidegger）认为，空间依靠相互位置存在。当下中国城市史研究重心，前现代的基本在西安（长安）、北京、杭州、扬州等王都或者封建时期的文化、商业中心；近代的则以上海、天津、武汉（汉口）、广州等租界有着较大影响的通商口岸为主；现代部分大量的城市地理学者的成果是围绕着东部地区大城市展开的。斯波义信曾经质疑："在中国城市史研究方面，通常总是以长安、洛阳或北京之类的模式，千篇一律地概括中国的城市，而且满足于这种研究的思想非常根深蒂固，因此很难作出，诸如一般的和正规的城市论、城市形态论或城市生态论之类的研究。"[1] 这种发展脉络与现状固然与被研究城市丰富的学术资源、历史机缘以及研究者密度有关，但是，如果缺乏其他地区城市的研究，缺乏更为广泛、普遍和数量更为巨大的中小城市的研究，那么，很显然难以形成清晰的空间关系，如海德格尔所言，也就难以获得清晰的"本体"的认识。比如，一个关键性的核心问题，现代化与现代性过程是如何在近代以来的中国城市和地区铺展开来？该问题不仅植根于个体城市，而且需要数量更多的对中西部城市的研究来共同寻求解答和描绘更为完整的图像。

---

[1] 斯波义信，《宋都杭州的城市生态》，《历史地理：第六辑》. 上海：上海人民出版社，1988，268 页。

图 5.1  1861 年的重庆府城 [1]

[1] 此图来自 Five Months on the Yang-Tsze: with a Narrative of the Exploration of Its Upper Waters, and Notices of the Present Rebellions in China/by Thomas W. Blakiston; Illustrated from Sketches by Alfred Barton; with Maps by Arrowsmith. London: J. Murray, 1862, p. 211。从该书中的各图中看，Alfred Barton 有着纯熟技巧和准确再现事物的能力。该图很可能是巴县（重庆府治）现存最早的、按照西法透视绘制的图像，使人直观领会张之洞的诗词中对重庆府的描述：图中角度是从长江上游往城池看，可见城墙之威武和城墙外密集的建筑群。

研究重庆城的意义即在于此——根据笔者所能够涉猎到的文献，当前关于清末民初重庆城空间形态的研究可谓凤毛麟角；有的通常是介绍性的描述和游记中文字[1]。另外一个方面，重庆城的独特之处在于其整体盘踞复杂山地，张之洞诗词中之"名城危踞层岩上，鹰瞵鹗视雄三巴"（图5.1），这在中国城池历史上较为特殊的案例却有着普遍的意义。在笔者所见各种中、英文文献中，往往都简单地将重庆府城称之为不符合"形制"的、与普遍观念中的中国传统城市完全不同的特殊例子。但是，"巴"的行政设置与空间位置从秦汉以来就具有重要的战略意义（尽管城池位置有所变动），其所在行政设置至宋代以来升格为"府城"；重庆府城是川东地区最为重要的城池；明清时期，尤其从"湖广填四川"以来，更显示出"通商口岸"的经济价值。封建时期的中国城池，是中央政府在地方的权力彰显[2]，这是一个普遍的认知。由此，某种稳定的空间格局及其意义（从等级、形制到风水等，尽管仍然有待讨论）在封建时期"礼制化"的社会中长期经营，成为从中央到地方到民众间的一种普遍认识。然而，如果按照现存的观点，这种普遍的空间格局为何落到一个在封建王朝行政体系中具有重要战略意义的府城就完全发生了变化？这一点十分值

[1] 有两篇较为相关的英文文献，一篇是Robert Kapp关于1926—1937年重庆城市地理位置以及税收对于军阀刘湘重要性的论述，见Robert A. Kapp. *Chungking as a center of warlord Power, 1926—1937*, in Mark Elvin and G. William Skinner. ed., *The Chinese city between two worlds*, Stanford, Calif.: Stanford University Press, 1974, pp. 143-170; 另外一篇是Lee Mclsaac讨论了第二次世界大战期间作为陪都的重庆，"下江人"如何从话语上重新定义一个原本处于国家言语边缘的城市，见Lee Mclsaac. *The city as nation: Creating a war time capital in Chongqing*, in Joseph W. Esherick. ed., *Remaking the Chinese city: Modernity and National Identity, 1900—1950*. Honolulu: University of Hawaii Press, 1999, pp. 174-191. 但这两篇文章重在社会史的研究，对于城市空间结构与社会之间的关联论述较少。
[2] 比如，约翰·弗里德曼即认为"当前中国城市转变在老传统中进行着……中国的城市，在地景中立墙而起，从来没有发展成为自治性的机构。大体而言，中国的城市更是帝国权力而非其自身的权力的所在地（Seats）"。见John Friedmann. *China's Urban Transition*. Minneapolis: University of Minnesota Press, 2005。

图5.2　增广重庆地舆图（局部）

图5.3　重庆城区略图（局部）

（资料来源：周勇，刘景修译编，《近代重庆经济与社会发展（1876—1949）》，成都：四川大学出版社，1987）

得质疑和深究。本章也试图回答这一问题，回应并进一步阐述罗兹·墨菲提出的在中国传统城市中，帝国权力制定的"划一的模式"与"多样的地景"之间的关系。

## 5.1 清末民初的重庆城图

现存流传较广的清代重庆府城地图，有乾隆巴县志中的《重庆城图》、国璋的《重庆府治全图》、张云轩的《重庆府治全图》以及刘子如《增广重庆地舆图》（图 5.2）[1]。这几幅地图对于了解重庆城市的形态和空间结构有一定的意义，但由于是"意象性"的地图，虽然具有相对关系的准确性，却无法作为城市空间结构定量分析的基础材料。另外，1891 年由重庆海关绘制的《重庆城区略图》（Rough Sketch of the City of CHUNGKING）清晰地标明了众多公共建筑的位置，但该图与国璋、张云轩的图十分接近，存在着较大的方位错误（图 5.3）。

《重庆租界商埠图》现存于日本京都大学（图 5.4）。根据图中附文以及绘制内容中的名称标注，该图绘制时期应在清光绪二十七年（1901）之后、民国建立之前，是目前笔者发现的最早用西方现代方法绘制的重庆地图，图中"绘图如西法，每方里得一中里"；按"每分十八丈比例尺"绘制，有图例 20 种；尤其令人注意的是有"西人购居""西人赁居"以及"电线"3 种图例。图中重视各种关卡、产业的空间标志，东绘制到"距渝城 15里水道 10 里的百货验关"，西绘制到距渝城 15 里的浮图关营防。

---

[1] 后三者地图关于重庆城市描绘的异同，可参见姜丽蓉，《三幅重庆府治全图的比较》，载于曹婉如等编，《中国古代地图集（清代）》，北京：文物出版社，1997，163-164 页。

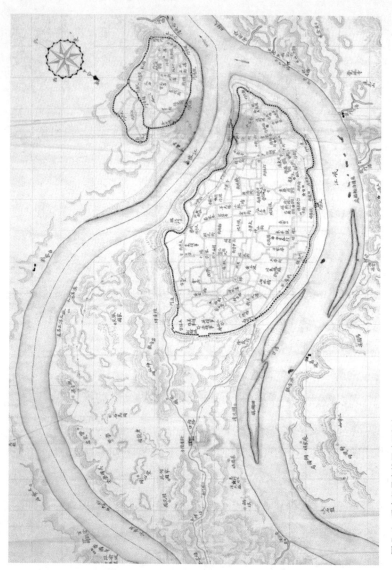

图 5.4　重庆租界商埠图（局部）

该图绘制清晰优美，标注简洁扼要，信息丰富，是研究清末民初重庆城重要的基础材料（图5.5）。

民国抗战时期，为了介绍重庆城市的情况，出现了不少城市地图。其中较好的有吴济生《新都见闻录》中的附图（1940年），其幅面虽小，图纸表达却相当清晰。另外，有唐幼锋编著的《重庆旅行指南》中的附图（1942年）等。这些地图虽然采用平面投影的绘制方法，但年代靠后，城区发展已经突破城墙的限制，图中关于城墙的信息也不完整。

现存民国早期重庆城市地图，较有价值的有民国十八年（1929）《重庆设市市区地形图》，民国二十四年（1935）重庆市政府秘书处编辑《重庆市一览》中的《重庆市旧城新区街道图》，1937年的《重庆市城郊图》以及重庆肇明石印公司民国元年（1912）印行、民国九年（1920）再版的《新测重庆城全图》。

《重庆设市市区地形图》绘制精美，比例尺为1∶2 500，图中有详细的用地标高和等高线表达；城市建成区用密集排列线条绘制，各主要机构和街道有地名标注；图的右下角有"重庆市市长潘文华、工务局局长傅骕审查，技士樊启明、蓝家煌、测绘员刘武汉测绘"字样。此图可能是早期重庆城市地图中最为精美的一幅。但此图图例单一，不能用来分析社会功能的空间分布。《重庆市旧城新区街道图》和《重庆市城郊图》表达简约而清晰，反映了1937年前虽然重庆城市已经向西拓展，但主要的建成区还是在旧城中；同时图中新区有等高线的表达，突出而强烈地体现了重庆山地城市的特征。但这两图主要表达了街道格局与名称，对于城市中各种不同的使用功能并未详细交代。

《新测重庆城全图》是一份非常详尽的城市地图。原图比例尺为1∶5 000，有图例60种，其中自然属性（如道路、树木、花园、

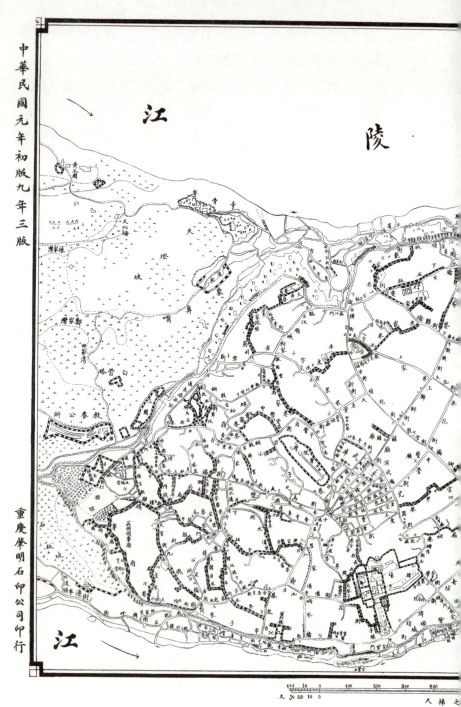

图 5.5 新测重庆城全图 [1]

新測重慶城全圖

此圖有著作權翻印必究

[1] 本文中該圖來自日本柏書房編，《近代中國都市地圖集成》，東京：柏書房，1986。

水池、石阶、围墙等）相关的 35 种，与社会属性（如署衙、庙宇、教堂、保甲等）相关的 25 种，详细而清晰地表达了清末民初重庆城市的概况。图纸的右下角标有"此图有著作权，翻印必究"字样，推断该图当是肇明石印公司自己详细调研后绘制所得，已经远超出一般意义上城市地图的深度 [1]。图中标有肇明石印公司的位置，位于大梁子与杨柳街相交的城市中心地带。

基于《新测重庆城全图》体现的合适的时间段、准确性以及详细程度，本章即以它为展开研究的基础材料。同时，结合《重庆租界商埠图》，并以各前后历史时期的地图为参照。

## 5.2　重庆城的城门与街道结构

陶维新（Robert John Davidson）和 梅益盛（Isaac Mason）在 1905 年出版的一本游记中对于重庆城有一段概要的记述："重庆修建于高山岩石上，被 1761 年叛乱之后重建的城墙环绕着。城墙现状很好，有完整的城垛和护墙；共有 17 个城门，9 个每天从清晨开至黄昏。除了其中的一个（指通远门，笔者注），所有的城门沿向江边——在这里，人们繁忙的活动足够说明称这个忙碌的口岸为'西部中国利物浦'的缘由。河岸和码头总堆积着大量船只，与更内陆的城市进行着贸易；猪鬃、大麻、药材、兽皮、麝香、鸦片、羊毛、丝等被转运到这个城市。"[2] 和平原城市不同，重庆府城依山而起、因长江嘉陵江两江而筑，在 12.6 里的城

---

[1] 在该文即将完成的时候，作者在国家图书馆中查到该图 1921 年的版本（索书号 /227.02/ 1922），与作者手中有的图相比多了些信息。其中最重要的是警察区域的划分以及贴在地图上教会对于重庆城市涉外机构的调查结果。具体详后分析。

[2] Robert John Davidson, Isaac Mason. *Life in West China: Described by Two Residents in the Province of Sz-Chwan.* London: Headley Brothers, 1905, p.37. 除了将重庆比喻为利物浦，还有一些早期外国游历者撰写的文本中将重庆比喻为曼彻斯特、芝加哥。

墙上开了多达 9 个门洞（相近规模的大同府城仅有 4 个城门），从而导致了路网结构的复杂化；同时，山地地形使得街道蜿蜒变化、高低起伏，极为复杂迷离，不容易识辨。这是一种与平原城市完全不同的行走经验和体验，从 19 世纪末、20 世纪初的西人（传教士、旅游者等）的记录文字，到抗战初期诸多下江人介绍重庆城市的资料中都可以解读出来（图 5.8、图 5.9）。类似于"大部分街道狭长和肮脏，味道令人不快。街道修得很不规则，城市自身也非常不规则，使人容易迷路走失"[1] 的描述并不少见。怎么才能够从复杂和混乱的感受中获得可能清晰的结构性概念？

《新测重庆城全图》中街道密织、纵横交错，从图中很难直观判别城市主要的道路构架。如何可以从图中获取主要道路构架的信息？主观的判断结合文献记述是一种方法，但很可能跟随着著述者有选择地感受而导致遗漏或者误判。路网的形成与实际的使用需求相关，而使用需求与使用效率相关。由此，根据这一基本的理念绘制图 5.8。其中的方法是，从每一个城门出发，选择图中最短路线到达其他城门；然后再将 9 个城门各自路线叠合，得到城市主要道路的基本布局。

基于重庆城市"襟带两江"特殊的形势，需要对得到的结果进行修正。由于城门外就是江河，船运的效率远高于城门之间沿江的陆路干线，因此，应该结合考虑在沿城墙干道与城市中间区域干道之间的道路。根据这一推断修正了图 5.8，得到图 5.9。

根据各城门之间最短距离叠合并加以修正的图 5.9 存在着一定的问题。其一，对于最短路线的选择可能存在误差。因为是基于平面投影的连线，与实际"山地"的情况会有一定不同；同等

---

[1]Robert John Davidson, Isaac Mason. *Life in West China: Described by Two Residents in the Province of Sz-Chwan*. London: Headley Brothers, 1905, p. 42。

图5.6　清末重庆的一个城门

（资料来源：此门很可能是通远门，也是带有瓮城图像的一张珍贵照片——可和下图比较。来自［英］立德著，《穿蓝色长袍的国度》，王成东，刘浩，译，北京：时事出版社，1998，239页）

图5.7　1911年重庆城的城墙与城门

［资料来源：德国人魏司在清末拍摄的重庆，来自"穿越亚洲"（crossasia）网站魏司数据库］

投影长度的线段将因坡度差异而行走难异程度相差大，从而导致对于路线选择的不同。这种情况尤其可能在从金紫门至通远门间垂直于山地的道路中出现。其二，除了城门，城池中重要建筑、公共空间等是共同形成路网的根源。缺失了这部分内容可能导致路网的遗漏。比如，城西高处的五福宫是重庆城一个较好的风景园林区，历史时期大量的文人骚客在五福宫留下了许多描写重庆的诗词（图 5.10），但依据以上两种做法的方法和理由（连线叠合和修正）都无法获得这条路线。尽管如此，图 5.9 还是基本反映了清末民初重庆城市主要的道路网络结构——一个可以用来辅助论证的理由是从所得道路的命名上，图 5.9 中的路网覆盖了城中绝大部分的以"街"（相对于"巷"的大道）命名（1920 年地图上的标示）的道路。误差和不确定性可能存在于通远门和南纪门连线以西坡度陡的地区，而主要的公共建筑除了五福宫外，都分布在该线的东侧。图 5.9 也回应了斯潘塞（J. E. Spencer）在 1939 年对于重庆道路空间结构的感受性描述："如果有任何的道路模式可以说的话，就是一条主要的长街沿着变化的标高穿过城市的长向，次级的交叉的街道和小巷，以及沿着城墙的街道。"[1]

虽然从复杂交错的城市路网中剥离出主要的街道构架，但是，这一构架依然不很清晰，因此也无法直接判读城市主要道路骨架对于城市空间结构的界定。它的背后是否可能隐藏着从宋代彭大雅修筑城池时或是明代戴鼎重筑时对于重庆城市空间的规划设计意图？

乾隆《巴县志》卷二"城池"条中有录"明洪武指挥戴鼎因

---

[1]J. E. Spencer, Changing Chungking: The Rebuilding of an Old Chinese City, *Geographical Review*, Vol. 29, No. 1, Jan., 1939, pp. 46-60。20 世纪 30 年代期间，潘文华任重庆市长时，在原来街道的基础上拓宽修通了几条东西方向的道路，强化了这一空间的感受。

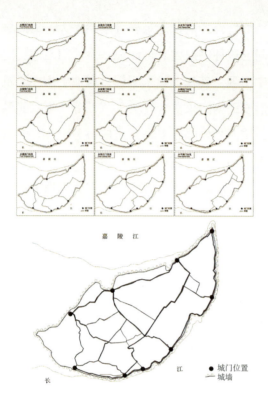

嘉 陵 江

长                                    江

● 城门位置
━ 城墙

图 5.8    根据城门间最短路线重叠得到的道路结构

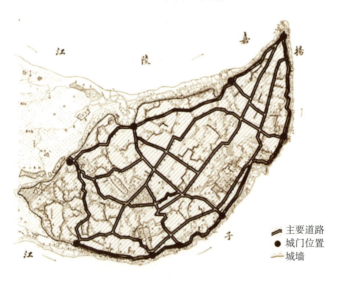

━ 主要道路
● 城门位置
━ 城墙

图 5.9    根据图 5.8 修正的城市主要道路网络

图 5.10　1911 年的重庆五福宫

（资料来源：德国人魏司在清末拍摄的重庆）

旧址砌石城，高十丈、周两千六百六十六丈七尺，环江为池。城门十七，九开八闭，象九宫八卦"。之后有众多文献引用此论述，但如何的"九开八闭象九宫八卦"却一直没有见到相关讨论。以下略做探讨和推测。

八卦有先天八卦和后天八卦两种。通常中国北方应用后天八卦为多，南方则先天八卦为多。用后天八卦应对城门关系，首先乾、坤分别为西北的临江门和西南的南纪门，意义和关系均不合。

用先天八卦应对城门则可得出一组关系。另外，还有一个直接证据说明重庆城采用了"先天八卦"。在国璋、张云轩、刘子如图的西角，均有十分独特的一处，即七星岗（缸）；3张地图上均标注了七星岗的位置，以及清楚地绘制了七星和"坎位"卦象——坎为水。这即设置七星岗（缸）用于重庆城防火之目的（图5.11）。

城门的各方位与命名具有一定的对应关系（图5.12）。"乾位"为金紫门，金紫门在城正南，内是重庆镇署。储奇门处在"中宫"，瓮门上题字"金汤永固"。千厮门为"坤位"。"离位"和"坎位"分别为正东和正西的东水门和通远门。朝天门在城东北，为"震位"。

图5.13是落实城门空间位置的"九宫八卦"推测图。图5.13将按照推测的方位与数值连线，从金紫门乾位（1）开始到千厮门的坤位（8）结束；很可能不是巧合的现象是，从朝天门的震位（4）到南纪门的巽位的连线中点（$O$）正南方（$OA$连线）穿过了中宫储奇门。从4—5线段的中点（$O$）做垂直线于2—3线段，即$OB$线，从其与地图上地块关系，以及此轴线两边布局建筑（重庆府衙即分布在此轴线一带）上看，很可能是控制重庆府城空间布局的轴线之一（图5.14）。

图5.13中还隐藏着两条轴线，一条是千厮门（坤）与金紫门（乾）之间的连线（8—1），另外一条是东水门（离）与通远门（坎）之间的连线（3—6）。这两条轴线是否可能是规划城市空间结构的基本构成？构成城池空间结构的基本要素通常是内外各种条件共同的结果，但往往外在的"形胜"是第一要素。寻找这两条轴线存在的理由只能转向更大的山水关系。然而，立刻面临的一个问题是，哪一个方向是重庆府城的最主要朝向？是如许多北方城市的正南，还是正东，或是其他？

乾隆《巴县志》在"山川"条中有载，真武山"在城东南七里，山势极高……雄视两江，城如浮叶……为郡城第一屏障"，接着老君山"在城东南七里，涂山之右……为县署之应山"。"屏障"和"应山"的这两条记录很清楚地说明了城的主要朝向是面向整个东南走向的山脉。核查更大范围的地形图。根据 1939 年军令部陆地测量总图的大尺度地形图，将两条轴线绘制于地图上，可以很快地发现和找到相应的关系。千厮门与金紫门之间的连线，平行于真武山、涂山、老君山等山的山脊线，而东水门与通远门之间的连线则平行于长江的走向。一条是与山线对应，一条与水线对应，两条空间轴线是回应山水形胜格局的结果（图 5.15）。

　　另外，略讨论"中宫"储奇门、"乾位"金紫门和"兑位"太平门。这三门一带是清代有记载的重要的城市活动区。储奇门居中，左文右武：太平门内一带是县衙、府衙，文治之处；金紫门内一带是军事重地。太平门是重庆府城历史最久远的城门之一，明代重庆城池内编有 8 坊，太平坊即为首坊；另外，太平门周边环境的命名具有文雅趣味和强烈的风水意味。太平门内即为"文华街"，正对着长江南岸涂山上的"文峰塔"；太平门内的"白象街"[1] 呼应着对岸的"狮子山"（图 5.16），形成"狮象把水口"的风水意象。太平门的瓮城上题字为"拥卫蜀东"[2]，明确点出了重庆府城对于中央政权而言在巴蜀地区的重要使命。

[1] 乾隆《巴县志》中"古迹"条有载"白象池"："在宣化坊旧同知署后白象街缘。……江州地势刚险，重屋累居。堪舆家言，郡城南涂山一带绵亘数十里，峰峦高耸，尽属火星鸟瞰城中。火星旺则水弱多患。前人营建城郭，内多凿大池，以水制火，颇有深意。而大小熄火池命名尤可想。"
[2] 可以作为比较的是朝天门的"古渝雄关"、通远门的"克壮春秋"、南纪门的"南屏拥翠"、千厮门的"千斯巩固"以及临江门的"江流砥柱"。

图 5.11　张云轩的《重庆府志全图》中标注有先天八卦中"坎位"的七星岗

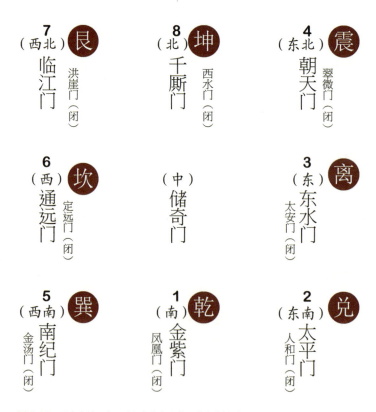

图 5.12　重庆府城"九开八闭象九宫八卦"的方位推测图

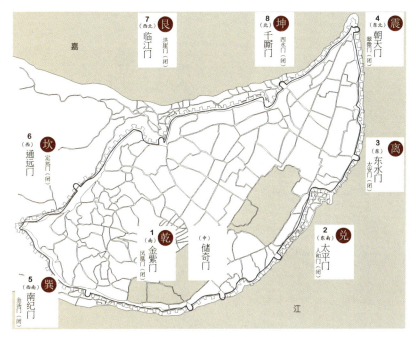

图 5.13　重庆府城对应于城池城门的"九宫八卦"推测图

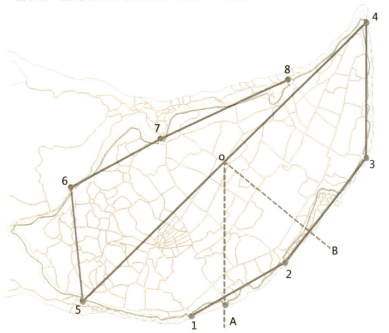

图 5.14　重庆府城"九宫八卦"推测图中隐藏的关系

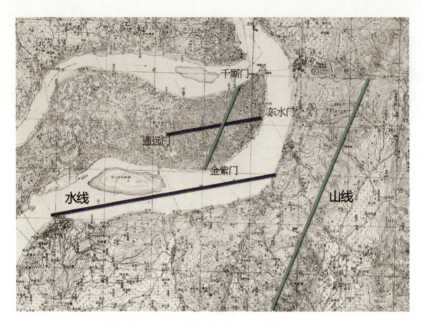

图5.15 重庆府城两条空间轴线来自山水形胜格局

图5.16 重庆石狮山下之石狮

（资料来源:《良友》, 1937, 第124期, 45页, 文字标注: "重庆石狮山下之石狮, 栩栩如生, 有痛饮清流之概。"）

## 5.3　城市功能分区的经验性判断

　　根据得到的城市主要道路网络、各个城门不同功能的文献记载，尤其是流传十分广泛、作为"集体记忆"（历史时期长期积淀的、群体对于城市空间的意象）的地方歌谣《重庆歌》[1]以及大规模公共建筑（府衙、镇署等）的分布，对于清代重庆府城的功能区域可以大致做出图 5.17 中的经验性划分。从图 5.17 中可以解读重庆府城作为大清王朝的城市，如何与地方的自然特征（山地、江河等）结合起来，形成了具有自身特色的城市空间布局。

　　从政治和军事意义上，重庆府城是中央政府"拥卫蜀东"的重要据点，保证和维护地方稳定与安全是其重要城市职能。因此，作为政府工程，官署区与军事区是城池规划与建设时首要的考虑因素，这与其他平原城市并无差别。无论在大量的城市历史地图中、考古复原的城池形态中，还是保留下来的传统城市中，官署区总是占据城市空间的核心区域。

　　从格局上看，如果忽略了重庆城是建在山上的城市，图中的混合居住区是最佳的空间选址，将官署区布置在这个区域的周围符合"择中立官"的普遍意识。但实地的考察可以深刻体会这种想法的不现实性。一组数据很能说明问题：江滩地的平均海拔约 170 米，朝天门为 195 米，而官署区与混合居住区之间大梁子的海拔为 269 米——江岸与大梁子之间的高差有近百米。在以步行为主要交通方式的城市中，综合交通便利、场地情况以及"背山面水"

---

[1] 该歌谣指出了各个城门（开门与闭门）地区不同的社会活动或经济功能：朝天门大码头，迎官接圣。翠微门挂彩缎，五色鲜明。千厮门花包子，白雪如银。洪崖门广开船，杀鸡敬神。临江门粪码头，肥田有本。太安门太平仓，积谷利民。通远门锣鼓响，看埋死人。金汤门木棺材，大小齐整。南纪门菜篮子，涌出涌进。凤凰门川道拐，牛羊成群。储奇门药材帮，医治百病。金紫门恰对着，镇台衙门。太平门老鼓楼，时辰报准。仁和门火炮响，总爷出巡。定远门较场坝，舞刀弄棍。福兴门遛快马，快如腾云。东水门有一个四方古井，正对着真武山，鲤鱼跳龙门。

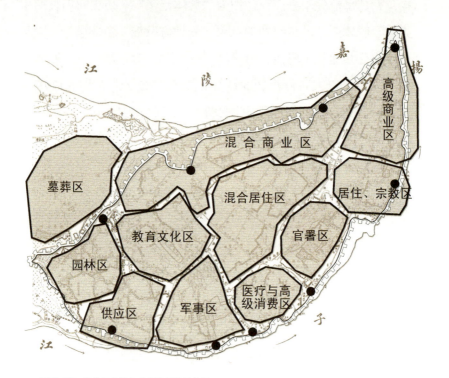

图 5.17 清代重庆城市功能的经验性分区

的经营意识等考虑，图中的官署区理应是最佳选择。官署区背后的山脉是金碧山余脉，历史上曾长期作为官署区园林，是《巴县志》中载的"巴渝十二景"之一。宋代余玠在此筑"金碧台"；明代郡守张希召在此建"会茗山堂"；清乾隆时知府书敏又在此建亭。

军事区的选择受到几个因素的影响：其一，传统城市"左文右武"规范格局；其二，军队应该与商业区和居住区有一定程度的隔离，且有相对便利的出城交通条件；其三，需要相对平整的军事训练场地。从以上 3 个条件衡量，图中的军事区也理应是最佳位置。该点不仅水路方便，而且更为重要的是，很快可以通过通远门或者南纪门与更西端的浮图关守备军形成快速呼应；而其北端的校场是全重庆城唯一相对宽敞平整而又最为方便的军事训练场地。

军事区的西端形成了以猪肉、蔬菜等为主的食品供应区，与兵营长期、大量的军需要求有关（不仅与该城内军事区有关联，与浮图关营防应也有关系）。军事区与官署区之间形成了医疗与高级消费区，也与周围消费人群具有较高层级的社会属性有关，是满足拿国家饷银又拥有社会地位人群需求的结果。从朝天门至东水门之间是繁华的高级商业区。除了该地段拥有"襟带两江"便利的交通条件带来的最佳商业区位外，相对规整的地理空间也是十分重要的因素——全重庆城中只有该地段的道路网络较为方正平整（但坡度变化大）。高级商业区与官署区之间有宗教和居住混合的区域作为过渡，以免于熙熙攘攘的市民生活声音扰乱了官府的威严，同时将宗教成为两者的交集，这也是传统城市中颇为典型的空间布局。沿着嘉陵江从千厮门至临江门之间是以手工业等为主的混合商业区，呈现沿江的带状发展并沿城门正街向内部渗透。整个沿江地带，除了官署区和军事区，其他的地区均是工商区，只是繁华的程度有所不同。和平原城市商业繁华的程度从城市中心区向城门地带至城厢、郊外递减的方式不同，由于受到两江的限制，清代重庆府城的商业区是沿江呈带状布局——可以借用斯波义信对宋代杭州的解释："工商区优先考虑便于原料、商品的流通，及便于为贩卖、加工、生产提供劳动力，居住条件不得不退居第二位……商业中心的构思蓝图就成为沿着主要道路呈带状扩展的模式。"[1]

因此，对于交通条件要求相对较低的居住区、教育文化区以及园林区分布在海拔高的内城地区并不难理解。园林区的位置海拔全城最高，在该处可以一览两江滔滔东去的胜景；从城市主要路网图上可以发现，由于远离城市主要活动区域，加上地貌相对陡峭，该区属于城市的偏僻角落。这也是为什么重庆开埠前后，大量的外国领事馆、驻渝机构会占据该区作为主要活动区域的原因——和密集的城市居住区、商业区保持距离，减少与不同文化背景城市居民之间的摩擦；同时，又距离本地的行政与军事机构不太远，利于办事又可以得到一定的保护；另外，用地上虽然陡峭，交通不便，却是不错的观赏江景之地。

## 5.4 城市功能空间分布的定量分析

很显然，城市各种功能虽然会出现空间的聚集，但并非完全隔离而是有着相互间的渗透。图 5.14 中城市功能分区的经验性判断划分有助于我们认识重庆城市空间结构的基本概貌，却不能满足对丰富城市生活和形态的认识，尤其是城市异质性和空间分化的要求。

---

[1] 斯波义信对于宋代杭州城城市功能的分析，参见斯波义信，《宋代江南经济史研究》，方健，何忠礼，译，南京：江苏人民出版社，2001，324-325 页。

《新测重庆城全图》中详尽的图例和绘制对进行城市功能空间分布的定量分析提供了可能。该图试图全面反映当时重庆城市形态，是各种城市功能叠合记录的结果。根据该图的记录，本章将其析分为 7 大种功能类型（表 5.1）：即行政、经济、近代行业、教育、地方宗教、外来宗教以及娱乐，并按图索骥，将相应功能类型从复杂的地图记录中剥离出来，以获得该种功能空间分布的清晰认识。

表 5.1　根据《新测重庆城全图》（1920 年）记录分析的 7 种城市功能类型

| 行政功能 | 经济功能 | 近代行业 | 教育功能 | 地方宗教 | 外来宗教 | 娱　乐 |
|---|---|---|---|---|---|---|
| 镇守使署 | 公所 | 邮政局 | 学校 | 庙宇 | 西教堂 | 戏院 |
| 道尹署 | 厘局 | 电政局 | 圣庙 | 土地祠 | 清真寺 | 烟筒 |
| 官署 | | 发电所 | | | | |
| 知事署 | | 工厂 | | | | |
| 警察署 | | | | | | |
| 审判厅 | | | | | | |
| 议会 | | | | | | |
| 保甲局 | | | | | | |

图 5.18 是主要行政功能的空间分布。很明显，图中下半城的行政设置远多于上半城，除了可以明显认知的道尹、知事和镇守以及已经撤销的"府"署在下半城外——旧有的行政机构空间继续为新政权使用，体现了原有城市空间结构的稳定性。与人口和治安相关的保甲局设置大多在下半城，尤其是在陕西街和新街口一带。这种分布很可能暗示着下半城尤其是朝天门、东水门以及千厮门一带人口的相对密集。警察署是清末民初新兴的城市社会管理机构，接替部分保甲局的功能，管辖范围与机构的分布与划定的区域有关，因此空间分布较保甲局均衡。这种警察局与保甲局共存的现象是政权交替过程中出现的特殊现象。另外，清末民

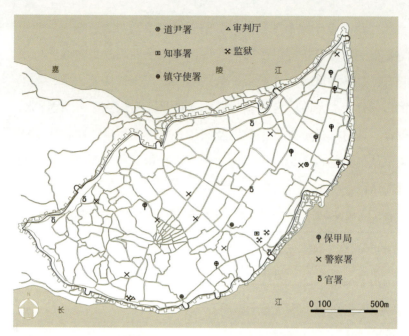

图5.18　行政功能的空间分布

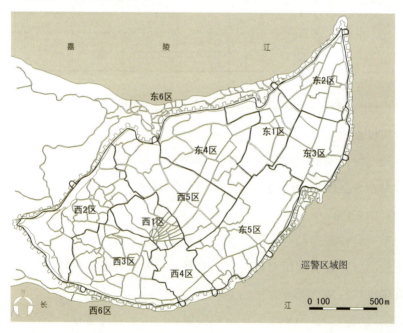

图5.19　巡警区域图
（注：1920年颁布时并无巡警区域信息。此内容根据国家图书馆《新测重庆城地图》
1921年版本改绘。）

初的重庆城如何进行社会监管与市政管理，这些行政性的设置、礼制的内化在哪些方面能够起到多大的作用，民间又如何回应等仍然是需要进一步研究的问题。

图 5.19 是巡警管辖区域划分图。图中东 1 区、西 1 区的设置面积都较其他城内各区要小得多，可能是这两个区域属于烦、疲、难的管辖地带。比如，西 1 区的较场口道路密集、地块零乱、小摊小贩杂多，由此很可能滋事繁多。相对的，东 5 以行政、商业为主、西 3 以军事等为主的区域则面积要大得多。还有一点推测是，巡警区的划分可能与原有的城厢划分有直接的继承关系，系由原来 28（29）坊合并成 10 个城内的巡警区。然而很可惜的是，这是如何的一种关联并无相关文字或历史图纸记录，否则可以将坊面积与人口结合起来，研究城市中不同区域的人口密度分布（表 5.2）。

表 5.2　各巡警区面积

单位：平方公里

| 东 1 区 | 东 2 区 | 东 3 区 | 东 4 区 | 东 5 区 | 西 1 区 | 西 2 区 | 西 3 区 | 西 4 区 | 西 5 区 |
|---|---|---|---|---|---|---|---|---|---|
| 0.157 | 0.173 | 0.183 | 0.273 | 0.297 | 0.115 | 0.275 | 0.286 | 0.104 | 0.335 |

（资料来源：根据计算机绘图统计）

图 5.20 是厘局与公所的空间分布。公所主要分布在陕西街、原来的府署在废署后改为的总商会以及临江门和千厮门一带；厘局则跻身于公所之中。和其他的功能类型相比，公所的数量相当多——多得让人多少有点惊讶，只有寺庙的数量可与之一比，反映了民国初年重庆城市浓厚的商业性质。公所的空间分布主要沿着嘉陵江、长江两岸布置，在一定程度上体现了运输成本对于商业空间格局的影响；同时，可以观察到的是公所——代表着清末民初地方经济力量对城市最佳区位的窥视和侵占——这一空间原本属于中央集权在地方的显现和张扬。这种空间格局的微妙变化

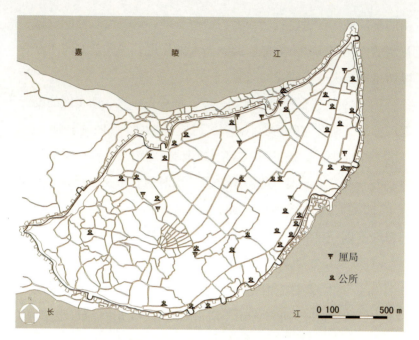

图 5.20　厘局与公所的空间分布

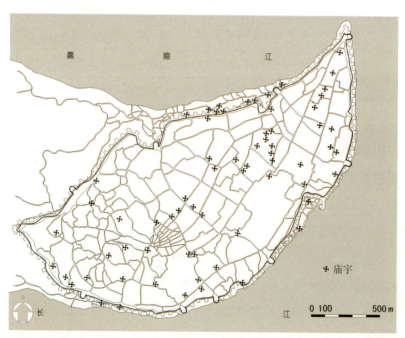

图 5.21　庙宇的空间分布

体现了当时社会大变动中中央权力的式微，以及相应地方势力兴起的一个动态变化过程。重庆著名的八省会馆（以及云贵公所）在地方社会的稳定和发展起到过重要的作用，并与官府有着紧密的联系。[1] 何炳棣在《中国会馆史论》中认为八省会馆已经承担了大部分的"市政"工作，对其主持兴办的社会事业有以下的分类："一、警卫事项，包括保甲、团练、城防、消防；二、慈善救济事项，包括育婴、掩埋、救生、赈灾、济贫、积谷、善堂管理；三、公用事项如修码头等；四、商务事项如订立各商帮规程；五、征收事项，包括厘金及斗捐（积谷备灾、抽捐以充斗量劳役工资）；六、生产事项如试验种桑育蚕。"[2]

图 5.21 是寺庙的空间分布图。和公所、厘局不同，除了少量集中在临江门和千厮门一线的江滩地区外，寺庙主要分布在非城门和非沿江地区，也就是说，城中东西沿线相对城门区较高海拔的地段；而且明显的是东水门至千厮门连线东西两侧相对密集。从张云轩的《重庆府治全图》中可以得到该连线西侧密集的建筑是三官殿、龙神殿、治平寺、轩帝宫、药王殿、斗姥殿和二郎殿。

作为数量最多的社会功能空间，寺庙与公所分布格局是否可以看成 "距离使用成本"和"使用频率"之间协调的结果？使用频率高的地方安置在近的地方，通过缩短空间距离减少包括时间在内的成本支出；与之相对，其他功能可以放置在远的地方。一个说明问题而且突出的例子就是，祭坛往往在城外的东西南北方向，因为一年中仅有可数的几次时间按礼制的要求使用它们。作

[1] 郑官应在 1893 年撰写《长江日记》中有对于重庆商帮风气的详尽描写，其中谈道："本地情形，俗尚繁华，极重酬应，虽商家皆同官气。商以本地渝帮为首，次陕、次豫章、次粤、次浙、再次闽江苏也。各帮稍称殷实者，酷好结纳官场，宴会演剧殆无虚日，若礼节稍简略，则相与疑怪。"参见郑官应，《长江日记》，载于丁日初主编，《近代中国：第十辑》，上海：上海社会科学院出版社，2000，294 页。
[2] 何炳棣，《中国会馆史论》，台北：学生书局，1966，112 页。

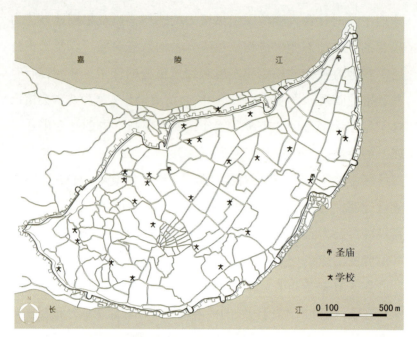

图 5.22　学校与圣庙的空间分布

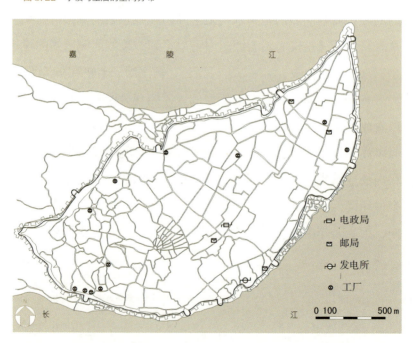

图 5.23　具有现代意义产业的空间分布

为体现商业经济功能的公所很显然对于距离成本有着强烈的控制需求，因此相当程度地排斥了同样是大量性——代表了社会生活另一方面的庙宇的空间占据。这当然仅是一个推测性的判断，更有说服力的论证当通过建成区中不同地段地价或房租价格来展示空间使用上的差异。但这方面的数据既不容易得到更难于与具体的空间结合一起。[1]

图 5.22 是反映教育功能的学校和圣庙空间分布图。和其他功能相比，学校的分布相对均衡，但由于下半城商业、行政、军事等功能的密集，相当程度上挤压了对于使用面积较高的学校分布的可能性，因此下半城学校数量较上半城要少得多。文庙周围是学校相对集中的区域。从晚清到民国时期，学校（包括书院）不断地由东向西、由城内向城外迁移，从一个侧面体现了日趋增加的城市人口与十分有限的城市用地之间的矛盾。

图 5.23 是作为新型社会具有现代意义的产业，包括电政局、邮局、发电所以及工厂在重庆城内的空间分布。直观印象是该类功能稀少，工厂主要分布在城西南纪门和通远门一带。可以发现所有的这类具有工业化和现代化特点的产业基本分布在电线走向的沿线地段。和同时期的上海和汉口相比，由于现代产业的相对缺乏，重庆依然显示出浓重的传统社会气息。

图 5.24 是作为外来文化典型代表的教堂的空间分布。教堂远多于清真寺。教堂的空间分布与学校有类似之处，上半城多而下半城少，相对集中在临江门西侧的区域。图 5.25 是 1921 年驻重庆城主要涉外机构的空间分布图，表 5.3 是相对应的机构名称和编号。该图根据国家图书馆收藏的《新测重庆全图》的第四个版本，

---

[1] 笔者曾经利用《巴县档案》中详细的铺房契约（买卖约、典当约以及租佃约等）试图寻找房屋规模与地段和价格之间的关联，但因为难以厘清其中的复杂关系而暂时搁置。

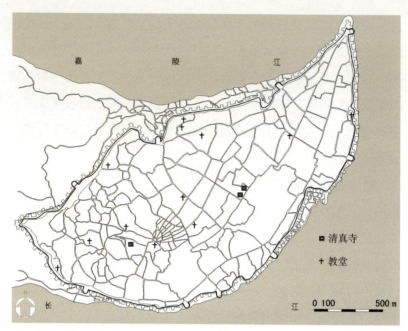

图 5.24 教堂的空间分布

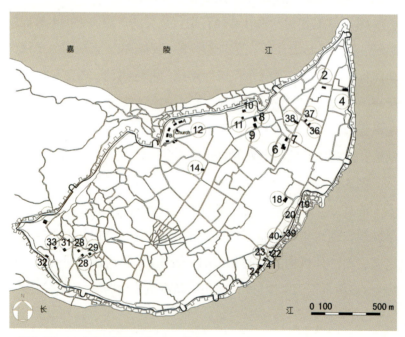

图 5.25 1921 年驻重庆城主要涉外机构空间分布

（资料来源：根据国家图书馆 1921 年版《新测重庆城地图》上手稿重绘）

表 5.3　对应于图 5.25 的机构名称和编号

| 名　称 | 原图中编号 | 名　称 | 原图中编号 |
|---|---|---|---|
| Church | 2 | Friends Institute | 20 |
| C.M.M Home & Business Agency | 4 | Martime Customs | 22 |
| Hsiao Shih Dsi Church | 6 | American Chinese Drug Co. （J.H.McC） | 23 |
| W.M.S | 7 | Post Office | 24 |
| Hospital | 8 | China Inland Mission | 28 |
| Young men's Guild | 9 | R.R. Service | 29 |
| Residence | 10 | H.B.M Consulate | 31 |
| Residence | 11 | French Consulate | 32 |
| A：Residence B：Hospital for Man C：Hospital for Woman Church | 12 | Res. Comm'r of Custom | 33 |
| FFMA Residence | 14 | Jardine Martheson Co. | 39 |
| Young Bros. Bldg | 18 | Robert Dollar Co. | 40 |
| Barry & Dodwell | 19 | L. Anderson （Arnhold Bros.） | 41 |

（资料来源：根据国家图书馆 1921 年版《新测重庆城地图》上附贴的打字机的打印稿编制）

即 1921 年的版本上附贴的手稿整理所得，十分珍贵。该手稿系卫理公会教派的调查结果，附贴在地图的纸条抬头上有"Methodist Mission"字样。从图中可以看出，1921 年驻重庆的涉外机构可以大致归纳为 3 类：一是行政性的机构，即领事馆（Consulate）类，分布在通远门与南纪门之间的高地；另一类是商业性的机构，主要分布在太平门一带；再一类是居住、医疗、教堂等设施，主要分布在临江门和千厮门之间，在图中标记为 12 的地方，形成了一个相对集中的西人居住区域。

图 5.26 是 20 世纪 20 年代重庆传统城市社会功能叠合图，即将以上各种与传统相关之城市功能叠合，以求获得一大致清晰的

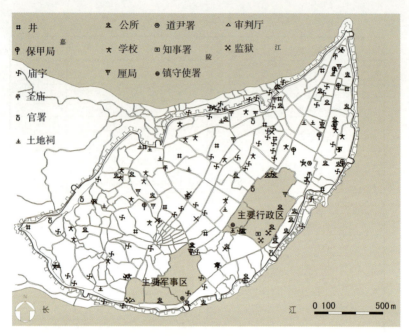

图 5.26　20 世纪 20 年代重庆传统城市社会功能叠合图

图 5.26　20 世纪 20 年代重庆传统城市社会功能叠合图

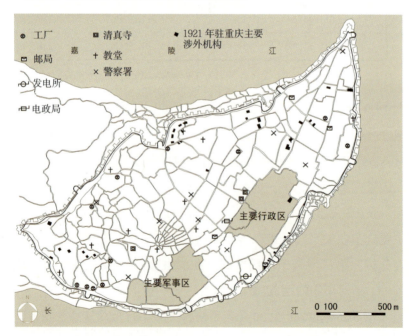

图 5.27　20 世纪 20 年代重庆城市具有现代意义与受西方影响社会功能叠合图

整体概貌。图中十分明确的是各种功能空间分布由东至西渐疏。在朝天门至东水门的陕西街一带各种功能叠合极度密集，反映了该地段的繁荣。另外，下半城的分布比上半城密集，上半城在以文庙为中心处集中了各种事业机构。

图 5.27 是 20 世纪 20 年代重庆城市具有现代意义与受西方影响社会功能叠合图，目的是揭示新兴或外来产业、机构等在空间区位上的取向。和图 5.26 对照起来，有两点很清楚：一是经济性的产业不分彼此，尽可能与产业密集区域靠拢，大多分布在陕西街、太平门周围；二是与领事馆、居住、医疗等相关的机构多选择相对稀疏的城市地段，在获得相对好的环境同时减少与当地居民的冲突。

需要说明的是，把各种社会功能的空间分布限制在城墙之内，虽然体现了主要的状况，但并不完全符合清末民初重庆城的现实。沿江两岸还有着大量的临时居住建筑和包括寺庙等在内的设置（以及相关的各种社会活动，大多与城门区域的社会功能相关）。长江南岸和嘉陵江北岸都还有零星的产业等分布，尤其是长江南岸（及东岸），不仅有日本人的租界、西人的产业、教会学校、兵营等，还有少量的住宅。

## 5.5　结语：从普遍观念到地理现实

"城市（建成环境）作为时代观念映照"的论述在刘易斯·孟福德的著作中体现得最为明显。"城市……是权力和文化最为集中的地方……是整合了的社会关系的形式与象征……城市同时也是一项艺术工作……观念在城市中创造形式同时城市形式反过来制约着观念。"[1] 在《城市发展史》中，孟福德阐述了不同历史阶段城市形态映照于其时的社会和文化价值。孟福德这种试图将不同历史时期城市建成环境作为城市文本解读的方法在 20 世纪 70 年代之后引来了大量的批评。这主要与后结构主义认为的"文本"具有其自身的意义，不可受制于作者或读者有关（如德里达认为的"文本之外无其他"）。由此，文化的分析变得更为描述性而不是解释性，最终走向了相对主义。然而文化的分析并不是要"解构"文本，而更是要洞悉它们是如何被"结构"的，或者如何被赋予"特定意图"的意义，以及不同的受众如何能将多种不同意义读成相同之一种。根据斯图亚特·霍尔（Stuart Hall），意义被"组码"（encoded）和"解码"（decoded）。"组码"是通过创造者以一种编码的，非直接形态的方式，意义被放置在文本中的过程；而当读者索取意义时"解码"则产生——可能是以一种与原作者意图不同的方式[2]。这说明了作为个人经验的"城市意义"与"城市"及其"作者"之间，并不必然存在着线性的关联。

刘易斯·孟福德和斯图亚特·霍尔两种不同角度的阐释是否可以用来参照解释图表 5.1 中的内容？物象的生产需要经过复杂的社会过程和借助一定的技术才能得以实现。漫长封建王朝时期形成的普遍观念——比如，关于城的身份与等级之间关系、城的基本空间模式认知、筑城的礼仪、风水的观念、城的形态等，往往通过教育与个人生活经验习得的方式（即孟福德所谓之"城市形式反过来制约着观念"），成为从中央到地方和个人的普遍观

---

[1]Mumford, Lewis, *The Culture of Cities*. New York, Harcourt, Brace and company, 1938, pp. 3, 5.
[2] 参照和部分引用 Savage, Michael. *Urban Sociology, Capitalism, and Modernity*. New York: Continuum, 1993, pp. 122-146。

念，成为一种具有共同认知的"编码"过程。这一"编码"过程有如此强烈的稳定性和延续性，显然与作为主体的"编码人"（作者）的广泛性有着极为重要的关联——某种程度上，也可以称之为以"儒学"为主的文化的强大影响力和渗透能力。与此同时，这种文化影响和渗透的强度，左右着"解码人"事先成为"编码人"在空间上的广泛层度和两者间重叠的深度，由此，按照孟福德的观点，创造了城市的形态；或者说，影响着在广泛层度和深度两个方面对于城市形态的共同认知，由此而协同完成城池的建造。这可以用来解释为何在 19 世纪末、20 世纪初，在大量西人关于中国的游记中对于中国城池的感受是"千篇一律"的，差异之处大多在"规模"不同而已。城有四墙，各有一门（或略少，或二到三门），门上多有楼，十字道路联通各门（或有变形），官衙大多分布在城居中或略靠北的位置（衙门口通常有较大的开阔地），多有高起的钟楼、鼓楼，城内或者城外的高处有塔，是可以从各种历史记录中解读出来的一种普遍的、典型的空间布局模式——尽管这种意象在中国南方开始逐渐发生微小变化。

美国汉学家牟复礼（Frederick W. Mote）概要地将帝国时期的城市分为 3 种类型：经规划的、常规的城市；未经规划的、蔓延的城镇；混合型的（一定的规划被强加到自然生成的城市中但因过迟而未能彻底执行[1]）。这种描述是直观地对"物象"的一种简约分类和划分。物象之后乃在于其形成的机制。物象的相同与不同——比如，作为执行中央权力与展示威仪场所（礼的维护）的城池，同时也是作为大众（包括城里、城外、乡村）的"集体记忆"的城池，乃取决于上层的普遍观念、下层地方的地理现实

---

[1]Mote, F. W. *The Transformation of Nanking, 1350-1400.* in Skinner, ed. 1977, pp. 107-108.

以及中间地方社会现实与技术水平之间的相同与不同。要素及要素间关系相近者则物象趋同，反之则物象趋异——由此变化出多种不同形态的城池"物象"。反过来，物象之不同也可以从上述诸要素及其之间关系找到因由。纯粹的比对物象可能是舍本逐末的做法。

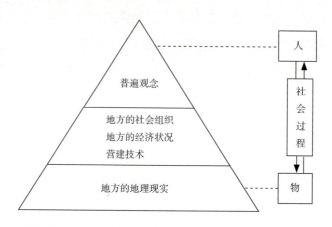

图表 5.1　从普遍观念到地理现实

或者，也可以用张之洞在《劝学篇》中提出的"体与用"关系来阐释图表 5.1。关于"体"的解释有许多种，在此，笔者将其作为维护王朝统治，尤其是维护核心文化的、历史承传的、内生性的一种"本"（即张之洞所谓之"旧者不知通，新者不知本"之"本"）。理想境界中，"用"乃"体"之外延；"体"之完全体现——或者说，"体"所要求的、具有在等级秩序下的模式（作为一种理念，可以归纳到"普遍观念"中来，比如《考工记》中关于建城模式的观念）能够完全放之四海而皆准，则是"体"的维护者乐意看到和用力促成之事。体现在城池建设上，就是一种有等级的、"定制"的样式；这种样式虽然在一定的历史时期会产生变化，但如上文所言，通过教育与个人经验习得成为一种"集体共识"和"集体记忆",进而由知识而成为观念。一个可以参照的论述是葛兆光在《中国思想史》一书中提出的"永恒不变的道":"由于人们的经验与观测……建构了知识与思想的'秩序',在长长的历史中,它凭借着仪式、象征和符号在人们心目中形成了一整套的观念,又由于类比和推想,渗透到一切的知识与思想之中,像与天相关的'明堂''圜丘'等场所和'封禅''郊祭'等仪式,像效仿天象把各种建筑置于一个有序空间的皇宫与帝城的设计格局……由于这些仪式、象征、符号以暗示的方式,在人们的心目中有规律地重复那些对'天'的观念与实践,在某种意义上说,它就已经构成了迫使人们接受的话语权力的一部分,而且是最隐秘最无可抗拒的一部分。"[1]

但是,当"体"触及地方现实时,管子亦提出建城"因天材,就地利,故城郭不必中规矩,道路不必中准绳"(《管子·乘马》)。这种"因天材,就地利"的思想体现了中国传统城市营建的地理现实。然而,这很显然并不是"体"的削弱,而是"用"的灵活;是"被规矩和限制了的自由"。整体修建在山岩上的重庆府城就是这样的一种状况:虽然看似迷乱的复杂和变化,其内在却并不脱离普遍的关于城池建设的观念和模式;是帝国权力制定的"划一模式"置放到崎岖的"山地地景"上来的结果,仍然是墨菲提出的"是权力象征性的纪念碑和占统治地位的中国政府和文化的威严体现"[2]。

在更加具体的社会功能空间分布研究中,往往沿袭芝加哥学

---

[1] 葛兆光,《中国思想史》,上海:复旦大学出版社,2001,45-46 页。
[2] 一个可以用于参照的是黄宗智关于清代法律的论述:"清代的法律和治理既有它道德性意识形态的一面,同时也有它非常实际的一面。地方县官体现的其实是两者的结合,我曾称之为'实用道德主义'。结合道德高调的意识形态和十分实际的法庭实践其实是它未经明言的逻辑,也是它之所以能够长期维持顽强的生命力的原因之一。"参见黄宗智,《认识中国——走向从实践出发的社会科学》,《中国社会科学》,2005,第 1 期。

派的研究方法，首先从城市中不同的产业结构空间分布开始，继而跟踪不同人群的空间分布（不同社会阶层的人群对于城市不同空间区位的选择），并与城市的交通结构、历史时期的城市结构等结合起来，获得一个城市产业、城市居民与城市本身及历史之间关联性的研究成果 [1]。

显然，对于清末民初的重庆城市内部空间结构难以依照该研究思路进行，根本原因其一是历史城市相关数据获得的困难，特别是与居住相关的资料基本上无法获得确定数量及空间的定位；其二是清末民初的重庆府的现代产业并不主导城市的经济生活。在"清末重庆府城城市人口、厢坊、面积与密度"一章中根据珍贵的《巴县档案》以及相关学者对于全国其他城市的统计研究成果，获得了对于清末重庆城市人群密集的空间想象。这种想象要落实到具体的地理空间上面，其中，至少涉及两个方面的关键要素：第一，城市主要的交通结构——反映了城市物质空间结构的组织方式；第二，复杂多样城市功能的空间分布——反映了社会不同人群以及社会活动的空间分布。

和方正的平原城市不同，建筑在巨大山地上、因两江为池的重庆府城路网结构无法获得直接的认识。基于现状路网，通过对于城门之间交通关系梳理和修正，获得了可能的城中主要的交通路线，并与图中"街"的道路取名相互验证。根据城门"九开八闭象九宫八卦"推演城门间方位关系，获得从千厮门（坤）与金紫门（乾）之间和东水门（离）与通远门（坎）之间城市空间结构线，并进一步结合山水形胜讨论空间结构线潜在的形成因由；结合历史记载、行政、军事部门的分布，城门的命名和题跋，周

---

[1] 比如，可参见章英华的普林斯顿大学博士论文。Ying-Hwa Chang. *The Internal Structure Of Chinese Cities, 1920's and 1930's: An Ecological Approach*, Dissertation In Candidacy For The Degree Of Doctor Of Philosophy. Princeton University, 1982.

边环境的风水意象等推测宋明时期重庆府城初筑或修筑时可能存在的规划意图。推测中相关的要素同普遍认识的中国传统城市规划的"普遍模式"没有什么不同——可以断定的是,作为国家行政设计的一个节点,作为川东地区最为重要的府城,重庆的空间布局没有可能脱离传统城市典型的布局方式,依然是这种方式的典型体现。然而复杂的山地地理空间往往迷惑了人们的视线,使得这一空间布局不容易识别。这是一种被限制了的自由,被山水形胜、山地格局限制之后的自由。或者,倒过来说,是墨菲提出的"划一的模式"在复杂多样的地景中受到了限制,然后并不妨碍其传递权力象征和政府威严。

与沿江的城门、码头——货物的集散地——有关,重庆府城功能分区在许多的当地歌谣中均有体现。经验性的功能分区是必须的,它体现了人们对于城市不同地区的感受;同时,也可以大致获得功能分布之间的关联性认识。然而,经验性的功能分区又是远远不够的,很显然,这种认识仅仅是一种"大面积"的认识,一种笼统的认识,需要对更加复杂的城市社会生活进一步追问。

另外,经验性判断与定量分析之间有何同与不同?为何会存在差异?很显然,明显的不同之一是寺庙上的差别。经验性的判断中,寺庙区主要分布在东水门一带;而定量分析中,寺庙布满了城中的大部分地区。差异产生于"观念"与"现实"差别之间。经验性判断是一种城市感受、城市意象,是对于城市中突出景观的识别和记忆,是基于普遍认识上的"观念"判断;而定量性分析是基于地图要素的数量统计,是相对客观的"城市现实"——也就是说,在量上无法体现人们对于具体要素的情感感受,而经验性判断在一定程度上弥补了这一不足。查询各种历史地图,的确可以发现在东水门与千厮门之间的一种地块是寺庙的集中区域，包括了治平寺——历来是重庆城市最为著名的寺庙、崇因寺等。

基于《新测重庆城全图》的详尽图例和测绘，通过对于其中代表不同社会功能符号的提取，城市功能的空间布局得到了清晰的展现。1920 年的重庆行政与军事部门依然占据着清末的空间区位，但国家权力的衰弱和地方商业的繁荣，使得府衙的空间被商会侵占、替代；警察的市政管理功能作为清末民初的一项社会改革在 20 世纪 20 年代的重庆城市中也有体现，在城内的 6 个巡警区中均设有警察署；巡警区的面积并不一致——面积的划定可能与人口的多寡和地块中具体事物的疲、烦、难等有关。太平门一代原来是权力的空间，现在逐渐成为财富的汇聚地；不仅本地的商会、公所大量聚集，外国公司也大多在此处设点——可以想象中外商人之间有着密切的经济活动往来；同时，该地区周围也集中了重庆城内主要的现代产业，包括邮政、发电等，是财富对于效率和便利追求的结果。所有功能符号中，众多反映着城市商业生活的厘局、公所与反映着封建时期社会生活的一种寺庙与相对稀少得多的现代产业形成明确对比，体现着民国初年重庆城市浓厚的传统社会氛围与现代社会初的萌芽——这种状况是否可以作为民国初年中国内陆城市普遍状况的一种代表？

最后，清末民初的重庆城市内部空间结构是否体现了沿长江和嘉陵江地带一种普遍的城市结构模式？[1] 因为沿江的城市——大多为山地城市，尤其在长江上游一带——与平原或丘陵地区城市在交通方式上截然不同，很大程度地影响到城市空间结构的布局。然而对于这个问题至少需要选择不同的典型地区的若干城市

---

[1] 或者，更广的范围，是否可以用来解释具有与北方平原城市有着很不相同的地理条件的南方城市普遍状况？巴县（重庆府城）是用来解释"划一的规划模式"是如何与"多样的地景"结合在一起的典型案例。

进行实证研究以及比较研究才可能获得初步解答。

　　清末民初的重庆城市内部空间结构演变是城市历史过程中的小片段，却是一个十分重要的时期。当克服重重阻力最终拆除唯一与陆地交临的城墙——通远门城墙后，城市迫不及待地溢出原有的极度拥挤的地块，在新筑马路的指引下，通向一个更为现代的、没有了城墙的新城市。从此，被限制的自由在地方的努力下获得了新生，一种具有现代意义的新生，然而却又将很快承担起战争时期"国家首都"的重任，在获得了新的自由同时落入了国际、国内、地方各种复杂关系的关联限制之中。

第二部分

# 重庆城市的早期现代化

万家灯火气如虹，水势西回复折东。
重镇天开巴子国，大城山压禹王宫。
楼台市气笙歌外，朝暮江声鼓角中。
自古全川财富地，津亭红烛醉东风。

重庆
【近代】赵熙

**06**

---

区域格局中的近代中国城市：
以"长江上游"和"重庆"城市为参照[1]

---

[1] 原文发表在：杨宇振，《区域格局中的近代中国城市空间结构转型初探——以"长江上游"和"重庆"城市为参照》，张复合主编，《中国近代建筑研究与保护 [五]》，北京：清华大学出版社，2006，271-281 页。

认识个案城市在中国近代城市发展格局中的空间位置是研究近代以来城市演化的关键。和封建时期的城市不同，近代城市的发展历程不再是看似静止的缓慢演进过程，也不仅仅是处于相对简单的"中央—地方"的两元格局中（或者说城市是中央集权权力框架中的节点，城市是地方对中央负责的一个据点）。它更显示出一种突破或者试图突破原有地区城市格局的张力，从而展现出比以往更为剧烈的空间格局变动；同时，中国近代城市的启动很大程度上是来自 19 世纪至 20 世纪初越洋而来的西方力量，这股力量代表着新的现代技术、新的文明和生活方式的到来，但并非简单的一个源头，而是有着多个西方国家的矛盾和竞争、有着多个国家的文化影响并随历史过程呈现此消彼长的复杂过程。这股变化中的力量着落到清末中国的城市上，一方面，推进了城市的快速发展——在区域层面是以航运和铁路为前导，在城市内部是以马路、沟渠等基础设施建设为表现，在地理空间上是以沿海、沿江以及平原地区为主导的；另一方面，也加速了传统中国城市空间格局的剧烈变迁，形成了区域经济、文化发展的梯度差异。同时，也导致了中国近代城市的多元性和复杂性。

近代城市多元性和复杂性的形成并不完全来自西方世界的"冲击"，还存在着地区经济、文化特性和地区的差异性。近代城市的形成从宏观层面上看是基于这两股力量的持续作用而逐渐形成；"本土的—西方的"（空间层面）、"传统的—现代的"（时间层面）也许可以作为相对应的词语来描述和概括这两重力量的主流[1]。

## 6.1　清末区域空间结构

黄仁宇认为，"中国传统国家与社会的组织始终不脱离一个间架性的设计（schematic design）……先造成一个完善的理想的几何图案或数学公式，向真人实地上笼罩过去，尽量使原始的与自然的参差不齐，勉强符合此理想之完美。如实际上不能贯彻，则通融将就，纵容在下端打折扣，总不放弃原有理想上之方案"[2]。

黄仁宇的这一观点深得李约瑟认同。所谓中国传统国家与社会的"间架性设计"是中央集权的典型表现，一种由上而下的制度设计架构；是以"儒学"为深厚根基，以"礼制"为社会维系形式，以"应试制度和官僚体制"为技术方式，并逐渐演化为以"府、州、县"为基本管理架构。它以中央制定的通一模式、"理想方案"落实于各不同的地区之上，在经济、文化层面固然

---

[1] 在空间层面上有梯度差异带来的区域间影响，由西方而东部沿海而腹地而内陆；在时间层面上，伴随着民国的成立，还凸显"民族性—现代性"之间的冲突和互动。
[2] 黄仁宇还谈到，在欧洲工业革命之前，这样的设计较之任何帝国之体系并无逊色……它的对称与均衡切合于官僚主义以仪礼代行政，实质上政府对下端的控制虚浮，结构脆弱，而且极易产生流弊。……表面上皇权无限，政府实际控制的力量，并非出自经济与军事，而系"尊卑、男女、长幼"的社会价值。这一因素诚然保持各地区之均一雷同，而且支持威权政治，却无从引导社会进化，尤其缺乏与外界竞争之能力。

会因地方的特点产生形变，但在形式上却是相似的。中国封建时期的城市正是这一"间架性设计"的典型体现，虽然有"京城、府城、州城以及县城"等的层级差别（某种程度上既是地方经济、文化发展差异的映射，也是历史叠合的结果却也在框架的设计之中），其核心却不脱"儒学""礼制""应试和官僚"。本质上的同一性导致形态结构上的相近性。近代以来的西人、日本人游历中国城市，得到的感受多为相近，更有认为看一城市而可知其他者[1]。

作为"间架性设计"的节点之一，传统重庆城市和其他城市没有质上区别。但"广谷大川异制，民生其间异俗"，典型的农耕社会中地方的自然、历史、经济等特点形成了城市在区域和全国空间格局的差异，表现在人口数量比重、交通网络中的位置以及行政等级设置等方面。

### 6.1.1  区域与交通网络

根据施坚雅的研究，以成都和重庆为核心的长江上游地区是中国 9 个地文大区之一。施坚雅提出，农业中国可以划分为几个地方大区，每个大区发展出几个独立城市体系；这些城市体系之间的经济与行政事务往来到 19 世纪中叶都还相当薄弱。虽然如此，区域发展与整体格局变迁依然紧密相关。长时段观察历史变迁更容易获得区域间的消长演变以及这种变化对于区域内部空间格局影响的宏观认识。图 6.1 是历史时期中国主要都

---

[1] 周锡瑞（Joseph Esherick）在《华北城市的近代化——对近年来国外研究的思考》一文中叙述道："中国城市，尤其是华北平原上的城市，它们布局规范四四方方；高耸的城墙在每个主要方向都按照定制建有城门，宽阔的大道从城门通向城里边，宫殿或官衙位于城市中心附近，市场设在城东、城西或城门附近。都城的布局已成为定式，其他行政中心城市遵照其规范建设，以至于当时许多外国人认为所有的中国城市都是一个模样。"参见天津社会科学院历史研究所、天津城市科学研究会编，《城市史研究》21 辑，天津：天津社会科学院出版社，2002，1-2 页。

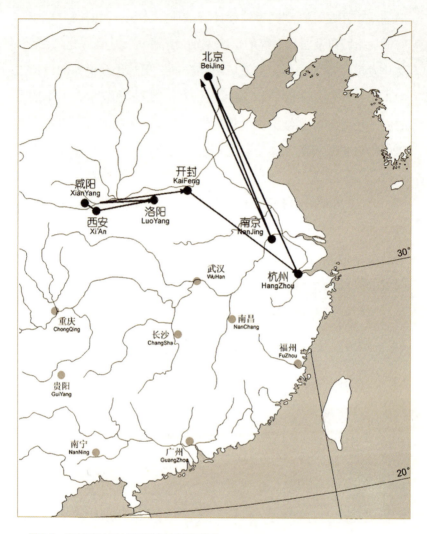

图6.1 历史时期中国主要都城变迁路线示意图

（资料来源：基于谭其骧编著《简明中国历史地图集》）

城变迁路线示意图。图中变迁路线的走向显示了历史时期中国政治中心由西至东的整体格局变化：前一个千年主要的都城位置变化在黄河流域沿东西方向上运动；后一个千年都城位置更往东，但主要的变化在南北之争，这是宋代以后全国经济中心逐渐往东南移动的结果，同时也产生了政治、文化中心与经济中心分离的状况。

图 6.2 是中国 8 个地文大区的空间结构示意图。无论是政治中心的移动还是经济中心的变迁，主要发生在"西北—华北—长江下游"3 个大区。这 3 个大区是中华文化的核心地带，长江上游、中游、岭南以及东南沿海地区则属于第二圈层的外围区域。云贵地区则直至元代以后才纳入版图，复杂的地理空间、多文化种群以及受中华文化影响较浅等原因使得它处于更外围的文化圈层。

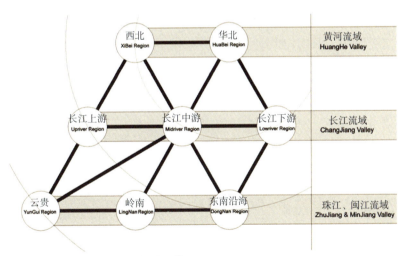

图 6.2　中国主要区域空间结构示意图[1]

---

[1] 此图未包括东北地区。

秦朝以来的两千多年文明发展过程中，前一千年长江上游地区与西北地区（当时的经济和文化中心）的紧密往来，使得文化发展相对其他非核心区的地文大区更加发达。汉唐时代是长江上游地区最为辉煌的历史时期：东汉时期益州（以成都为中心的地区）的人口数量仅次于冀州，在全国位列第二；唐时则有"扬一益二"之说。宋代以后，随着文化和经济中心的东南移动——空间距离上的渐远，长江上游地区发展相对迟缓；但依托着较好的生态环境、历史时期的文化积淀以及长江中下游地区的日趋兴盛和云贵地区的开发，长江上游地区在后一千年中保持较好的发展势头。

从区域的连接功能看，元代以后随着云贵地区开发，长江上游地区成为通至云贵的主要节点；同时，明清以来长江流域中下游的繁荣，也一定程度上促进上游地区沿江地带城市群的发展（如以宜宾为主的川南城市群和以重庆为主的川东城市群）。与之相对应，成都平原地区城市群则发展相对缓慢，但历史时期深厚的文化积淀、富饶的土地、发达的水利灌溉以及已经形成的城市群持续发挥作用。明代以后，区域内部空间由早期的以"成都、重庆为主的城市群"的结构逐渐发展为以"川西—成都，川南—宜宾，川东—重庆"为主的基本格局。

由于自然地理空间和文化发展的差异，尤其是宜宾至重庆间湍急川江段的限制，以重庆城市为主的川东城市群明清以来虽然获得较快发展，但与川西地区密集的城市群相比依然存在相当差距。历史时期进入四川的官马大道多先抵西安，然后向南折转，经汉中、广元而至成都，少有由三峡进川至成都者。从秦到清朝的两千多年时间中，成都一直是全国最主要的城市之一，由中央政府所在地至成都的交通路线也始终是全国主要的道路之一。从成都经隆昌、永川至重庆，然后穿行长江三峡接湖北驿道的线路到了明清才成为西南官道的主要支线。"官道"的形成一方面是中央政府"间架性设计"的内容，另一方面也与地区经济、文化发展有关。重庆城市的形成与发展在很大程度上归结于特殊的地理空间位置，长江、嘉陵江、渠江等的汇聚功能推进了重庆城市在长江上游地区的中心位置；但直至明清，城市间的经济、文化等的往来在相当部分上还限制在四川盆地中；历史时期虽然不乏诗人经重庆顺长江而下，留下许多歌咏三峡自然与人文景观的诗歌；或者有民间自发的来往，但始终不是主流的现象。"官道"（与大规模的战争、粮食运输、官盐以及传达中央旨意的驿道等有密切关系）或者是对于已有现象的确认，或者是对现实需求的推进；清代以来穿行三峡官道的设定在某种程度上是区域间——上游与中下游之间经济、文化往来密切的开始，是重庆城市经济与文化繁荣的开始，也是重庆城市在上游地区重要性日趋凸显的开始。

### 6.1.2 区域间比较

区域层面的差异比较是认识城市的重要背景。基于区域体系的相对独立性，施坚雅研究了 1843 年和 1893 年各区的城市化。图表 6.1 和图表 6.2 显示了 8 个大区（未包括东北地区）人口密度和数量的历时性比较。从表中可看出长江上游地区人口密度低于华北地区和长江下游地区，与中游和东南沿海地区相当，并呈现上升趋势。人口数量同样呈现上升趋势，与长江上游略为靠近而低于华北和中游地区。这两项指标的比较提供了地区发展在全国层面的一个概况。相较而言，人口的密度差异更暗示着地区人文景观的差异而不是数量。

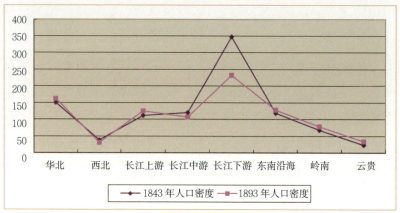

图表6.1　中国8个大区人口密度的历时性比较：1843年、1893年

（资料来源：基于施坚雅《十九世纪中国的地区城市化》一文中表1，农业中国大区面积、
人口估计和人口密度1843年、1893年和1953年。人口密度单位为人／平方公里）

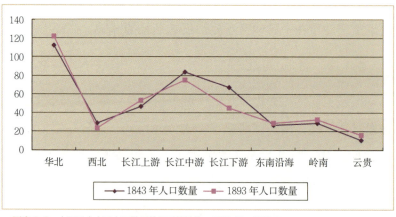

图表6.2　中国8个大区人口数量的历时性比较：1843年、1893年

（资料来源：基于施坚雅《十九世纪中国的地区城市化》一文中表1，农业中国大区面积、
人口估计和人口密度1843年、1893年和1953年。人口单位为百万）

长江上游与岭南地区在面积上最为接近（分别为 423 950 平方公里和 424 900 平方公里），有很好的比较基准。基于人口数量上的优势，长江上游地区的人口密度明显比岭南地区高，每个时期都在 1.5 倍左右，这是区域人口密度差异的一般认识。区域之中，由于人口分布的不均衡形成可比较的景观。据施坚雅统计，1843 年与 1893 年地区城市人口占总人口百分率由高至低分别为长江下游、岭南、东南沿海、西北、长江中游、华北、长江上游以及云贵地区。这一比率仅表达城市人口占总人口比重的差异和地区人口分布情况，并不意味着比率高的地区经济发达。由于地区人口少而比率显高的西北地区不仅人口密度低，1843—1893 年的人口总量、城市人口数量、城市中心地数量以及城市中心地平均人口均有所减少，呈现出地区发展的衰退趋势；长江上游与岭南地区面积相当，城市人口相当，城市中心地个数略强（分别为 170 和 138 个，意味着平均城市人口数略少），但总人口数约为 1.5 倍，因此城市人口占总人口比率岭南地区反倒比长江上游地区高约 1.5 倍。

　　图表 6.3 和图表 6.4 展示了清末地文大区的城市人口和城市中心地个数情况。8 个地区中，以华北、岭南和长江上游地区城市人口和城市中心地数量增长最多，显示了清末这 3 个地区相对于其他地区的较大发展。从城市中心地的平均人口看，长江下游地区远超过其他地区，而且出现较强的增长趋势（也可能与中心地数目减少有关），地区的人口密度独占鳌头，是该地区经济活力的表现。

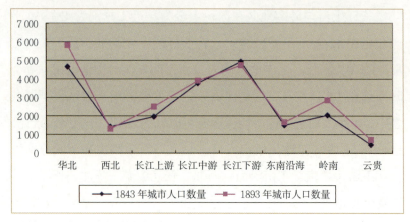

图表 6.3　中国 8 个大区城市人口数量的历时性比较：1843 年、1893 年

（注：城市人口单位为千人。）

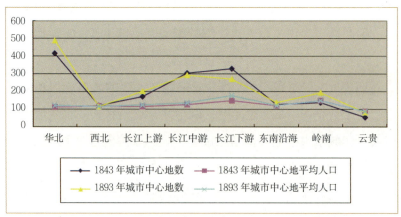

图表 6.4　中国 8 个大区城市中心地数量与平均人口的历时性比较：1843 年、1893 年

（注：为便于观察相对关系，平均人口单位为百人。）

表 6.1 提供了地区人口密度、数量、城市人口、城市中心地数量以及中心地平均人口 5 个因子的发展趋势比较。对于长江中游和下游地区有升有降的趋势可以有多方面解释，但华北、长江上游、岭南以及云贵地区所有的指标都呈现上升趋势，说明了这些地区城市化进程的加快。云贵地区由于基数低而呈现相对快速的地区发展趋势，长江上游地区与华北地区各项指标均较接近，说明了两地区发展速度的相近性。中心地平均人口在某种程度上代表了地区城市的发达程度，从增长的速率上看，长江流域有着明显的优势，并呈现由上游至中游再至下游地区递增的状况。

表 6.1　地区人口密度、数量、城市人口、
城市中心地数量以及中心地平均人口的发展趋势比较

|  | 地区人口密度 | 地区人口数量 | 城市人口 | 城市中心地数量 | 中心地平均人口 |
|---|---|---|---|---|---|
| 华　北 | ↑ (109) | ↑ | ↑ (125) | ↑ (117) | ↑ (106) |
| 西　北 | ↓ (81.6) | ↓ | ↓ (92.4) | ↓ (95.8) | ↓ (96.4) |
| 长江上游 | ↑ (113) | ↑ | ↑ (128) | ↑ (119) | ↑ (108) |
| 长江中游 | ↓ (89.2) | ↓ | ↑ (103) | ↓ (96.7) | ↑ (116) |
| 长江下游 | ↓ (66.7) | ↓ | ↓ (96.3) | ↓ (81.8) | ↑ (118) |
| 东南沿海 | ↑ (108) | ↑ | ↑ (110) | ↑ (110) | ↓ (99.8) |
| 岭　南 | ↑ (115) | ↑ | ↑ (140) | ↑ (140) | ↑ (100.1) |
| 云　贵 | ↑ (148) | ↑ | ↑ (160) | ↑ (156) | ↑ (102.9) |

（注：括号中为 1893 年与 1843 年数值相比的百分比。地区人口数量消长率与人口密度同，表略。）

# 6.2　近代以来中国城市空间

## 6.2.1　"近代化"强化传统地文大区格局

近代以来，区域和城市空间的重构往往过于强调西方资本主义影响而忽略了传统的格局；因为新兴的条约口岸城市而漠视了传统城市原有基础——相当多的开埠城市具有良好区位条件、经济以及文化基础。其中，一个非常值得关注的问题是以"开埠"

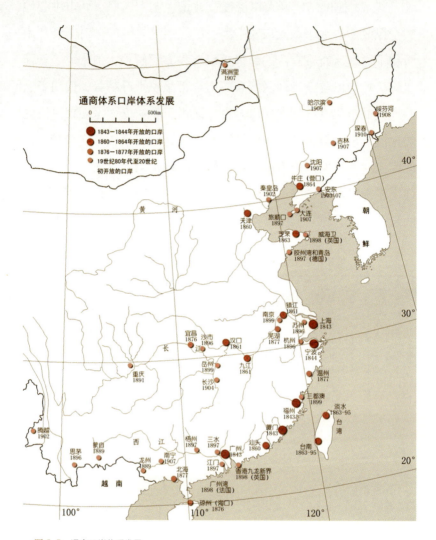

图6.3　通商口岸体系发展

（资料来源：根据费正清主编《剑桥中国晚清史》改编）

为前导的西方力量是加速还是阻滞了晚清中国的经济成长？问题的解答存在不同的甚至相左的观点，不过常识性的认识是西方力量打破了传统中国稳定的社会结构，加剧了地区经济发展的不平衡性。地区的经济不平衡从施坚雅统计的人口数量、密度、城市中心地数量与平均城市人口等可以获得基本认识；而以市场为需求，以现代交通设施为工具的资本主义经济总是沿着代价最小、利润最大的方向前进。因此可以说现代交通路线是引起地区变动和地区间关联的重要因素，一方面，显示着西方力量或者是现代文明深入中国的状况；另一方面，也反映了地区对外来力量在文化上和地理空间上所产生的阻力（图 6.3）。

另一个相关的问题是对于地区和城市而言，现代化的进程是加强抑或削弱了以城市为中心的区域体系之间及其内部的差异性？施坚雅基于 1990 年的数据进行空间结构分析，认为 20 世纪 90 年代大区内的空间差异比 100 年前更为显著。"中国都市体系引人注目的持续性及其变化之缓慢，反映出一种惰性。这种惰性是由多方面因素合成的：如水路航运结构基本如旧，因投入城市以及陆路交通建设的资本浩大而难以弃旧更新，普遍存在的受地形制约的昂贵运输费用，以及报酬递增这一不可抗拒的经济规律的作用等。"[1] 也就是说，在整个 20 世纪的现代化过程中，以交通和通信网络为主的更新和重构以及相关的现代要素推进了中国地文大区及其内部的差异，尽管每个大区的边界都有所扩张或者收缩。

---

[1] 施坚雅主编，《中华帝国晚期的城市》，叶光庭等，译，北京：中华书局，2000，中文版前言第 7 页。

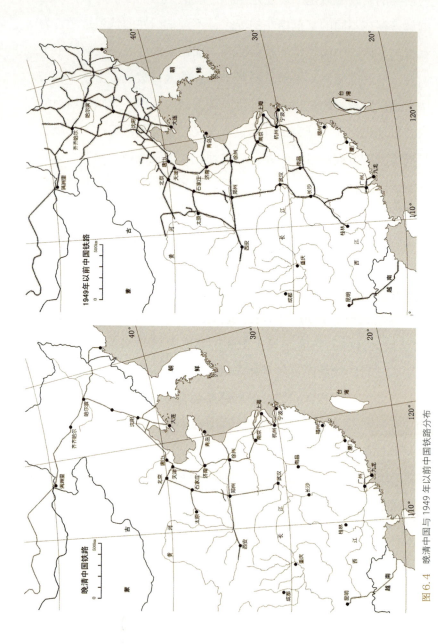

图 6.4 晚清中国与 1949 年以前中国铁路分布

（资料来源：根据费正清主编《剑桥中国晚清史》与《剑桥中华民国史》编绘）

## 6.2.2 交通网络重组推进区域内部结构演变

近代以来，中国地文大区的地图虽然更为清晰可辨，然而这张地图已经很不同于 1840 年以前的图像：沟通南北的运河正在褪色，代之以新兴的铁路线和海路航线；东西方向上，长江依然发挥着往昔的作用，并随着轮船航行路线向内陆腹地推进而显示出巨大能量。

对于每个地文大区而言，交通网络的重构虽然在一定程度上强化了大区间的交流，但更重要的意义是推进了大区内部空间格局演变，使得交通干线周边的城市获得巨大发展。在华北地区，"铁路沿线城镇的崛起，与远离铁路的城镇的衰弱成为 20 世纪初华北区域城市化的典型现象。城市的兴衰不再取决于其在行政系统中的地位，而要看其在区域交通网络中的位置……天津和青岛作为系统（区域）的两个中心，在不断地竞争和分割腹地"。在长江下游地区，区域中纵横密布、四通八达的河道继续发挥作用；东西方向上，上海至汉口、汉口至宜昌、宜昌至重庆段长江航线的陆续开通，使得上海成为长江流域地区最大的贸易口岸；南北方向上，铁路分布虽不及华北密集，却也已经将上海与杭州、南昌、长沙（南线）、南京、济南、天津、北京（北线）等重要城市连接起来；同时，上海城市也是中国海上航线最重要的节点之一（图 6.4）。对于长江上游而言，铁路和公路的建设远远落后于华北、中下游、岭南和东南沿海等其他地区，长江航运对于该地区有着举足轻重的作用。1890 年后重庆开埠和航线的开通加速了区域空间格局的演变，使得重庆城市成为上游地区最大的物资集散地。

### 6.2.3　租界作为样板并重构城市空间结构

开埠城市中的租界是现代技术、生活方式以及管理模式的具体体现，为传统中国城市树立了一个现代化的样板。景观上可以得到感性认识的是整洁的马路，坚固便利的、带拱券和柱廊的建筑以及夜间明亮不息的路灯等；报纸、电影、收音机作为新的传媒和娱乐方式开始广泛传播；而租界中的权力结构引起士绅阶层和有改良意向官员的深度关注，他们认识到权利和义务明晰的制度结构是有效推进城市改革的开始。

从器物到制度层面的变革本身具有推进阻力的层级差异，同时在不同地区也有不同的表现。虽然"地方自治"在清末民初成为国家和地方改革的主要议题，但涂染着不同的地区色彩。华北以"天津"为典型代表，并一度成为全国"模范"；但这是在袁世凯强权的官方督导下由上至下的变革，同时也是"间架性"的设计延续。在长江下游地区，上海地方士绅先后成立"南市马路工程局""城厢内外总工程局"等机构，另外有苏州的"市民公社"等，皆实行官督绅办制，采取三权分立的西方政权体制——这是地方自发地组织管理地方事务，很不同于天津官方主导的"地方自治"。其他地区有器物层面之模仿，有生活方式之嫁接，但传统的制度架构一直起着社会维系和发展的主导作用——虽观念上已经有变革之趋向，体制的更新却需触及整体的变动，并非容易之事。正因如此，在以经济关系为新型社会纽带的空间中，以上海为核心的长江上游地区成为各个大区比较和学习的对象，"上海既是一个正面的样板也是一个反面的样板：一个实现了近代化却道德沦丧的样板，一个充满活力却又毫无节制的样板，一个具有工商业的创造力却又存在着资本主义和帝国主义破坏性开发的样板"[1]。上海的样板在很大程度上就是上海租界的样板。

租界（包括西人居留地等）同时也重构了城市空间，从清末到民国时期经历了 3 个典型阶段：旧城中的居留地、教堂、领事区到开辟租界以及最后作为华人开辟新区比较和竞争的对象——然而这几个阶段并不在所有的开埠城市中发生[2]。表 6.2 中有 6 个城市租界面积比较，天津、汉口、上海的租界面积远大于老城面积，广州和重庆则相反。面积上的对比在一定程度上代表着可感知的中西城市文明的对比，因此近代以来上海、天津和汉口成为最为"西化"的城市。相对其他城市而言，重庆租界面积小、设置时间短，租界地址不仅距离主城区远而且必须横渡长江，租界的样板作用对于重庆城市并不明显。

表 6.2　天津、汉口、上海、广州、武昌、重庆城周、租界面积、城市拆城时间比较

| 城　市 | 天津 | 汉口 | 上海 | 广州 | 武昌 | 重庆 |
|---|---|---|---|---|---|---|
| 拆城墙时间 | 1901 | 1907 | 1912 | 1919 | 1926 | 1928 |
| 城　周 | 约 9 里 | 约 11 里 | 约 9 里 | 约 21 里 | 约 20 里 | 约 12 里 |
| 租界面积 | 23 350 亩 | 7 061 亩 | 48 652 亩 | 330 亩 | — | 701 亩 |

（资料来源：城周根据《嘉庆重修大清一统志》，租界面积根据费成康著《中国租界史》统计）

## 6.2.4　"拆城墙"与"筑马路"成为市政建设范式

拆除城墙和修筑马路是近代城市发展中非常典型、意味深长的而且十分值得深究的现象。"如果说传统中国城市是以四面环绕的城墙定义的话，那么近代城市则是以拆毁城墙为开端的。"[3] 富有趣味的是环城马路往往是在拆除了的城墙基址上修筑。相当

[1] [美] 周锡瑞，《华北城市的近代化——对近年来国外研究的思考》，载于天津社会科学院历史研究所、天津城市科学研究会编，《城市史研究》21 辑，天津：天津社会科学院出版社，2002，16 页。
[2] 郑祖安在《百年上海城》中比较分析了近代中国最早开埠的 5 个城市（广州、厦门、福州、宁波以及上海）之间市政建设的异同，指出其一方面均受到西方制度影响而带动近代市政建设；另一方面，由于腹地条件、租界或者西人居留地面积以及市政建制等的差别，导致市政管理、城市和建筑风貌上的差异。参见郑祖安，《百年上海城》，上海：学林出版社，1999，286-302 页。
[3] 郑祖安，《百年上海城》，上海：学林出版社，1999，2 页。

程度上，这两样事物代表着对传统的舍去和对现代文明的追求。马路带来好处的经验可以在租界中获得，而拆除城墙——祖宗留下来的东西，又是如何成为一种普遍的共识，并使得这一"共识"摧毁了中国成百上千座带着古老城墙的城市？这是需要更进一步细致考证、小心求证的复杂问题。

通过对历史的简单回顾，可以发现虽然拆除城墙背后的力量在历史时期发生种种变化，它的肇始者还是来自西方世界。1900年7月八国联军攻陷天津城，随后成立了天津城的管理机构，即临时政府委员会——都统衙门。都统衙门采取西方市政的管理方法，并在特殊时期拥有以武力保证的治安权和司法权。在为期约两年的时间中，都统衙门基于彻底铲除中国人的防卫考虑，在1901年拆毁了城墙，修筑了环城马路[1]。这是在双方实力较量悬殊情况下，在不容中国人反抗的情况下，西方人以武力铲除了城墙——当时的西方人或许并未意识到，这为未来中国城市的改造提供了一个范例。汉口和上海先后于1907年和1912年拆城墙为路。这两个城市拆城墙的缘由很不同于天津——商业的繁荣溢出了城墙，强烈需要突破城墙限制获得更自由的发展空间。对于汉口和上海而言，是商业摧毁了城墙，也是中国人自发拆城墙筑路，虽然这一过程还一波三折，体现着对于城墙的留恋[2]。广州和武昌分别在接下来的1919年和1926年大规模地拆毁了城墙——这两个城市的城墙远比天津、汉口和上海来得壮观和规模宏大。广州和武昌在很大程度上可以说是新兴的南方政权对于现代性的追

---

[1]1902年各国联军举行会议，提出关于归还天津的29项条件，其中一条即是拆毁炮台，不得再建；天津城墙亦不得再行重修。
[2] 拆除城墙的过程往往牵动新旧势力的较量，并非像天津可以一蹴而就。往往先有拆除城墙议题，随着国内各城市情形的转变和新旧势力的消长，最终才有行动。关于上海拆城墙始末参见郑祖安，《百年上海城》，上海：学林出版社，1999，5-8页。

求而毅然决然地拆除了城墙[1]。在这些城市拆墙的历史过程中，1915 年由内务总长兼市政督办的朱启钤倡议并获得袁世凯支持的北京"改造正阳门瓮城工程"不能不提。虽然其远小于其他城市的拆墙规模，但是对于皇城的改造无疑意义深远，为其他城市拆城筑路提供了无可辩驳的道义上的支持[2]。在一定意义上说，除了汉口和上海，天津、广州和武昌均是以武力强行拆除了城墙——虽然武力的行使者完全不同，其目的却是一致的：铲除旧的抵抗，迎接新文明的到来。

　　重庆和长江中下游的汉口、上海一样，是因商而兴的城市，但城墙的拆除却晚来得多。这是时局、地理和经济条件共同作用的结果：长江上游地区长期处于近代中国革命的核心区之外，虽然 20 世纪 20 年代有杨森"喜好新政"，在泸州、成都和重庆做过一些尝试，但地区的惰性依然十分强大。同时重庆沿嘉陵江和长江而筑，仅有西面通远门接连陆地，而通远门外是墓地，获得大众共识的"风水"观念顽强地抵抗着城市的扩展。直到 1927 年刘湘初步控制川东后，才在潘文华的督办下，于 1928 年拆除朝天门、临江门以及通远门城墙，开拓新市区。这时已经距离汉口拆城墙 21 年，距离上海拆城墙 16 年。

[1] 广州拆城墙议案始于辛亥革命成功后，时任广东大都督的胡汉民急于对革命根据地推广各种新政。当时具体的城市改造计划由毕业于芝加哥大学、时任工务司长的程天斗负责，拆除城墙成为城市近代化的第一目标。但由于各方面的阻力，一直到 1918 年成立市政公所，由警察厅以军政府力量，排除反对势力才得以实施。参见黄俊铭，《清末留学生与广州市政建设（1911—1922 年）》，载于汪坦，张复合主编，《第四次中国近代建筑史研究讨论会论文集》，北京：中国建筑工业出版社，1993，183-187 页。1926 年国民革命军北伐攻克武汉，成立武昌国民政府后立即着手拆除武昌城垣，其中的原因，一部分是对于"新政"的追求，另一方面也同解除城墙的城市防卫功能不无关系。武昌城墙在阻挡北伐军围攻时起到重要的作用。参见皮明庥主编，《近代武汉城市史》，北京：中国社会科学出版社，1993，357-371 页。
[2] 关于"拆城筑路"成为一种近代化的表现，至少到民国政府定都南京，伴随"民族性"成为民国政府追本溯源的文化认识，才开始受到质疑。在《首都计划》中，美国建筑师墨菲提供了利用城墙改造成为城市道路的方案。这是既保留传统又追求现代性的折中方案，同样体现在对所谓"中国固有式"建筑形态的追求上。1949 年中华人民共和国成立以后，"拆城筑路"再次成为对落后的告别和对现代化追求的举措。

拆除城墙在当时作为城市最重要的历史事件，在一定程度上体现对近代文明的追求，虽然仅是万般复杂历史过程中的一瞬，却提供了一个了解地区和城市在近代化过程中差异的窗口。

## 6.3 "技术控制"与"文化选择"改变城市形态

近代以来的中国城市发展并非线性的演化过程。晚清城市传承了封建时期城市作为国家权力框架节点的特点——具有普遍意义上本质的共性，同时又呈现出地区的差异性。从 19 世纪后半叶的数据上看，长江下游地区得到了较快的发展，虽然受到地区性历史事件的影响，总人口数有所下降，城市人口、城市中心地数量和中心地平均人口的数量却远高于除华北以外的其他地区。华北地区人口、城市人口以及城市中心地数量最多，但地区人口密度低、城市中心地平均人口数少，显示了华北地区较为密集的城市群分布以及城乡地区差别小的特点。从沿海地区看，东南沿海地区处于岭南和长江下游地区之间，区内河流密集程度与腹地面积条件较其他两区差，在空间位置上也受到二者的竞争；从沿长江地带看，城市人口、城市中心地数量、城市中心地平均人口的数据明显表现出从上游到下游间递增的过程。8 个地文大区中云贵地区开发时间较短，虽然整体状况远不如其他地区，但具有良好的增长势头；而西北地区各个指标全面性地降低显示了地区经济发展的迟缓和衰退。

这一基本格局作为背景提供了近代以来西方殖民势力（包括明治维新后崛起的日本）、清末改良派、地方自治派以及民国政府的表演舞台。西方殖民势力本身具有主体的多元性，历史过程中本身同样经历着激烈的现代化过程，同时又存在在中国区域分布上的时间和空间上的差异；中国本土的政治主张和行动在很大程度上受到西方文明影响，试图在剧烈震荡的国际和国内格局中寻找一条"救国图强"的道路，体现出"试错求解"的短时变动特点。这种"短时变动"与西方殖民势力以及中国广大区域空间的差异性交织、杂糅一起，共同描绘了近代以来中国城市复杂发展的图像。

但是这一切并非无规律可循。从空间层面上看，近代化的过程强化了传统地文大区的空间格局；交通网络重组推进了区域内部空间结构的演变，使得原本以行政等级架构为组织的城市群结构叠合了新型交通网络，区域中城市的性质和职能逐渐发生转变，同时催生一批以交通网络为依托的新型城市；城市中租界作为样板并重构了城市空间结构——值得注意的是，不同地区体现了对租界中的权力组织结构不同程度的模仿和反映；而更为显性的层面，实际建设过程中"拆城墙"作为对传统的舍去和"筑马路"作为对现代的追求成为近代城市市政建设的范式。

不管是西方的殖民力量还是中国本土的"试错求解"，共同的过程是体现出对于现代技术的依赖，通过对现代技术和知识的掌握和控制，转换为对现实的权力控制。当一个知识系统已经不能有效地提供文明更新的能量，而普遍意识到另一个知识系统是可能的解决之道时，率先掌握新知识的人群便成为本土改革权力的行使者。进而，通过技术的控制，强化权力意识，推进其先进性在整体国民中的合法性和普遍认识。19 世纪末、20 世纪初袁世凯在积极提倡现代化的过程中，"整个在日本接受训练的一代青年学生都是其亲密无间的顾问，都被他安排到关键岗位上，开始是在其负责的省一级政府，后来是在全国性的政府机构中"[1]。民国时期，新的行政组织"工务局"正式纳入国家行政权力核心，促进了更多学习市政管理、土木工程和建筑设计的留洋学生投身城市建设。比如20世纪20年代初孙科执政广州时，有留美工程师林逸民担任工务局局长；1927年黄郛任上海市市长时，有留德博士沈怡任工务局局长和留美建筑师董大酉主持"市中心区规划"和主要建筑设计；负责汉口建设的刘文岛毕业于早稻田大学和巴黎大学等。随后，各种官方或者非官方的市政组织、研究机构以及教育机构的兴盛促进了这一过程。在全国性的法律中，从清末的《城镇乡地方自治章程》到民国时期的《市组织法》到《都市计划法》以及对于市政、规划和建筑设计人员的资格限定，逐步将城市纳入统一的国家法律框架，强化了"技术控制"的深度。清末到民国，从"知识来源—知识人才—组织机构与制度—社会主流观念—社会应用—新知识来源"完成了一个"技术控制"的近代化过程。城市就在这一过程中改变了形态，在城市结构和空间、城市公共卫生、教育、安全以及建筑形态等方面全面发生了转型，从封建时期的城市形态转变为融入世界技术体系的近代城市。

　　"技术控制"是近代以来世界性的发展趋势；"技术控制"的行使者面临一个关键性的问题，即"文化的选择"。当一种文明体系接受外来冲击解体后面临重建时，通过"技术控制"掌握权力的人群需要作出抉择：是追随外来文明还是重新建立自身"文化的独特性"（当然，这并非一个非此即彼的选择）。中国"中体西用"、日本"和魂洋才"、韩国"东道西器"的观念就是在面临文化最初冲击时作出的反应。

　　余英时在谈到中国文化重建问题时指出，"'五四人物'是

---

[1] 杜赞奇，《从民族国家拯救历史》，北京：社会科学文献出版社，2003，88页。

把内科病当外科病来诊断的，因此他们的治疗方法始终不出手术割治和器官移植的范围"[1]。罗荣渠也指出，"从'五四'以来，我国的现代化走的是仿效西方文明（后来是仿效苏维埃文明）、拒斥历史传统的道路……近一个世纪以来，旧的传统文化已大大失落与被破坏，而对新的西方资产阶级文化又多是浮光掠影或囫囵吞枣，故而文化层的新积累甚少，全民族的文化素质提高太慢，这样对外来现代文化的有批判性的选择力与消化力就不很强，这些也就是中国现代化延误的文化基因"[2]。——这些观点即使不能概括近代以来中国文化发展的选择和道路，至少也指出了其中的主要问题。同样，模仿和抄袭是中国近代城市发展的主体。需要着重指出的是民国成立后，曾经相当强调"中国固有文化"之特点。民族国家的建立通常将文化发展指向过去历史的辉煌，试图通过历史的抄袭，标榜当权者作为民族文化传承者的正当性。这种所谓的"中国固有文化"之特点在古代城市规划中并不很容易寻觅，更难以直接拿来应用，然而最终皇家建筑群威严整肃的"中轴对称"与体现民国政府权威的要求结合在了一起。在建筑形态方面，"大屋顶"作为文化符号贴在了现代材料和功能的房屋上，用建筑样式来表现文化的独特性，但仅仅在形态上与其他国家的建筑有所不同，与回应近代生活要求的空间、材料、结构、设备以及设计和生产方式没有多少关系。

长期处于文化和政治核心之外的长江上游地区和重庆城市，"技术控制"和"文化选择"不可避免地受到以上海为主的东部地区影响，显示出相对的滞后性；1937 年民国政府内迁重庆，很快通过对地方"落后性"和下江地区技术与文化发达的定义，确

---

[1] 余英时，《中国思想传统的现代诠释》，南京：江苏人民出版社，2003，11 页。
[2] 罗荣渠，《现代化新论续篇》，北京：北京大学出版社，1997，195 页。

立了其在重庆城市的领导性地位；通过对城市的重新规划——虽然这些计划因为战时轰炸和物资匮乏仅有很少一部分实现，"精神堡垒"的建筑以及城市路名的政治化等措施来实现其"技术控制"和"文化导向"。特殊的历史事件重塑了重庆城市的面貌，但是区域格局具有潜在的惰性，当外来的力量消退后，很快，区域的发展又恢复到早先的状态；当国民政府回迁南京后，战时的畸形繁荣逐渐消逝，重庆回到了常规的发展轨道。从区域、城市发展的水平以及历史发展的类似性看，比起闪亮耀眼的东方大港上海，也许用重庆来代表近代中国城市普遍的发展状况更为靠近和贴切。

总之，近代以来，"技术控制"和"文化选择"彻底改变了城市形态。"技术控制"推进了城市物质形态的近代化——其中最大的贡献是加速了信息的来往、文化的交流，不管是在家庭、社区、城市还是区域之间；而"文化选择"经历了多次的"短时变动"，使得文化的发展并未能在传统文化的老枝上发出茁壮的新芽。但是，不同时期的文化选择留下的文化符号，不仅改变了城市、丰富了城市，也成为今天的文化遗产和值得批判性思考与借鉴的对象。

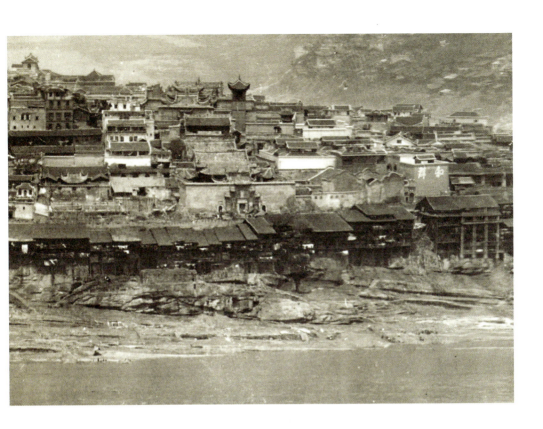

## 07

重庆1927：
一个内陆城市启动现代化的样本

重庆在 1890 年根据《烟台条约续增专条》"即准作为通商口岸无异"。1891—1911 年的 20 年间，持续的内外贸易快速增加，市场的扩大、繁荣进一步强化和促进重庆成为区域商贸中心。1897 年《日本新报》对于重庆的观察是："户口约三万，人口约十二三万。富赀之家亦不为寡也；外人驻在此地者，有英相律得尔，廿年前尝来此间创始商业……律得尔尝与中国政府商议，将开始航业，以大开交通之便……外国传教士在此地附近者甚众，约有六七十人。"[1]1904 年年底重庆总商会成立。1905 年《广益丛报》在《重庆商会公报缘起》一文中对于重庆的评论是："重庆僻处西隅，以物产而论，甲于全洲；以见识而觇，囿于一隅。"[2]重庆总商会在促进地区的商业繁荣，商业教育，协调政商关系，重庆城区的治安、消防管理等方面均起到了一定的作用，一直存续到 20 世纪 30 年代。1911—1921 年，倒是重庆治理机构发生多次变化。

---

[1] 译文择要，《论重庆现情（采日本新报）》，《渝报》，1897，第 5 期，13 页。"律得尔"即后文的"立德"。

[2] 下编 文章门，《短品：重庆商会公报缘起》，《广益丛报》，1905，第 82 期，3-1 页。

1921年年底杨森任重庆督办后，积极推进重庆商埠建设，拟订宏大计划。[1]杨森考虑到重庆三面环水、一面接陆却难以拓展的现实，主要建设并没有在老城区，而是在对岸的江北进行。杨森计划是宏大的，具体工程由工程局局长王建模、美国工程师贝克尔以及杨承棠负责，并动用大量士兵和巴县的犯人，集中人力展开营造。但很快随着频繁的军事战争，地区易主而建设停滞。没有稳定的地方政权，也就没有持续的地区建设。

这样的状况到1926年年底、1927年年初，开始出现新变化。刘湘初步控制川东地区，积极展开地区治理，其中包括重庆商埠、简渝马路、川江航运、财税管理、县政整理等的建设，核心目的是打赢战役、统一四川。重庆商埠在这样的情况下启动了现代化进程——重庆的现代化进程当然不起始于1927年，却在1927年进入了一个新的持续发展时期。地方政府（包括刘湘的善后边务督办和重庆商埠督办）的相对稳定，使得重庆能够在频繁战争中有所喘息而渐次发展——尽管这是一个在各种艰窘情况下，也是缺乏更加整体考虑状况下启动的现代化。此时的中国时局，也正进入一个新的时期。

本章首先从刘湘、刘航琛和卢作孚的简要讨论开始——他们是启动重庆现代化的重要人物；进而阐述重庆地区城乡社会的一般性状况、作为核心问题的战争对城市发展的影响以及彼时游记和影像中的重庆城市景观和感知，以描绘彼时重庆普遍情

---

[1] 包括设立行政股，负责市政计划的筹拟、交通、劝业、卫生行政事项以及补助市教育及救济事项；产业股负责市产、市营业经画、市政收益和各项规则的审议；劝核股负责市区改正筹划、房地产收用的勘定接洽、建筑管理的查勘、房地转移的登记接洽；考工股负责自办工程的监修、工程章制的选议；工务股负责各项工程计划的设定、公共建筑物标准方式的规定、沟渠水道的改设；以及交际股和收发股等。见《重庆督办处最近大计划》，《中华电气杂志》，1922，第1卷第2期。

形 [1]。1927 年 2 月到 11 月刊发的《重庆商埠督办公署月刊》是研究 1927 年重庆城市发展的一份有价值的资料。结合该历史资料，文章研究了 1927 年重庆商埠的人口与产业的空间分布，并讨论商埠督办公署在当时社会状况下的实践网络关系；进而分析二十一军与商埠的财税收支来源及其问题。文章最后论述了重庆商埠的建设就是作为新空间的产生。作者认为 1927 年的重庆没有进入国家视野，它的现代化是困境之下被迫的现代化，应该首先被看成刘湘治理川东、进而试图统一四川的重要部分。重庆城这个内陆城市启动现代化的样本，和东部地区发达城市相较而言，却可能更加具有在全国层面上的普遍性的意义。

## 7.1  新开始：刘湘、刘航琛和卢作孚

民国初年到国民政府移驻重庆之间，四川省内军阀混战，大小战争超过 400 场。这一时期四川的场面和状况，很有点类似该时期中国的场面——这是一个帝国解体后地方军事势力较量和重组的过程。蒋廷黻在 1938 年春夏之间撰写的《中国近代史》一书中，讲到民国十五年（1926），中国政治地图四分五裂的状况，谈到占据各省的张作霖、吴佩孚、孙传芳、阎锡山等大军阀。但对于四川、云南、贵州，则指出这是"属于一群内不能统一，外不能左右大局的军阀"[2]。此年的状况，"川中各军首领，均陷于沉闷之空气中。盖欲从北，则北洋军阀已逐渐崩溃；欲附南，则南军胜算又未可期；欲宣布自治，则各军较以前之分化更甚，

---

[1] 使用的历史文献资料以 1927 年为主，包括之前之后几年的相关资料。
[2] 蒋廷黻，《中国近代史》，上海：上海世纪出版集团，2011，77 页。

图 7.1　川康边务督办刘湘（1925 年）

（图片来源：《四川教育公报》，1925，第 1 卷第 1 期）

不易团结；故在是时，颇有彷徨之感"[1]。

　　这种情况到了 1927 年出现了一些新的变化。1927 年，刘湘 39 岁、卢作孚 34 岁、刘航琛 31 岁。[2] 刘湘（图 7.1）立身严谨、善于用人，卢作孚和刘航琛在随后的几年里成为他的核心高级幕僚，在之后的十多年间辅佐他治理四川，协调与国民政府之间的关系。他们在这一年都进入了新的事业发展阶段，也是人生的重

[1] 重庆中国银行编，《重庆经济概况》，重庆：重庆中国银行，1934，11-12 页。
[2] 刘湘（1888—1938 年），卢作孚（1893—1952 年），刘航琛（1896—1975 年）。

要阶段。刘湘控制并长期据驻重庆，扼住了川东重镇，也就意味着控制了四川与东部地区的交流权。1928年年底，刘湘取得"下川东之战"在军事和政治意义上的完全胜利。随着川东地区的军事统一，刘湘在次年7月成立了川江航务管理处，试图整合长江上游的华商航运，加速与东部地区的沟通。而此时川内的主要矛盾，变成刘湘与刘文辉之间的博弈。博弈是政治、军事与经济竞争的过程；既要平衡好与北洋政府和国民政府之间的关系，获得政治的合法性、军事与经济的支持，又要协调内部各军阀间的关系。在经过短暂的两三年相对平静的时期，1932年冬天到1933年夏天之间发生了"二刘之战"，这是四川军阀内战规模最大的一次战争。在这次战役中，刘湘最终彻底击败刘文辉，从军事上初步统一四川。到了1935年2月，改组后的四川省政府在重庆成立，刘湘任四川省主席，宣布废除实行了18年的防区制，实行省政统一，他的幕僚刘航琛任财政厅长。11月，卢作孚任建设厅厅长。然而，地区和国际格局的变化、四川省内部的相对统一，使得刘湘很快面临新问题。刘湘与蒋介石之间的矛盾随即成为一个新的焦点，而这一焦点，事实上仍然是地方与民族国家之间的关系问题。1931年的初夏间，蒋介石写了一封信由刘航琛交国民政府财政部长宋子文，请求在四川省内发行2 000万元公债，里面写有两句很重要的话："甫澄向背，关系党国存亡。"[1]国际、国内和省内状况的变化，使得四川开始有可能左右大局了。

1926年5月21日，川黔边务督办袁祖铭在刘湘和杨森军队猛烈的联合攻击下，通电离开重庆。驻川达10年之久的滇军、黔军终于全部撤离四川。两日后，刘湘、杨森进驻重庆；6月6日，

---

[1] 刘湘，字甫澄。见沈云龙等访问，《刘航琛先生访问纪录》，北京：九州出版社，2012，36-37页。

刘湘将川康边务督办、四川善后督办两署移驻重庆[1]，这是一个十分重要的决定。控制重庆是统一四川的开始和必要。"追溯历年之四川内战，几无不以争夺成渝两地为核心，而尤以重庆为最扼要，凡据之者，其胜算即有十分之七八可操左券。其故为何？即'金融'之潜势力是。盖军事期中，地利饷粮并重。重庆既以形胜之重要，为军家所必争；又因商务殷繁，其经济势力，足为后盾。"[2]

刘湘可能开始构想统一四川的蓝图。与滇黔军阀的地区性战争告一个段落，四川内部还有刘文辉、杨森等占据其他防区。作为偏于一隅的地方军事长官，他一方面要审时度势，观察国际国内风云[3]；另一方面必须谨慎处理好和还在博弈中的北洋政府和南方的国民政府之间的关系（以及之中各大军阀间的关系）。在格局还不明朗的状况下，他并不拒绝来自两方的任命，但也不积极应对；他也通过两方赋予的重权，来调整四川和军队内部的结构。成为一个获得普遍认可的中央权力机构的一部分，是获得权力合法性的来源。刘湘是有这个雄心的，1929 年 5 月中旬一天，他在力邀刘航琛治理财政时曾经说道："自熊克武民国六年下令各军就地筹饷，四川残破不堪。加上年年打仗，百姓未尝得有一天安宁。我希望能有人出来把它统一，革除弊政，建设民生，然而我等了十二年，到今天不见其人。无法，只有由我来尝试了。统一四川，就是我们的事业的第一步。"[4]

---

[1] 刘湘在川行事，除去省政府主席外，前后有 3 个比较主要机构和头衔。一个是川康边务督办，这是彼时北京政府给予的头衔；一个是四川善后督办，这是 1922 年川中军阀共推的一个头衔，所以刘湘较为看重这一位置；还有一个是二十一军军长，这是国民政府给予的头衔，后期刘湘用这一称呼渐多。
[2] 重庆中国银行编，《重庆经济概况》，重庆：重庆中国银行，1934，17 页。
[3] 这是一个极为复杂的政治平衡和治理的过程，也是一个尔虞我诈的过程。具体见《刘湘》中在这个时期川中军阀间钩心斗角，既联合又相互防范，防止被吞并并寻求更大发展的过程。
[4] 沈云龙等访问，《刘航琛先生访问纪录》，北京：九州出版社，2012，28 页。

将两个最主要机构移驻重庆，可能是构想这一蓝图的第一步。刘湘必须从本地获取资源。依托长江和嘉陵江，重庆有航运之便，历来是川东甚乃至四川境内转运枢纽和商业最繁荣的城市；重庆也因着长江，和得风气之先的长江中下游地区、城市有着更加便捷的人员、物资和信息的联系。刘湘要做的事情，首先是以重庆地区为依托，扩大税源地；通过重庆的市政建设，来体现治理的进步性；同时，他还可以控制从东部流向西川的物资和军械等 [1]。同样重要的是，在四川内部仍然军事割据的状况下，建设一支强有力的军队仍然是基本要务，这是存在和发展的基础。此年他在川外的吴佩孚、川内的杨森等人的高度压力下，寻找新的盟友，最终易帜转向日益兴起的国民政府和蒋介石。1926 年 6 月5 日，国民党中央和国民政府任命蒋介石为国民革命军总司令，"蒋介石作为以军事手段统一中国的主角在政坛上出现了" [2]，而杨森因为没有站对队伍而失去了先机。

1926 年秋，刘湘令改重庆市政公所为商埠督办公署，以三十三师师长潘文华兼任督办，开始办理重庆市政。11 月底刘湘被蒋介石任命为国民革命军二十一军军长。在初步统一了川东地区的状况下（但下川东地区仍然为杨森所控，这是出入川的咽喉地区。因此隐藏着随后的刘杨之战），刘湘着手整编和调训二十一军，将原 10 个师整编为实力雄厚的 3 个师，并成立军事政治研究所，教导团长以下军官。刘湘聘请的政治教官有两位，一位是时任重庆卫戍司令部顾问、川东南团务总监部部长刘航琛，另外一位即是民生公司总经理卢作孚（图 7.2）。

---

[1] 如，刘航琛的回忆录中记有 1929 年"刘文辉有军火材料七轮船西上，刘（指刘湘）原令扣留，张荣芳托代请将放行"。见《刘航琛先生访问纪录》，北京：九州出版社，2012，194 页。

[2] 费正清，《中国：传统与变迁》，北京：世界知识出版社，2002，539 页。

1923 年从北京大学经济系毕业后,刘航琛回泸州任中学校长。1925 年因父亲在渝病逝, 刘航琛遂移驻重庆。刘航琛家以制酒为业, 甚是殷富。1926 年 9 月在重庆, 因为被征收高额机制酒税事宜求助巴县县令。他经由北大同学何北衡向重庆卫戍司令部司令王陵基求助通融。王陵基则要求以刘航琛任重庆卫戍司令部顾问为条件, 方可帮忙, 刘航琛从此走上为军政效力的道路。从为王陵基整理铜元局开始, 到任刘湘的财政副处长、处长, 刘航琛全面掌管二十一军的财政大权, 为刘湘军事统一四川奠定了雄厚的财政基础。入幕刘湘后, 他提出的策略是"如仍照从前办法, 仅赖征收地赋, 强派借垫, 决不可能筹到巨款来扩充军队。根本之计, 在于加重税捐、争取盐税、整顿特税。但仍有缓不济急之时, 必须仿照南京政府发行公债, 化远期款为现款, 以应急需。同时利用金融界和商帮的实力, 作为缓急相通, 不必将它们当作强派硬索的对象"。[1]刘航琛也奔走在重庆和南京之间, 协调刘湘与蒋介石的关系, 进而进入国民政府政界的高层, 成为近代中国经济界风云人物。1939 年刘航琛和云南的龙云谈道:"我担任甫澄先生幕僚期中, 创造了个四川财团, 此一财团, 是用政治力量造出来的。国民政府之能平定中原, 是因为他利用了上海这个大商埠的财力。我们的商埠较小, 如果创造不出财团, 就养不起兵。经过几年的努力, 社会已相当蓬勃。"[2]

　　1926 年卢作孚任民生公司总经理。经过担任记者、主笔等经历, 在川南、成都教育实验不很成功的情况后, 卢作孚于1925 年回到合川, 和几位同乡商议建设实业。这对于卢作孚来说是一个重要的转折点。1926 年 5 月, 卢作孚在上海订购的轮

---

[1] 宁芷邨,《亦官亦商的刘航琛》, 中国民主建国会重庆市委员会, 重庆市工商联合会文史资料工作委员会编,《重庆工商人物志》, 重庆: 重庆出版社, 1984, 218 页。
[2] 沈云龙等访问,《刘航琛先生访问纪录》, 北京: 九州出版社, 2012, 82 页。

第二部分　重庆城市的早期现代化 | *161*

四川實業人物彙誌　　　　　　　　　　四川實業人物彙誌

省政府財政廳長劉航琛略歷　　　　省政府建設廳長盧作孚略歷

劉航琛瀘縣人年四十一歲國立北京大學政經系畢業歷任銅元局事務所所長二十一軍財政處長四川印花菸酒稅局局長川康平民銀行董事長四川善後督辦公署總參議省銀行總經理農村合作委員會委員長四川省政府委員兼財政廳長

盧作孚合江人・年四十四歲・曾任四川省永寧道道尹公署科長，四川通俗教育館館長・江巴璧合特組峽防局局長・民生公司總經理等職，現任四川省政府委員兼建設廳長。

图 7.2　四川省政府财政厅厅长刘航琛与建设厅厅长卢作孚（1936 年）

（图片来源：《新政月刊》，1937，第 1 卷第 4 期，2 页；1937，第 2 卷第 1 期，2 页）

船刚刚建造完成，在 6 月初经历艰险开回重庆，8 月初开始渝合线航行，开展民生公司的航运业务。彼时卢作孚已经具有一定社会声望。1927 年年初四川善后督办公署军事研究所第一期学员结业，刘湘宴请各位教官，刘湘坐主位，一左一右客席分别是刘航琛与卢作孚[1]，这也是刘航琛第一次和刘湘见面。2 月 15 日，卢作孚开始担任嘉陵江三峡地区江、巴、璧、合 4 县的峡防局局长，开始以北碚为中心的，"化匪为兵、寓兵于工"的乡村建设运动。1929 年 7 月，刘湘任命卢作孚任川江航务管理处处长，试图治理川江上华商航业。到了 1934 年，重庆中国银行在调查中谈到，川江轮船除了外国兵轮以外，有华轮和外轮两种。外轮实力雄厚，华轮有 16 家以上的公司。民国十四年（1925）"五卅惨案"后，外轮逐渐减少；但"十年以来，华商公司迭受军事拉用影响，损失极巨，如川江公司等即因此负债，以致停业。截至民国二十年，华商公司之有起色者，仅民生公司而已"[2]。刘航琛在回忆录中谈到，1931 年刘湘应蒋介石要求调派 3 万军队到鄂西填防，"卢作孚主管航务甚好，七天内全军即到宜、沙"[3]。卢作孚另外的一项事业，北碚的建设也甚引人注目。北碚成为一个以产业发展为支撑，民众的集体动员和组织为模式的新型市镇，得到军政界和高级知识分子、实业人士的关注。

盟军中国战区美军总司令阿尔伯特·魏德迈曾经谈道："我在中国，知民主者有傅斯年和卢作孚；知财经者，刘航琛而已。"这是他对接触到的有限人士的一种判断。但刘湘能够有刘航琛

---

[1] 但卢作孚因事未参加，此位空置。
[2] 重庆中国银行编，《重庆经济概况》，重庆：重庆中国银行，1934，154 页。
[3] 沈云龙等访问，《刘航琛先生访问纪录》，北京：九州出版社，2012，196 页。

和卢作孚的辅佐[1]，是赢得四川战事的一个重要因素。另外一个因素，则是重庆商埠的发展，也就是前面刘航琛讲到的，基于重庆商埠创造出的财团，用于养兵和战事。也就是说，在彼时动荡的社会状况下，重庆商埠是在区域格局和时局变化中的发展；它在很大程度上受制于区域状况和时局需要——更大程度上是战事的需要。

从 1927 年开始，重庆在以刘湘为主导的军事与权力集团、以刘湘为主导的财政与金融集团以及以卢作孚为主导的交通事业发展的推动下，开启加速现代化的进程。

## 7.2　1927 年前后的重庆概貌

### 7.2.1　地区转运枢纽与城乡社会

1927 年的重庆地区和其他大部分中国城市地区一样，尽管商业有了长足发展，仍然是依托小农生产为主。在平坝种植稻米、在山坡地种植罂粟，是清末民初重庆及其周边城镇、乡村普遍的景观。豌豆、花生、小麦、棉花也是比较普遍的农作物。重庆还是西南地区的货物转运和进出口中心。《重庆经济概况》中讲："不特全川之进出口贸易，几全以此处为转运之枢纽，即云南、贵州、陕西、甘肃等省，附近川境之各地，其进出口货，亦悉由此地转输。俨若外洋与中国之对于上海焉。"[2] 在重庆海关的报告中，详细记录了重庆进出口的状况。1927 年重庆的进、出口货额对比上年略有下降，但到 1930 年，进出口货额持续上升，保持增势，1930—1931 年才急剧下降（图表 7.1）。从 1922 年到 1931 年，总体来看，

---

[1] 这里面当然不止他们两位，还有诸多能人贤士，如邓汉祥、甘绩镛等。
[2] 重庆中国银行编，《重庆经济概况》，重庆：重庆中国银行，1934，2 页。

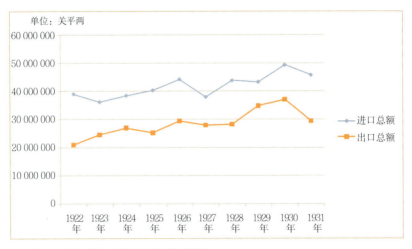

单位：关平两

图表 7.1 重庆 1922—1931 年的进出口货额数

（资料来源：根据重庆海关统计，转引并重新整理自《重庆经济概况》111 页、132 页中的统计表）

进口额是出口额的 1.5 倍左右。

　　猪鬃、桐油、麝香、药材等原材料是普遍的出口物品（早期还包括鸦片）；棉货、绒货、金属、煤油等是主要的进口物品。重庆城内商业发达，商帮多种。1926 年 11 月出版的《中外经济周刊》中有一则《重庆商帮之调查》，谈道："重庆为四川最大商埠。近年来商业日益发达，商帮亦逐渐增多。查该埠商业，向来各有帮派。其最著者为八大帮：一疋头……二花纱……三钱帮……四苏货……五药材……六山货……七干菜……八京缎。此外，如米糖盐丝酒均为大宗亦各有帮。然不及以上八大帮之著名。据最近调查所得之大小各商，已有三十六帮列于商会。各帮会董人等共有八十余人。其余小贸各帮，尚不在内，概重庆习惯。即小贸各营生以及下力挑水等生活均须入帮，惟因无力入商会、故稽考不易耳。"[1] 自清以来的一些记载中，重庆几大商帮具有重

----

[1]《重庆商帮之调查》，《中外经济周刊》，1926，第 190 期，57 页。

要的社会组织、动员和协助地方官员治理的功能，这一点之前已经受到施坚雅、何炳棣等人的注意。因为这一形式的存在及其结构过程，及其与官府和社会的关系，是理解地方是否有可能形成基于内部自主协调，而不是外部权力支配的组织机构。1911年，随着四川保路运动的风云变幻，以及随后帝国的崩塌解体，为了保证地方的商业秩序，"鉴于全省规模的动乱局势，重庆绅士于10月中旬组织了一支护城的特种民兵队伍。这支队伍不许官府干预，也不要官府配合。这样，官府手中仍握有的一点权力也完全丧失了"[1]。出于保护自身的利益，重庆商会在变化的政局中起到了稳定地方的作用。

城乡关系剧烈变化是早期现代社会发展的普遍状况。地方城市开始与外部有着更紧密关联；城市与乡村关系发生变化，在竞争日趋激烈的状况下，城市生产性和交换性的功能逐渐替代前工业社会时期其主要的汲取农村农业劳动剩余的功能。然而1927年前后的重庆城市化，并不完全与一般性的状况相同，而是有它自己特殊的过程。从1917年开始的防区制是这一时期四川省内主要的管制体系；或者，更确切地说，它是一种战争时期对辖区的财税征收体系，以支持军事行动。扩大防区意味着有着更多的财政收入；而要维持和扩大防区，在军事战斗力相当的情况下，则又需要更多的军队以及军费。防区范围常常变动，田赋、税捐的抽取也常因战事需要变化，或变本加厉，或提前预支。

在以农业为基本产业的四川地区，农业产出虽然受到自然条件变化的影响，但总体是一个相对的恒定量。四川军阀间能够持

---

[1] 周勇、刘景修译编，《近代重庆经济与社会发展（1876—1949）》，成都：四川大学出版社，1987，326页。

续近20年、大大小小超过400场的省内战争，与四川是一个人口众多的农业大省有着紧密关系：对农业的历年巨量汲取能够支撑战争的持续和庞大消耗。但也因为农业产出是相对恒定量，战争的汲取破坏之前的城乡间经济关系，农业的剩余价值没有在农村地区积累，也没能进入城市，而是消耗在战争中；城市也没能获得足够的积累以发展新产业。战争对于农业和农村劳动力的汲取，同时也破坏了农村的社会结构，迫使部分农村人口向城市流动，促成特殊时期的特殊城市化状态；战争也迫使主事者要从城市中，特别是从城市的商业活动中发展出新的税种，包括前面谈到的刘航琛提出的"公债"这一类灵活的"化远期为现款"的方式。城市的各种商业税在军事竞争中日益重要，这也是刘湘把两督办移驻重庆城市的主要原因。

目前还没有发现比较好的讨论1927年重庆城乡状况的文献。但是在1932年《平旦周报》和1933年《生活》上分别有两篇文章比较详细地论述了当时四川的农村。这两篇文章解释了四川农村经济的一般性面貌及其问题，也能够用来描述这一阶段前后的重庆基本状况，且重庆是这些问题和矛盾集中表现的地方。在《四川农村的破碎状况》一文中，郹民谈到了四川是一个典型的农业社会，社会的基本组织主要由农民、大多数的拥有约50亩土地和一部分拥有约100亩土地的小地主组成。由于经历多年的战争，土地有集中于军人地主的趋势；小地主普遍破产，沦于穷苦不堪的生活；进而形成四川经济可能完全崩溃的境地。他认为，造成农村困苦的原因，在于川内的军队与团练的压迫和剥削。每一次的战争都是基于对土地的抽税和对于小地主与农民（劳动力）的剥削基础之上，进而也造成了社会的动荡。他的结论是："总之，因政治不良而致农村不安与日趋破产，已经是四川普遍的状态……故四川农村破碎的原因，与其说是资本主义发达，农村自然崩溃，毋宁说是政治不良的结果。自然，所谓土地分配的问题，还不是目前四川农村社会中所感觉的急切问题。急切问题是军队过于横暴，征求过于厉害。"[1] 他还谈到四川地区，特别是重庆特殊的城市化。他认为，重庆和万县，虽然有近代资本主义的组织存在，但工业不发达，主要的商业机构业务在于进出口，同时贸易逆差巨大。他认为："故两地虽洋房高耸，商贾云集，实无补于四川的国民经济。即重庆和万县，只有近代城市的幻影，而无近代城市的实际。不过是外国资本主义侵入四川以后，所形成的农村市集而已。"[2] 由于年年战争，农村经济严重萎缩，导致大量农民成为流民，逃到城市，"此所以全川城市，近年均表现人口集中的状态，资本主义不发达而人口集中，其原因即在此"[3]。不仅是人口，资本也是由农村向城市移动。"但因川省内地治安不良，城市生活日渐改进，外县及农村之游资，纷向都市集中，得以维持不坠。且在此畸形状态下，重庆一埠，既为商业荟萃之要区，复占游资集中之多数。"[4]

1933 年《生活》的第 43 期、第 44 期连载了《四川农村现状一斑》一文。文中表达的内容和《四川农村的破碎状况》相近，都谈到军阀和团练对于农村社会无节制的强取豪夺。文中一开始就说："一提到四川的农村，人们一定会很锐敏的感觉和很自然联想到军阀无限的榨取，苛捐杂税的繁多，土豪劣绅的敲诈，虽然这些都是目前中国最普遍的现象，但

---

[1] 虦民，《四川农村的破碎状况》，《平旦周报》，1932，第 35 期，14-15 页。
[2] 虦民，《四川农村的破碎状况》，《平旦周报》，1932，第 35 期，12 页。
[3] 虦民，《四川农村的破碎状况》，《平旦周报》，1932，第 35 期，15 页。
[4] 重庆中国银行编，《重庆经济概况》，重庆：重庆中国银行，1934，2-3 页。

是政治的腐败，社会的黑暗，捐税的苛繁，前途危机之多，却没有任何那一省能够比得上四川省。"文中指出，团练是深入基层农村社会的组织，而团练中的人员，"差不多完全是无恒产、无学术、未受教育、心术又最坏、专以干这为职业的地痞流氓……他们弄钱的方法，大概不外私设关卡、收过道税捐、藉盗匪案向老百姓敲索罚款。"[1]在这样的情况下，富庶的四川，将快要崩溃。他还指出："拿整个的四川来说，每年有几千万的入超，几百千万的军火购价，还有继续不断的大小军阀汇往外国或外省银行存储的巨款，无论是怎样富的区域，要是长久这样下去，结果必致贫窭。"[2]

## 7.2.2　各种冲突中的城市发展

在地方社会方面，"袍哥"作为四川省内一种普遍的底层社会组织，虽然经过清末丁宝桢的严厉镇压，仍然秘密地存在；到了 20 世纪二三十年代，或转为土匪，或被收编为军队。1891 年重庆开埠后，外商、外国传教士入渝渐多。英国、法国、美国等在重庆设立领事馆，日本在重庆南岸设立租界；一些外商在城区内和周围的长江沿岸地区设立有机构办事处或者堆店等。[3]1909年"烛川电灯公司"开始营运，邮政、电话也开始出现，成为军、政和商业机构必要的工具。修筑在山体上巍峨的城墙和高密度的人口仍然是重庆的典型特征。1894 年重庆海关英国领事谭德乐在 1895 年的报告中说："这样的城实际上没有城郊。增加的人

[1] 上柯，《四川农村现状一斑》，《生活》，1933，第 8 卷第 43 期，880-882 页。
[2] 上柯，《四川农村现状一斑》，《生活》，1933，第 8 卷第 44 期，903 页。
[3]1931 年开始在重庆行医的一位美国医生说道，"几年来，重庆城里外国人的数目常在变动，自二十人至二百人不等"，也谈到了作为传教士和作为商人两个群体间的激烈冲突。见［美］贝西尔（Basil,G.C.）著，《美国医生看旧重庆》，钱士、汪宏声译，重庆：重庆出版社，1989，177 页。

口只得挤在原有的地盘内。污秽、臭气、噪音、火灾的危险，缺少身体锻炼和娱乐，加上炎热、潮湿、令人压抑的天气，以及居住在中国式的房屋里，这一切使外国人的生活特别难堪，身体和精神也因此受到损害。"[1] 这种对于重庆城类似的描述在之后的二三十年间仍然是许多外来者普遍的感受。

1927 年的重庆城就是处在这样的背景之中。但是经过三十几年虽然缓慢但持续地开放和发展，1927 年的重庆有不同于过去的独特一面，处在一种纠缠的、冲突的"二元"状态中。政治上，刘湘主事的重庆至少处在两层关系中，一层是与四川省（当时是一个分裂的状态，但基本模型仍然存在，是由各大军阀共同构成的川内格局的基本模型）之间的关系；一层是两个中央政府之间的关系。在生产领域，农业和副业仍然是重庆地方的主要产业；现代的产业虽然很少，却逐年增加，并威胁着传统产业的存在，由此引发激烈的社会矛盾。一个典型例子是木船与轮船之间的冲突。轮船的效率使得木船的产业工人大量失业。"木船之船户、水手、纤夫，及倚木船为生计之造船厂、木匠、铁匠、纤索铺、饭店等，多因是失业，而重庆江岸昔日帆樯如林之'大广船'等，亦渐不存在，怨毒所至，遂不免时有激烈举动之事件发生矣。"[2] 相对于四川的其他城市，重庆商业的氛围更加浓厚，历史积淀下来的商业组织是地方社会上的重要力量，却面临着各种尖锐挑战。票号、钱庄仍然存在，而银行也占有一席之地并逐渐挤占钱庄和票号的空间。刘湘曾经讲，商人害怕军

---

[1] 周勇、刘景修译编，《近代重庆经济与社会发展（1876—1949）》，成都：四川大学出版社，1987，210 页。
[2] 重庆中国银行编，《重庆经济概况》，重庆：重庆中国银行，1934，147 页。调查报告中还谈到了在民国十一年（1922），轮船谋运盐到宜昌，夺了木船的业务。民船船户纠集数百人，捣毁百物并杀了引水一人。最后经官府调停，承诺轮船不装民船装载的货物才平息。还有民国十三年（1924），安利英洋行驻万县的代表美国人霍勒，试图用轮船装运桐油而被暗杀等的具体事件。见《重庆中国银行》，1934，166-167 页。

人，因为军人手里有枪；而军人需要商人，因为商人手里有钱。因此，商人和军人要共力协作。这也是一种纠缠和冲突的二元关系。1927年的重庆还受到各地不同货币和金融状况的影响。由于防区制的结构，各地方军阀、商会往往在防区内或者一定的县镇范围自行发行货币。地方货币一方面与主政者信用相关，另一方面与等值的贵金属相关。"城头变幻大王旗"的状况使得主政军阀失去信用，而铸币中的偷工减料进一步降低了货币的价值；进而使得四川各地，包括重庆在与省外，特别是长江下游地区各市的交换中受损[1]。

但是，种种关系中，首当其冲的是四川军阀混战对于城乡经济、社会发展的支配性影响。杜重远在《长江之游》一文写道："川中各地为军人割据，鸦片流行，苛税杂出，一切政令皆操在几个军人之手，自无系统之可言。军阀当道每需要一笔费用，皆临时随意召集县长局长或各法团设法摊派，布告周知（这种布告，我屡在街上看见），既无预算，又无稽核，任意剥削。"[2] 如前所述，从清帝国解体到1927年，四川省内有持续不断的、大大小小的战争，战争军费的来源，除了部分来自省外大军阀的支持以外，绝大部分来自对占据的防区内各县与城市的抽税。刘湘占据重庆，很大一方面看重重庆作为地区的商业中心的经济地位。"重庆——自民十五黔军出川后——胥在二十一军范围之内，政令上颇为统一……军长刘湘为适应环境需要，对于航空、兵舰及新武器之购置，费亦不赀……故近六七年之重庆，政局上虽觉大体安定，然因寅支卯粮，套搭抵借之故，商民负担之重，贷与二十一军者……

---

[1] 一个重庆商埠的案例是，在1926年，"重庆市面使用双百铜元，找补不便，上半城以制钱3文当10文行使，下半城则将双百铜元劈成两半或四半使用，上、下半城之间互不通用"。见《重庆市志》第一卷，重庆市地方志编纂委员会总编辑室编，成都：四川大学出版社，1992，102页。

[2] 杜重远，《长江之游（上）》，《生活》，1932，第7卷第11期，144页。

已开空前之现象矣。"[1]

其中的冲突是，战争往往阻断物品、人员和信息的流通，进而影响了地区和城市的贸易。这一状态在重庆海关历年的报告中体现得非常明显。报告中充满对四川潜力和重庆商业的乐观和积极的看法，却又困于反复战争，也曾抱怨到在这样的情况下商人还能营业利那就是奇迹。重庆中国银行的调查报告中谈道："无论何军，凡驻剳重庆时，对于'金融'二字，如影随形，必发生一种密切之关系。同时重庆亦以筹集款过多之故，经济情形，时在枯窘崩溃之中。"[2]另外，过度的抽税往往迫使来自省内、省外的物品开辟新的物流路线，进而流失了税收。战争需要兵丁，对大量壮年劳力的需求，一方面影响了农业的生产，影响到地区和城市的物价与一般生活状况；另一方面也迫使部分农民成为流民和土匪。1927年虽然刘湘盘踞重庆，把重庆作为最重要的据点，但他和杨森、刘文辉的战争在未来的几年中将持续和大规模展开。他要依托重庆作为获取财税收入的据点，来支持军事建设[3]。这一状况，可能并不是重庆独有的，而是彼时中国各主要商业城市所面临的普遍状况。[4]1929年刘航琛应邀入幕刘湘时提出的整顿财政的4个方面，其中第四条的内容是"过去施政诸种举措，朝令夕改，今日与昨日不同，今日兴，明日停，无轻重缓急之分，

[1] 重庆中国银行编，《重庆经济概况》，重庆：《重庆中国银行》，1934，16 页。又比如，在1927年的5月4日，刘湘通电就任蒋介石所委任第五路总指挥职，准备进攻武汉国民政府，同时令重庆商会筹款60万银元作为出师军饷。见罗传栒总纂，重庆地方志编纂委员会总编辑室编，《重庆市志》第 1 卷，成都：四川大学出版社，1992，107 页。
[2] 重庆中国银行编，《重庆经济概况》，重庆：《重庆中国银行》，1934，22 页。
[3] 比如，1927年5月二十一军"借口归还旧债又发行新的债券作为军费。设立'丁戊债务委员会'，甘绩镛任主席，负责发行粮契税借垫券、内地税券、整理借款短期公债，并成立专门机构办理摊派推销工作"。又同年10—12月，驻长寿范绍增为筹军饷，规定该县每月必须缴纳军费4万两，并预征各种税赋到了1939年等。重庆市地方志编纂委员会总编辑室编，《重庆市志》第一卷，成都：四川大学出版社，1992，107-108 页。
[4]1921年开始，孙科在治理广州、经营广州市政时，就感慨于财税的捉襟见肘，还要常常从有限的财税中抽取相当部分作为军费。

浪费了钱财，贻误了时机。既然要统一四川，一切力量都要为统一而使用，非急需者，如修筑马路之类可稍为延迟，待人民生活安定了，有了以车代步的能力，再为兴办，仍不为晚"[1]。他主张将财政主要用于军事为主的统一四川的花费而缓用于市政建设，而刘湘同意其财政政策。

### 7.2.3　游记和影像中的重庆景观

在这样的状况下，重庆给人以什么样的体验？[2]

在《蜀游心影》中，舒新城记录了 1924 年 10 月间从宜昌到重庆的一段状况，对于接近重庆很是有种期待。他描述到："从船上望见一座雾气冲天隐约如市的小山介于二大山之间，据茶房说这就是重庆。我当时看得雾气很为奇异：因为日中还有雾，必系地面很高，但重庆两旁之山高出重庆若干倍，反而清澈异常？船渐近驶，始知所谓雾者并非真雾，乃是重庆数万户所赖以生存的烟煤烟子。我在对岸，即已感觉烟气难闻，到城内，更感呼吸迫促，时发咳嗽；我不知常居重庆者究怎样过活。"[3]

他注意到了沿江的吊脚楼，很不同于下游的状况。他说："从船上望去，河中的石洲上竟有无数的茅房，有些还正在搭建。起初我很疑心于那些房屋的水灾问题，后问茶房，才知道这些房屋并不时常站在那里，只于秋季水涸后临时搭建，春水将涨的时候，便又完全拆去。这里的石洲不小，冬季常建搭小房至千数百栋，俨然一小都市，凡重庆各种商品，洲上莫不具备，并有戏园乐户，而独以赌博业为最盛。在此营建的多属小商人及农民；农民平时

---

[1] 沈云龙等访问，《刘航琛先生访问纪录》，北京：九州出版社，2012，29-30 页。
[2] 选取 1927 年前后的两个文本，以感知特定个体对这一时期重庆城市的经验。这里"特定个体"指的是外来的个体；对本地人已经习惯地方的种种，他们往往会将自己过去在其他地区的经验与重庆比较，在比较中描绘重庆的差异性。
[3] 舒新城，《蜀游心影》，开明书店，1929，38-39 页。

耕种，此时则以其余暇从事小商业之经营，小商人常年为商，不过非其时不集合在此地而已。此种放牧式的都市经营，据闻川江各处多有。"[1] 他从朝天门上岸，由苦力扛送行李，攀爬石级穿城到嘉利宾馆。旅馆中有吸食鸦片烟具是不同于他故乡的景观；茶房介绍妓女是普遍的现象，而旅馆费用和日常生活费用相比于上海更高的原因，仍然是军人的费用转嫁到消费者身上。城里主要的交通方式除了步行，就是轿子和驴子。他也和许多外来的游客一般，到南岸爬山游玩。他说："一直走到山巅，回看重庆俨然如一幅图画。江心的小舟，好似空中的飞燕在那里游来游去，而太阳的红光将煤烟染成黄色，使那些栉比的白墙迎着微风一点一点地透出少女怅惘望情人的眼波，更足使人心醉。宇宙间果有天堂与地狱，我想，把南山当天堂，把重庆当地狱，总不算错。"[2] 他在离开重庆前最后的文字中谈了三个方面，其一是上水的寂寞旅行途中"男女问题"，是茶房、水夫的不遮蔽和热门话题；其二是在重庆昂贵的物价中仍然还有"经济饭店"，有很低价的餐食；其三则是感慨上游地区新闻的闭塞。他说："我记得某君做四川游记说四川人民对于中国的大事，只有历史知识，绝不会受新闻的影响；当时我很觉得这话有点过于唐突，现在身历其境，又觉得他不是全无道理。"[3]

在《美国医生看旧重庆》中，美国医生贝西尔（G.C.Basil）记录了他在 1931 年到重庆行医的诸多事情。他在一开始就讲了重庆的一个主要特性。他说："市民对于他们的本乡被认为中国大口岸之一，觉得十分满意，他们认为重庆和三百哩外的四川省会成都比起来，要好得多了……重庆人在他们的孤立生活中颇为

---

[1] 舒新城，《蜀游心影》，开明书店，1929，39 页。
[2] 舒新城，《蜀游心影》，开明书店，1929，55 页。
[3] 舒新城，《蜀游心影》，开明书店，1929，59-61 页。

自尊自大，无求于人，因此一听到和南京国民政府发生密切联系的主张，竟会加以嘲笑。对于本省也不过口头上的效忠，对于它疆界以外的势力，他们就公开表示敌意了。"[1]他也谈到彼时（1932年）的重庆城仍然处于一种前现代的状况。很少有公共事业，只有新设置的自来水厂。但大部分的居民都拒绝使用，仍然雇佣水夫从江里挑水；大部分房子都是木造或者泥灰造，山路狭窄，人们或者步行或者使用轿子。他说："要将我所认识的这个古城和现代生活联系起来，似乎近于幻想，仿佛要描写火星上的生活一样。"[2]

在这本书中，贝西尔表达了许多留居重庆的人的一种十分普遍情感，亦即从"极度厌恶"到"异常留恋"的特殊情感，这一点十分值得注意[3]。他讲到初到重庆时，在长江航行途中了解到重庆常被描写为"一个'垃圾堆'和'文明的终止点'"，他并不很相信并还怀抱相当期待。但当抵达时，如舒新城一般，隔着热气和硫烟的浓雾望着江对岸"显得倾毁颓坏，非常不整洁的样子……我的心中突然起了一阵尖锐的嫌恶之感"[4]。他在接着的许多文字中描写了这个城市的不卫生、肮脏、窒息、烦嚣、狭隘、炙热，以及市民的愚昧、堕落等方面。但随着时间的过去，他体会到了这个城市的忍耐、勇气、愉快，在极度磨难下的抵抗能力。有一天他因为有作为医生的权利可以在夜间街道上行

---

[1]［美］贝西尔著，《美国医生看旧重庆》，钱士、汪宏声译，重庆：重庆出版社，1989，2 页。
[2]［美］贝西尔著，《美国医生看旧重庆》，钱士、汪宏声译，重庆：重庆出版社，1989，2 页。
[3]包括后来陪都时期许多"下江人"的文字中体现出来的也是这种既恨又爱的情感。这种情况十分值得重视。这可能与重庆特殊的质态相关，一种可以很古却又混杂于现代、场景混乱喧嚣与存在某种秩序、常年的气雾与夏季炎热、容易迷失其中（在街道中）与却又可以一览全局（在江对岸的山上）、极度困难与高度坚韧等高度相互纠缠的状况相关。
[4]［美］贝西尔著，《美国医生看旧重庆》，钱士、汪宏声译，重庆：重庆出版社，1989，15 页。

走，他说："孤零零地，在城市的中心近处夜巡，我感觉到重庆所特有的风味，像外衣一般地包裹着我……我有一种感觉，觉得这惯于过着被征服生活的古城，自己却有赢得外人与'夷人'归向的魅力。我自己问自己，这魅力的秘密究竟是什么呢？"[1]他也记录了刚刚抵达重庆时身旁一位女传教士，望着蒸腾、推挤着、叫嚣着的重庆，泪流满面。她说："每一次第一眼看见重庆，总是使我如此。"——贝西尔以为他很理解这句话的意义，因为他正在想着是什么原因会使自己放弃阳光明媚的马里兰而来到这样的一个地方工作——然而她又说："来了以后，你就不愿意离开它去换地球上的任何地方了。"[2]他在书中的前章尤其谈到了在两支军队激烈战斗场景下一位持续耕作的老农。回顾在重庆的几年工作后，这种在十分困难境地中寻求生存的状况是贝西尔的一种强烈的感觉。

除了文字描述，视觉感知也是认识这一时期城市面貌的一种方式。图 7.3 是 1930 年从南岸远望重庆城的一景。南岸绿树成荫，而重庆城沿着长江一带吊脚楼密布，屋顶重重叠叠。这张照片的注释中写道："自江岸仰望，雉堞参差，如在天际，江水环绕，帆樯云集，为西部唯一门户。"另外，笔者从英国电影学院（BFI）的影片数据库中，找到了一份珍贵的、拍摄于 1930 年的重庆城市影像片段。从这段视频中截取典型的图片 6 幅（图 7.4）。镜头在长江的船上，从朝天门向西移动拍摄，看到巍峨的城墙和城市下，沿岸鳞次栉比的棚屋和木船。镜头拉近，一排排用竹木修建的吊脚楼立耸在江岸，这就是舒新城讲的"无

[1]［美］贝西尔著，《美国医生看旧重庆》，钱士、汪宏声译，重庆：重庆出版社，1989，111 页。
[2]［美］贝西尔著，《美国医生看旧重庆》，钱士、汪宏声译，重庆：重庆出版社，1989，15 页。

图7.3 1930年的重庆远望

（资料来源：汉口，重庆，长沙，万县：四川万县之鸟瞰，《中国大观图画年鉴》，1930，194页）

图 7.4　1930 年重庆城市景象

［资料来源：来自英国电影学院（BFI）影片数据库，画面按照视频中时间顺序截图，先左后右竖向排列］

数的茅房"和贝西尔讲的"显得倾毁颓坏，非常不整洁的样子"。拍摄转入城内，是来往于上下石级的人群和抬着轿子的轿夫，轿子主要部分也是用竹子制作。轿子和人群在路上混乱交叉碰撞，其中前后拍到两位外国人乘坐轿子；大部分的人是苦力，光着膀子、瘦骨嶙峋的多，或者光脚或者着草鞋、缠白布头巾，这是普遍的衣着；从江河里挑水仍然是一派熙熙攘攘的景象，有警察站在码头。视频的最后一幕是苦力或背扛着大包，或背着长木板，或挑着水进入石头砌筑的城墙门洞，画面中还有一位兵士扛着长枪从侧边走过。图 7.5 是 1933 年的重庆城远景与近观。

## 7.3  1927 年重庆商埠的人口、产业及其空间分布

潘文华（图 7.6）从 1926 年 7 月起主政重庆长达 9 年。在为总结任职期间的工作所著的《九年来之重庆市政》一书的序言中谈到，他接受刘湘之命任职，开始重庆商埠（市）的建设："十年前余数数来重庆，见阛阓如云而凌乱似丛薪，市街迂曲狭隘难于举步；若郊外遵陆则荒冢重锁，临江则断岸千尺，游人绝迹……一日，甫公召，语曰子昔有革新重庆之议，心韪之而格与环境。今日机至矣，曷试之以尝所志。"[1]1926 年 7 月，重庆市政公所改重庆商埠督办公署；潘文华被任命为商埠督办，并随后刊办《重庆商埠督办公署月刊》（下称《月刊》）。到 1927 年 11 月 1 日"商埠督办"改组"市政厅"前，《月刊》共刊发十期。这是一份珍贵的历史文献。它既是重庆城市启动现代化的重要记录，也描绘了 1927 年重庆城市发展过程中的矛盾冲突以及更加具体和

[1] 见《九年来之重庆市政》序言。

图 7.5　1933 年的重庆城远景与近观

（资料来源：《图画晨报》，1933，第 67 期，1 页）

图7.6　重庆商埠督办、市长潘文华像

（资料来源：《九年来之重庆市政》）

生动的面貌。从这一时期全国层面的其他城市的资料来看，虽然城市人口、产业等的统计是启动现代化的普遍做法，但如重庆这般详细的数据记录并不多见。

根据1915年民国政府颁布的《警察厅户口调查规则》，在京师和各省商埠设有警察厅的地方，调查户口归警察厅处理。[1]重庆商埠的户、口、产业等亦均由警察署完成。商埠分三正署，每署各辖三分驻所，调查辖区内的相关事宜。根据各区署统计的

---

[1] 见《警察厅户口调查规则》，《司法公报》，1918，第93期，75-79页。

嘉　陵　江

江

二区三分署

一区三分署

二区一分署

二区正署

二区二分署

三区一分署

一区一分署

一区正署

一区二分署

三区三分署

三区正署

三区二分署

长

图 7.7　1927 年重庆商埠各警察区署的辖区范围

街道名，落到《新测重庆城图》（第五版，1926 年版本），结合国家图书馆藏该图的 1921 年版本上的"警察区域划分图"，判断和划定各警察区署的范围（图 7.7）。[1] 结合这张警察区署空间范围图，以下对《月刊》中调查的人口、产业等进行阐述和讨论，并查找其他城市相近时期的相关数据进行比对，将重庆商埠的状况及其问题放在更大的空间范围内讨论。

[1] 此区署图（1927 年）与 1921 年的巡警区域图对比，除少量街道划分归属略有变化外（如白象街划归二区二分署，原东三区），两者大致吻合。

表 7.1　1927 年重庆商埠的户、人口数等统计

| | 总人数（人） | 总户数（户） | 户均人口（人） | 正户数（户） | 附户数（户） | 附、正户数比值（%） | 成年男女比例（%） | 未成年男女比例（%） | 未成年人占总人数比例（%） |
|---|---|---|---|---|---|---|---|---|---|
| 一区正署 | 15 714 | 2 817 | 5.6 | 1 482 | 1 335 | 0.90 | 1.87 | 1.12 | 0.24 |
| 一区一分署 | 13 026 | 2 862 | 4.6 | 1 507 | 1 355 | 0.90 | 1.75 | 1.23 | 0.24 |
| 一区二分署 | 14 393 | 2 418 | 6.0 | 1 280 | 1 138 | 0.89 | 3.54 | 1.34 | 0.17 |
| 一区三分署 | 27 879 | 7 782 | 3.6 | 4 055 | 3 727 | 0.92 | 1.38 | 1.30 | 0.26 |
| 二区正署 | 13 337 | 2 641 | 5.0 | 1 423 | 1 218 | 0.86 | 2.24 | 1.27 | 0.22 |
| 二区一分署 | 10 773 | 2 485 | 4.3 | 1 174 | 1 311 | 1.12 | 1.37 | 1.02 | 0.27 |
| 二区二分署 | 13 679 | 2 355 | 5.8 | 1 365 | 990 | 0.73 | 2.78 | 1.30 | 0.20 |
| 二区三分署 | 11 888 | 2 323 | 5.1 | 1 164 | 1 159 | 1.00 | 2.09 | 1.07 | 0.22 |
| 三区正署 | 17 387 | 4 174 | 4.2 | 2 048 | 2 126 | 1.04 | 1.24 | 1.18 | 0.27 |
| 三区一分署 | 12 293 | 3 278 | 3.8 | 1 312 | 1 966 | 1.50 | 1.18 | 1.13 | 0.27 |
| 三区二分署 | 10 511 | 2 492 | 4.2 | 1 187 | 1 305 | 1.10 | 1.70 | 1.14 | 0.24 |
| 三区三分署 | 17 759 | 5 320 | 3.3 | 3 112 | 2 208 | 0.71 | 1.30 | 1.27 | 0.25 |
| 总计（平均） | 177 829 | 40 947 | 4.34 | 21 109 | 19 838 | 0.94 | 1.87 | — | 0.24 |

（资料来源：根据《重庆商埠督办公署月刊》相关统计资料整理；户均人口、附、正户数比值、男女比例值的最高及最低分别涂色示意；一区一分署和三区三分署是沿嘉陵江和长江沿岸的地区，特定涂灰和其他区分，以做对比）

## 7.3.1　人口的空间分布及其差异

（1）总户数、总人数与户均人口数的空间差异

根据商埠警察署调查，1927 年重庆商埠有居民 40 947 户、177 829 人（表 7.1）。这是纯居民的人数。统计表中注释："本表所列各街巷正户数概依原有号数，附户数则为调查时除正户外之号数……系纯居民户数。机关、法团、兵营、学校、庙宇等不在此内。"[1] 分区署的统计数据，为理解重庆商埠人口空间分布的差异性提供了可能。

从统计数据上可以看出，人口数量和户数最多的 3 个区署分别是一区三分署、三区三分署和三区正署。3 个区署的人口数占

---

[1]《户别统计表》，《月刊》，1927，第 1 期，42 页。在《月刊》第二期的自来水工程计划书中，有一个对人口与用水量的估计数值，其中谈到渝城人口 30 余万人。这个估计的数值可能偏高。按照警察署调查，不包括机关、法团、兵营等的数值约有 18 万人，这应该是比较准确的居民人数的数值，其他的如兵营等，不应有如此高数值。此时刘湘的兵大概有 2 万人，且相当一部分并不驻扎在城内。

了总人口的 35.5%。他们分别分布在城墙之外的嘉陵江和长江的岸线、城西南纪门内，墙外居住了大量的人口。人口最少的是三区二分署，分布在储奇门内西侧。三区正署和三区二分署比邻而居，亦即居住人口数量最多的一个区与最少的区相邻，形成了一个高度差异性的人口景观。三区二分署的区域在明清时期一直是兵营区，可能因为军事机构占据相当空间而难以容纳较多人口。这一区域内应还有驻兵人数未统计在内。

一区三分署、三区三分署的人口数是城墙外区域的人口数，两者数值相加有 45 778 人，占商埠总人口的 25.7%[1]。可以做一个比对和参照的数值是，1824 年重庆城外 14 厢有 10 138 人，占城厢内外总人口 65 286 的 15.5%。根据这两组数值，这 102 年间，城内人口的平均年增长率 0.86%；城外江岸地区平均年增长率 1.49%[2]。城内居住用地远多于城外居住用地，而城外的人口增长率大于城内的人口增长率，也就意味着城外人口密度的增长率远高于城内的人口密度增长率。

前工业时期，家庭财富往往是户均人口数量多少的主要决定因素。根据 12 区署的总人数和总户数，可以得到户均人口。按户均人口多寡排序，前三位的分别是一区二分署（户均 6 人）、二区二分署（户均 5.8 人）和一区正署（户均 5.6 人）；最后三位的分别是三区三分署（户均 3.3 人）、一区三分署（户均 3.6）和三区一分署（户均 3.8）。查空间位置，可以看到户均人口多的区署，明清时期一直是重庆繁华区域。一区二分署所在区域在明清时期是府衙、县衙等官僚机构所在地区，1926 年时，原府衙内机构已撤改为重庆商会、商业场等。二区二分署内原有川东

---

[1] 如前所述，这个数据还不包括庙宇、机关、法团、学校等的人口，而 1824 年的数据则应包括有这些内容的数据（但不包括军队人口数据）。因此，1926 年城墙外人口比城墙内的人口数值应略高于 25.7%。
[2]1824—1926 年，城厢内外总人口的年平均增长率为 9.9%。

兵备道署，在商埠计划中将改为第一模范市场；还有商铺汇聚的白象街等。三区三分署和一区三分署如前所述，是沿着嘉陵江和长江江岸的城外居住区，人口众多，大多是商埠中低下阶层的居住地，他们的家庭人数也比较少。三区一分署，在通远门城墙没有打开之前的重庆，是交通最不方便的地区，城墙外坟冢林立，这一地区也应该是较下阶层居住的区域。商埠户均人口为 4.34 人，和道光四年（1824）户均 3.66 人相比，有所增长。

（2）附户与正户比值：外来人口比重的表征

一个值得注意的是各区的附户数与正户数的比例关系[1]。统计表中注释"附户数则为调查时除正户外之号数"。一种猜想是正户是居住时间较长的居民，附户则是后来逐渐增补、空间逐渐裂生后产生的住户。如果这种猜想正确，则附户数与正户数的比值就意味着该区外来人口比重的大小。表中显示，三区一分署、二区一分署、三区二分署是附、正户数比值最高的 3 个区。三区

[1] 提供宣统元年（1909）四川省各主要府、州数据作为参照，以观察当时重庆与各府、州属户数情况。之后由于四川的分裂，到 1935 年成立四川省政府前，并无详细的全省的统计资料。从户数总量看，重庆、潼川、成都、叙州、保宁五府及其管辖区处于十分明显的第一行列，和其他府、州属拉开较大差距。重庆府属的正、附人口数均列第一，远高于第二位的潼川。这一数据也说明了当时重庆在四川省中的重要性。从附户数与正户数的比例上看，顺庆府属、忠州属、资州属、龙安府属、绵阳州属是排在前面的几个府、州属。顺庆府属地区值得注意。在关于城池高度的一节中曾经指出顺庆府属的平均城墙高度最低。按照之前的推测，很可能这一地区在历史时期上相对较为安宁、平顺。

附表　四川主要府、州属附户数与正户数比值

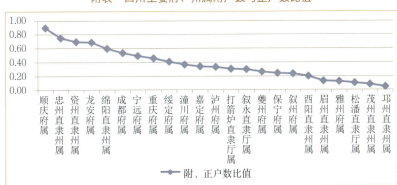

（数据来源：中国第一历史档案馆编辑的《宣统元年各省户数统计表册》，50 页）

一分署在前面谈到，是接陆地的区域，西侧城墙通远门外是大面积的坟地。这一区是户人均数较低、社会下层居住的地区，也是城中交通最为不便的地区，则很可能是外来人口选择居住最主要的区域。二区一分署、三区二分署是各区中总人口数量最少的两区，也可能因此成为外来人口的选择地。

三区三分署、二区二分署是该比值最低的两个区。三区三分署是城外沿着长江江岸西侧的地区，很可能已经达到饱和的状态；二区二分署内有原川东兵备道、江南公所、禹王宫、南华宫、府衙、县衙等的建筑和圈围占用区，也比较难以有新的用地。另外的一种可能是，这一区是重庆商埠最昂贵的地区，经济边界的原因使得附户较难以进入。

（3）男女比例差异的特别区域

一区二分署的几个数值在几个区中不是很高就是很低，显然这是一个十分特别的地区，需要进一步分析。如前所述，它的户均人口最多，但成年男女比例出人意料地达到 3.54，而儿童的比值最低。总体而言，成年男女比例平均 1.87 的数值［道光四年（1824）这一比例是 1.23］，已经说明 1927 年的重庆商埠男女严重失衡的状况[1]。但一区二分署达到 3.54，一种猜想是统计过程中的失误。核查《月刊》中根据区中各地方、街道具体的数据，列表如下（表 7.2）。一个数值弄错是可能的，但众多数值都错的概率是低的。太平门内的一区二分署地区有清一代一直是重庆城最重要的商业地区，表 7.2 的数值说明了这个地区是一个极为特殊的城市地带，一个完全受男性支配的区域。和其他区比较，一区二分署内平均户数人口最多，孩子比例最少，男性又远多于女性。一种十分可能的解释是，在这个高度商业化的地区中，大

---

[1] 这种巨大的男女比例差异很可能是造成当时重庆城内妓女数量众多的原因。这在舒新城的游记中有所记录。

部分的户并非普通意义上的家庭，而是"商户"，即户中以男性商人和男性商仆、伙计构成为主。

男女比例高的还有一区三分署、二区二分署。二区二分署和一区二分署的状况十分类似，都是高户人均数、高男女比例数和低未成年人比例。这一状况说明二区二分署和一区二分署的社会构成较为相近。查空间位置，二区二分署在东水门内，与一区二分署相邻，是重庆城沿着长江的主要区域，也是重庆城最主要的经济和政治活动的区域。一区三分署尽管男女比例数值高（2.98），户均人口数却是 3.6，是几个区中最低的数值之一。很显然这一条两江的沿江地带是社会的底层和男苦力的世界。在英国电影学院（BFI）影片数据库中的 1930 年重庆影像中，沿江的近景中很难发现有女人。

表 7.2　一区二分署的男女成年数与比值

| 街　巷 | 男成年数（人） | 女成年数（人） | 男女比值 |
| --- | --- | --- | --- |
| 中大街 | 558 | 21 | 26.57 |
| 新丰街 | 557 | 36 | 15.47 |
| 西大街 西二街 | 681 | 71 | 9.59 |
| 中大梁子 | 1 101 | 140 | 7.86 |
| 蹇家巷 三牌坊 四牌坊 | 918 | 167 | 5.5 |
| 四方街 鱼市口 | 344 | 65 | 5.29 |
| 西四街 西三街 | 646 | 123 | 5.25 |
| 老鼓楼 | 658 | 145 | 4.54 |
| 顺城街 | 312 | 85 | 3.67 |
| 一牌坊 普安堂 | 357 | 108 | 3.31 |
| 东华观巷 | 254 | 79 | 3.22 |
| 左营街 | 392 | 122 | 3.21 |
| 二牌坊 | 252 | 91 | 2.77 |
| 文华街 | 516 | 207 | 2.49 |
| 征收局巷 衙门口 厘金局巷 后祠坡 | 312 | 128 | 2.44 |
| 神仙口 | 416 | 227 | 1.83 |
| 山王庙 | 117 | 82 | 1.43 |
| 刁家巷 | 334 | 258 | 1.29 |
| 字库巷 | 190 | 157 | 1.21 |
| 道冠境 | 79 | 66 | 1.2 |
| 双巷子 谦益巷 | 106 | 88 | 1.2 |
| 箭道子 | 179 | 153 | 1.17 |

（注：按照比值降序排列。）

（4）各区人口密度

表 7.2 中除一区三分署和三区三分署的人口，余下的就是城墙内的人口数量，共有 132 051 人。根据之前的估算，城墙内面积约为 2.18 平方公里。也就是说，每平方公里有 60 574 人。一个用来观察城市人口密度变化的数值是，道光四年（1824）重庆府城的人口密度是每平方公里 25 297 人。

每平方公里 60 574 人代表了什么样的城市状态和城市景观？提供一组其他城市的统计数据作为比较：1934 年北平市内外城的人口密度为每平方公里 16 503 人。内外城中外一区人口最密，达到每平方公里 40 696 人。[1]1935 年广州市有 1 122 583 人，用地 253.25 平方公里，人口密度每平方公里 4 437 人。[2]1936 年天津市有 1 029 751 人，用地 123.71 平方公里，人口密度每平方公里 8 324 人。[3] 以上是"市"的人口密度，而"县"的人口密度在当时各省的调查数据中通常每平方公里在几十人到几百人。也就是说，1926 年重庆商埠的人口密度是 1934 年北平市的 3.67 倍、1935 年广州市的 13.7 倍、1936 年天津市的 6.86 倍。但随即必须指出的是，这样的比较并不完全合适，这些数值只做参考。国民政府在 1928 年 8 月颁布《市组织法》，重庆随即正式设市；其他城市也是在这一法规颁布之后设市。1934 年的北平、1935 年的广州、1936 年的天津都是设市后的人口和辖区数据。设市后辖区的面积均有所扩展，进而也可能引起人口的扩散。

表 7.3 提供了更加详细的各区署的面积、人口数和人口密度。三区一分署、三区二分署、二区一分署是人口密度最低的 3 个区署，

---

[1]《平市各区人口密度》，隽冬，《市政评论》，1934，第 1 卷合订本，39 页。
[2]《广东省各县人口密度统计表》，《统计月刊》，1935，第 1 卷第 5 期，35 页。
[3]《天津市各区人口密度表》，《冀察调查统计丛刊》，1936，第 1 卷第 5 期，8 页。统计值不含租界人口和用地。

同时也是附、正户数比值最高的 3 个区（表 7.3）。这也在一定程度上验证了之前关于附、正户数比值与外来人口的流入正相关的推测。一区一分署达到惊人的每平方公里 18 万多人的超级密度。这一区署是四通八达的较场口地区，面积狭小而人口众多，从清以来一直是钱、米、炭、瓷器、木货、布料、草药、肉市等的聚集地。参照 1934 年北平、天津，1947 年南京的各区面积、人口数和人口密度（见表 7.4、表 7.5、表 7.6）；和它们相比，重庆商埠面积狭小，2.18 平方公里甚至还比不上其他城市的一个区的面积。十几万的总人口也和北平、天津、南京等市上百万的人口不能相比。由于受到长江、嘉陵江两江的限制无法拓展，1926 年的重庆商埠被完全限制在半岛范围。唯一接陆地的通远门外是大量的坟地，限制了城市的发展。1927 年打通通远门城墙，开始迁坟、建设新马路和新区，城市才开始向西拓展。随着空间范围的扩大，1926—1935 年的人口密度可能将略有下降。但 1936 年后随着东部地区大量人口的急剧迁入，很可能人口密度再次上升。但一种估计是 1926 年的重庆商埠的人口密度很可能已经达到一个峰值，一个打通通远门城墙前城墙范围内人口密度的峰值。

表 7.3　1927 年重庆商埠各区署面积、人口数与人口密度

| 分　署 | 面积（平方公里） | 人口数（人） | 人口密度（人 / 平方公里） |
|---|---|---|---|
| 一区一分署 | 0.07 | 13 026 | 186 086 |
| 三区正署 | 0.21 | 17 387 | 82 795 |
| 二区正署 | 0.18 | 12 387 | 68 817 |
| 二区三分署 | 0.19 | 11 888 | 62 568 |
| 二区二分署 | 0.22 | 13 679 | 62 177 |
| 一区二分署 | 0.25 | 14 393 | 57 572 |
| 一区正署 | 0.28 | 15 714 | 56 121 |
| 二区一分署 | 0.2 | 10 773 | 53 865 |
| 三区二分署 | 0.22 | 10 511 | 47 777 |
| 三区一分署 | 0.36 | 12 293 | 34 147 |
| 合　计 | 2.18 | 132 051 | — |
| 平　均 | — | — | 60 574 |

（注：按照人口密度降序排列。一区三分署和三区三分署因在城墙外，面积无法统计，故未纳入。一个判断是，城外的人口密度将超过城内的平均值。）

表 7.4　1934 年北平各区面积、人口数与人口密度

| 区　别 | 面积（平方公里） | 人口数（人） | 人口密度（人／平方公里） |
|---|---|---|---|
| 内一区 | 7.3 | 116 877 | 15 973 |
| 内二区 | 6.1 | 112 811 | 18 497 |
| 内三区 | 6.1 | 119 819 | 19 556 |
| 内四区 | 5.2 | 115 003 | 22 249 |
| 内五区 | 5.6 | 89 211 | 15 979 |
| 内六区 | 6.9 | 60 062 | 8 667 |
| 外一区 | 1.8 | 75 288 | 40 718 |
| 外二区 | 2.7 | 96 366 | 36 337 |
| 外三区 | 7.4 | 101 477 | 13 627 |
| 外四区 | 7.6 | 87 420 | 11 528 |
| 外五区 | 7.4 | 87 026 | 11 839 |
| 内外城合计 | 64.1 | 1 061 360 | 16 556 |

（资料来源：根据《平市各区人口密度》，隽冬，《市政评论》，1934，第 1 卷合订本整理，不包括郊区数值）

表 7.5　1934 年天津各区面积、人口数与人口密度

| 区　别 | 面积（平方公里） | 人口数（人） | 人口密度（人／平方公里） |
|---|---|---|---|
| 第一 | 3.749 | 139 607 | 37 238 |
| 第二 | 17.832 | 227 829 | 12 776 |
| 第三 | 6.384 | 159 603 | 25 016 |
| 第四 | 13.209 | 99 255 | 7 514 |
| 第五 | 14.089 | 215 993 | 15 330 |
| 第六 | 60.388 | 105 396 | 1 745 |
| 特一 | 2.038 | 31 972 | 5 688 |
| 特二 | 0.874 | 28 522 | 32 634 |
| 特三 | 4.719 | 21 108 | 4 471 |
| 特四 | 0.428 | 466 | 1 089 |
| 合　计 | 123.710 | 1 029 751 | 8 324 |

（资料来源：根据《天津市各区人口密度表》，《冀察调查统计丛刊》，1936，第 1 卷第 5 期整理，不包括租界相应数值）

表 7.6　1947 年南京各区面积、人口数与人口密度

| 区　别 | 土地面积（市亩） | 人口数（人） | 人口密度（人／平方公里） |
|---|---|---|---|
| 第一区 | 13 269 | 183 100 | 20 688 |
| 第二区 | 9 513 | 113 704 | 17 920 |
| 第三区 | 3 273 | 76 763 | 35 163 |
| 第四区 | 3 259 | 98 943 | 45 517 |
| 第五区 | 9 687 | 155 560 | 24 076 |
| 第六区 | 22 645 | 119 615 | 7 919 |
| 第七区 | 4 510 | 86 475 | 28 747 |
| 第八区 | 14 772 | 29 991 | 3 044 |
| 第九区 | 270 480 | 52 485 | 291 |
| 第十区 | 106 968 | 37 030 | 519 |
| 第十一区 | 79 497 | 78 411 | 1 479 |
| 第十二区 | 160 708 | 75 447 | 704 |
| 第十三区 | 140 334 | 14 616 | 156 |
| 总　计 | 838 915 | 1 122 140 | 2 005 |

（资料来源：根据《表一 本市各区保甲户口及人口密度》，《南京市统计季报》，1947，第 12 期整理）

### 7.3.2 产业的空间分布及其差异

（1）各区署资本总量与各类资本总量

《月刊》中统计了各区署中共 72 种行业的等级、资本和全年概算。这为理解各区署的行业差异提供了可能，进而理解彼时重庆商埠的经济空间差异。图表 7.2 是各区署各种行业资本合计总量。很明显，一区二分署、二区二分署和三分署远高于其他地区，是经济十分繁荣的区署。这 3 个区是沿着长江从储奇门到朝天门之间的区域，它们的户均人口数也排在前列。其中尤其是一区二分署的资本合计总量远远超过其他区署。三区一分署、三区三分署、一区三分署是排在最后的 3 个区署。三区一分署前面已经谈到它的诸多特性，人口密度低、附户数与正户数比例最大、户均人口低以及男女比例的数值最低（也意味较为正常的家庭状态）。这个区十分可能是商埠在发展过程中，涌入城中大量贫困民众的首选之地。城外沿着两江的三区三分署、一区三分署也是大量贫

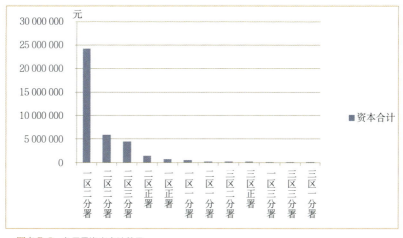

图表 7.2　各区署资本合计总量

（注：按照降序排列。最高资本额为一区二分署的 24 191 680 元；最低资本为三区一分署的 23 608 元；最高额是最低额的 1 024.7 倍。）

民苦力的居住之所。将各区署的资本总量分别除以人数和户数，得到人均资本量和户均资本量（表7.7）。最富有的一区二分署分别是排在第二位的二区二分署和排在最后一位的三区一分署的人均资本量的3.9倍、884.6倍与户均资本量的4倍、1 389.5倍。这种状态体现了一区二分署在重庆商埠中绝对的经济支配地位和严重的经济空间差异。

表 7.7    各区署的资本合计、人均资本与户均资本

| 分　署 | 资本合计（元） | 人均资本（元） | 户均资本（元） |
|---|---|---|---|
| 一区二分署 | 24 191 680 | 1 680.8 | 10 004.8 |
| 二区二分署 | 5 846 650 | 427.4 | 2 482.7 |
| 二区三分署 | 4 472 220 | 376.2 | 1 925.2 |
| 二区正署 | 1 376 107 | 103.2 | 521.1 |
| 一区正署 | 736 317 | 46.9 | 261.4 |
| 一区一分署 | 470 164 | 36.1 | 164.3 |
| 二区一分署 | 238 088 | 22.1 | 95.8 |
| 三区二分署 | 205 984 | 19.6 | 87.5 |
| 三区正署 | 165 920 | 9.5 | 39.8 |
| 一区三分署 | 121 385 | 4.4 | 15.6 |
| 三区三分署 | 101 426 | 5.7 | 19.1 |
| 三区一分署 | 23 608 | 1.9 | 7.2 |
| 总　计 | 37 949 549 | 213.4 | 926.8 |

图表7.3是各种类资本合计。可以明显看出，航业、颜料及染色、银行钱庄汇兑占支配性的份额。绸缎丝绵疋头、山货、中西丸药及医馆、盐业、寿火保险、苏广杂货也有较大份额，但已属于第二梯队的行业种类。其他行业众多，但所占份额均较小。这些行业在各区署中又是怎样的关系？以下选取各区署资本合计量前十五种的行业，用来观察区署之间的经济种类差别和各区署主要的经济功能。

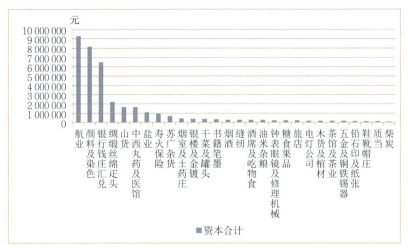

图表7.3　各种类资本合计

（注：按照降序排列。本表只列资本合计10万元以上种类。10万元以下略。《月刊》中共统计有72种行业，本表列有前27种。另外，本表的统计缺失了"妓女"这一古老行业的资本。妓捐是当时重要的税捐来源之一，见后文重庆商埠的税捐表。）

（2）支配性资本在各区署分布及各区署的支配性资本

图表7.6至图表7.17是各区署资本合计量前十五位的行业种类，可以用来观察各区署本身的经济构成。需要解释的是，虽然每一区署都是一张图表，但高、低资本额度相去很远。二区正署、二区二分署、二区三分署是1926年重庆商埠主要的银行钱庄汇兑、绸缎丝绵定头、山货区。二区一分署绸缎丝绵定头和苏广杂货占有相当比重，但最主要的资本构成是影院及戏园——是重庆商埠的娱乐区。一区二分署占有航业、颜料及染色的最大部分资本，其资本额度远高过其他行业。一区正署则应是商埠中上层人士的日常消费区。酒席、食物、糖果、印石、纸张等都占有较大比重。一区一分署是商埠人口密度最高的区域，用于吸食鸦片的烟室（及土药庄）是这个区最大的资本构成，另外还有毛货、木货和棺材。三区正署、三区二分署、三区三分署以中西丸药及医馆为主。

但这些图表隐藏了各区资本额的差异。根据各区各类资本合计量，选取排在前十位的十种行业，观察它们在各区署的分布。一区二分署区域在整个重庆商埠中具有突出和绝对的经济支配地位，垄断了重庆商埠航业、颜料及染色、中西丸药及医馆、寿火保险、苏广杂货5种行业，并与二区二分署、二区三分署共同分配了银行钱庄汇兑业。山货是二区二分署、二区三分署一起垄断的行业，但这两区还有区别。二区二分署的绸缎丝绵疋头行业资本额在各区中首屈一指；二区三分署则是盐业和烟室及土药庄为主。在十二区署中，烟土额在各区都有，但在一区一分署和二区三分署中占有绝大多数份额。一种猜想是二区三分署中的烟室是较高级的消费场所，一区一分署的则是大多数贫民光临之处。

图表7.4中的前十种资本总量行业中一是航业、颜料及染色的比重太高，二是除了烟土、寿火保险以外[1]，其他主要与地区贸易相关，而与商埠中的日常生活关系不很强，由此可能掩盖了各区一般性的社会生活状况。再取与柴米油盐等较相关的后十种资本总量行业列表[2]，观察其在各区署分布状况（图表7.5）。结果和表7.13体现出来的状况有类似也有差别。类似之处是，一区二分署、二区二分署、二区三分署仍然是最主要的资本额所在区。不同的地方是，后两个区的所占额度比重上升；一区正署凸显出来，其酒席及吃物食的占比在各区中最高。值得注意的仍然是一区二分署，它的旅店业资本额最高，并与二区二分署共同垄断钟表眼镜及修理机械行业。其他区署，特别是三区各署、二区一分署、一区三分署是商埠中占有资本量很低的区署，也是社会底层人群主要的居住、工作之地。

---

[1] 烟土、寿火保险额高反映了1927年重庆的一种典型景观，亦即鸦片流行和火灾威胁或潜在威胁。这两种景观在许多彼时游记中有大量记载。
[2] 尽管这些行业仍然和地区本身的贸易相关，但相比前十种行业类型，更能够体现商埠的日常社会生活状况。

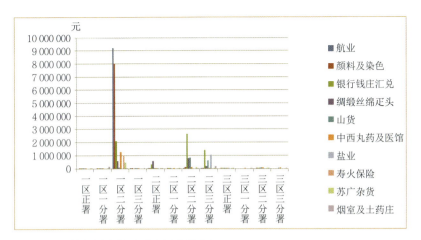

图表7.4 前十种资本总量行业在各区署的分布

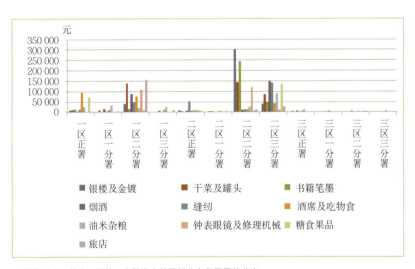

图表7.5 前十一至前二十种资本总量行业在各区署的分布

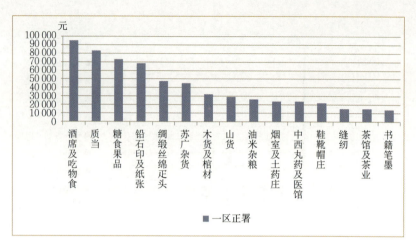

图表7.6 一区正署资本合计量前十五位的行业种类

（注：最高资本额为"酒席及吃物食"94 904元，最低为"书籍笔墨"14 328元。）

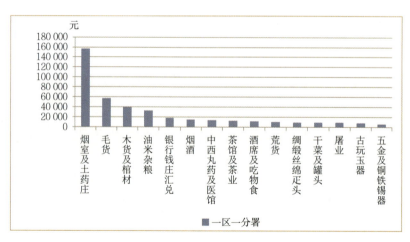

图表7.7 一区一分署资本合计前十五位的种类

（注：最高资本额为"烟室及土药庄"156 616元，最低为"五金及铜铁锡器"6 467元。）

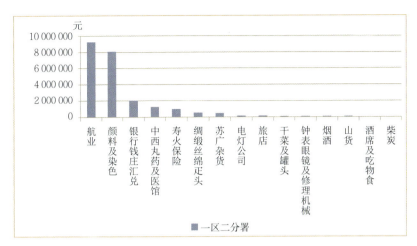

图表7.8 一区二分署资本合计前十五位的种类

（注：最高资本额为"航业"9 220 500元，最低为"柴炭"73 450元。）

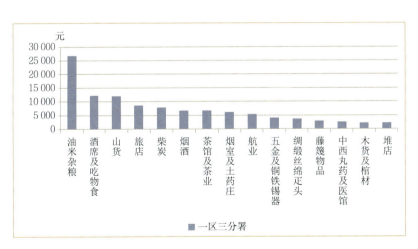

图表7.9 一区三分署资本合计前十五位的种类

（注：最高资本额为"油米杂粮"26 900元，最低为"柴炭"2 100元。）

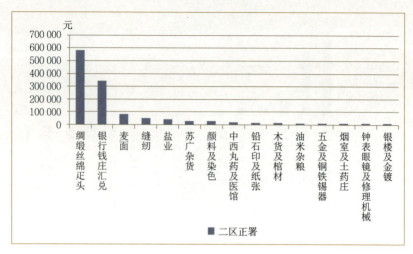

图表 7.10　二区正署资本合计前十五位的种类

（注：最高资本额为"绸缎丝绵疋头"581 020 元，最低为"银楼及金镀"9 730 元。）

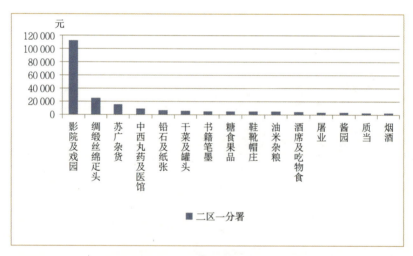

图表 7.11　二区一分署资本合计前十五位的种类

（注：最高资本额为"影院及戏园"112 000 元，最低为"烟酒"2 950 元。）

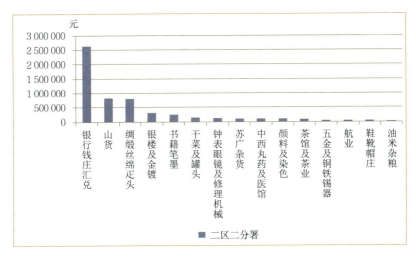

图表7.12 二区二分署资本合计前十五位的种类

（注：最高资本额为"银行钱庄汇兑"2 634 000元，最低为"油米杂粮"26 500元。）

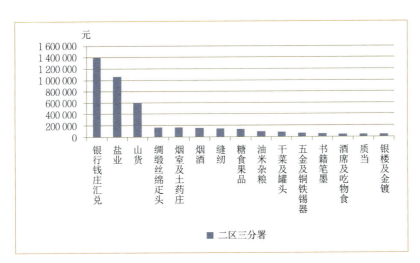

图表7.13 二区三分署资本合计前十五位的种类

（注：最高资本额为"银行钱庄汇兑"1 395 000元，最低为"银楼及金镀"39 700元。）

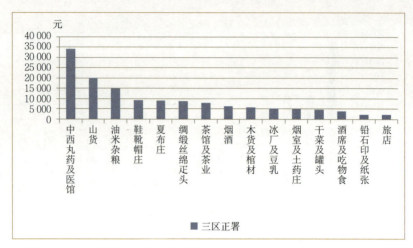

图表 7.14　三区正署资本合计前十五位的种类

（注：最高资本额为"中西丸药及医馆"34 040 元，最低为"旅店"2 200 元。）

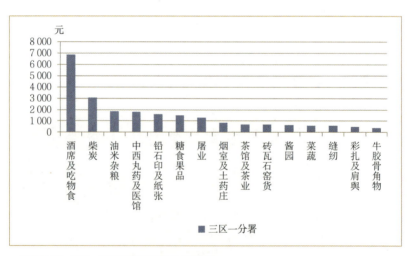

图表 7.15　三区一分署资本合计前十五位的种类

（注：最高资本额为"酒席及吃物食"6 858 元，最低为"牛胶骨角物"400 元。）

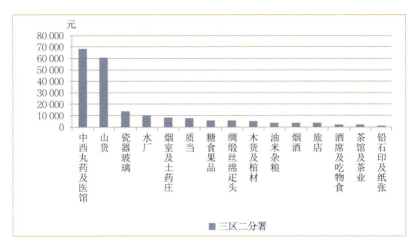

图表 7.16　三区二分署资本合计前十五位的种类

（注：最高资本额为"中西丸药及医馆"68 160 元，最低为"铅石印及纸张"1 300 元。）

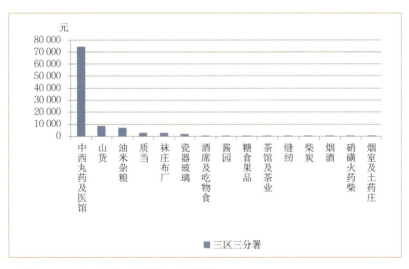

图表 7.17　三区三分署资本合计前十五位的种类

（注：最高资本额为"中西丸药及医馆"74 520 元，最低为"烟室及土药庄"80 元。）

## 7.4  1927 年商埠督办公署公务关系：实践网络

城市的现代化过程不是抽象之物，它存在于具体实践之中。它是总体状况在城市中的作用，是城市在与外部的、他者间的加速关联过程中（经由贸易，特别是西方舶来的知识、技术，信息传播等），内部社会引起的一系列变动。地方城市的现代化存在于观念、社会和物质实践的过程中，存在于中央政府与地方政府( 此时对于重庆商埠而言，更多是川康边务督办与商埠督间）的行政、财税关系实践中。潘文华怎么着手进行重庆商埠的建设呢？

### 7.4.1  物质空间实践

潘文华在《月刊》第一期（1927 年 2 月）的序言中谈到他任督办以来的建设工作，包括在整理旧街道、开辟新市场、创办中央公园、整顿城门交通、新建轮船码头、测量沿江马路、筹备自来水厂、改良电话电灯等。这些内容基本持续到 1927 年年底[1]。此时的潘督办，面临两个重大困难。第一，建设经费奇缺，缺到出现督办公署开不出薪水；第二，又要展开各种建设。他的策略是两手并举。一方面，广开财源，向川康督办公署要求征收各种附加税、收取税捐、销售奖券；最重要的是，设立新市场管理局，将可以生产税收的市场范围扩大，在老城及其周边地区拟开辟 6个新市场。另一方面，整顿旧有物质空间和建设新空间（马路、码头是新空间中的重要内容），通过对旧空间的管制、拆除来生产新空间，体现进步性。他也颁布各种规章制度，作为行事的基础。表 7.8 提供了商埠督办公署 1927 年 1 月到 10 月的商埠建设计划和颁布的规章。

---

[1] 开办小学是 2 月之后的一项工作。

表 7.8　《月刊》一月到十月的商埠建设计划和颁布的规章

| | 商埠进行计划 | 颁布的规章 |
|---|---|---|
| 1 月 | 1. 嘉陵江建筑轮船码头全部规划简要说明书 | 1. 本署职员奖惩条例<br>2. 本署整理马路经过街道规则<br>3. 本署核准警厅处理行政事项暂行规则 |
| 2 月 | 1. 整理朝天门城门交通工程办法大纲<br>2. 重庆自来水工程计划书<br>3. 重庆商埠自来水计划之解说 | 1. 重庆商埠新市场管理局暂行简章<br>2. 重庆商埠督办公署汽油特税附加暂行简章<br>3. 重庆自来水股份有限公司招股简章 |
| 3 月 | 1. 水面交通计划书 | 1. 取缔保火险规则 |
| 4 月 | 1. 重庆商埠江北办事处拟呈第一年行政计划书 | 1. 重庆商埠督办公署征收重庆烟酒公卖附加税简章<br>2. 本署核准警察厅弹压巡警章程 |
| 5 月 | 无 | 1. 重庆商埠整齐街面暂行办法<br>2. 重庆商埠督办公署取缔饮食物营业规则 |
| 6 月 | 无 | 无 |
| 7 月 | 1. 本署财工事务报告 | 1. 重庆商埠督办公署土地收用规则 |
| 8 月 | 无 | 1. 重庆商埠督办公署征收重庆烟酒附加税暂行简章<br>2. 重庆商埠大河各渡船码头自办过江汽船暂行简章 |
| 9 月 | 无 | 1. 重庆特别市暂行条例 |
| 10 月 | 无 | 1. 重庆商埠因利局暂行简章 |

此时的重庆商埠，治权空间难以拓展（同时也不明确）。彼时中央政府在摇摆之间，还未颁发统一的《市组织法》，因此商埠实践缺乏全国层面的合法性的支持。它只能在即成条件下实行现代化的实践。它的物质空间实践总体上讲，是多项局部实践，或者更准确地说，是单个局部实践的加和，而不是更加整体的、更有全局性的实践。它往往一事一议，就一工程项目责令收取相关赋税，如收取煤汽油附加税作为工程经费、收取红庄费作为开办小学的经费等；就面临的急迫问题颁布新规则，设立新的分支管理机构。在很大程度上，它既是管理者，也是经营者。它必须通过生产、经营新空间来获得新的财税收入，再投入下一次新空间的生产。在它力有不及的地方，它必须调动社会资源，在"官绅合办"或"官督绅办"的模式下，推进市政建设。其中，"自来水工程"就是很典型的例子，通过成立股份有限公司，向社会招股，但拒绝外资。

### 7.4.2 公务关系网络

根据《月刊》第 3 期中《本埠各机关法团统计表》，商埠中共有机关法团 71 处，其中记录有占地面积的 62 处。这是一份有价值的统计表，通过不同机构空间占用的大小，可以在一定程度上理解彼时机构的重要程度。重庆商埠督办署占地 60 平方丈；除去未有记录占地面积的机构外，大于其占地面积的机构有 12 处，具体见图表 7.18。在这 62 处机构中，值得注意的是警察厅，包括各分署的面积之和达到 290 平方丈，占有较大比重，可以在一定程度上体现警察在社会事务上的重要作用。表中内容也表现社会转型时期的一些特点。旧有机构仍然占有比较大面积。比如巴县公署，用地面积达到 500 余平方丈；但此时巴县在重庆商埠内权力已经萎缩，其管辖的主要是周边的乡镇地带。商埠督办署给巴县知事的公文类型是"训令、指令"；尽管如此，巴县仍然是地方最重要的基层行政机构。在重庆商埠督办公署排列靠前的 12 个机构可以大致分为 3 类，第一类即权力（包括行政与军事）机构，如川康督办公署（占地约 100 平方丈）、省长行署、川东道署、江巴卫戍司令部、商埠督办署、巴县公署以及包括警察厅；第二类是各类税收机构（包括禁烟类在内）；第三类值得注意的是重庆总商会和巴县议事会这类地方社会性的机构。

1927 年年中，商埠督办公署分别和哪些公共机构有公务往来？这种往来关系体现了其工作的各个不同方面状况，是理解其在特定时期和彼时社会关系网络下的能动实践。《月刊》的目录中，有商埠进行计划、公牍、委任状、呈文、咨文、公函、训令、指令、布告、批示、规章以及杂录等各项内容。"计划"与"规章"已经在"物质空间实践"一节有所讨论。公牍、委任状比重很小，

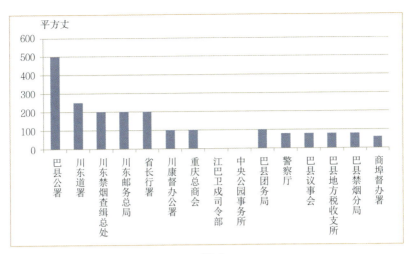

图表 7.18  占地面积大于重庆商埠督办公署的机构

（注：其中，江巴卫戍司令部与中央公园事务所借用重庆总商会办公，三者面积约为200平方丈。）

布告、批示数量较多，处理的事情也比较琐碎[1]。咨文部分很明确，最主要的就是给商埠参事会的咨文，以征求对征税、土地收用、建设等事务之意见[2]。以下对呈文、公函、训令、指令4个较多数量且涉及机构较多的部分展开讨论。呈文发给其上级机构，公函往往给其同级机构或者不属于其管辖机构，而训令、指令则是给其下级机构。

最主要的呈文很显然是给其直接领导机构川康督办署，十期中共有23条呈文，大部分为需要川康督办公署赋权的呈文，如征收附加税、新设管理局的要求等；另外有一部分是具体的事关个人的案例判决，很有可能商埠督办公署无法处理这些个案，而将判决权上推到川康督办公署（图表7.19）。值得注意的是，

[1] 但是，这是可以进一步深化研究的，通过日常的琐细事情来研究现代化进程中的冲突。本章篇幅已经较长，关于该方面的内容将另文讨论。

[2] 1 到 10 期中给参事会的咨文达 13 条，其他分别给重庆统捐局、重庆总商会、前市政督办的各 1 条。

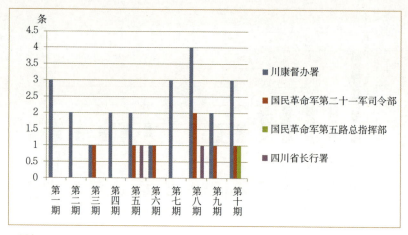

图表7.19　《月刊》第一到第十期的"呈文"统计

从第三期以后，给二十一军军部的呈文开始出现。从呈文的内容上看，给川康督办公署的主要是关于行政和物质建设相关内容；给二十一军军部的则主要是社会管理类（如各团体注册）、军队占有地搬移等内容。

　　"公函"中与商埠督办公署往来信息最多的是江巴卫戍总司令部。江巴卫戍总司令部负责地区安全事宜，而重庆城又是一个重要的据点；以城墙内外为主的商埠管理，要进行建设就会和管理地区安全的时间、空间关系上有冲突。如改造朝天门码头，商埠督办公署即发函江巴卫戍总司令部，要求其移走守卫士兵等；如要求允许建设时间、要求放行城门等。这是两个治权空间交接处的冲突与协调。其他主要的联系机构是川江航务管理处、重庆关监督公署、重庆统捐局、重庆总商会等（图表7.20）。

　　训令和指令下给下级机构，要求尽快推进工作安排（图表7.20、图表7.21）。"训令"的统计中，最主要承令的是警察厅厅长，共有87条训令[1]，远远超过排在第二的巴县知事（共35条）。

---

[1] 若再加上发给"警察局"的条数，就达到93条。

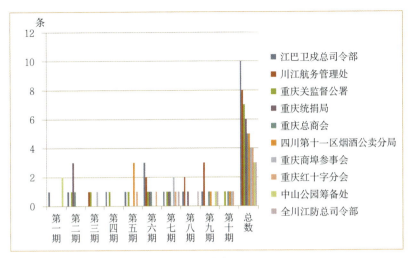

图表 7.20 《月刊》第一到第十期的"公函"统计

（注：总数中按照降序排列，右栏机构按照数量降序排列。）

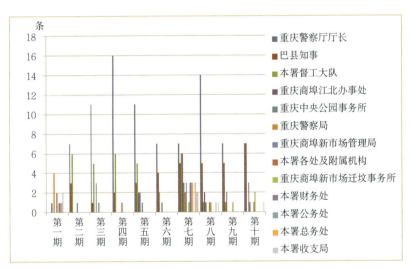

图表 7.21 《月刊》第一到第十期的"训令"统计

（注：右栏机构按照数量降序排列。）

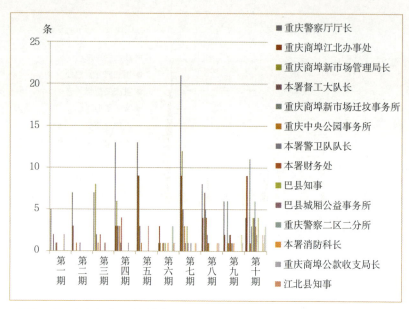

图表 7.22 　《月刊》第一到第十期的 "指令" 统计

（注：右栏机构按照数量降序排列。）

警察厅厅长李宇航应是极繁忙之人。从训令和指令的统计中可以看出，商埠督办公署主要和警察厅、巴县知事、督工大队、商埠江北办事处、新市场迁坟事务所、中央公园事务所、新市场管理局、督办署财务处等有较频繁的发文关系。警察承担了包括统计在内的大量的社会管理工作。这样的结果，也符合前述的物质空间实践的内容。一个值得重视的现象是，商埠督办公署直接发训令和指令给巴县知事。也就是说，商埠作为一种新的空间，在一开始的时候，其行政等级就高于旧有的县。但当时并无明文规定，更多的是一种自发实践。但是，旧县的各种行政管理体系细密而完善，商埠督办公署十分需要巴县知事协助。或者更具体地说，需要县知事动用其传统行政管理的权力，调动地方资源，比如其中谈到要求县知事通告 "木帮" 来协助建设等。

## 7.5　二十一军与重庆商埠

前文转引了刘航琛在 1929 年与刘湘的对话。刘航琛认为应将财政主要用于军事统一四川而缓用于市政建设，而刘湘同意其策略。二十一军与重庆商埠（进而是重庆市）之间是怎样的关系，现在需要进一步厘清。在防区制的格局下，二十一军军部成了其防区内集军、政、财于一体的机构。彼时刘湘首要目的在于用军事统一四川，建设川东地区、重庆、万县、涪陵等城市的目的在于服务于军事统一四川。刘航琛谈道："统一工作，在当时唯有诉诸武力。要打胜仗，武力必须要强大。如何才能有强大的武力？财政与经济最为重要，是一切计划的后盾。"[1]刘航琛认为，重庆已经成为内陆一大河港，并以万县为门户，设立分关，是四川全省的经济枢纽；刘湘占据重庆并控有附近的 17 县市，只要加强管理，必将大有作为。他提出 5 个方面的建设：借公债、设银行、办电厂、整税务和兴实业。通过建立信用，将民间资本（特别是在农村中的财富）转为工商资本，进而利用金融手段和现代技术建设实业。刘航琛说："刘甫澄控制下之重庆财务，经上述整理之后，各项实业，大为兴盛。到了民国二十二年年初，重庆可说具备了应变的能力。当时重庆有银行九家，钱庄二十余家，盐帮生龙活虎，其他各业亦相当繁荣，堪谓达到了巅峰时期。"[2]

这里要厘清一个概念。刘航琛谈到的重庆，是一个泛重庆地区，是以"重庆—万县"为中心的刘湘控制的防区（防区范围随着战事变化有增减），而不是重庆商埠本身。此时的重庆商埠，

---

[1] 沈云龙等访问，《刘航琛先生访问纪录》，北京：九州出版社，2012，115 页。
[2] 沈云龙等访问，《刘航琛先生访问纪录》，北京：九州出版社，2012，120 页。

范围仍然十分狭小，基本不脱原有的城池的范围。二十一军的税源地是"泛重庆地区"，而重庆商埠的税源地大致在其管辖的有限范围。"泛重庆地区"包含有重庆商埠地，刘湘领导的二十一军军部、川康边务督办又是重庆商埠督办公署的直接领导机构，商埠公署的财税与二十一军的财税是什么关系？它们分别收取的税种、收支情况又是怎么样的？

## 7.5.1 二十一军的财税机构设置与收支

刘航琛的谈话中说到，1929 年刘湘在彼时占据有 17 县市，但是哪些县市并未具体言说。1929 年在南京出版的《军事杂志》有一期报道《二十一军各部驻地调查》，可以用于观察当时其部分空间范围，文中提及的地区主要有重庆下游的奉节，湖北宜县、归州、巴东以及以重庆城为中心的周边地区（表 7.9）。值得注意的是，彼时商埠督办潘文华兼任二十一军第二师副师长兼第五旅旅长，驻地在菜园坝。但很显然这是一份不完全的调查。1927 年 8 月刘湘开始整军，将原来松散的 10 个师，整合成坚实的 3 个师；新的编制为每师 3 个旅、每旅 3 个团、每团 3 个营、每营 4 个连、每连 3 个排，全师官兵约 1.9 万人[1]——一个对比的数值是，在 1931 年，刘航琛在劝刘湘为蒋介石出兵时，提到二十一军有 12 万人。从 1927 年的约 2 万人，到 1931 年的 12 万人，军队人数的增长是惊人的，可以预测军费支出也是庞大的。在刘航琛的回忆录中，1927 年 12 月整理后的刘湘部队有 4 个师（第四师是从杨森投降过来的范绍增），以及师直属各部队，十二团组成一师，作战时配上一团炮兵营，共有 52 个团。他谈道："五十二团人

---

[1] 乔诚，杨续云著，《刘湘》，北京：华夏出版社，1987，109 页。

的经费并不太大……六十八万块钱就够开销了。但那时刘湘的税收只有五十八万，还有十万块钱的赤字。刘湘的经济实况，我直到做了他的财政处副处长（作者注：此年是1928年）才知道。"[1]整军后，随即刘湘大胜于杨森的下川东之战，扩大了防区。"是役，刘湘略地二十三县，掌握了长江进出口的夔门，收编杨森近三万部队并缴获大量武器。"[2]

表7.9 二十一军各部驻地调查

| 驻 地 | 部 队 | 备 注 |
|---|---|---|
| 奉节 | 第一师司令部 | |
| | 第二旅司令部 | 城内 |
| | 第一旅特科营部 | 城内 |
| 湖北宜县 | 第一团团部 | |
| 湖北归州县 | 第二团团部 | |
| | 第七团团部 | |
| 湖北巴东县 | 第三团团部 | |
| 巴县 | 手枪第一大队部 | |
| 磁器口 | 第二旅司令部 | |
| | 特科营部 | |
| | 独立团团部 | |
| | 第四团团部 | |
| | 第五团团部 | |
| 土主庙 | 第六团团部 | |
| 虎溪河 | 第三旅司令部 | |
| 菜园坝 | 第八团团部 | |
| | 第五旅司令部 | 旅长潘文华 |
| 木洞 | 第九团团部 | |
| 关庙 | 教导总队队部 | |
| | 炮兵团团部 | |
| | 警卫司令部 | |
| | 第一团团部 | |
| 江北县 | 第十三团团部 | |
| | 第十四团团部 | 城内 |
| 桃子桠 | 第十九团团部 | |
| 茶亭 | 独立第一旅司令部 | |
| 刘家台 | 第一团团部 | |

（资料来源：军事新闻—国内之部—四川—二十一军各部驻地调查，《军事杂志（南京）》，1929，第17期，186—187页）

[1] 沈云龙等访问，《刘航琛先生访问纪录》，北京：九州出版社，2012，25页。
[2] 乔诚、杨续云著，《刘湘》，北京：华夏出版社，1987，118页。

川康边务督办署在 1927 年年初重新整理了税收机构，合并渝北、渝夔、陕防、江防等处关卡，颁布核定《重庆护商各费统收处暂行章程暨重庆各税收总稽察施行细则》。在这个细则文件中，有验察地点条款（表 7.10）。从此表上看，重庆收取税捐主要地点是主城及其上下游地区。另外，根据中国银行 1931 年的调查，二十一军设置有万县税捐总局、重庆税捐总局[1]（由原有的百货统捐局、江防护商处、特税总局、总稽察处合并而成）、川东禁烟查缉处、四川禁烟总局、四川印花税局、地方附税经收处，按照概略统计每月的收入不少于 160 万元。[2] 但这是一个估值，比较准确的二十一军的收支应是其 1934 年在《四川经济月刊》上发表的数值。

表 7.10　1927 年重庆护商各费统收处的验查地点分布列表

| 验察地点 | | | |
|---|---|---|---|
| 水道稽察 | 1. 上河道设廻龙石 | 2. 下河道设唐家沱 | 3. 小河设香国寺 |
| 旱道稽察 | 1. 两路口 | 2. 头塘 | 3. 黄桷垭 |
| 轮船稽察 | 1. 圆通寺 | 2. 玄坛庙 | 3. 木关沱 |
| 九门验卡 | 城池的九个城门 | | |

（资料来源：根据《重庆护商各费统收处暂行章程暨重庆各税收总稽察施行细则》，《财务月刊》1927，第 6 期整理）

在 1934 年出版的这篇财务报告类文章中谈道："盖从收入言之，则以戍区增加，收入固稍形上升，而从支出言之，则以部队之激增，支出亦愈澎涨矣。再者近年以来，所谓经济界之不景气，弥漫世界，本军收入，若仅就原有戍区而论，则以商业之萧

[1] 刘航琛改革了刘湘的税务机关，并给他的征税机关定名为"税捐总局"。他在回忆录中谈到他请刘湘划行两条命令，一条是增加官兵薪饷，另一条是裁减税务人员六千余人。"因为三十几个税务机关归并之后，必须有若干税务人员被裁减。这六千多人，假定令一个税务员一月舞弊一百元，数目可达六十万之多。有了这笔增加项，以前每月差十万元，加上新增加人事支出，最多不过三十万元。出入相抵，必可有余。"经过一个月试运行，结果是库余一百四十万元（八月剩余二百七十余万元，见《刘航琛先生访问纪录》193 页），比原先预算多了一倍。平均每个税务人员，"舞弊数每月二百五十元，远超过我的估计（他处税务人员，想与四川相差无几）"。见《刘航琛先生访纪录》，31 页。
[2]《川刘防区收入》，《中行月刊》，1931，第 2 卷第 9 期。

条，与农村经济之破产，实反呈一减少现象。而支出方面又增无已，因之遂造成入不敷出现象"。[1] 文中详细罗列了从民国十七年（1928）到民国二十二年（1933）二十一军的收支状况以及民国二十三年（1934）的财政预算[2]。根据这些数值，整理成以下几个图表（图表7.23—图表7.31）。其中的各项收入的内容，根据文中解释，赋税指各县局征收的粮税、契典、税、验契税、杂税及临时军费；税捐为各税捐局征收的税捐、烟酒、印花、杂收入；盐税包括引税、整理税、票税等；特税为运销、吸食及种植鸦片等罚金。从民国十七年（1928）到民国二十二年（1933），收入从约一千两百万元上涨到四千两百万余元；其中从民国十九年（1930）起，随着防区的扩大，赋税持续上涨，但税捐的比重不低。从涨幅上看，特税涨幅最高，相较于1927年的数值平均高达4倍以上，而盐税反倒有所下跌。从各项收入占比的历年趋势上看，盐税持续下降，税捐一直保持在一个比较稳定的状态，赋税很明显是随着防区扩大、粮税等增加而持续增长。

在支出方面，军费的花销遥遥领先于其他支出。但是值得注意的是，民国二十年（1931）到民国二十二年（1933），汇水子金的涨幅急剧攀升，这与川中战局有关。其中的偿还借款一项，主要支出的应该就是刘航琛提出的与工商界之间的借贷，通过建立信用来达到"缓急相济"。从其6年来收支对比表上看，一直是超支的状态，且从民国十九年（1930）以来，有拉大差距的情况。刘航琛谈到，他在民国二十一年（1932）辞去财政处长头衔。"财

---

[1] 兴隆，《六年来二十一军财政之回顾与今后之展望》，《四川经济月刊》，1934年第1卷第5期。
[2] 其中包括后两年的预算。但后两年的预算因不可测因素太多而不够详细。本书不将其列入分析清单。

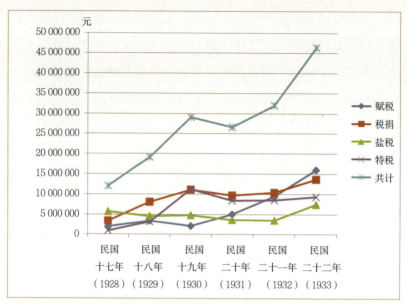

图表 7.23　二十一军六年来〔从民国十七年（1928）开始〕收入统计表

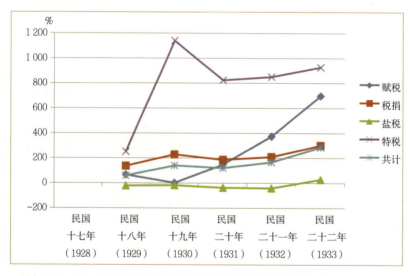

图表 7.24　二十一军六年来收入涨幅统计表〔相较于民国十七年（1928）〕

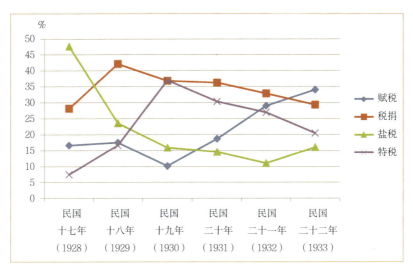

图表 7.25　二十一军六年来 [ 从民国十七年（1928）开始 ] 各项收入占比

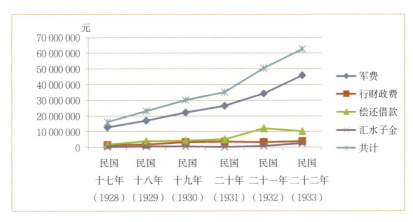

图表 7.26　二十一军六年来 [ 从民国十七年（1928）开始 ] 支出各项经费统计

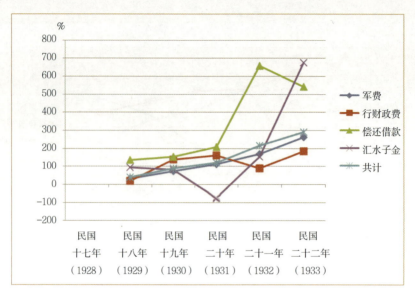

图表7.27 二十一军六年来［从民国十七年（1928）开始］支出各项经费变化统计

［注：相较于民国十七年（1928）涨幅，纵轴为百分数。］

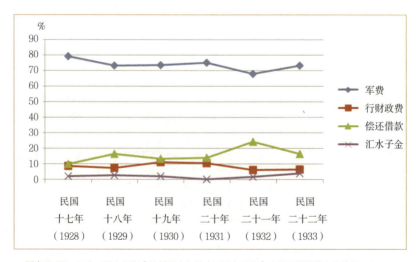

图表7.28 二十一军六年来［从民国十七年（1928）开始］支出各项经费占比统计

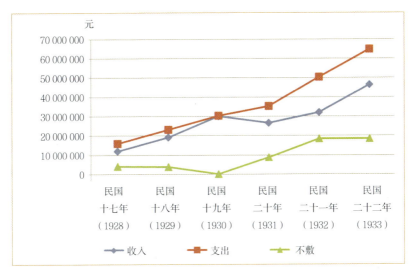

图表 7.29　二十一军六年来［从民国十七年（1928）开始］收支对比表

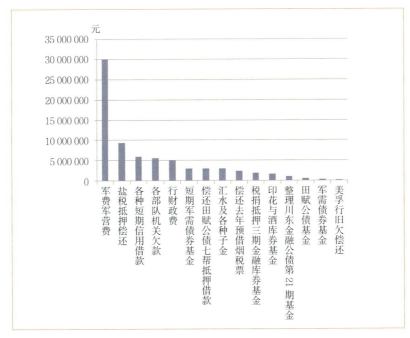

图表 7.30　二十一军民国二十三年（1934）支出预算

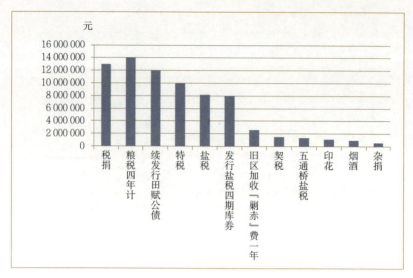

图表 7.31　二十一军民国二十三年（1934）收入预算

（注：其中粮税为 4 年，旧戍区每年 300 万元，新戍区每年 50 万元。）
（注：图表 7.23 至图表 7.31 的数据根据《六年来二十一军财政之回顾与今后之展望》，载于《四川经济月刊》1934，第 1 卷第 5 期，据此整理。）

政处长易人之后，办法与我两样，过去，我以财政来决定养兵的数目，今则反以养兵数目来决定财政收支。两年之后，军事上由十五万兵变成了二十九万数千人，财政上则自不负债的情形变为负债九千数百万。"[1]

　　文章中还列出了 1934 年二十一军的收入和支出预算[2]，均达到 7 300 多万元（收入如粮税按照一年计，则为 7 000 余万元）。最主要的开支由 5 项构成：军费军营费、盐税抵押偿还、各种短期信用借款、各部队机关欠款以及行财政费为大宗；最主要的收入由 6 项构成：税捐、粮税、田赋公债、特税、盐税和盐税公债。捐税、公债、盐税越来越占有支配性比重。

[1] 沈云龙等访问，《刘航琛先生访问纪录》，北京：九州出版社，2012，42 页。
[2] 文中还有 1935 年、1936 年预算，但这两年的数值并不详细。

根据以上的各种数值做一个简要的归纳。1927 年刘湘拥兵约两万人，军费支出约为 58 万元；到了 1935 年，刘湘有军队 29万多人，财政支出不下于 7 000 多万元，根据刘航琛之述为"负债为九千数百万"。在 8 年间，军队以平均每年约 39.7% 的速度增长；财政收入以平均每年约 31.1% 的速度增长；财政支出以平均每年约 83% 的速度增长（终年按 1934 年的 7 300 万元计，实际可能不止），财政的支出增长高于军队人员的增长。无论是军队人数还是军费都是十分惊人的增长速度。在这样的情况下，重庆商埠的收支情况又是如何的呢？

## 7.5.2  重庆商埠的收支概况

对重庆商埠的收支状况向来缺少研究。财税收支是理解商埠（城市）发展的重要构成部分。财税的收入来源在一定程度体现彼时作为地方权力机构的商埠督办署与川康督办署、巴县地方社会之间的关系；支出则是其实践的方向和成本。以下提供相关数值并进一步说明。表 7.11、图表 7.32 是重庆 1927 年年底设市政厅之前（具体年份不清，但该资料中《成都旧日警区杂捐表》中年度为 1926 年以前）的警区杂捐表（原资料未说明税捐时限，应是月捐额）。表中可以看出税捐类型十分有限，基本上是对城市日常活动的抽税，对吃喝玩乐住等行为的抽税。值得注意的是，这一时期警区的主要收入来源为对抽食鸦片抽税、警察罚款、消防捐和妓女税、牛捐。警察罚款的罚训内容不清（很可能有随意罚训的状况），但戒烟执照捐、消防捐和妓女税、牛捐占据警区总收入 80% 以上的份额，很可以映射出设市前城内的社会生活状况，这在前面舒新城的游记中也有一定程度的反映。

表 7.11　重庆警区旧日杂捐表与说明

| 捐　别 | 当时捐率 | 实收（元） |
|---|---|---|
| 戏捐 | 按日征银 1 元，5~10 元不等 | 5 131 |
| 妓捐 | 按月。特等 10 元；乙等 6 元；二等 4 元；三等 2 元，四等 1 元 | 17 222 |
| 应票捐 | 每张征银 4 角 | 1 758 |
| 择配捐 | 无定额 | 986 |
| 栈捐 | 以月计。旅馆 3 元，顿饭 0.75 元等 | 1 393 |
| 违警罚金 | 不等 | 23 809 |
| 茶棹捐 | 每桌一张按月收钱千文 | 3 224 |
| 席桌捐 | 月捐 14 元、10 元、8 元、7 元、6 元、5 元不等；炒菜馆 1.5 元 | 4 609 |
| 轿铺捐 | 无定额 | 361 |
| 妓女从良捐 | 特等 50 元；乙等 40 元；二等 30 元，三等 20 元；四等免 | 3 050 |
| 牛捐 | 每头 8 角 | 12 356 |
| 消防捐 | 按户口贫富 | 19 682 |
| 戒烟执照捐 | 每灯 1 盏，月捐 1.5 元 | 24 429 |
| 总　计 | | 118 020 |

（资料来源：民舌，《重庆市杂捐举要》，《民间意识》，1934，第 23—24 期，174 页）

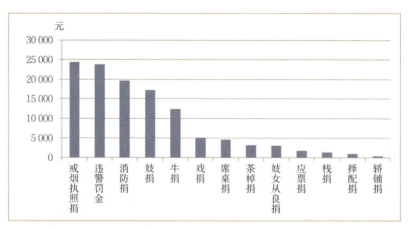

图表 7.32　重庆警区旧日杂捐额柱状表（按降序排列金额）

（注：前 5 种税捐占总捐额的 82.6%。）

　　表 7.12 是设市后的税收种类。很明显可以看出税捐的种类和之前的差别，已经由对日常活动的抽税转变为对商品流动的抽税。这是一个很大的转变，且收税的空间范围也已拓展，包括部分陆路地区和绕城两江周边的上下游地区。需要注意的是，

其中的建设电力厂、马路和自来水的费用，都是对各种商品提税。但这个表只大略显示了彼时市区的税别，并无具体数额，也不能表达市区税种、税额与二十一军提取的税种、税额之间的关系。

表7.12　重庆市区内外的各种税收

| 税捐种类 | 说　明 | 征收范围 |
|---|---|---|
| 统费 | 由护商、江防、分收三处合并，应征税额计为5% | 江之北岸；成渝中大路旱运线及渝万水路一段 |
| 特税 | 纯征进口税，根据商品类别税率不同：如煤气油15%，卷烟20% | |
| 统捐 | 百货2% | |
| 渝北 | 参照渝夔护商核定，如类别没有规定的，按本值2%征收 | 除南岸外，均应完税；凡嘉陵江以内，皆其范围 |
| 印花 | 国税之一，进出口皆为1% | |
| 地方附加 | 地税局征收进出口货税 | |
| 邮包费 | 按照地方附税办法征税 | |
| 电力厂费<br>马路费<br>自来水费 | 为建设用，取之于各种商品，税率不清，三项同征 | |

（资料来源：民舌，《重庆市杂捐举要》，《民间意识》，1934，第23—24期，175页）

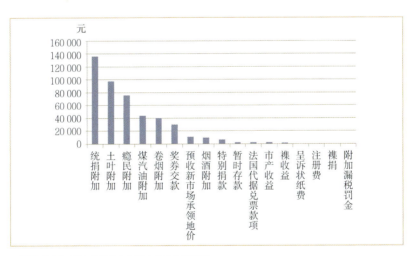

图表7.33　重庆商埠督办公署全体收入统计表

（资料来源：根据《重庆商埠督办公署月刊》，自1926年6月16日起至1927年10月31日止）

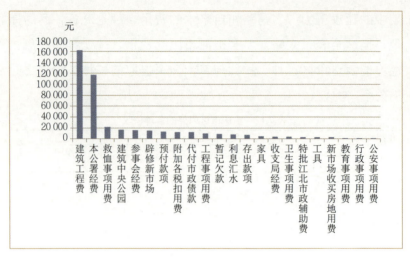

图表 7.34　重庆商埠督办公署全体支出统计表

（注：只列支出 1000 元以上项；根据《重庆商埠督办公署月刊》10 月刊，自 1926 年 6 月 16 日起至 1927 年 10 月 31 日止。）

《重庆商埠督办公署月刊》中提供了 1927 年几个月份的收支表，并在 10 月刊（最后一刊）有 1926 年 6 月至 1927 年 10 月全体收支总表。这是一组了解商埠收支情况重要的数据。整理这组数据形成以下 4 个图表（图表 7.33—图表 7.36）。图表 7.33 是重庆商埠督办时期的总收入情况。3 项最主要的收入是统捐附加、土叶附加和瘾民附加，占商埠督办公署总收入的 2/3。第二级的收入是煤汽油附加、卷烟附加和奖券交款，约占 1/4。我们也可以看到鸦片收入的历史惯性。图表中的税收类别主要由两项构成，一种为各种附加税；另一种为捐款、罚金和收取的费用。图表 7.34 是 1926 年 6 月至 1927 年 10 月的总支出情况。非常明显的是，建筑工程费和公署办公费占了总经费的大部分（近 62%）。支出主要由 3 个部分构成：一是公署和参议会的办公费用，占总额的 1/3（这一部分高得出奇），二是建设各项新工程的费用，三是占比较少的教育、公安等费用。再选取 1927 年 7 月单月的数据（图

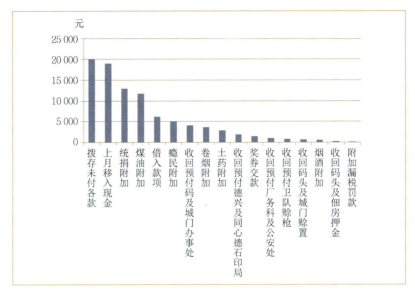

图表 7.35　重庆商埠督办公署 1927 年 7 月收入表

（资料来源：根据《重庆商埠督办公署月刊》7 月刊整理）

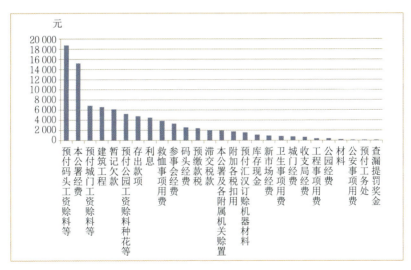

图表 7.36　重庆商埠督办公署 1927 年 7 月支出表

（资料来源：根据《重庆商埠督办公署月刊》7 月刊整理）

表 7.35、图表 7.36）。基本状况和总体情况的收支结构没有很大的不同。

《重庆商埠督办公署月刊》中有关于商埠内公产的调查。在川康督办公署主办的《财务月刊》中有潘文华呈请将官产拨为办理商埠各项事业的经费的报告。潘文华谈到办理商埠事务财政艰窘，他提出："本埠原有官产，暨依法应归国有产业，上年虽迭次变卖，但据就近调查，尚不无遗漏之处，若能归职署调查变卖，以作办理商埠各项事业，必能藉以兴作，日有起色。且查此项官产，暨依法应归国有产业，原属无用之物，既在本埠范围以内，将其拨归商埠办理市政，化无用为有用，于法于理，均觉毫不相悖。"[1] 但川康督办公署很可能考虑到原有官产被私有化后的各种复杂情况，回复指令是"设或办理失当，尤不免涉烦苛，所请将官国各产拨做商埠经费之处，应毋庸议"[2]。也就是说，潘文华不能将其治域内的原有旧时期的官产化作办理市政的经费。

### 7.5.3　财税收入对比与讨论

在《商埠督办公署月刊》第 10 期，也是最后一期中（随即商埠改组市政厅），有一个该年商埠督办收支的总说明。文中谈道："查商埠督办署开办之初，每月收入，不过数千元，各项事业，无从举办，嗣经苦心计划，收入渐增，由数千逐增至数万元，各项工程费用，以及各项事业经费，得以量入为出，循序进展……按商埠督办署期内全体收入，统计四十六万二千余元，内有奖券缴款三万余元，新市场招租不久，仅有领价一万一千余元，余均

---

[1] [2]　《指令重庆商埠督办潘文华呈请拨官产以作办理商埠各项事业经费文》，《财务月刊》，1926，第 2 期，102-103 页。

各种附加税款。"[1]

1927—1935 年，重庆市政府具体财税收支情况并不清楚。在1939 年陆思红编的《新重庆》中简要说明当年的状况："市政经费预算，计社会事业费四十一万元，工务建设费七十七万元，公安费九十六万元，行政费三十九万元，内财务行政费占十八万元，预备费二十万元，卫生费二十七万元，共年支三百万元，半数为市捐收入，半数由中央补助。"[2] 也就是说，当年市捐收入约为150 万元。1939 年的《重庆市政府公报》中有一则该年 11 月的市收入和累积到 11 月的市收入（表 7.13）。从单月数额看，补助费达到了 65%；从各月累计上，到了 1939 年 11 月，总计收入有 270 多万元，其中补助费占一半有余。

表 7.13　重庆市各项收入统计表（1939 年 11 月）

| 类　别 | 金额（元） | 百分比（%） | 本年度各月收入累计（元） | 百分比（%） |
|---|---|---|---|---|
| 总计 | 458 405.87 | 100 | 2 714 010.22 | 100 |
| 税捐收入 | 152 248.46 | 33.22 | 1 266 907.47 | 46.7 |
| 地方财产收入 | 2 100.94 | 0.46 | 8 864.68 | 0.33 |
| 地方事业收入 | 1 881.00 | 0.41 | 7 456.75 | 0.27 |
| 地方行政收入 | 1 847.70 | 0.40 | 8 209.53 | 0.30 |
| 补助费收入 | 300 000.00 | 65.44 | 1 401 375.00 | 51.6 |
| 杂项收入 | 327.77 | 0.07 | 21 196.78 | 0.78 |

（资料来源：《重庆市各项收入统计表》，《重庆市政府公报》1939，第 2—3 期，141 页）

若以 1927 年年底重庆商埠（后来的市政厅）收入为 50 万元估计，1939 年重庆市收入为 150 万元计，则市财政收入平均年增长率约为 9.5%。为了和二十一军收入情况比较，按照平均年增长率计算，1934 年时重庆市的财政收入约 100 万元。按此数值得到很说明问题的图表 7.37。在 1926 年年底，1927 年间重庆商埠的收入与二十一军的军费相当。到 1934 年，市财政收

---

[1] 《重庆商埠督办公署收支报告》，《月刊》，1927，第 10 期，121 页。
[2] 陆思红编，《新重庆》，上海：中华书局，1939，3 页。

入的平均年增长率约为 8.8%，二十一军收入的平均年增长率为 31.1%。

商埠督办署和四川善后边务督办（或二十一军部）收取的财税空间范围是不同的，收取的税种也是不同的，有点类似省税与市税之间的关系。二十一军在其防区的各县、市中收取赋税、税捐、盐税、特税等；重庆商埠、市政厅以及后来的市只能在其行政的空间范围内收取税费；同时，在军政一体的时期，重庆商埠还必须依托二十一军的税务机构协助收取税费。其主要税种都是经由四川善后边务督办、二十一军军部、重庆商埠参事会同意，在重庆范围内税种的"附加税"和"特税"。这大概也是设市后潘文华在彼时情况下不愿另开税务机关，收取另外税费的原因之一[1]。如在《咨重庆统捐局为过道验票概不征取附加文》中谈道："查此次征收百货统捐附加，会由贵署咨请敝会议定简章咨复在案，此项附加，系于完纳正税时，附带征取，纯指本埠新上之统捐而言，其业向他处完纳统捐者，仅于过渝时查验换票，照例不再征费。"[2] 也就是说，重庆商埠收取的"附加税"，是通过善后督办署征收的"正税"（还是新上的统捐），由其征税机构重庆统捐局代为附带征收。又如，《呈川康督办署为遵照四川煤油汽油特税附加税》中谈到特税收入，"以三分之一，拨做重庆商埠工程经费"[3] 等；以及在《函复重庆统捐局为查照来函酌加手续费为百分之二文》中又谈道："贵局员司等，以敝署统捐附加手续费，人多数少，请予转函

---

[1] 《市组织法》规定，土地税、土地增值税、房捐、营业税、牌照税、码头税、广告税、市公产收入、市营业收入、其他法令特许征收之捐税。
[2] 《咨重庆统捐局为过道验票概不征取附加文》，《月刊》，1927，第 1 期，8 页。
[3] 《呈川康督办署为遵照四川煤油汽油特税附加税》，《月刊》，1927，第 2 期，2 页。

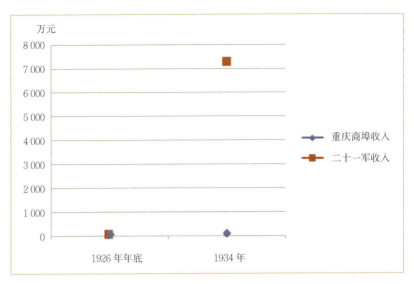

万元

图表 7.37　1926 年年底与 1934 年重庆商埠收入与二十一军收入对比

声请酌加上项手续费为百分之三等由准此，查敝署办理市政，工务繁多，各项税收，入不敷出，本无余力可以资助，惟念贵局员司所陈各节，尚属实情，特将此项手续费酌加为百分之二，以徇其情。"[1]

　　在这样的情况下，商埠的财税收入自然十分有限。督办潘文华在《月刊》发刊序言中谈道："经费原为办事之母，巧妇难为无米之炊，本署财务，当接收之改组时，月仅收入千余元，几经擘划经营，各种附加，月收入三万余元，关于经常事业等费，可云基础已立，而立主财政独立，俾经费不致收政潮之影响。"此时，他经营重庆商埠已经近半年。《九年来之重庆市政》中回顾了从成立督办署以来的财政经费收取过程。其中谈到督办潘文华往往是因事收税："乃定先从旧税附加方而进行，征得本市各绅商同

[1]《函复重庆统捐局为查照来函酌加手续费为百分之二文》，《月刊》，1927，第 2 期，10 页。

意，拟具办法，呈准前川康边务督办公署，试办一二种附加小捐款，迨朝天嘉陵两码头落成，乃增统捐附加；市立小学成立，乃增加肉税、红庄捐两种；旧警察厅改组公安局，乃接收警厅旧有之工巡、筵席、乐户、戏轿各捐；城区马路开工，乃增收一次马路捐；凡此附加各款均随事业之进度比例增加……及新区马路落成，乃估价收买两旁十丈内地皮，并无偿收用旧有坟地加以整理……定价招领……取得盈余，即以之抵注建筑经费。此项办法，与人无损，获益较优。"[1] 文中进一步谈到建设与财政之间的两难状况："若量入以为出则似有故步自封之象，苟百度以并进，又恐有悬釜无炊之虞，双方肆应颇费筹量。偶感青黄不接时，得本市金融界之援助。"文中也谈到国民政府颁布《市组织法》中规定了市财政征集办法，但潘文华认为，"历年所举事业经费，均就旧有税捐酌量附加，迄未新立名目向市民征收一文，欲贯彻此旨，不愿特开新例，故乃依照旧案，始终未遵照办理一项也"[2]。也就是说，从 1926 年 7 月到 1935 年 7 月他去职期间，商埠督办及后来的市政厅、市政府的基本税种、财政收入即如其描述，主要靠税捐附加、建设特定工程项目的征税和卖地而来。这从前述商埠督办收支概况也可以看出来。

## 7.6  启动现代化：新空间生产

1927 年的重庆显然没有进入国家视野。这样说有两层含义。第一是四川（重庆）在彼时如蒋廷黻所言，其状况无关大局。这既是国家内部时局状况，也是由川内军阀间战争状况决定的。第

---

[1] [2] 重庆市政府秘书处编，《九年来之重庆市政》，1935，10-11 页。

二是重庆人显然还是十分地方性的，如舒新城转引友人的话，彼时"四川人民对于中国的大事，只有历史知识，决不会受新闻的影响"；如贝西尔所言，颇为自大，无求于人。这种"颇为自大"，主要来自"封闭中的开放"——在四川总体封闭的情况下，重庆作为出川口，与下游地区连接的开放[1]。从广的地域和长的时段上看，重庆长期以来是川东、四川甚至是长江上游地区及其腹地的商贸中心，是川东"渝—万"核心商贸区的枢纽。从小一点的范围看，它是在巴县、江北县以农业为主的地域中的商贸经济、行政和观念的中心。这种长期形成的稳定格局一直并未有大的变化，尽管它受到过短时段时局的影响。在当时，最主要的时局就是军阀间反复往来的战争。没有稳定的政治格局，就没有长期的建设；持续的大、小战争就意味着必须大量耗用地方农业、商业的积累，因此常有外来观察者看四川经济、重庆经济"已经到了崩溃的边缘"。

从重庆城的内部看，这是一个超乎想象的高度密集和严重两极分化的人群集聚区。我们可以首先把它分为城墙内和城墙外两个范围。城墙外沿着嘉陵江和长江一带，是舒新城感到新奇的、烟雾缭绕的"无数茅房"（后来常被称为"吊脚楼"的房子）、各种小商业和底层人群的娱乐处所，也是贝西尔经验的"倾毁颓坏"的状况。即便是到了1935年，这样的城市景观也没有太大的变化。"在轮船上，我们远远看去，只见烟雾一团，被长江和嘉陵江所围绕。走近岸来，烟雾似乎散去，换上的是像深深的松林一般的黑瓦层，在灰黑色的瓦层中，只是间而也看到一些从中异样的彩色的墙壁……十时以前的重庆，只是黑

---

[1] 如彼时的上海、天津之于中国。

漆一团，全城弥漫着烟雾。生活在重庆的人民，就如像生长在模模糊糊的世界里，终年看不到美丽的晨光，和变幻多端的紫焰红霞，蔚蓝的天空。我们初到这儿，不但是感到烟气难闻，简直觉得呼吸迫促啊。"[1] 这是一个奇观的城市，从 BFI 的电影短片中可以看出来，一个高耸在山顶上的坚固城墙下鳞次栉比，甚是破烂的重重叠叠的长、短脚屋。这样的形态，也是彼时城乡关系变化的结果，是大量周边农村破败，农民挤进重庆城市的结果——在十分受限的地理条件和严峻的经济状况下，发展出来的结果。另外，从巡警区收入中消防捐占有较大比重可以猜想当时火灾的频发和公共环境安全的危机 [2]。

在这个有 9 个城门的城墙内，沿着大梁子——大致从朝天门到较场口之间一条城内较高的山梁，把重庆城划分为两个区域：上半城和下半城。这是城内两极分化的一条界线：威严、富裕的下半城和平民、贫穷的上半城。但这样的描述显然不够精确。《月刊》中关于人口、产业等的统计数据提供了一幅具体、详细的画面。

和 1824 年的数据比对，城外的人口平均年增长率远高于城内的平均年增长率；大量的社会底层人群聚集沿着城墙外的长江、嘉陵江一带，以及通远门外城西的陆地部分；城内人口极度密集，达到每平方公里 6 万多人，一区正署甚至达到每平方公里约 18 万人的状况。这一时期的人口密度很可能是在通远门打开前，重庆城墙内地区历史上达到的峰值。城内各区在平均户数人口、男女比例、资本总量等数据上均表现出严重的两极

---

[1] 任侬，《浔渝途中（续）》，《前途》，1935，第 3 卷第 6 期，109 页。
[2] 清末民初时期重庆火灾的状况在《陪都时期重庆城市图景素描》中的"城市安全与城市卫生"一节中有所论述。

分化。重庆商埠的男女比例失调，达到 1.87；但一区二分署，这个奇特的、十分富裕的区署，这一数值达到了 3.54，而最穷的区域之一——三区一分署的数值是 1.18。严重失调的男女比例，是重庆巡警区、重庆商埠获得高额妓捐的基础。从各区资本总量上看，一区二分署处在绝对的经济支配地位，如前所述，其资本总量分别是排在第二位的二区二分署、排在最后一位的三区一分署的人均资本量的大约 4 倍和 880 倍。从各行业的资本总量上看，航运业、颜料及染色业和银行钱庄汇兑业是重庆商埠最主要的资本构成。这一时期的重庆商埠，也是新旧产业冲突的过程，新产业日渐出现支配性的力量，银行、金融业逐渐替代钱庄，机动的航运业逐渐替代人工木船并引发社会冲突。商埠督办公署最主要的收入是基于商业活动抽取的税捐附加[1]、土叶附加、瘾民附加，另外还有煤气油、卷烟附加和奖券交款等。商埠时期的税捐统计中没有能够细分税捐种类，但巡警区时期的消防捐、妓捐很可能是商埠重要的税收来源。在一个严重社会极化的状态下，很容易滋生出贪污腐败的现象。一个具体的案例是，在刘航琛的回忆录中谈到合并各税捐机构[2]，成立重庆税捐总局，并裁撤 6 000 余名财务人员。他估计平均每个财务人员贪污每月 150 元，而实际情况远不止这个数值，达到每月 250元。250 元在当时是个什么概念呢？举若干例子作为参照。1929年刘湘的一个二等兵月收入是 4 元，一个团长月收入是 120 元；一个高等妓女每月缴纳的税是 10 元。在 1927 年成立的重庆商埠新市管理局薪公一览表中可以看到，局长月收入 240 元、总

---

[1] 很可能妓捐的数额纳入其中。

[2] 刘航琛谈到，将原有的 35 种税捐归并为一票征收。见《刘航琛先生访问纪录》，193 页。

务股主任 84 元、工务股主任 200 元、工程师 120 元、勤务兵 6 元 6 角。[1] 在 1927 年颁布的《重庆商埠督办公署土地收用规则》中第八条说明了收买民有土地的价格，"繁要区域及毗连者，为甲等，每方丈股价不得过六十元……在埠内乡野者，为戊等，每亩不得过六十元"[2]。

重庆商埠是刘湘经营川东、统一四川棋盘中的一颗要子，但不是全部。1926 年移两督办署到重庆后，刘湘很快任命了唐式遵为简渝马路局局长，通过建设沟通成都与重庆的机动交通来加大四川地区内部的流动性；任命潘文华为重庆商埠督办署督办，通过对四川最繁华和具有重要区位价值的重庆城进行管理和现代化建设，以获得地区性财税和治理的合法性[3]。1929 年打败杨森初控川东后，刘湘立即成立川江航务管理处，任命卢作孚整治川江航运，以更好地控制和沟通与长江下游地区的往来。同年，刘湘创办重庆大学，启动川东地区现代高等知识教育。1929 年刘湘还颁布《二十一军军区内县政府组织施行大纲》，着手整顿县政，而治理县政是顺利获得赋税的重要来源。1929 年，他也任命刘航琛为川康善后督办署的财政处处长，建立信用、发行公债、创办银行、设立总金库、兴办实业（包括电厂、盐务、丝业等）。这一时期刘湘的根本目的在于统一四川而不是建设四川，但是必须通过建设川东来获得税赋、税捐，以支持军事的急剧扩张，进而通过战争的强力方式统一四川。

1927 年重庆商埠在前述各种状况共同构成的总体面貌下启动

---

[1]《令重庆商埠新市管理局长郭勋为规定该局薪公实支数目仰即遵照文》，《月刊》，1927，第 3 期。

[2]《重庆商埠督办公署土地收用规则》，《月刊》，1927，第 7 期，6 页。

[3] 刘湘还通过治军（包括整军、一定程度的财务公开等）来获得较好的口碑。

了现代化的进程。面对这样纷繁复杂的状况，从哪里着手呢？《九年来之重庆市政》中谈到，督办潘文华受命之初，"既无法令之依据，又无成案之参采……一方面谋求经济上之筹集，一方面为制度上之草创……爰有现在重庆市建设之雏形"[1]。尔后又谈到了拟定建设的4个方面：开辟新市场、整理旧城街市、建设公用事业以及考察匡济学校社团，"潘督办复以商埠督办署成立之初，欲唤起人民之注意，必先有一种事实之表现，其他精神建设不易见功，不如从物质方面，亟急开动，较易新人耳目；乃决定以工程建设为工作之先声，面谕工务处长速将开辟新市场、建筑公园及朝天、嘉陵两码头"[2]。

　　也就是说，潘文华选择从物质建设入手，以有可见成效而"新人耳目"。但展开物质建设背后是纠缠的资产关系，进而是社会关系的调整。他很快就遇到了强大的阻力。按照西方市政的知识与观念来改造旧城街道市场，立刻就遇到了地方的具体问题和困难。《月刊》中第一期即刊登有巴县议事会和各法团的来函，要求缓修城内马路，谈到城内马路经过之街道，"最宽之处，亦不过一丈二三尺，其他宽者，仅八尺有余，窄者且不及七尺，搀之马路宽度，两旁铺房，非撤退一丈以外不可，其市民损失之数，何可胜计"[3]。督办只好先自赞后妥协，"查城内建筑马路，本为便利交通，谋市民之福利期间，然于民众意见，乃当采纳，函咨各节，查属实情形，城内马路，应予缓修……自须另订规则"[4]。这样的

[1] 重庆市政府秘书处编，《九年来之重庆市政》，1935，5页。
[2] 重庆市政府秘书处编，《九年来之重庆市政》，1935，7页。
[3] [4]《咨复商埠参事会为查照来咨缓修城内马路文》，《月刊》，1927，第1期，6页。

情况并不是个案，比如在筹办自来水过程中，一样有着新旧之间的矛盾和激烈冲突。新物质空间实践的可能与推进取决于新旧事物之间的博弈程度和结果。

新权力需要新空间。新空间是从细密的、交织的旧社会关系中诞生出来的。它必须通过被赋予合法性的权力，由权力制定与颁发法律、规章规则，运用新的知识、技术，通过新机构的执行，在旧有的空间中生产出新的空间。或者说，这一渐生的新空间是新权力的舞台，是新权力与旧关系在藕断丝连、错综复杂的关系中的博弈场所，也是新法律、新知识与技术、新机构和"新人"的实践场所。1926 年重庆商埠督办受委任于川康边务督办，是其合法性的来源——刘湘的"川康边务督"受北洋政府指派，这一头衔是对外的合法性；"四川善后督办"则是川内主要军阀的公推，是对内的合法性；1926 年受任国民政府二十一军军长，这是来自国民政府的权力和合法性授权。对于偏处一隅的重庆商埠而言，法国大革命提出的"自由、平等、博爱"目标显然遥远 [1]；在这一时期，孙文提出的"三民主义"影响不及西南。重庆商埠督办公署的权力进步性主要体现在改善城市物质环境，通过对公共卫生、安全、交通等设施的建设，来获得新空间的面貌。这一建设的成效，很显然不是孤立的，潜藏着与远方他者间的关系，远者如华盛顿、伦敦、巴黎、维也纳，近者如上海、广州、汉口等这些经过或者正在经历现代化洗礼的、"成绩渐昭"的城

---

[1] 从 1789 年法国大革命以来，尽管世界各地新兴民族国家政府有各种的实践，但权力合法性和进步性来自一般民众的倾向而不是来自皇族、贵族或者宗教阶层，已经成为普遍状况。民国八年（1919），在原龙溪县署所在地（今福建漳州中山公园内）修建了一个华表，华表四面有孙中山写的"博爱"、汪精卫写的"平等"、章太炎写的"自由"、陈炯明写的"互助"字样。

市[1]；还依托着这些城市的成就为理由和正当性，来推进对旧事业的改革。

但任何的物质空间实践，立刻就遇到原有细密产权关系构成的旧空间，其中有 3 个层级空间之间的关系。第一层是街道尺度的空间之间的关系。如前述的市区建设新道路遇到的困境，即是新道路作为一种新空间占据旧有大量小商业铺面的冲突，这方面往往通过局部的土地整理解决，但这一层立刻也与土地收用相关。第二层是城市地块尺度的空间之间的关系，如城市内外的土地占用。例如，商埠开辟新市场，需收用较大面积的私属土地。商埠督办的做法是经四川善后督办和重庆参议会通过，颁布《土地收用规则》。第三层是城市与县尺度的空间之间的关系，亦即新城市与旧县之间治权、财权等的关系调整。这就涉及新城市与县、省之间的空间划界关系。这一重关系涉及财税的空间基础、治理机构的调整等，却是理解早期现代城市出现至关重要的内容。重庆商埠以及后来的重庆市政厅、重庆市（1935 年前）与巴县、江北县的划界，经过各种冲突，在二十一军军部的协调下，到 1932 年经过反复协商，才初步达成一致意见，确定了重庆市的治域范围。但当国民政府西迁后，新权力机构并不满足于原有旧权力机构划定的空间范围，进而通过国民政府最高军事机构、行政院和内政部等，重新定义了新的治权空间，尽管这一过程一直拖到 1945 年抗战胜利后、国民政府还都时才大致落定。

重庆城市的现代化启动不是自身孤立的现象，而是这一

---

[1] 如《月刊》中刊登有派员到广州、汉口等调研市政的公函，以及开辟新市场公告中首先谈到华盛顿、巴黎等的市政建设。

时期各地的普遍现象。[1] 但重庆商埠具有特定时期的特殊性。它偏居一隅，在战争动荡的格局中发展；它和上海、汉口、广州的相对开放不同，本身既十分封闭，但却又在川中位居开放的前沿，得风气之先；它的区域受制于处在两江交汇的地理位置和唯一连接陆地的城外是祖先坟地而不能拓展，人口高度密集——这人口却是贫富分化悬殊。它的现代化不是主动的现代化，而是国家格局和地区战局共同构成情况下被动的现代化、被迫的现代化、被推挤而上的现代化。它的现代化应该首先被看成刘湘治理川东、进而试图统一四川的重要部分，是地区时局的需要。在 1927 年，它的内部现代化启动困难重重，潘文华讲"披荆斩棘、百度拟新"，但终于迈出了现代化的步伐，经年建设而开始有现代之雏形。这一时期的上海、天津、汉口、广州等都太特殊了，尽管它们具有示范性作用。彼时的重庆城，一个内陆城市启动现代化的样本，会在全国层面具有更加普遍性的意义吗？

1935 年 2 月，四川省政府成立，刘湘任省主席；各军交出行政、财政权，四川实现统一，此时距川中各军阀割据已经 18 年；6 月，潘文华升任军长，去职重庆市市长。次年，组建四川省政

---

[1] 首先是制度规则的颁布，从光绪三十四年（1908）的《城镇乡地方自治章程》、宣统元年（1909）颁布的《京师地方自治章程》、民初的《江苏暂行市乡制》，到民国十年（1921）的《广州市暂行条例》、民国十四年（1925）的《淞沪市自治制》等。1927 年国民政府初步统一中国，1928 年颁布《市组织法》（1930 年，1943 年修订）。条例、章程、组织法等各法律确定了市的合法性地位，市成为一个被允许不同于旧有空间并被赋予期待的新空间，一个王朝、国家现代化的实验地。从清末在旧城中设立巡警区到 20 世纪初设立商埠，以及之后的市政厅、普通市或特别市、省辖市或院辖市，是"新空间"的浮现过程。20 世纪二三十年代，在陈炯明的全力支持下，孙科主导了广州市政建设和拟定了《广州市暂行条例》，随着国民政府向北的节节胜利和最后统一中国，该条例对于后来的《市组织法》拟定以及全国的市政建设有重大影响，1927 年重庆商埠就是在这一全国状况下启动的现代化。但是和广州相比，从全国层面上看，它的社会状况和现代化过程也许更具有普遍性。

府各机构，刘航琛任四川省政府财政厅长、卢作孚任建设厅长。终于四川似乎要进入一个稳定的、长期的现代化建设时期[1]。但此时格局已经发生了结构性的改变。重庆城的重要性，已经不再是刘湘与川中其他军阀战争的基地，核心的税源地。"川康边务督办"受蒋介石之命改为"川康绥靖公署"，移驻成都。重庆商埠改为重庆市，纳入国民政府的行政设置体系中；重庆成为国民政府与四川省政府冲突、博弈和微妙关系的一个地点和空间。它要由四川省内地区性的行政和财税中心转变为国民政府的临时首都，抗战大后方的中心。从 1935 年开始，重庆进入现代化的另一个历程。

---

[1] 比如，建设厅长卢作孚开始着手对四川省进行系统调查；又比如，1939 年颁布了川省建设大纲等。各厅长在次年做一年来之建设状况汇报，从中也可以得到一些信息。

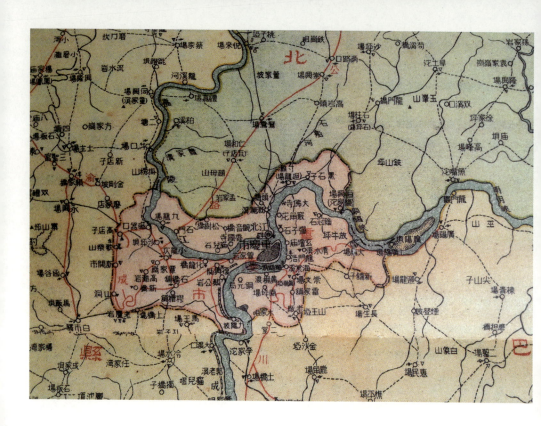

## 08

重庆市与巴县、江北县的"划界"：
新市与旧县的治域冲突及其意涵

现代中国城市是怎么从传统的、绵密的治理体系中突破重围浮现出来的？其间过程及其各种冲突至今仍然不很清晰。建制是建市必需，但建制需要落到具体的社会和空间过程中。县是传统治理体系的基本行政与空间单位；市却是从原有县的行政、经济和地理空间中诞生出来的。在这一过程中，"县市划界"是理解新城市与旧空间之间矛盾冲突的关键。划界背后不仅是市与县的地理分割，还是财税的分割、治权的分割，是整个治理体系的变化。从这些方面看，划界是中国现代城市及其规划起源的核心问题之一。

1908 年年初清王朝颁布《城镇乡地方自治章程》，第一次把城镇的治理从原来的社会脉络中独立出来；这是一次参照议事、监察与行政分离的模式，希望以"城镇乡"空间的变革为依托的中央与地方关系调整。在自治的空间范围上，章程规定"城镇乡之区域，各以本地方固有之境界为准"（第三条）[1]。北洋政府时期，颁布有《市自治制》（1921 年），湖南、浙江、四川、

---

[1] 后有《京师地方自治章程》［宣统元年（1909）］，江苏暂行市乡制（1911 年）；基本组织结构形式与《城镇乡地方自治章程》类似。

广东等各省的《省宪》中也有市制的相关规定；但这一期间并无突出实践，对于省市县的划界也没有具体的规定。1921 年广州在陈炯明支持下设市，孙科拟定的《广州市暂行条例》（1921 年）日后成为国民政府颁布的《市组织法》（1928 年颁布，1930 年修订）的主要参照；当时规定广州市隶属于广东省，不入县的行政范围；但广州市的治域范围并不明确，与番禺、南海两县范围并没有厘清。钱端升在《民国政制史》中说"市之脱隶于县，要自此始"。这是一个现代中国城市发展过程中极为重要的变化，意味着城市作为一种新的空间形态开始脱离原有的治理体系——尽管其过程仍然充满尖锐矛盾和冲突。但彼时孙科参照美国市政制度拟定的"变通的委员会制"，使得市长具有较大权力，而市参事会不能与之对抗的状况也从此确立，成为现代中国城市发展过程中的一份遗产。

国民政府颁布的《市组织法》从法律上确立了"市"设立的条件、不同状况的隶属关系、基本行政组织以及设立参议会。设立的条件主要依据两条，即人口数量与以营业税为主的财税收入。新市分两个级别，一为国民政府行政院直辖（特别市）；其他为省辖市。新政权希望通过新市的设立、组织和实践，来生产合法性和进步性。在这一过程中，我们往往重视新市内部的市政建设——作为现代化的过程，如新行政组织的设立，拆城筑路，电灯、沟渠、自来水、公园、通俗馆等的建设，但往往对新市与旧县之间的矛盾冲突、藕断丝连的关系，对其中转变的各种细节缺乏足够的研究。城市现代化的过程（它在很大程度上也是国家现代化的过程）依存在两重关系中，一是本身依托新的观念、制度、知识、技术的建设；二是与县之间的关系。

本章即讨论 1939 年以来重庆市与巴县之间划界过程中产生

的各种矛盾冲突及其意涵。县市的划界并不开始于重庆市与巴县，而是设市的开始就在各地普遍存在。1927年上海设市，一个艰难的问题就是与周边的上海、宝山、松江、南汇、青浦县之间划界的问题。在上海市土地局的呈文《请确定区域划清权限由》中谈道："区域一日不定，则一切事业无从进行。权限一日不分，则虽欲进行而无可着手……上海境内土地之管理机关如上海县政府、如会丈局，各本其向来之历史行使职权。一切簿册图籍无不在彼、册书公役无不在彼。土地局为新设机关于此，而人民心理对于旧有官厅信仰已深，欲转移其观念……接收会丈局、明定市县权限尤要者也。"[1] 这一则呈文中谈到的是新的权力机构需要确定其行使权力的空间边界，同时却又与旧有机构有着各种联系，需要在更上一级的新政权的支持下接受和替换旧机构的社会功能。南京、天津市县划界过程更加复杂和漫长，分别从1928年开始，省、县、市之间多方协商，并有县议员、民众等抗议，到1934—1935年才大致落定。重庆市与巴县之间划界从1939年5月开始，一直持续到1944年年底才基本完成。期间牵涉巴县，重庆市，四川省，国民政府内政部、行政院、国防最高委员会等多种不同权力等级的机构以及其间的相互博弈关系。厘清这一特定阶段的历史过程，不仅是理解重庆市现代化过程的必需，也是理解中国城市现代化过程的必要。本章主要使用的资料以重庆市档案馆与重庆师范大学合编的《中国战时首都档案文献·迁都定都 还都》中的档案记录为主。

---

[1]《上海特别市土地局年刊》，1927，109页。

## 8.1 重庆市政权更迭过程

1929年重庆根据修订的《市组织法》设市，市长潘文华。潘文华从1926年年底开始主政重庆，先后任重庆商埠督办、市政厅、重庆市市长，至1935年去职。潘文华的政府秘书处编著有《九年来之重庆市政》，书中详细介绍了其主政下重庆的城市建设和发展。这是一段重庆城市现代化发轫的重要时期，是川人治川阶段的重要部分。潘文华也是民国时期在任时间最长的重庆市长。

1935年1月12日，中央军事委员长行营参谋团主任贺国光率团抵达重庆。几日后中央军炮兵营、中央军抵达。[1] 1935年潘文华离任后，张必果、李宏琨、蒋志澄先后短任重庆市长。蒋介石在1937年11月的南京国防最高会议上演讲，谈道"自从（民国）二十四年（1935）开始将四川建设成后方根据地以后，就预先想定以四川作为国民政府的基础"[2]。1937年11月20日，国民政府宣布移驻重庆。1938年年底，国民政府为进一步控制重庆，决定改重庆为行政院直属市。

其间，1935年2月成立了四川省政府，刘湘任主席至1938年1月在汉口去世。随后国民政府发表张群为省政府主席，但遭到众多反对，后4月起改王缵绪任，到1939年9月他出川抗战。蒋介石从1939年9月到1940年11月兼任四川省省长；张群从1940年11月起任省长至1947年。

1938年10月13日，国民政府行政院秘书长魏道明给重庆市

---

[1] 向楚主编，巴县县志办公室选注，《巴县志选注》，重庆：重庆出版社，1989，990页。
[2] 刘航琛谈道："何以国民政府到重庆如此之快？因为在'八一三'之后，刘甫澄即表示欢迎他们去，大家既然推诚相见，自己又领兵到外面抗日，可说毫无隔阂，政府当然心安理得，以重庆为国民政府所在地，以西南为大后方。"见《刘航琛先生访问纪录》，66页。

政府发来《重庆市准援照直属市组织案》笺函。函件中提到，改重庆为直属市的提案是由国民参政会议员胡景伊等 21 人提出，经过参政会议决由国防最高会议交行政院的。议案认为重庆市隶属毋庸改变，仍然属于四川省政府，但应增设行政机构，包括社会、财政、工务 4 局。在财政方面，除营业税外，其他均划为市财政收入，并由中央酌予补助。同年 12 月 29 日，行政院决议《重庆市政府组织规则》及重庆市改组后市财政收入管理办法。其中，《重庆市政府组织规则》第三条内容是"本市区域，以呈经国民政府核定地区为本市行政范围"，为后来的"市县划界"埋下伏笔。当日的审查会有内政部、财政部、经济部、教育部、重庆市政府和行政院人员参与，但并无四川省和巴县、江北县政府人员——在地理、管辖权有紧密相关联的地方与基层政府参加，这也成为日后产生冲突的根源之一。审查会提出一些意见，但最主要的是以下 3 条。①《规则》第二条"仍隶属于四川省政府"不应保留，应将其删去，重庆市应直接隶属于行政院。②针对第三条，市区域尚未经国民政府核定，应由重庆市政府会具图说，另外立案呈核。③否决四川省政府呈拟的重庆市改组后市财政收入管理办法，认为该办法与行政院决议精神不符；该市财政的用人、行政不应与其他各局有别——目前没有找到四川省政府提出的这一议案，但从该条意见的情况上看，四川省政府应是试图保留重庆财政的用人和行政权。[1]

1939 年 1 月 10 日，四川省主席王缵绪签发给重庆市政府的训令，转行政院的决议。这意味着四川省政府基本放弃重庆市的财政管理权力。1939 年 1 月 16 日，重庆市市长蒋志澄发

---

[1] 重庆市档案馆、重庆师范大学合编，《中国战时首都档案文献·迁都 定都 还都》，重庆：重庆出版社，2014，第二章"改重庆为直属市"部分。

函重庆市征收处、财政局："奉四川省主席王一月十二日手谕开：'重庆市征收处，着即先行移交重庆市政府财政局接收办理'等因奉此……请贵处查照……遵照办理为荷。"[1] 但同日王缵绪给蒋志澄的函件中明确提出了条件和要求：①所有市收入除营业税外划归市有；②同意将征收处移交市财政局；③征收之数只拨给市府及市警察局经费，经费不足请中央补助（也就是说，不应找省政府要款）；④收支报表要按规定报省政府核查；⑤税务兴革也要报省政府核示；⑥征收处人员完全移交市财政局任用。这些条件中既隐藏着省政府仍然试图监察重庆市的意图，也显示出了它的困境，既然将征收局交市财政局，便难以管控营业税收入，何况这是重庆市的一笔巨大税收收入。在一定程度上，这也是省市的特殊的"划界"过程。它不是具体的物理空间的划界，是财政权与行政权的划界。1940年3月27日，蒋介石作为国民政府军事委员会最高长官，电告当时的吴国桢市长："三月二十二日秘一字920号报告及附件均悉。已电催川省府迅向行政院商妥划分营业税及补助办法，并限于四月十五日起，将渝市营业税移交市府接管矣。"[2] 这一过程当是吴国桢直接求诉蒋介石，要求从四川省政府处划回营业税作为市府经费。

1939年10月24日，行政院正式通过《重庆市政府组织规则》。《规则》第二条明确提出，重庆市政府直隶于行政院；第三条仍然为"本市区域以呈经国民政府核定地区，为本市行

---

[1] 重庆市档案馆、重庆师范大学合编，《中国战时首都档案文献·迁都　定都　还都》，重庆：重庆出版社，2014，50 页。
[2] 重庆市档案馆、重庆师范大学合编，《中国战时首都档案文献·迁都　定都　还都》，重庆：重庆出版社，2014，54 页。

政范围"[1]。至此，国民政府将重庆市从四川省的管理中脱离出来，很快也将经由蒋介石的直接介入而获得完全的管理权限和财政权限。存在的问题就只差空间范围的确定了，也就是《规则》中的第三条内容，需要划定治权区域。但在划定区域之前，重庆市政府已经遇到了空间扩展及其治权的问题。蒋介石在1939年6月14日手令中，通过强制性的办法，将部分地区直接划归重庆市管辖："一，沙坪坝、磁器口、小龙坎等处，均应划归重庆市管辖。并将自重庆市起至以上各该地沿公路两侧，不准再添建大小房屋及机关工厂。……三，在划区未发表以前，关于以上各地之防空疏散限制建筑事宜，皆应由市政府负责主持，以收统一之效。"[2]

市县划界的问题，日趋迫切。

## 8.2　市县划界

### 8.2.1　民国初年至1938年的市政区域概况

向楚主编的《巴县志》第18卷《市政》的"区域"一节中，扼要回顾了从设立商埠督办以来的县市经界情况。[3]杨森、潘文华任商埠督办时市域并不明确，大略以重庆城的上下游、江北、南岸的邻近一带为所辖区域（一个粗略的提法是"重庆上下游南北岸各30公里"）。这种治权空间的不确定和缺少讨论，与当

[1]重庆市档案馆、重庆师范大学合编，《中国战时首都档案文献·迁都　定都　还都》，重庆：重庆出版社，2014，46页。
[2]重庆市档案馆、重庆师范大学合编，《中国战时首都档案文献·迁都　定都　还都》，重庆：重庆出版社，2014，52-53页。
[3]向楚主编，巴县县志办公室选注，《巴县志选注》，重庆：重庆出版社，1989，801页。

时四川频繁的战局有关，也与同时期长江下游的上海形成鲜明对比。1927 年重庆商埠曾计划开辟新市区，以南纪门至菜园坝一带为第一区、临江门至曾家岩一带为第二区、曾家岩经两路口至菜园坝为第三区、通远门至两路口为第四区、南岸玄坛庙龙门浩一带为第五区、江北嘴至香国寺一带为第六区。

　　1927 年 11 月重庆商埠改为重庆市，设市政厅，《重庆特别市暂行条例》中规定，"本市暂以前商埠区域为市行政范围，其全部区域另组织市区测量委员会确定之"[4]。1929 年重庆市政厅改为重庆市政府[5]，1930 年 2 月在二十一军军部召集审定市县权限委员会办理划界事宜，"计巴县划入二百七十二点五方里，江北划入二百五十二点五方里，全面积共五百二十五方里，并经绘具临时经界图，呈报有案"[6]。然而此案很可能因为市的划界范围过大，遭到了县的抵制，遂在 1933 年冬，"复奉二十一军部令，以本市区域业经内政会议议决，复行勘划，指定地址起讫地点，并颁发勘界办法四项，当遵规定，会同军部委员、江巴两县府、两县团务委员会、市团务局及有关各区坊长，几经踏勘，数月始定……重庆市区经界，较前缩小几两倍……综计巴县划入市区面积约一百七十二方里，江北划入市区面积约一十五方里，共计市区面积为一百八十七方里"[4]。到了 1936 年 7 月，奉省政府的训令，"该世界域详细图说，准内政部咨，已由部呈请行政院会议通过，并转呈国民政府，已奉旨令准予备案"[5]。

[4]《重庆商埠督办公署月刊》，1927，第 9 期，1 页。向楚主编的《巴县志》中谈道："及改市政厅，复经市政会议讨论，上下游仍照原案，惟南北岸范围略为缩减。" 见《巴县志选注》，801 页。
[5] 按照《市组织法》的规定，人口数量与营业税、土地税等是确立市等级的基本条件，而统计人口数量、营业税、土地税等就需要划定市域范围。
[6] 向楚主编，巴县县志办公室选注，《巴县志选注》，重庆：重庆出版社，1989，801 页。
[4] 向楚主编，巴县县志办公室选注，《巴县志选注》，重庆：重庆出版社，1989，801-802 页。
[5] 向楚主编，巴县县志办公室选注，《巴县志选注》，重庆：重庆出版社，1989，802 页。

图 8.1 所示的 "重庆市市区经界草图" 应该是当时由二十一军主持协调，重庆市与巴县、江北县达成一致后划定的市区范围图。在这张图中，重庆城区的范围已经远远超出城墙的范围。然而彼时在巴县方，其观念里很可能重庆市的范围只限于城墙内范围。图 8.2 是 1936 年巴县县政府印制的《巴县地理图》，图中原巴县域内只剩下尖嘴半岛未涂色，留给了重庆市政府。类似的还可以找到 1930 年的江北县全图（图 8.3），图中可以看到，重庆市只在地图最南端占有很小的面积。这一景象和状况将随着重庆升格为直属市和陪都而发生巨大改变——尽管其中充满着各种尖锐的矛盾冲突。图 8.4 是 1938 年升格为直属市前的重庆城嘉陵江一侧景象。

## 8.2.2　重庆直属市与巴县、江北县的划界

1939 年 5 月 30 日，内政部部长何键给重庆市咨文，因起国防最高委员会秘书厅发公函给行政院，要求核办巴县县长呈报重庆市与巴县划界一案；行政院交由内政部，但内政部无相关资料，因此咨文四川省政府和重庆市政府，并要求抄送之前核定的重庆市市区界图。咨文中附有巴县县长的呈文。

呈文中谈到，市县划界从民国十九年（1930）1 月倡议后，几经波折，到民国二十二年（1933）5 月才将经界划清，面积约 172 方里。当时二十一军军部及江巴重庆市各方均认为妥善。1935 年将划界情况报内政部核定（如前向楚《巴县志》中所述）。呈文中谈到了当时关于市县分治和治所迁移决议的情况："部令认为江巴县城均划入市区以内，行政不便，曾饬迁移另觅新治，实行市县分治。当时地方绅耆赵资生等组县治维持会，力持无适宜乡镇可资迁徙，且迁建费用无出，具呈层转内政部，奉准暂缓

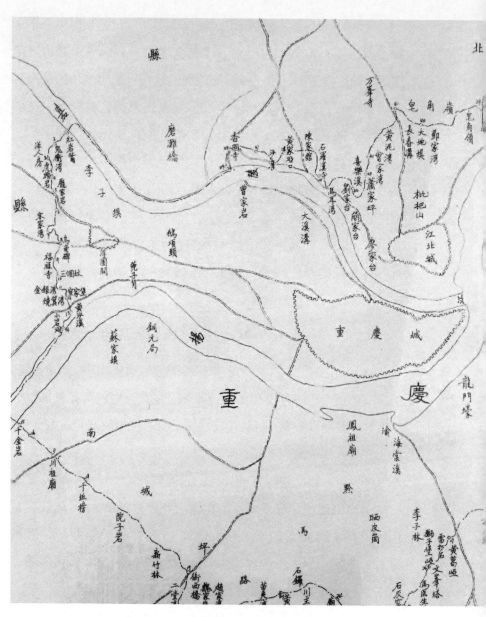

图 8.1　重庆市市区经界草图（1933 年）

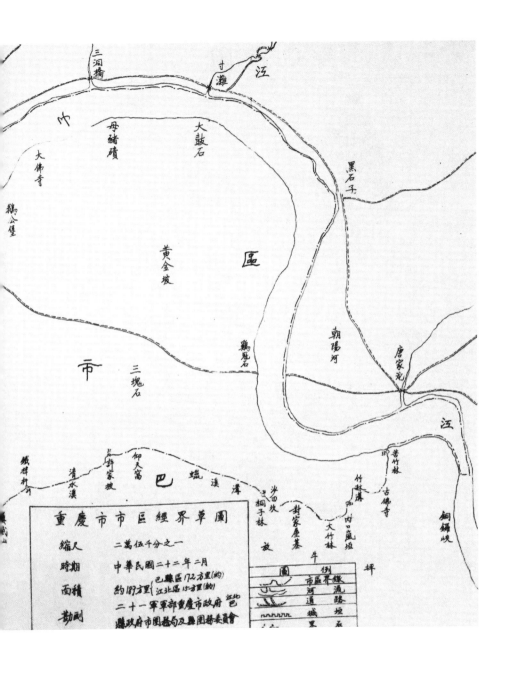

三洞橋　寸　灘　江

帅　母豬磧　大鼓石

大佛寺　黑石子

鵝公堡　黃金坡　區

朝陽河

市　三塊石　鵄鴟石　唐家沱

江　苦竹林

竹林溝　古佛寺

鐵樹秋　仰天窩　巴　蟆溪沱　銅鑼峽

清水溪　許家坡　沙田坎　竹林　內口嵐埡

坪

桐子林　大竹林

封家墳　牛　故

重慶市市區經界草圖

| 縮尺 | 二萬伍千分之一 |
| 時期 | 中華民國二十二年二月 |
| 面積 | 約187方里 { 巴縣區172方里(約)<br>江北區15方里(約) } |
| 勘繪 | 二十一軍軍部重慶市政府<br>縣政府市圖務局及縣圖務委員會 |

| 圖 | 例 |
| --- | --- |
| | 市區界線 |
| | 河　流 |
| | 道　路 |
| | 城　垣 |

图 8.2　1936 年巴县县政府印制的《巴县地理图》

图 8.3　江北县全图（1930 年）

图8.4　1938年升格直属市前之重庆城

（资料来源：《大美画报》，1938，第2卷第6期，2页）

置议。"[1] 除了讲述之前市县的划界情况，呈文最重要的是提出，划界已经受到地方各方认可，也核报内政部认定，不宜再调整："复查十九年（1930）六月部颁《省市县勘界条例》第一条规定：各省市县行政区域，如因界域不清，得以行政管理之便利及交通状况为原则重新编制；又第四条规定：如市县既定界线从未发生争执及有如何不便者，应维持其固有区域界线。现市县界域并无不清及发生争执情事，似宜就既定经界之内，作行政、经济等权益之澈底厘整，不必于经界妄有更张以滋纷扰。"[2] 呈文同时还附送了1933年市县划界原图1份。

---

[1][2] 重庆市档案馆、重庆师范大学合编，《中国战时首都档案文献·迁都　定都　还都》，重庆：重庆出版社，2014，55-56页。

很显然，巴县明确提出的"不必于经界妄有更张"的要求受到行政院断然否定。3 天后的 6 月 2 日，行政院院长孔祥熙和内政部长何键发出"关于会同四川省政府勘定市界给重庆市政府指令"，提出因为重庆市奉国民政府令改为直属市，行政区域需重行改划，并"令饬四川省政府遵照办理"。6 月 5 日，时重庆市长贺耀组电稿四川省长王缵绪，提出"目前急须解决者，厥为确定省市界限之划分……相应电请贵府从速派员来渝，会同履堪省市界限"[1]。也就是说，新的重庆市在国民政府行政院、内政部的支持下，否定之前划定的经界，并把"市县划界"转换为"省市划界"，希望避免与巴县纠纷——或者说，由于重庆已经隶属行政院，与省政府平级，它不屑于与巴县协商，而是希望采用由上而下的方式来取得划界工作的快速完成。6 月 29 日王缵绪复电，派嵇祖佑为划界专员赴渝办理省市划界。7 月 15 日，内政部咨问重庆市划界事宜，多有敷衍地提到"巴县县长王煜呈称各节，拟请存备将来核议定案时之参考"。

经过 5 个多月后，1939 年 11 月 30 日四川省政府、重庆市政府咨函内政部，已基本落实重庆市区范围。函件中谈道："遵由本省政府派嵇委员祖佑为划界专员，到渝洽商办理。旋经省市两方召集江巴两县县长暨绅耆，说明此次扩大市区，实因客观环境之需要，以不妨害县之生存，不破坏旧有保甲，及以便利人民为原则，并博采两县绅耆意见，以供参考。"[2] 但函件中谈到了两处争议。一是南边的温泉场、九龙铺巴县方绅耆坚请不划入；二是划入西南边的歌乐山同样有争议。随函附有重庆市区拟划新界草图。应该注意的是，彼时王缵绪已出川抗战，蒋介石为四川

[1] 重庆市档案馆、重庆师范大学合编，《中国战时首都档案文献·迁都　定都　还都》，重庆：重庆出版社，2014，56 页。
[2] 重庆市档案馆、重庆师范大学合编，《中国战时首都档案文献·迁都　定都　还都》，重庆：重庆出版社，2014，58 页。

省政府兼主席。1939年的重庆市区拟划新界草图（图8.5）应是当时拟划的草图，用于参照的是1939年四川省各县区乡镇略图中的巴县图（图8.6）。在此图中重庆市区的范围相较于1936年《巴县地理图》中的范围，已经大大地增加了。

至此，重庆市与巴县、江北县的划界已经告一段落，似乎已经得到了解决。行政院在1940年2月29日电令重庆市市政府："查重庆市划分新市区一案，前据内政部呈报勘定情形，经转呈核定，兹奉国防最高委员会第25次常务会议议决，并奉国民政府……指令，准予备案……除分令四川省政府并令知内政部外，合行令仰会同办理交接手续具报。"[1]（蒋介石此时兼任行政院院长，也就是说，蒋介石此时既是四川省省长，又是行政院院长。四川省的政令出自蒋介石，到行政院审核批准亦经过蒋介石。这是十分特殊的情况）1940年《时事月报》报道："川省渝市划界完毕……于七月廿九日……会商交接手续……惟江北县政府，得以恒兴场以东，铁山坪以西，择一地点，作为迁建县治之用，于迁建时，再由市县协商决定。关于行政权之交接，应由江巴两县政府移交下列各项，并分别造具清册：（一）户口清册，（二）保甲清册，（三）各乡镇公私有自卫枪械清册，（四）在新市区以内各学校之教职员及学生班次等清册，（五）各公共机关所有公物清册。交接日期（包括财政权），决定九月一日起开始，十月一日以前交接完竣。至县公产之交接，当由江巴两县开具清单，与市府逐案解决。"[2]之后内政部与重庆市有多次函件往来，商议落实划定新市区界域。然而，到了1940年10月18日，内政部还有咨文"当经本部咨请四川省政府查核，并检送界图以便汇呈备案去后，兹

[1] 重庆市档案馆、重庆师范大学合编，《中国战时首都档案文献·迁都 定都 还都》，重庆：重庆出版社，2014，59页。
[2] 万灿，《七省实施巡回审判、川省渝市划界完毕》，《时事月报》，1940，第23卷第3期，82-83页。

图 8.5　重庆市区拟划新界草图（1939 年）

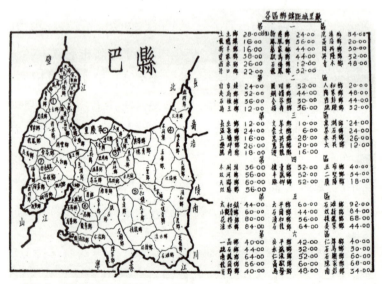

图 8.6　四川省各县区乡镇略图·巴县图（1939 年）

准四川省政府咨复"[1]等内容,说明省市划界虽然在高层得到认可,但很可能在具体推进上遇到了阻力,包括来自省政府和巴县政府的各种阻力。

1940年9月6日,国民政府明定重庆为陪都,在某种程度上,此举为重庆与江巴两县的划界增加了筹码(图8.7、图8.8)。"至1940年,重庆市行政区域已扩大为:东至大兴场,南至南泉、鱼洞溪,西至歌乐山、中梁山,北至嘉陵江边的渡溪沟。面积达300平方公里。这个面积至1949年重庆解放为止基本未变动。"[2]但是到了1941年,由于重庆升格为陪都,对于原有重庆市之区域,又有了新的决定。"陪都建设计划委员会五月二号常会决定,陪都之设计划,不受已经划定市区范围之限制,此点之意义,极为重要,因为:1.现市区之划定,对今重庆之发展尚无较确切之预计。2.现市区之划定,尚未能充份顾及防空疏散之要求。3.现市区之划定,尚在国府尊定重庆为陪都之前,自亦不能注意重庆将永为我国战时首都之条件。"[3]但实际并无调整。图8.9、图8.10、图8.11分别是1940年、1942年、1948年的重庆市市域图,虽局部有变化,但总体并无大调整。

### 8.2.3　新市区交接中的冲突

1940年3月,四川省政府(兼理主席蒋介石)咨函重庆市政府,"嘱转饬江巴两县县府会同办理移交等由过府"[4]。5月14日重庆市政府发布训令《令知江巴两县公产学产划归市有案》,强硬

[1] 重庆市档案馆、重庆师范大学合编,《中国战时首都档案文献·迁都　定都　还都》,重庆:重庆出版社,2014,60页。
[2] 隗瀛涛主编,《近代重庆城市史》,成都:四川大学出版社,1991,551页。
[3] 丁基实,《对于陪都建设计划的意见》,《市政评论》,1941,第6卷第7—9期,13页。
[4] 重庆市档案馆、重庆师范大学合编,《中国战时首都档案文献·迁都　定都　还都》,重庆:重庆出版社,2014,61页。

图 8.7　1940 年庆祝陪都建立大会

（资料来源：《中华（上海）》，1940，第 94 期，3 页）

图 8.8　"抗战首都重庆"

（资料来源：文中写"重庆全景，是一个多么秀美的都会"，见《艺文画报》，1946，第
1 卷第 2 期，18 页）

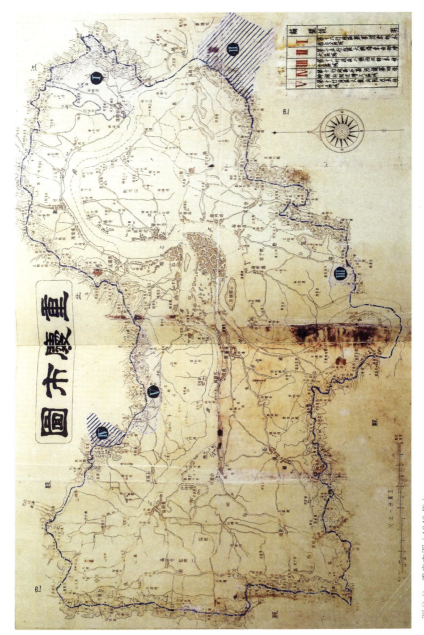

图8.9 重庆市图（1940年）

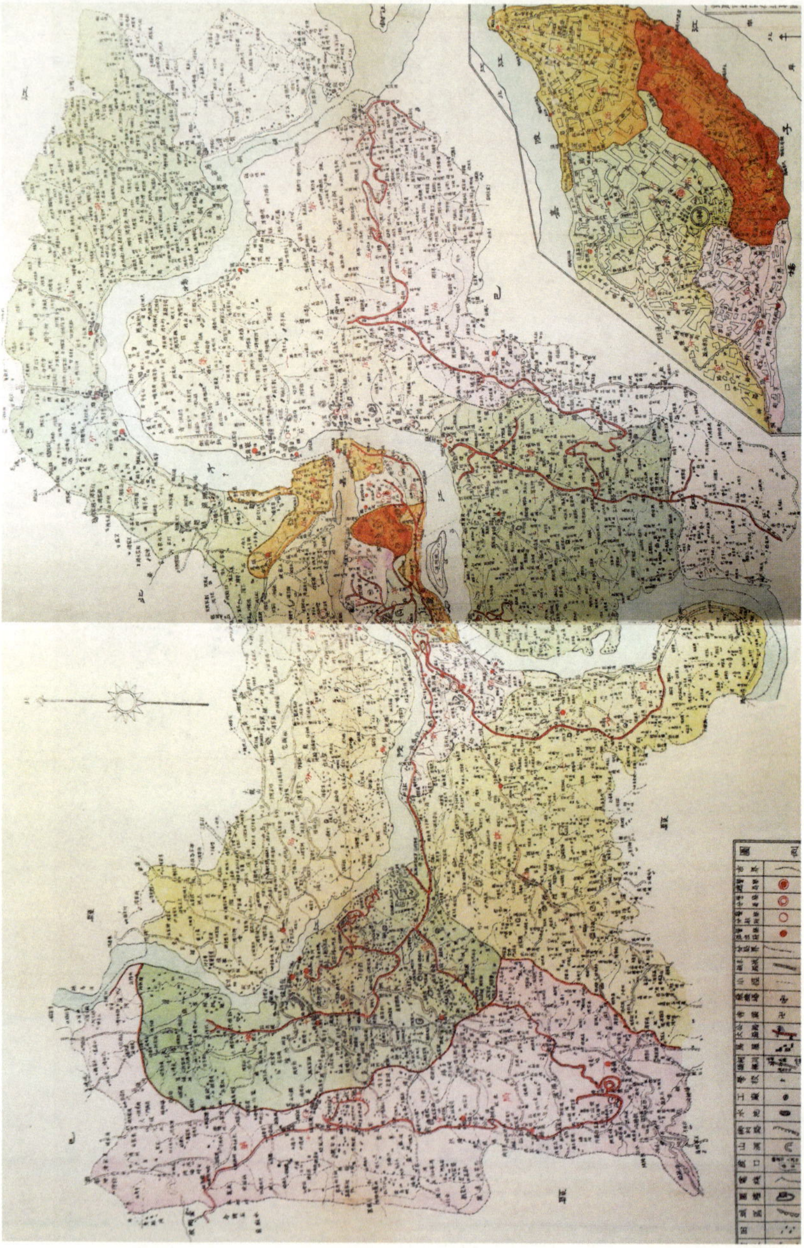

图 8.10 重庆市域全图（1942 年）

图 8.11　重庆市全图（1948 年）

提出："……所有江巴两县划入市区之公产学产，拟应全部划归市有，以便管理……地方政府对于管辖区内公有土地，除中央管有部分或法令别有规定外，有使用管理及收益之权，土地法第十三条第一项及公有土地处理规则第四条第二项业经明白规定，该市市区范围，既经划定所有该市辖区内江巴两县，原有公产及尚未清理之公产，依法自应一律划归市府管理。"[1]

然而，从 1940 年 5 月到 9 月，在重庆市政府的召集下召开多次省市清界会议。9 月 21 日重庆市政府急电四川省政府："急……蒙贵府派嵇委员到渝主持，经会商，决定江巴两县于九月一日起开始移交，十月一日以前交接完竣……现江北县政府已经遵照决议办理移交。惟巴县原商定于 20 日移交，顷忽准函须呈请贵府核示，由该府迳交或由贵府转交，方能办理。查界线系由贵府会同勘订，会议系由嵇委员主持，江北业已照办，巴县自不必另生异议，请即电饬该县政府迅照决议办法迳交本府。"[2]9 月 25 日四川省政府回函重庆市政府，已经告知巴县照办。但在 9 月 28 日的省市划界交接会议上，巴县代表提出巴县划归市区六乡镇后，财政十分困难，请求市府补助经费；同时，巴县代表对于接收其他乡，认为可以先交行政，财政则必须请示县长后再决定如何办理。10 月 8 日重庆市政府再次急电四川省政府："急……该县府代表届时忽提出因划区税收损失，请本府决定补偿数目方能移交……据该县府代表称须补偿费有着，方能移交。同日复据该县县长来府面称，须 9 日后始克决定，似此屡次衍期再三延宕，匪特漠视贵府决定之成案，抑且有妨敝市新区之

[1]《重庆市政府公报》，1940，第 8—9 期，92 页。
[2] 重庆市档案馆、重庆师范大学合编，《中国战时首都档案文献·迁都　定都　还都》，重庆：重庆出版社，2014，67-68 页。
[3] 重庆市档案馆、重庆师范大学合编，《中国战时首都档案文献·迁都　定都　还都》，重庆：重庆出版社，2014，68 页。

划定，请即转请省府再电饬该县政府迅即移交。"[3] 四川省政府在 11 月 7 日回电，将再次派嵇祖佑前去协商。

12 月 1 日，行政院（时院长为蒋介石）训令重庆市政府："查重庆划分新市区一案……迄今为时已久，尚未据交完。除分令四川省政府外，合亟令仰迅速办理具报。"[1]12 月 14 日，重庆市政府呈行政院稿，告知大部分已经接收，但因江北县治需迁移、巴县县府以财政补助为由拒不交出二乡等，请行政院施压四川省。12 月 24 日，行政院回函："已如请令四川省饬县遵办矣。"1940年 12 月 27 日四川省政府（时兼理主席张群）发函重庆市政府："案查贵市与本省巴县划界一案，前据巴县财委会主任委员王汝梅，士绅杨庶堪、胡景伊、朱之洪，民众代表王辉、张子微等，先后电呈：'渝市与巴县划界，巴县税收损失约达 300 余万元，明年不敷预算当在 100 万以上，无法抵补，除环恳巴县县长从缓移交附郭乡镇外，请派专员莅渝商洽，并请示交割后不敷之预算应如何抵补？'"[2] 接着，谈到重庆市政府的来函督促，认为巴县要的是财政补偿，而省市界地址应遵照定案如期交割。财政补偿一事，曾派专员协调，但"兹查办理情形尚未据复。现在贵市既经明令定位陪都，市区各项建设亟待展开，则所有巴县与陪都划界案及有关问题，自应即时彻底解决"。四川省政府随即派出民政厅视察员和财政厅秘书到重庆商定解决办法。

时间到了 1941 年 1 月 7 日，行政院再次发函重庆市政府为何"市县划界"案还没有落实，要求汇报办理情形。1 月 13 日重庆市政府的呈稿谈道："……江北方面日内当可全部解决。至巴

---

[1] 重庆市档案馆、重庆师范大学合编，《中国战时首都档案文献·迁都　定都　还都》，重庆：重庆出版社，2014，69 页。
[2] 重庆市档案馆、重庆师范大学合编，《中国战时首都档案文献·迁都　定都　还都》，重庆：重庆出版社，2014，62 页。

县方面，既不遵令交代，似复旁生枝节，迭据各方密报：该县县府有印刷大批标语传单策动各乡镇长反对接收，并由县府派员分赴各乡主持，企图造成严重空气等情事。"[1] 并呈警察局报告 2 件，卫戍总司令部代电 1 件。重庆市政府在 12 月 31 日已急将该状况通报四川省政府，并要求查办。

1941 年的 1 月 14 日四川省政府回电重庆市政府，已经电令巴县县政府切实制止巴县人民印刷传单标语反对划界等，令江巴两县照案交割行政区域以及排专员前来商会省市划界中的各项问题的解决办法；最后详细描述了此次巴县的运动："系由巴县县政府发动，据悉其经费为 5 000 元，凡被划市区各乡镇均派有专人主持，所有收买保甲长及召集开会等费用，皆由是项经费开支，派在沙磁区主持人为县府第一科科员罗鲁瞻，当地已被收买者，为龙隐镇国民兵团镇队附朱仿陶。巴县县长张遂能，为表示不承认县境被划入市区，计决于元旦日在沙坪坝南开操场检阅沙磁区国民兵团，刻正准备中，总指挥即为朱仿陶。各节已由本府派员撤查。"[2]

这是一次省市、市县划界和市区交接过程中的严重冲突。巴县地方不仅展开广泛社会动员，大规模印刷传单标语，还准备动用武力，检阅民兵团来反对划界。从 1939 年 5 月 30 日内政部咨文中提到，从巴县县长王煜提出呈文开始，到 1941 年的元旦近两年时间里，巴县屡屡采用提出划界不合理、划界后的财税损失、拒不配合交接、向省政府提出异议等办法，来抵抗划界。但隶属于行政院的新重庆市政府基本不理会巴县提出的要求，通过国民

[1] 重庆市档案馆、重庆师范大学合编，《中国战时首都档案文献·迁都　定都　还都》，重庆：重庆出版社，2014，70 页。
[2] 重庆市档案馆、重庆师范大学合编，《中国战时首都档案文献·迁都　定都　还都》，重庆：重庆出版社，2014，73 页。

政府军事委员会、行政院、内政部以及其上级主管机构四川省政府的高压，试图达到划界目的。四川省政府一开始还试图对重庆市有所控制，不希望放弃重庆庞大的财税收入控制权，但最终在国民政府高压下基本只能看其另立组织。巴县有着悠久的历史，社会组织绵密，人口众多，历来是四川省内重要的县之一；相比之下，江北县是新县。这也是为什么市县划界中最主要和最有力的反对者是巴县。从巴县给省政府、国防最高委员会秘书厅等呈件上看，从巴县县长、财委会主任、科长到绅耆、民众等多反对划界，或者更确切地说，是反对划界过程中出现的不合理问题。在划界已经不可避免的情况下，提出因划界带来的财政损失问题，从查阅的档案上看，似乎从来没有提上重庆市政府正式的议事日程。而四川省政府一是迫于压力，二是省主席已经从本地的王缵绪换为当时的最高长官蒋介石以及后来的张群，使得省政府往往通过损失巴县的利益来简单处理，却无法息事宁人。最终的结果就是导致巴县筹划了这一次大规模运动。

但巴县这次并未成功的运动最终推进了市县划界工作。1941年1月25日，召开了四川省、重庆市、巴县三方官绅对于实现划界税收补偿暨官产拨交等事项的会议。会上对市县边界的再落实、移交日期、重庆市对巴县的补偿方案、原巴县承担的学校相关费用、犯人因粮以及官产的处理、公学产业权属等进行讨论，取得了相对一致的决议。但是与财产交接的各种问题仍然存在，如如何认定官产及其权属仍然是一个协商的过程。这一问题一直延续到1944年仍然没有能够完全解决（不要忘记1940年重庆市就曾经发出训令，要求江巴两县交出公产学产）。

一个颇具意味的情况是，在划分市县财产时规定的第一条，即是"属道府、州之产业归市，属县自治之产业归县，但有历史性产业，不得出售为民产"。从这一划分上看，市最开始只是县域中的一小块区域（最先往往只是设置的警察区范围，通常比旧城墙圈围范围略大），它只是一个经济新区、一个行政特区，但它在国民政府的法律规定下，行政与经济日益发展、空间拓展，同时也在这一过程中产生了新的观念。从上述的市县财产划分规定上看，它在观念上已经替代原有的道、府、州，以一种比县更高行政层级的姿态呈现出来。

## 8.3 新市与旧县：现代性的空间产生

新市与旧县的划界问题及其冲突不仅仅在重庆与巴县、江北县之间存在。新市与旧县之间的划界，本质上是现代性的空间与小农社会空间之间的竞争与冲突。中国的新市开始于 19 世纪末的商埠，在清末新政时期得到来自清廷的政策资源支持，试图借助城、镇、乡自治来产生一种新型的空间。但旧有的城、镇、乡的治域空间、社会关系、财产关系等，已经形成了密集、紧密和巩固的状态，试图在这一旧空间中产生出新型的、具有现代意义的新空间十分困难。然而这一阶段并非没有变化。各省、城、镇、乡在"自治"的方向上，成立了各种大大小小的议事会，及到清资政院，后为民国初年临时参议会。民国初年到 1927 年，由于军阀间的战争，少量的物质和社会建设只在各军阀辖域中进行。1927 年国民政府初步统一中国以后，立即在 1927 年颁布了《市组织法》（1929 年修订），急切希望建设新市，试图通过建设新市这一现代性的空间，来建设新的民族国家。赋予"市"合法性是相对简单的，但要从细密的财产、行政交织关系中，特别是被旧县占有的空间中划分出与产生出新的社会关系、财政关系、财产关系以及占有新领地是复杂和冲突的过程。

这些问题首先出现在被定为首都的南京市与江苏省、上海市与江苏省、北平市与河北省、天津市与河北省之间（表 8.1）。从现有的报道上看，1927—1935 年，省市划界——更具体地说是市、县间划界，在这几个省、市、县之间十分纠缠并产生了各种剧烈的冲突。一直到抗战前，这几个主要的省的市县划界问题并没有得到完全解决——更不论其他市、县。1929 年有篇文章讨论了省市划界的困境。文中谈道："省市划界这四个字在我们的脑经中真有了极深刻而绞杂的印象了，前年在南京的时候，南京上海两特别市成立，江苏省的市划界，即成了问题，而且是极难解决的问题。迁延纠缠，或者也经过一年的工夫，才见解决。……其实一个省政府，既然把极有出息的几个特别市划分出去了，对于这个特别市附近的几十个小村落，何必恋恋不舍、羁而不与呢？反过来，一个市政府，似乎总是嫌地盘太小，不能发展，不够建设。……南京特别市政府，争了许久地盘，而对于南京的'四不'，二年来还没曾改良了一样，又是什么道理？……再说去年北伐完成，北平、天津两特别市遂即成立，而河北省的省市划界，又成了问题。两方委员开会谈判，经过多少次的折冲，终未得到结果。省政府所派之画界委员，更因之愤而辞职……这一个问题，已经耽搁了一年有余，还未解决。"[1]

一个普遍的趋势是，新设的市一开始往往"狮子大张口"，要从县的治域中划入大量土地，而这些土地也往往包括了商业价值最高和交通最便利之处。这意味着财产的损失、区位价值的损失。旧县当然不会同意，往往通过鼓动本地县民反对，也通过途径向省政府、国民政府内政部或行政院提出反对意见；甚至有办

[1] 仲山，《每周评论：省市划界》，《大无畏周刊》，1929，第 2 期，5 页。

法的还将意见送达蒋介石处。进而，市开始会有所退让，但这往往又与市的行政级别相关。例如，省辖市在省政府的协调下，减少了面积（如重庆在 1933 年划定的状况，以及成都市划界之状况，见表 8.2 及图表 8.1）；而院辖市则权势炙热，并不退让，甚至还有所扩张（如重庆在被命定为直属市和陪都之后）。

表 8.1　民国时期几个主要城市的省、市、县划界

| 中央政府 | 省政府 | 院辖市政府 | 省辖市政府 | 县政府 | 所在省 | 所设新市 |
|---|---|---|---|---|---|---|
| 国民政府、行政院等所在城市（1927—1939年） | | 特别市（1927 年）院辖市（1930 年） | | 江宁县 | 江苏省 | 南京市 |
| | | 特别市（1927 年）院辖市（1930 年） | | 上海县宝山县 | 江苏省 | 上海市 |
| | | 院辖市（1930 年 12 月） | 省辖市（1930 年 6—12 月） | | 河北省 | 北平市 |
| | 省政府所在城市（1930 年 11 月—1935 年 6 月） | 院辖市（1930 年 6 月）院辖市（1935 年 6 月） | 河北省省辖市（1930 年 11 月—1935 年 6 月） | 天津县静海县沧县宁河县宝坻县 | 河北省 | 天津市 |
| 国民政府、行政院等所在城市（1939—1946 年） | | 院辖市（1939 年 5 月） | | 巴县江北县 | 四川省 | 重庆市 |

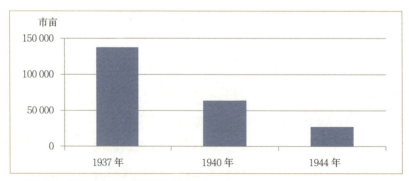

图表 8.1　1937—1944 年成都市市区划界面积

表8.2　1937—1944年成都市市区划界面积

| 成都市历次划界经过 | | | | | | |
|---|---|---|---|---|---|---|
| 年　别 | 历次面积起讫处 | | | | 结　果 | 市区面积（市亩） |
| | 极东 | 极南 | 极西 | 极北 | | |
| 民国二十六年（1937） | 乌龟桥 | 红牌楼 | 化成桥 | 凤凰山麓 | 未予交拨停顿至民国二十九年（1940）始奉省令重新勘划 | 138 000 |
| 民国二十九年（1940） | 牛市口 | 刘故主席墓园 | 犀角河 | 平桥子 | 延未交拨讫至民国三十二年（1943）6月复奉省令准将新市区界内官公营庙产先行移交 | 64 000 |
| 民国三十二年（1943）6月 | 牛市口 | 刘故主席墓园 | 犀角河 | 平桥子 | 除去华阳县移交一部学产外，其余均未交拨 | — |
| 民国三十三年（1944）9月 | 牛市口 | 刘故主席墓园 | 犀角河 | 平桥子 | 奉省令提示筹订各项彻底解决办法，限于本年九月三十日前将核定改划各地分划交拨清楚。汇报现正积极商同成华阳县办理 | 27 371 |

图8.12　1928年的上海市区域图与1948年的上海市区域图

1946 年年中，赵祖康在《从都市计划观点论上海市之划界》中提出省市划界的 3 个原则：第一，应以从整个国家政治经济文化交通的利害为衡断前提；第二，应以市为中心，而以邻接县乡为其辅佐，共图发展为目标；第三，应注意无伤于省之政治经济文化交通之将来的地位。这是一个取向很明显，也很圆润的表述。他是现代、进步的取向，他十分明确地提出："近代都市之建立，可视为国家或政治文化经济交通之焦点，都市繁荣，得到合理之发展，则国家或世界蒙受其福利，此理至明，无庸详论。"[1] 在1946 年抗战胜利后的状况下，这很可能不仅是他个人的观点，而是普遍的观念。市的划界也因此在道义上得到了支持，获得了更大的空间。图 8.12 是 1928 年和 1948 年上海市的区域图，可以看到 1948 年上海市向西大大扩张了面积。从民国初年到 20 世纪 40年代末，虽然经历了军阀混战和抗日战争，却是一个新市逐渐占据旧县的过程，一个在空间上，在法定意义上和在观念上的重要变化过程。

对于重庆市而言，亦是如此。它开始于两江环抱的、长度12.6 里的城墙内，从面积不过约 2 平方公里，逐渐拓展到抗战后的约 300 平方公里。我们还可以从市、县人口的人口变化来观察这一新、旧空间之间的关系。表 8.3 和图表 8.2 是根据《巴县档案》《巴县志》《商埠督办公署月刊》《四川省各市县人口密度》《重庆市中区志》《重庆市志》等文献中的人口数据整理。需要说明的是，表 8.3 中是从道光四年（1824）到民国五年（1916）巴县的人口数据。从民国十五年（1926）到民国三十五年（1936）间的数据，随着重庆商埠、重庆市从原巴县的辖区独立出来，相应统计数据也分属于不同的行政空间。

---

[1] 赵祖康，《从都市计划观点论上海市之划界》，《市政评论》，1946，第 8 卷第 6 期，9-10 页。

表 8.3　1824—1946 年重庆商埠（市）与巴县总户、总人口数与户平均人数统计表

| | 总人口（人） | 总户数（户） | 户平均人数（人） | 备　注 |
|---|---|---|---|---|
| 道光四年（1824）[1] | 386 478 | 82 053 | 4.7 | 巴县 |
| 光绪末年（1908） | 756 577 | 185 953 | 4.1 | 巴县 |
| 宣统二年（1910） | 980 474 | 191 394 | 5.2 | 巴县 |
| 民国五年（1916） | 1 025 451 | 205 865 | 5.0 | 巴县 |
| 民国十五年（1926） | 177 829 | 40 947 | 4.3 | 重庆商埠 |
| 民国十八年（1929） | 232 993 | 45 038 | 5.2 | 重庆市 |
| 民国十九年（1930） | 253 899 | 47 762 | 5.3 | 重庆市 |
| | 836 214 | 161 302 | 5.2 | 巴县 |
| 民国二十年（1931） | 256 596[2] | 48 981 | 5.2 | 重庆市 |
| 民国二十一年（1932） | 268 864 | 53 787 | 5.0 | 重庆市 |
| 民国二十二年（1933） | 280 299 | 54 758 | 5.1 | 重庆市 |
| 民国二十三年（1934） | 309 877 | 60 850 | 5.1 | 重庆市 |
| 民国二十四年（1935） | 310 584 | 61 429 | 5.1 | 重庆市 |
| 民国二十五年（1936） | 451 897 | 99 152 | 4.6 | 重庆市 |
| 民国二十七年（1938） | 798 944 | 127 906 | 6.2 | 巴县 |
| | 528 393 | 122 893 | 4.3 | 重庆市 |
| 民国二十八年（1939） | 799 530 | — | — | 巴县[3] |
| 民国三十五年（1946） | 1 005 664 | 203 677 | 4.9 | 重庆市 |
| | 811 647 | 151 808 | 5.3 | 巴县 |

［资料来源：道光四年（1824）数据根据《巴县档案》，光绪末年（1908）、宣统二年（1910）、民国五年（1916）、十九年（1930）、二十七年（1938）、三十五年（1946）巴县数据根据《巴县志》641 页、642 页；民国十五年（1926）数据根据《重庆商埠督办公署月刊》、民国十八年（1929）重庆市数据根据《重庆市市中区志》83 页，民国十九年（1930）、二十五年（1936）重庆市数据根据《重庆市志》］

图表 8.2　1916—1949 年重庆商埠（市）与巴县人口总数对比：市的增长

---

[1]《重庆市中区志》《重庆市志》《巴县志》中均有记录，嘉庆十七年（1812）巴县总人口数 218 779、户数 75 743。但这一数值颇值得怀疑，户均人口数只有 2.9 人。本统计表取《巴县档案》中道光四年（1824）的统计数据。

[2]1936 年出版的《重庆市一览》中该年人口数值为 248 586。该表中从 1930—1935 年的数据来自《重庆市一览》。该人口数值包括了普通居民、寺庙人员、公共处所职员（外侨的人数只占很小数量，未计入总数）。另外，要注意的是，从 1926 年的重庆商埠到之后的重庆市管辖空间范围的差异及其拓展，而巴县的面积有所缩小。

[3] 根据《四川省各市县人口密度》，《四川统计月刊》，1939，第 1 卷第 5 期中数值。

巴县人口从道光四年（1824）的 38 万多增长到民国五年（1916）的约 100 万的峰值。随着重庆商埠、重庆市划分出来，从民国十九年（1930）到 1949 年，巴县人口总量略有下降，但相对稳定，保持在七八十万人。重庆商埠在 1926 年的总人口近 18 万，随后设市（辖区空间范围有扩展），人口一路攀升，到 1936 年达到 45 万。这一阶段是在刘湘控制的川东、四川和潘文华主政重庆时期的发展阶段。从 1936 年到 1946 年的 10 年间，重庆人口数量陡升，这与抗战时期国民政府迁移重庆、大量东部地区人口迁入有关。抗战结束后，人口呈轻微下降趋势。[1]

县在当时是基本的行政管理单元。尽管县的改革一直在孙中山的构想和国民政府的实践中，但其中问题重重。在中国近现代化的历史过程中，以重庆市作为案例，可以看到"市"作为一种新空间的快速发展和"县"作为旧体系空间的缓慢减缩。商埠、市是新的行政设置和空间，是新观念、新制度、新知识与技术等的实验地；将市从县中划分出来——包括空间的划界，如前详述，其过程中存在着各种激烈的矛盾冲突。然而，在不可扭转的现代化过程中，"市"被赋予了现代化的使命，"市"的空间生产也即现代性的空间生产。从这一意义上说，县、市的划界是理解中国现代城市形成的核心问题。

---

[1] 1930 年重庆市和巴县都有人口统计数据。重庆市的人口数据除以两者相加的总人口，可以大略看成这一地区的城市化率。这一数值是 23.2%。道光四年（1824）这一数值是 16.9%。

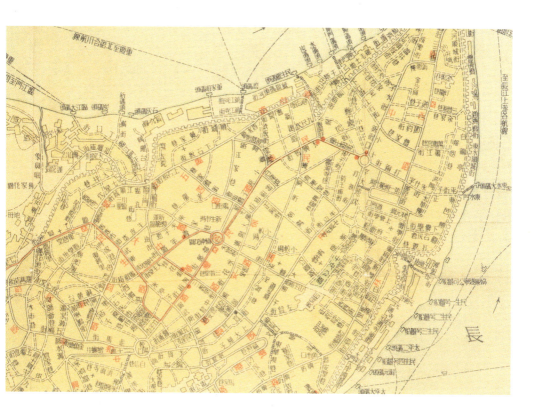

## 09

现代化的困境:
20 世纪 20—40 年代重庆城市问题、市政
计划与建设

　　　　　　　　　　　　　　　　　　　　　　　　▼

　　　重庆市区，事实上已成为整个大后方的重心，成为复兴民族的
策源地，更是抗战建国伟大事业的发动机构之所在地区，这真是数
千年来重庆历史上空前未有的特殊重要时期。

——康心如，1939

## 9.1　两个十五年与五个市政建设时期

　　从民国初年到中华人民共和国成立前的这一段时期，重庆经
历了多次有规模的建设。每一次的建设都和地方权力设置及其稳
定性有关。每一次的规模建设或者重大议案，都是以地方形成了
新的政权以及一定时间的执政期有关。地方的市政建设不是自身
内在、渐生的状况，因为引发市政问题的根源，已经不是内生的，
而是存在于与其他地方间的多重关系之中。市政建设的目标，是
为解决彼时各种紧急的问题——问题的产生和解决的手段，都不
能仅在空间内部中找到和应对。这一时期的重庆市政建设，大略
可以分为两个十五年的阶段。

### 9.1.1 两个十五年

1921 年年底到 1935 年年中是第一个十五年，是川人治川、武人治渝的阶段。1935 年年中到 1949 年年底是第二个 15 年，是国民政府直辖和管理阶段。两个阶段有不同的社会发展状况，却有着同一个问题，那就是都在激烈战争动荡中进行城市建设。第一个阶段是四川内部军阀间的战争，一直持续到 1933 年刘湘与刘文辉之间的战争结束之后。第二个阶段是抗日战争时期，同样是在仓促之间进行的城市建设。两个阶段城市建设的目的，都不是简单地服务于民生，而是有着根本的目的，那就是要通过城市的建设和管理，来支持和赢得战争——一个是川内的军阀之战，一个是抗日战争。两个阶段的不同在于，第一阶段是在刘湘的统治之下，通过以"重庆"为核心的川东地区，按照刘航琛的说法，制造出一个财团，来支持军队的发展和战争的胜利，进而统一四川。刘湘在刘航琛、卢作孚、甘绩镛、唐式遵、潘文华等的辅佐下达到了这个目的，赢得了与川中各个军阀的博弈，进而得到国民政府认可。第二个阶段却是在国民政府的直接管理下，在中日战争已开始且即将全面爆发的现实状况下，在短时间里接纳数量庞大的东部地区的人群和产业。市政建设的目的，就要在战争情况下以及在争取赢得抗战胜利的前提下，应对超速和畸形城市化带来的各种极为复杂和棘手的问题。

第一个十五年中，又大致可以分为两个小阶段：一个是 1921 年 11 月到 1926 年 7 月的近五年；另一个则是潘文华先后任督办和市长的九年（表 9.1）。1921 年 11 月 12 日，杨森任重庆商埠督办，开始谋划商埠建设。这是重庆市政现代化最早的一次计划。计划随战事纷乱而最终不能完全执行，然而却有其重要价值：邓锡侯、潘文华的计划在很大程度上是杨森计划的调整和局部实践。目前关于"杨森计划"的多数讨论停留在一般性表述，诸如引用民国《巴县志》中"时法令无据，又乏经验、一切设施大都阙略。所能为者，仅将中央公园选址划定，砌石坎数段而已"[1]。"杨森计划"是重庆城现代化之初面临具体问题的一种反馈。

表 9.1 1921—1935 年"武人治渝"时期的重庆市政机构

| 时 间 | 名 称 | 负责人 | 年 限 |
|---|---|---|---|
| 1921 年 11 月 12 日 | 重庆商埠督办处 | 川军第二军军长杨森兼任督办 | 五年 |
| 1923 年 2 月— | 重庆市政公所 | 川军第三师师长邓锡侯兼任督办<br>川军第七师师长陈国栋兼任督办<br>川军第七师师长十四旅旅长朱宗悫兼任督办（先后）[2] | |
| 1926 年 7 月 | 重庆商埠督办公署 | 三十三师师长潘文华兼任督办 | 九年 |
| 1927 年 11 月 | 重庆市市政厅 | 潘文华兼任市长 | |
| 1929 年 2 月 15 日 | 重庆市政府 | 潘文华任市长 | |
| 1935 年 6 月 24 日 | 重庆市政府 | 潘文华去职；张必果任市长 | |

（资料来源：根据向楚主编《巴县志》等相关资料整理）

表 9.2 1935—1949 年国民政府治理下的重庆市政机构

| 时 间 | 名 称 | 负责人 |
|---|---|---|
| 1935 年 6 月 24 日— | 重庆市政府 | 张必果任市长（1936 年 4 月去世）；李宏琨任代理市长<br>蒋志澄任市长（1938 年 8 月） |
| 1939 年 5 月— | 重庆市政府<br>（1939 年 5 月改行政院直辖市；1940 年 9 月定为陪都） | 贺国光任市长（1939 年 5 月）<br>吴国桢任市长（1939 年 12 月）<br>贺耀祖任市长（1942 年 12 月） |
| 1945 年 9 月—1949 年 11 月<br>（抗战结束—） | 重庆市政府 | 张笃伦任市长（1945 年 11 月）<br>杨森任市长（1948 年 4 月） |

（资料来源：根据《重庆市政府公报》等相关资料整理）

第二个十五年中，可以分为三个小阶段（表 9.2）。第一个阶段从 1935 年 6 月到 1939 年 5 月，这是国民政府西迁前的准备

[1] 民国时期《巴县志》卷 18 "市政" 栏。
[2]1925 年中华民国临时政府曾发政令，令聂正瑞为重庆商埠督办、魏国平为商埠会办。见临时执政令 [中华民国十四年（1925）八月六日]，《政府公报》，1925，第 3358 期，2 页。聂正瑞应该是没有到任；魏国平曾担任代理市政公所督办、潘文华任商埠督办时期前的会办。另外，在《九年来之重庆市政》中回顾这一段时期，谈到"先后五年中间，迭丁战事，向任督办者率皆五京兆，既无从容规划之时间，以致对外事业毫无表现，对内组织复欠完密，经费子虚，精神涣散"。见重庆市政府秘书处，《九年来之重庆市政》，1935，12 页。

期，以及地方省、市、县政府的冲突、协调期；第二个阶段从1939年5月重庆改为行政院直辖市开始到1945年9月抗战结束；第三个阶段从抗战结束到1941年11月。由于市政府权力等级和格局的变更、国际国内战事格局的变化，使得三个小阶段的市政发展体现出不同的状况。

1935—1939年是重庆市政府权力交接的过渡期，从由"武人治渝"彻底改变为"国民政府治理"的变化期。其中涉及重庆市作为四川省的一个省辖市，与巴县、江北县、四川省的关系；却又因其行政和空间的重要性，存在着与行政院和国民政府间的关系。因此，这一时期的重庆市市政状态处在"县—市—省—行政院—国民政府—国防最高委员会"共同构成的复杂关系中。比如，"市、县的空间划界"就是其中的核心问题之一，这一问题在该阶段由于其外部关系的复杂性而没有能够解决。这也意味着替换地方市政组织和人员是相对容易的，它来自中央权力的合法性；但要重组地方的经济和空间结构是困难的——经济基础的变化是长期过程。

1939年5月，重庆改行政院直属市。行政等级的提高改变原有行政格局，与县、省之间的张力快速削减。1940年9月定为陪都，更提高了重庆的行政声望。因此重庆市政计划得到了临时参议会、行政院的重视，成立了以康心如为首的重庆市建设期成会、以孔祥熙为首的陪都建设计划委员会，研究重庆市政发展问题。但需要注意的是，行政等级的提高并不能解决地方发展的一般性问题，它同样要面对民众居住、公共卫生、生产、交通、公共安全（包括战时的特殊性问题，如轰炸带来的防空安全和消防等）。它的另外一个途径，是配合通过宣传，推进精神动员，通过建造诸如"精神堡垒"的观念性构筑物，来加强权力的凝聚力。

1945 年 9 月抗战结束后到 1949 年 11 月 30 日重庆解放前，是一个动荡变化的时期，要应对大量人群、产业在短时间里撤离带来的"虚空"；需要从战时的应急转入撤离的应急，进而进入平常建设的状况。这一时期并没有改变之前仓促建设的状态，内战厚厚的云层压在城市的天空上。

### 9.1.2  五个市政建设时期

前面谈到，没有稳定的权力机构，就没有相对长期的建设。没有新的权力机构，也就往往没有新的计划案。两个十五年间在新权力设立初期都提出建设计划，其中比较主要的有五个建设时期及其计划。第一个小阶段中，地方军阀间的战争频繁，重庆的市政权力机构并不稳固，但杨森上任后，提出建设计划并付诸实践——"杨森计划"有其"现代化初发"的价值。从 1926 年 7 月到 1935 年 6 月，是潘文华主政时期，这是一段重庆城市现代化的重要时期——既是市政权力相对稳定的时期，又是市政建设持续发展的时期。"潘文华计划"在《九年来之重庆市政》中有清楚的描述。1935 年到 1939 年的过渡时期，由于权力交接的各种关系，并没有提出相对系统的建设计划，"市—县的划界"和市县的财产交割是这一时期主要的问题之一。

1939 年 10 月成立以康心如为议长的重庆临时参议会。参议会的第一次大会期间组建了重庆市建设期成会，并在 1940 年 4 月提出了《重庆市建设方案》。市政不仅仅是物质的建设，重庆临时参议会的成立，本身就是市政的一大进步和成就。按照康心如的说法，"市临时参议会之成立，以重庆市为最早……国民政府在抗战期间，为集思广益，促进市政兴革起见，于民国二十七年九月二十六日公布市临时参议会组织条例……重庆市临时参议会的最早出现，而为全国之唯一直辖市临时参议会……其目的在训练民治精神及奠立民权主义之基础，使之成为抗战期间由训政进到宪政之一桥梁"[1]。《重庆市建设方案》由此时期成会中三组不同方向的、数十位成员讨论提出，是"重庆市最初出现之有系统的建设性方案"。此处简称为"康心如计划"。临时参议会是一个非完全之立法机构，它具有一定的监督市行政的权利和权力。其提出的建设议案，市政府无绝对执行之义务。由于1940年9月重庆被定为陪都，并随即成立了陪都建设计划委员会，隶属于行政院。因此，参议会之后五年间的议题就更加具体和细微，因为通盘计划的功能已经被陪都建设计划委员会取代。

然而这一时期的陪都建设计划委员会并没有能够提出通盘计划，这也许是面对不断变化的现实的考量结果。1940年10月19日颁布《重庆陪都建设计划委员会组织规程》[2]，行政院副院长孔祥熙兼任建设计划委员会主任，周钟岳、杨庶堪为副主任委员、重庆市市长吴国桢为秘书长，许大纯为副秘书长。委员包括翁文灏、张嘉璈、魏道明、刘峙、张维翰、卢作孚、刘纪文、潘文华、陈访先、吴国桢和康心如。陪都建设计划委员会与重庆市政府同级，同样隶属于国民政府行政院。重庆临时参议会与重庆市政府之间，在很大程度上是市立法机构与市行政机构之间的关系；参议会有指定议案和监督市行政执行议案的权力。但从行政关系上看，陪都建设计划委员会并无此功能。在一定程度上讲，它与重庆市的行政平级，事实上造成了市政从属关系的不清晰，很可能降低了市政实践的效率。孔祥熙在委员会第一次会议上的发言，非常清楚地看到了这一点。发言

[1] 康心如，《两年来之重庆市临时参议会》，《市政评论》，1941，第6卷第6期，10页。
[2] 《重庆陪都建设计划委员会组织规程》，《广西省政府公报》，1940，第932期。

的第一条即："在过去，同性质的机关每每各行其是，界分綦严，以致在工作上惟不能精诚合作以促进工作，反而因严分畛域减低了工作的效能……现在本会与市政府事实上同直属于行政院，是以机关虽然不同，其基源则是同一的。本会的工作并不是仅限于市政府工作计划以内的，本会应该周详顾到建设陪都的各方面，以补市政府计划之不足，所以本会对于市政府是需要精诚合作的。同时市政府方面也应尽力协助本会的工作，同样的秉承精诚团结的精神，与本会合作，取得密切的联系，共同负起陪都建设的艰巨的责任。"[1]

陪都建设计划委员会的一个做法，是把重庆市市长吴国桢任命为委员会秘书长；委员会的决议再交由秘书长执行。它在一定程度上架空了市政府部分的市政职能。1941 年在《市政评论》上有一篇文章，认为"即就市行政之范畴言，凡属当前重庆市之实际行政工作，自有其职权掌管之固定机构，此种极明显之行政划分，实无须该会过度关怀，致分心于其本位之工作……希望该会勿错过等同'伦敦大火'的优良时机，忘记其本位工作，另有其他企图。回顾三十年来我国市政工程，屡遭败绩，其主要症结，实由市工务行政职权之不能统一，今于闻悉该会'由计划跃到实施'之余，愿该会勿放弃其本位工作，而有妨市工务行政统一之举动"[2]。

从陪都建设计划委员会有限的几次开会记录上看（集中在1941 年），委员会并无详细的通盘计划（虽然孔祥熙在《市政评论》的"陪都建设"专刊上谈到有一个"建设计划"）。这可能与彼时急需应对即时问题有关，也可能与孔祥熙审时度势和务实

[1] 重庆市档案馆、重庆师范大学合编，《中国战时首都档案文献·迁都 定都 还都》，重庆：重庆出版社，2014，121 页。
[2]《市政小言，由"计划"跃到"实施"：论陪都建设计划委员会的本的工作》，《市政评论》，1941，第 6 卷第 10—11 期，2 页。

的理念有关。他在 1941 年 10 月 3 日委员会的第三次会议上谈道：
"我们的设计，应该是脚踏实地、按部就班地去做合乎实际的工作。
中国人一向的毛病，就是好高骛远，凡是一件事情，总是说得庞
大不堪，不顾事实做不做得到，这样往往只有落于空虚了。所以
希望诸位对于这点要特别注意。一个事情的拟具，总要适合需要。
顾及国力，与其大而无成，就不如实事求是。"[1] 从相关资料上看，
此陪都建设计划委员会最主要的工作在 1941 年，此后并无工作
成果[2]。但这一时期《市政评论》组织发起关于陪都建设的大讨论，
社会各界名流、专家学者对于重庆存在的问题、发展的建议等是
有价值的内容；为后来的《陪都十年建设计划草案》提供了可资
借鉴的参考。此处简称该阶段为"孔（祥熙）、吴（国桢）时期
计划"——尽管是应对即时具体问题的有限决定。

　　1940 年的下半年，重庆市政府颁布了《修正重庆市都市计划
委员会组织规程》，提出委员会的任务在于：①本市建设计划资
料之收集及研究事项；②本市建设计划之拟订事项；③关于前项
计划图表之制订修正及补充事项；④关于限制使用区之规划事项；
⑤关于市政府交议事项。[3] 也就是说，到了 1940 年年底，同时存
在着陪都建设计划委员会（隶属于行政院）、重庆市政府（隶属
于行政院）、重庆临时参议会（重庆市的议政和监督机构）以及

[1] 重庆市档案馆、重庆师范大学合编，《中国战时首都档案文献·迁都　定都　还都》，
重庆：重庆出版社，2014，133 页。
[2] 孔、吴时期的陪都建设计划委员会很可能只存在较短时间。从现有能查到的资料上看，
该时期的隶属于行政院的陪都建设计划委员会主要的活动都在 1941 年间，之后不见报道，
或者是名存实亡。
[3] 《修正重庆市都市计划委员会组织规程》，《重庆市政府公报》，1940，第 8—9 期，
43 页。重庆都市计划委员会是在重庆临时参议会的督促下形成的，是在对《重庆市建设方
案》审议基础上提出的意见。审议意见的第二条即是：将"请市政府充实'都市计划委员会'
组织"修正为"请市政府从速设置'都市计划委员会'，在该前提的说明中加入"尤应于
最短时间内，即予设置"。见向中银，《重庆市临时参议会研究（1939—1946）》，北京：
中华书局，2013，86 页。1940 年 4 月提出《重庆市建设方案》，审议意见提出设立重庆
市都市计划委员会；该年随即设立了此机构；但该年 9 月定重庆为陪都，10 月成立重庆陪
都建设计划委员会（隶属于行政院）。

重庆市都市计划委员会（隶属于重庆市）这些与市政问题调研、计划相关的机构。

1945 年 9 月抗战结束。蒋介石下令重庆应研究一个以十年为期的建设计划。重庆市随即成立新的陪都建设计划委员会，由市长张笃伦任主任、留英博士周宗莲任副主任。需要注意的是，此委员会与之前不同，隶属于重庆市政府，主任委员由市长兼任，综理会务。委员会计划在 4~6 个月完成建设计划初步草案的拟订（实际是在三个月内完成）。1946 年 12 月，行政院院长宋子文发回给重庆市政府训令："至于计划部分，兹经交拟内政部会同有关各机关核议到院，认为原草案大致尚属可行，并就审查结果，提供意见 13 项，经核无异。合行抄发原意见令仰参照办理，并仍将原计划所列各项工作分期编入年度工作计划送核。"1946 年 11 月起，"陪都建设计划委员会前奉内政部令，统一全国各省市同一委员会名称……更名为'重庆市都市计划委员会'"[1]。

1947 年，市长张笃伦及各下属行政机构负责人在《新重庆》发表了以"重庆市政一年"为主题的文章，各自总结归纳部门工作。张笃伦在《回顾与前瞻——重庆市政一周年述感》中谈到一年来的工作，主要是配合复员工作以保证社会秩序、制订陪都十年建设计划草案、推行地方自治以奠定宪政基础以及严肃考核工作。具体的建设工作谈到了三个方面，都是在计划之中预计进入实施阶段，包括横跨长江的大桥、下水道工程、北区干路与新商业区、住宅区[2]。在《新重庆》的创刊号中，各部门及相关人士提出新重庆建设的构想，此处将这一阶段的计划称为"张笃伦—周宗莲计划"。

"杨森计划""潘文华计划""康心如计划""孔、吴时期

<hr/>

[1]《建设委会更改名称》，《新重庆》，1947，创刊号，74 页。
[2] 然实际两江大桥、住宅区等虽开展初步工作，但因经费拮据并无实施；见后述具体内容。

计划""张笃伦—周宗莲计划"，都是应对彼时各种具体社会问题的计划。但计划有宏大或微细具体，有制订理念的差别，这既和当时面临的社会问题相关，和主事者的理念、能力、考虑的问题、能够动用的资源有关，也和历史过程中受到西方社会发展与城市规划及建设理论影响深度有关。杨森是大刀阔斧的，他希望借用外来资本、知识与技术，在相对开阔的新用地（江北、城外）生产新空间同时整理旧城，开辟新马路[1]。潘文华则困顿于捉襟见肘的城市财政——此时的急需不是城市建设而是日趋激烈的军事建设与竞争，他选择的首先是老城区，在细密产权构成的老城区寻找突破的空间；他的幸运之处在于执政期是二十一军基本控制川东的时期；他在有限的财政状况下启动了重庆的现代化建设。这一时期另外两个建设也是重庆城市现代化的重要构成。一项是由唐式遵负责的简渝马路（从简阳到重庆，进而打通了成都与重庆之间的机动车路线）；另外一项是卢作孚的民生公司快速发展轮船运输业，促进重庆与长江中下游地区的人员、物资、信息的往来。一条向西、向四川盆地延伸的陆路机动交通道与另外一条向东、向长江中下游延伸的水路机动交通道，都是在刘湘的主导下得到迅速发展的[2]。加大的流动性进一步促进了重庆的现代化建设。

临时参议会的设置是重庆市市政发展的一次重大变革。它首先不是具体的建设方案，而是市政组织的变革。临时参议会提供了社会各界参与市政发展的路径。临时参议会面对着一个既是老

[1] 杨森是重庆设立商埠（设市的前身）的第一任督办，也是重庆解放前的最后一任市长。
[2] 刘湘在 20 世纪 20 年代初兼任省长时，就一直试图建设川内道路，尤其是成渝干道。在 1922—1923 年的《道路月刊》有众多报道。如"刘兼省长热心川中路政，特设立省道局，经营全川道路；值财政奇绌之秋，独能注意百年根本大计，卓识远见"。见：《全国道路建设协会与四川省道局》，《道路月刊》，1922，第 1 卷第 3 期，86 页。"川总司令刘湘特聘前四川将军周骏为成渝马路督办，由总部拨洋二万元，作开办费。周自就任成渝马路督办以来，在管家巷设立督办成渝马路事宜处"。见：《成渝马路督办处之组织》，《道路月刊》，1922，第 1 卷第 3 期，56 页。

旧的又是全新的重庆：老旧重庆是指这个城市的经济基础、社会构成并没有产生太大的变化，尽管随后的几年中它将急速增长；全新的重庆则是它升格为院辖市，它的空间范围远远超过之前划定的区域。这是一个很特别的时期，是这个城市从一个地区性的中心城市，开始展露出成为全国中心城市状态的时期，也因此，临时参议会及其建设期成会才会热切地提出一个较为系统之方案。"建设期成会之人物在对市政建设做全面考察与研究，并搜集材料拟具重庆市建设方案，重庆各界对市政建设作此有系统之主义，当以此为第一次。"[1]

康心如在《两年来之重庆市临时参议会》中总结道："两年及四次大会之经历，其唯一之结论乃为：民主政治确系渐进完成，而非一蹴而就的，以市而论，人口稠密，工商业繁盛，市民文化水准较高，组织力量较强，故最易于实现市政民主，然真欲达成目的，仍非循序渐进不可……以重庆市而言，市临时参议会经两年及四次大会之努力，可谓已备民主政治之雏形，树立市政民主之初基。"[2] "杨森计划""潘文华计划"可以说主要内容都是物质建设的计划；"康心如计划"却是一次市政组织的重大变革，它当然关注物质的建设，期成建设，但物质建设的合理首先在于组织过程的合理和群策群力的理想；临时参议会虽然只是"临时"，非完全的立法或监督机构，但它动员和提供了地方各界人士参与市政的可能[3]。

---

[1] 重庆市档案馆，《重庆市临时参议会六年两届经过概要（1946 年）》，载于《档案史料与研究》，1997，第 2 期，36 页。

[2] 康心如，《两年来之重庆市临时参议会》，《市政评论》，1941，第 6 卷第 6 期，12 页。

[3] 在参议会的第二届第二次大会上，"此次大会中市民及人民团体向本会投呈请愿案纷至沓来，本会皆慎重处理，经大会决议交市府办理者计 15 件，开临参会历次大会只先例"，此后参议会每次会议均有民众提案。见重庆市档案馆，《重庆市临时参议会六年两届经过概要（1946 年）》，载于《档案史料与研究》，1997，第 2 期，38 页。

## 9.2 从商埠到陪都：计划案中的历史细节、城市问题与城市想象

### 9.2.1 "杨森计划"[1]

重庆商埠督办处 1921 年 11 月 12 日在重庆商会成立[2]。杨森（图 9.1）受省长刘湘指派任督办。杨森在发言中谈道："重庆地势据长江上游，为蜀川中枢，商务之盛、物产之丰、人口之众，已达极点；只因地势太狭，无由发展，各种事业无人整顿；如街

图9.1　杨森像（左为 1924 年，右为 1932 年）

（资料来源：左：督理四川军务善后事宜兼四川通省团练总局督办杨森，《团务周刊》，1924，第 1 卷第 1 期，2 页；右：川战：最近拟武装调停川战之杨森，《东方杂志》，1932，第 29 卷第 6 期，1 页）

---

[1] 当下的研究文献对于杨森时期的重庆市政建设大多简而言之。本节稍作详细阐述。
[2] 这是一个有趣，也值得引起注意的现象。督办处成立大会在重庆商会举行，可以推断两者间的紧密关系。督办处的科长、科员还需请商会推荐，也可见彼时重庆商会在地方社会、政治生活中的重要作用。

道之不整齐、交通之不便利、卫生之不讲究、消防之不得力、公共娱乐场之未设备、马路之未修筑、轮渡之未兴起、电灯电话之未扩张、自来水之未安置，皆为重庆最大缺点。兹幸总部刘公以振兴各项事业为素志，委森督办其事。唯此事系属创举，关系非轻。"他进而谈道，"如重庆办自来水、架铁桥、撤城墙、修马路、建公园等等，在数十年前亦曾有人主张，现在犹未实行，或实行一二，亦只重形式不求实际结果"[1]。

杨森在"民国九年（1920）任川南道尹时……开始整饬泸县市政府、修筑马路、创设电厂、举办运动会、设立学校、划屠宰税。为教育专款"[2]，始得"创新"之声名。刘湘在接着的演讲中说到重庆开埠以来的繁荣、人口密集、用地的极限和恶化的公共卫生，"湘谬承推执川政，即兢兢于此，思有所振作，顾筹思自治，万端待理；复以军事倥偬，未遑修举；然苟心力所及，罔弗经营擘划。行政会议也、财政统筹也、成渝马路也……夙知子惠军长在泸创办斯举，成效既彰，特嘱其以治泸者治渝，将见整齐画一、耳目俱新；推之而马路也、水道也、船坞也"[3]。该日还有诸多名士演讲，其中省议会议长李少甫提出"市政宜设市会"，深受媒体赞同。在刘湘和杨森的发言中，重庆商埠面临的问题十分具体和突出。

在 20 世纪 20 年代初，刘湘大概已经开始筹划四川统一的构想，试图通过行政、财政和交通来促进四川可能的统一。刘湘的巨大困境在于如何处理"省政"与"军政"之间的关系、如何处理"建设"与"战争"之间的关系、如何处理"长期发展"与"短期波动"之间的问题。"市政"问题只是这个困境中的一部分构成；

---

[1]《新闻摘要：重庆商埠督办处成立纪》，《钱业月报》，1921，第 1 卷第 11 期，99 页。
[2]《杨子惠将军的建设精神》，《川康建设》，1943，第 1 卷第 1 期，94 页。
[3]《新闻摘要：重庆商埠督办处成立纪》，《钱业月报》，1921，第 1 卷第 11 期，100 页。

"市政"必须服从于更大空间范围的"省政"和短时变动的"军政"的需求——"城市"是这一基本问题和矛盾的激烈冲突和表现的空间，深刻地体现在"市政"方向和策略选择与实践的各个方面。刘湘在重庆商埠督办处成立的发言中，"马路、水道、船坞"是其认识的市政构成的主要内容。刘湘"省政"的物质建设方面，其中一个十分重要的工作是设立省道局和成渝马路办督办处——一个负责全省的马路规划与建设，另一个负责全省马路中最重要的、沟通成都与重庆的交通路线规划与建设。省道局聘请匈牙利工程师萧飞、美国工程师贝克尔负责测量成渝马路计划。

根据 1921 年《钱业月报》的报道，重庆商埠设立后，杨森首先设立工作机构（包括总务科、财政科、考工科和新商埠工程局等）；指定负责行政和工作人员；大略划定市政区域范围（大河南岸至龙门浩、海棠溪等处，北岸至相国寺、江北治城等处；上迄鹅项颈，下迄唐家沱——并非十分确定的范围，也无具体勘测和划界）。考虑公办和私办的现代产业（包括私办电灯局，官商合办的轮渡局，官办的路政、电话和自来水三局，两个机械所，建筑从江北到唐家沱的电车路），筹办商埠经费（城内外的官有、私有地址作为股款以及发行彩票、向南洋华侨募集等，往往就事筹款）。[1] 这一经办市政的模式一直到 20 世纪 30 年代都未有大变化，也很可能是彼时中国其他城市市政的一般模式。

1924 年在《道路月刊》上有一篇文章，回顾了杨森拟订计划的 3 种可能及其选择："重庆为中国通商巨埠，自昔本无所谓市政也。溯自民国九年，刘湘任川军总司令兼省长时，始注意及此。委杨森为商埠督办，专办重庆市政……当时轰轰烈烈，颇为炫世

---

[1]《新闻摘要：重庆新商埠之大计划》，载于《钱业月报》，1921，第 1 卷第 11 期，98-99 页。

骇俗，未几遂销声匿迹，停止进行……杨森督办商埠时，曾拟订三种计划：（一）新市场辟在江北，业经将临江门城墙拆去，重庆及江北城外俱修马路，中间相隔之嘉陵江，则造一座大大铁桥。杨森即主张实施第一计划者；城已拆去，马路亦已动工，只是都没有竣事。（二）仿美国人凿通巴拿马运河故事，以沟通太平洋与大西洋，重庆西南为杨子江，东北为嘉陵江，中间只隔鹅项颈一个浅阜，如果凿穿鹅项颈，则重庆四面环水，北面亦可通舟，商务必愈见发达也。（三）重庆共计九道门，八道临江，一道通陆，即走成都之通远门，出城后荒塚累累，互十四五里而直达浮图关……将通远门外辟做新市场实一天然之形势，一直到浮图关十五里皆可作为街道，不过将乱坟付之一炬，略略平治，便可应用；较之修江北铁桥及凿鹅项颈浅阜，难易真有天渊之别。闻邓锡侯即拟实行此第三计划。"[1]

也就是说，杨森计划以江北到唐家沱一带为建设重点，绕开老城，在老城外开辟新马路和市场；修筑新式码头，并规划建设连接两个新区的大桥，形成新的城市发展地带——这是新的、现代的增量空间。在老城中，杨森通过整治街道、开辟公园和改善公共卫生等——这是存量空间的现代化改进。在三个方案中，杨森选择了一个有较大发展空间却也需大刀阔斧的方案——他提出了方案，也实践了这一方案。

杨森委任王建模为局长开展新商埠的建设工程，也聘请省道局聘用的贝克尔协助新商埠建设（图9.2）。1922年年初，建筑堤岸与铁桥工作开始并进，"杨子惠督办聘请美国工程师，于三月十四日测勘新商埠形势，决于巴县江北两县界内之嘉陵江出合大江处上游一里之地，建筑铁桥，使两县得交通上之便利，不

[1]《渝埠之市政》，《道路月刊》，1924，第11卷第2—3期，90-92页。

图9.2　重庆商埠工程局职员

（资料来源：《道路月刊》，1922，第2卷第2期，7页）

致因春涨而生出往来上之障碍。顷已测勘完毕，约计建筑经费为一百万元，此项建筑之款，暂借短期外债，包与外商修筑，现正详定图式，以便择期投标包办云"[1]。"自江北打鱼湾为起点，至唐家湾为终点，计延长三十里。中间陂度高下不一。现开工修筑者，为自打鱼湾江北嘴至头塘之一段，约长五里。滨江岸筑堤其高度须以春夏水涨不能淹没为限；故新堤之高度，略与江北旧有城垣相等，砌石在六十余级以上，工程亦颇浩大也。铁桥之建筑，据工程局图式，由江北嘴与重庆朝天门外朝天嘴之间架一铁桥，已由工程局长王建模偕工程师贝克尔（美国人）、杨承棠连日勘测。桥长约一里半；朝天嘴及江北嘴两地先建桥工基础，预计费用约

[1]《调查——如火如荼之全国筑路潮》，《道路月刊》，1922，第2卷第1期，15页。

在二十万元左右，则异日全桥之筑成，所费自当更巨也……德国工程师施贺石君，对于各项工程均踊跃筹办；杨督办特委任该工程师兼建筑股主任，以励勤劳。"[1]

因为商埠市政建设快速推进，随即有诸多报道——之前有刊物谈到的"轰轰烈烈，颇为炫世骇俗"。城外的两个地方工作推进迅捷。"重庆新商埠工程局因谋石料运输之便，已将三洞桥至杨家溪一带轻便铁路敷设成立，近来运送一切物料，甚为便利，如运石料一项，较之以前人工，每日可省数百工。现该局局长王建模，拟将轻便铁道敷设至小河上游香国寺地方，下至头塘止。"[2]杨森不仅动用了军队参与建设——符合当时呼声很高的"化兵为工"，也考虑调用犯人做劳工。主城外，"杨督办复令考工科马腾骅踏勘通远门外一带路线，除原有计划外，拟更添一支线，就南纪门外度两路口而达小河之观音梁，与前两线会于一点；马路沿线仍行附建市场，并分城内外道路为二段，于新开之城门内外，各置一停车场"[3]。

城内开始清理街道和拆卸城楼。"重庆商埠督办处，前以本埠房舍参差，曾经令饬警厅，从严限制、藉图整顿、嗣由警厅拟具办法呈请，将原定街宽一丈余者改为一丈六尺；当经督办处指令照准，并饬派员分头勘定呈报备查。……拟由考工科组织测勘队分区实施细测，一面依据海内外通行建筑法，一面参酌本埠情形，妥定各种标准，绘具图式，以备街面之改造而利市政之进行。"[4]另外，开始拆卸临江门的城门和城墙；在城内"重庆老鼓楼街之老鼓楼，系蜀汉时赵云镇渝时所建，历代均加修葺，以存古迹。

[1]《重庆新商埠之工程》，《时兆月报》，1922，第17卷第5期，5-6页。
[2]《渝埠扩充轻便铁道》，《道路月刊》，1922，第2卷第2期，17页。
[3]《调查——如火如荼之全国筑路潮》，《道路月刊》，1922，第2卷第1期，15页。
[4]《重庆商埠近闻》，《道路月刊》，1922，第2卷第2期，38页。

昨商埠督办处以该城楼有碍交通，特行拆毁，并将地基一百五十丈及砖石栋梁等投标出卖，又临江门内外城门及瓮城一带，过于窄狭，亦应拆卸改造，特令警厅委第一区长童受禄为拆卸城门督办员从事勘测一切"[1]。

"杨森计划"是重庆城市现代化伊始的一项计划。它既具有彼时中国各城市，特别是内陆城市现代化的一般性问题、市政处理手段和方式，也带有自身的特殊性——源于地方问题的特殊性。它需要向东部更加现代化的沪、汉等城市学习，设立和组织市政机构、收罗人才（往往需要外来技术人员的支持）、筹划财政（往往一开始只是将公产作股用于基本建设，缺乏较长期的财政运营考虑），进而从物质空间的改造开始（整理街市、拆城筑路是彼时的一般性做法），结合人口、行业的统计来开展新建设。它在现代化伊始面临的重庆城的用地狭隘、交通因两江受限[2]、人口高密度、公共卫生问题严重、公共空间缺乏、火灾频发与消防薄弱等问题并未在未来的二三十年消失，仍然是重庆城需要面对和处理的问题，是市政物质建设的基本问题，持续地影响和左右着重庆城市的建设。

### 9.2.2 "潘文华计划"

"潘文华计划"是"杨森计划"初期提出三种方案中的最后一种，亦即整理旧城、拆卸城墙、清理坟地，在通远门与浮图关之间建设新区和马路。这些举措不是潘文华的首创，如前有报道，是杨森的考虑之一，也是其前督办邓锡侯实行的计划，潘文华是顺着这一路径的实践。图 9.3 是 1925 年重庆城沿嘉陵江一侧的景

---

[1]《四川——川路纪要》，《道路月刊》，1922，第 2 卷第 3 期，3 页。
[2] 杨森计划中构想、实践并受阻的联通江北与巴县（重庆老城）的嘉陵江大铁桥，经过 37 年，一直到 1958 年才开工建设，1966 年完工，是重庆市内的第一座大桥。

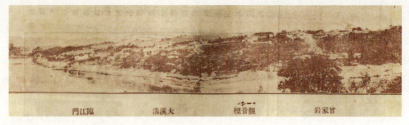

図9.3　1925 年的重庆城

（资料来源：《蜀评》，1925，第 7 期，4 页）

观，是潘文华启动建设前的城市一角。

　　潘文华 1927 年 7 月在《重庆商埠督办月刊》的"商埠进行计划"一览中发布了成立商埠一年来的财工报告。和杨森时期不同的状况是，由于需要持续建设，潘文华必须考虑长期的城市财税收入。在财工报告中，潘文华谈道："聿越一载，事属创始，经纬万端……金以财政为事业之根本，工程乃建设之表现，是宜为具体规划，先期所急，而后教育卫生公安诸政，不难次第进行，故此一年之中，凡百庶务，虽亦纲举目张，而尤致力于财工事务，盖所以固根本而弘表现也。"[1] 他接着谈到一年来的财政支出，以及未来的市财政方针，整理市有税收、厉行预算制度和扩充事业经费。他指出彼时的捐税，"存属附加……应归市有各项税款，或为其他机关征收，或尚延未举办，且征收机关个别，不免重叠烦苛……除整理旧有税收，并新辟税源，经营市有企业，以图收入增加"[2]。潘文华指出的彼时市（商埠）财政，其捉襟见肘的困境、被其他机构征收占有、就特定一事或若干事新增若干税种附加（未能形成稳定的市财税）很可能是普遍的状况。市的财税征收状况，包括机构设置、税种类型

[1] 重庆商埠督办公署月刊，1927，第 7 期，1 页。
[2] 重庆商埠督办公署月刊，1927，第 7 期，4 页。

设定和征收能力，体现了市的行政能力。此时的商埠及随后的市，其行政空间范围、市的权职、市政机构设置、财税征收体系等都在初设阶段，和各种机构，包括县、警察署、征收局等都还未完全厘清权责关系。

在这篇重要的财工报告中，潘文华谈到了工务的规划。他谈道："市政之属于工务者，盖包括工程与公共事项而言，兹二者或关城市之改造，或为人生之要需，然其性质大都须现有适宜之规划、翔实之预算，再视城市发展之程度，分期实施。"[1]潘文华谈到了工务的全部规划，包括交通、公园、公用工程三个部分。

交通方面的规划，第一项即整理旧街道。报告中指出，重庆商埠大小街道三百多条，但大多崎岖，这也是为什么杨森首先放弃老城，选择另辟新区的原因之一。经过督办处勘测，可以拓宽用来建筑马路的有百余条路，长度四十多里，修筑完后可以一方面连接码头、一方面连接新市场；对于不能用于马路的狭窄街道，分为甲、乙、丙三类展宽。第二项是开辟新市场的交通规划。一条是从通远门经两路口到曾家岩；一条从南纪门经菜园坝接两路口；一条从临江门到曾家岩。交通规划的第三项是沿河的码头和货运堤路的建设，"规划新码头数处、直穿城垣、接达马路……建筑堤路，以联络新旧码头、接通新市场马路，堤路以内、附城隙地，以建堆栈，堤路外侧，广植茂木，以丽观瞻"[2]。第四项是拆卸交通障碍的城门，"拟将城门视其繁简，次第拆卸，就其地势，尽量展宽，上修平台以通马路，下建码头以连河边，此项工程与改良旧码头同时终始"[3]。

公园的规划方面，计划修筑三个城内较大公园，包括中央公

[1] 重庆商埠督办公署月刊，1927，第7期，5页。
[2] 重庆商埠督办公署月刊，1927，第7期，7页。
[3] 重庆商埠督办公署月刊，1927，第7期，8页。

园（即杨森开始的后伺坡公园）、文庙公园、中山公园（旧五福宫地址）；城外有菜园坝和曾家岩农业试验场两个公园；其他包括城内小场地整理的街市公园若干。公用工程方面包括电灯、电力、自来水、电话等诸项目的规划。

图 9.4 是 1929 年中区干路一段第一次通车的状况。到了1935 年，重庆城区已经呈现出现代城市的初步样貌（图 9.5）。1935 年的《九年来之重庆市政》总结了潘文华执政时期的各项市政内容，除了社会建设方面的内容外，其他基本不脱上述的几个方面——部分提及的内容仍然没有完成。九年来的重庆市政建设，主要的物质建设期在设立督办、设市的前几年，随后便进入了一个较为常规的、相对程序化的过程。这既与时局发展（随后几年较大的战争有刘湘与杨森的下川东之战、刘湘与刘文辉的川内 20 年来最大的战争）有关，也与社会事务发展的一般性过程有关（由初创时的灵光、热情和探索，进入按部就班的状态）。

1927 年的《重庆商埠督办月刊》中有几条值得注意的"咨文"。共 10 个月的重庆商埠督办时期，督办处共发出 16 条"咨文"，其中的 13 条是发给"重庆商埠参议会"。主要内容或是回答参

图 9.4　1929 年重庆市中区干路一段及第一次通车

（资料来源：《蜀道》，1929，第 2 期，2 页）

图9.5　1935 年的重庆城市景观

（资料来源：夏文焕摄，《美术生活》，1935，第 21 期，27—28 页）

议会提出的问题（如参议会提出缓修城内马路），或是请求追认公布的规则（如土地收用规则等，以获得权力的合法性）。但商埠参事会如何构成、与商埠督办具体是什么关系、怎么参与商埠的市政建设，在这一时期并不很清楚。1938 年 9 月国民政府颁布临时参议会组织条例，为随后的行政院直辖市重庆成立临时参议会提供了法律依据。

### 9.2.3　"康心如计划"

康心如是重庆临时参议会的议长，重庆建设期成会的当然会长（图 9.6）。临时参议会从 1939 年 10 月成立到 1946 年 1 月结束，前后共约 6 年。6 年期间，参议会在历次大会上对重庆市政发展提出了各种提案和意见，具体内容可见《重庆临时参议会六年两

图 9.6　康心如像（1948 年）

（资料来源：《银行通讯》，1948，第 27 期，2 页）

届经过概要》一文[1]。"康心如计划"指的是这 6 年间的各种不同动议，但此处重点是《重庆市建设方案》。

《重庆市建设方案》（以下称"建设方案"）是临时参议会和建设期成会在成立初期提出来的对重庆市政发展较系统的计划，体现了当时重庆地方社会精英，包括部分外来的知识和技术精英对于城市问题的认识和建设的想象。方案是由期成会组织聘请专家 50 余人作为顾问委员，就期成会收集的重庆市政材料分组研讨而制订的一个纲要性计划。方案共分 7 个部分，包括总说明、建设之前提、交通建设、经济建设、警察自治、教育文化和市民福利。总说明中提出，以往重庆建设基础十分薄弱，现代都市应具有的设施，重庆大多或者只有雏形或者完全没有，百端待举。提出"建设方案"，目的就是要促进重庆的现代化；但同时要注意这一方案只是纲领性计划，具体技术设计需要由工程技术专家和人员进一步深化完成，同时请实行者注意该方案在战时和战后的意义，对于重庆市的总体定位是"重庆市建设在川康建设中实居重要之地位"。

建设前提部分提出两条具体意见，后来均得到实施。第一条向国民政府提出，重庆在抗战时期是领导机构所在地，在战后重庆必为西南建设之中心，亦将发展成为"我国伟大之内陆城市，若美之芝加哥、俄之莫斯科"，因此提请国民政府明定重庆为永久陪都。第二条是请市政府充实"都市计划委员会"，认为扩充市行政组织和都市计划委员会都是市政建设的必要；同时"都市计划委员会除包括工程技术人员外，并宜敦聘对市政素有研究之专家，或谙悉本市情况之士绅参加，以便随时协助建设事业之进

[1]《重庆市临时参议会六年两届经过概要（1946 年）》，载于《档案史料与研究》，1997，第 2 期，36—39 页；另外可见向中银，《重庆市临时参议会研究（1939—1946）》，北京：中华书局，2013。

行，而收集思广益、事半功倍之效。在此项委员会应不仅限于战时而为永久之设置，其计划之实施，并应不随市府人事变迁为转移"。"建设方案"对重庆的市政问题（相比于同期其他中国大城市）认识，对重庆发展的定位（战时的全国政治、经济、文化中心，战后的区域中心），具体市政实践所需要的长期的市政机构都有清楚认识。

交通建设部分的内容，有一条值得特别注意，其他部分不脱"杨森计划"的基本内容，是在潘文华实践基础上的进一步拓展。方案提出"重新确定本市分区建设计划"。随着市县划界落定，重庆市管辖面积从原来的 12 万亩增加到 43 万亩；原来的中心区域在半岛尖端，现已经渐次发展出新市区，江北、南岸也逐渐发展起来。因此建议设置分区，从原来集中式的发展向水平发展转变，从一个中心的繁荣，变成各区为中心的卫星式繁荣（但此分区是行政分区，非后来的功能分区）。警察分区管理自清末即有，但重庆行政区在大扩展后，的确需要制订更详细的分区管理方案。现有重庆行政区的设定可以说开始于"建设方案"提出的分区计划。方案中再次提出杨森时期提出改善交通的两大举措，一是过江铁桥，二是在鹅项颈处修筑隧道以形成市区的环状交通。这两个重大项目，也是改善重庆市区交通的重要项目一直到中华人民共和国成立后才实施。嘉陵江大桥（也是铁桥）作为重庆第一座跨江大桥一直到 1958 年才开始建设，1966 年完工；向阳隧道、八一隧道作为沟通南北交通的隧道，分别在 1967 年、1984 年开工建设。

经济建设部分中特别提出，重庆市政府应通过市的经营产业、发展金融、实施土地整理、促进合作社来建设市政。方案中虽然提出"奖励商人资本投资生产事业"，但基本取向是"市营公司"，通过"市营"、设立"市银行和金库"的方式，来生产"市财政"。

因此，此时对于市政府的定位，是"管理型"与"经营型"混合的政府，特别强调了通过市政府的企业经营、金融运作来为增进市民福利建设事业提供财政支持。这一定位和属性，也很可能是彼时对地方市政府的一般性定位。

警政自治部分十分简略，只提出要整理户籍和健全保甲（两项内容在之后的市政建设中得到发展）。而教育文化部分却很繁复，有些十分具体（包括了年度计划），若干部分却只列了简条。最后一条市民福利部分，透射出当时重庆城市普遍性的公共问题和美好理想。此条包括了以下几个部分：设立平民工厂，为贫民提供无息贷款，扩充市医院及各区医疗所，建筑公共体育场、分区公园、防空洞，鼓励私人开设浴室，增强消防力量，提升公共卫生及监督工厂对工人待遇，建筑劳工住宅等。

如前所述，临时参议会的设置和其拟定的多种提案是重庆市政的一大进步。它将地方各行各业的精英、士绅与迁渝的高级知识分子、市政专才等结合起来 [1]，也为地方民众参与市政提供了一种途径，试图为彼时重庆的市政发展提供可资参考和执行的策略。这一时期重庆面临的问题与杨森、潘文华时期面对的基本问题没有什么太大的不同；山地城市建设的复杂性和两江环抱带来的交通和用地限制问题依然存在（虽然划定了更大范围的市区）、城市市政建设财政支绌依然如是、各种公共基础设施薄弱、公共卫生、交通与消防问题随着地区城乡关系的变化带来的大量人口涌入重庆城而日趋恶化，更随着国民政府西迁带来的巨量产业、人口以及战争而呈现出极端困难。临时参议会及建设期成会在更大范围内动员了地方社会的力量，它既是地方精英参与市政的一

---

[1] 比如，在期成会的第一组（包括工商、经济、交通等）中有如民生公司的郑璧成和基泰工程司的关颂声。

个途径，也是市政府和国民政府动员重庆地方社会的重要构成部分。参议会与期成会在成立初期提供了相对系统的《重庆市建设方案》，通过组织"重庆市地方自治促进会""市政视察团"，在接下来的几年时间里，深入了解地方社会确实、具体的问题，在后期的会议中提出了应对各种问题的议案，是彼时重庆市政发展的重要构成部分。

### 9.2.4 "孔、吴时期计划"的讨论

1942 年的《四年来之重庆建设》概述了专司全市建设事业的计划与实施的重庆市工务局 4 年的工作，包括以下几个方面：①开辟火巷、降低空袭带来的火患危险；②建设新旧区的马路工程，提出打通沟通经路的凯旋门工程；③建设公园、码头等公共工程；④电力、自来水、公共汽车、轮渡等公共事业的管理以及应对战时需要的防空洞建设；其中特别需要注意的是第五方面的"营造管理"。1940 年以来重庆屡遭日军的轰炸（图 9.7、图 9.8）。重庆老城有许多沿江而建的木骨泥墙的吊脚楼建筑，城内同样大多以竹木为主要建筑材料，往往因空袭引发火灾。工务局根据国民政府颁布的建筑法拟定建筑规则，对于"建筑物之设计、结构以及建筑地位、面积、高度、材料等项，均有确切之限制"。这是重庆建筑法规现代化的伊始。此条中谈到，由于重庆遭敌机轰炸导致房屋损毁过半，进而营造业发达，规定"市内建筑技师、技副及营造厂商，均应向市工务局等级领照，方许承办各项工程之设计及建造"[1]。图 9.9 是 1941 年分别从嘉陵江和长江侧拍摄的重庆城市景观；图 9.10 是 1941 年宣传中国大好河山的一组照片中的重庆城近景。

---

[1]《四年来之重庆建设》（1942 年），《档案史料与研究》，2001，第 1 期，50 页。

图9.7　1940 年日军轰炸后烟火笼罩下的重庆城

（资料来源：《今日中国》，1940，第 2 卷第 14 期，7 页）

图9.8　1940 年日军轰炸后满天黑烟的重庆城

（资料来源：《大陆画刊》，1940，第 1 卷第 1 期，14 页）

图9.9　1941年嘉陵江、长江侧的陪都重庆景观

（资料来源：《东方画刊》，1941，第3卷第10期，6页）

图9.10　1941年重庆城市近景

（资料来源：《东方画刊》，1941，第3卷第10期，3页）

　　1940—1942年是孔祥熙、吴国桢主导的陪都建设委员会主导下的重庆市政发展时期。从《四年来之重庆建设》的内容上看，1938年年底到1942年的重庆市政建设（物质建设部分）是应对彼时具体问题的实践，并无长远之计划。如前所述，这与市政机构的重叠设置有关，也与彼时面临层出不穷的各种社会问题有关。但在陪都和陪都建设计划委员会设置的初期，在《市政评论》上曾经有一次较大范围的关于重庆市政建设的意见征集，映射出重庆的城市问题和计划的想象（表9.3）。孔祥熙在序言中谈道："爰聘请国内市政专家，负责设计；并延揽各项工程专家多人，以为之助；历时6月计划大纲，于焉粗具。"按照

孔祥熙的说法，此阶段应有一个大略的都市计划案，但目前没有能够找到这一份方案。

表 9.3　1941 年《市政评论》"陪都建设专刊"中关于陪都建设的主要文章

| 作　者 | 题　目 | 备　注 |
|---|---|---|
| 孔祥熙 | 《陪都建设专刊序文》 | 1941 年第 7—9 期（合刊） |
| 周钟岳 | 《战时都市建设计划》 | |
| 郑粱 | 《论陪都建设计划的二大要点》 | |
| 黎宁 | 《论带形都市与大陪都之改造》 | |
| 陈访先、张维翰、吴承洛、赵祖康、丁基实、哈雄文、胡德元、王克、米展成、丘秉敏、张大镛、刘百铨、汪日章 | 《对于陪都建设计划的意见》 | |
| 张又新 | 《新京市政纲要》 | |
| 曾广梁 | 《陪都地形测量计划》 | |
| 过立先 | 《陪都绿地系统计划》 | |

内政部长周钟岳刊文《战时都市建设计划》，谈到了他对于都市计划的理解："现代都市计划，为科学化的、广义的、统筹计划，为追考既往，顾全现在，同时准备将来之计划，其目的在求最多数市民享受最大之福利；计划之良窳，不但关系市政物质上之设施，而且对整个政治军事社会经济政策之推进，亦具严重之影响……故欲达到都市发达合理化、秩序化之目的，实施现代都市计划，为唯一有效方法。所谓现代都市计划，除关于物质建设方面之调查设计外，尤须注意考察人口经济社会各方面之调查统计与动态，以为一切设计之根本。"[1] 他进而谈到了欧美各国已经从都市计划向区域规划、省和国家规划的拓展变化，特别强调在区域层面分散人口，来缓解都市人口、产业集中带来的各种问题，进而使得都市和乡村协调发展。

周钟岳的关于"都市分散"也是这一期《市政评论》中诸多专家的主要观点。这一方面与重庆遭遇大规模轰炸有关，另一方面也与都市计划受到欧美舶来的理论影响有关。1933 年国际建协通过《雅

---

[1] 周钟岳，《战时都市建设计划》，《市政评论》，1941，第 6 卷第 7—9 期，2 页。

典宪章》，其中的"分区规划"理念对此时的都市计划有一定影响；柯布西埃的建筑和城市规划理念被郑梁和黎宁引用；另一个常被提起的即是霍华德的田园都市理论。一些专家希望通过工业的分散化，来达到"城市的乡村化和乡村的城市化"。在众多的讨论中，包括陆路和水路的交通问题仍然是重庆城市发展最受注意的方面。一是通过交通整理来改善目前状况；二是通过交通发展，来促进土地利用、都市分区、分区间的联系和分散化。除了以上几个方面，特别值得注意的有两点。一是吴承洛提出的要通过工业建设来推进都市建设——这一观点和其他人直接谈物质建设、物质环境的改善有所不同：从 20 世纪 20 年代以来，重庆一直是缺乏工业化的城市化进程，工业企业种类有限，规模弱小。二是包括哈雄文在内等几位专家都谈到对重庆建筑的管理，这也可能直接促进了前述的重庆建筑规则的颁布。1941 年在望龙门落成了由美国红十字会捐建的平民住宅，是按照新的建筑规则建设的房屋（图 9.11）。另外，赵祖康提

图 9.11　1941 年由美国红十字会捐建的望龙门平民住宅落成

（资料来源：《东方画刊》，1941，第 4 卷第 3 期，5 页）

出"陪都应有纪念抗战建国之特殊建筑",可能是1941年年底建设"精神堡垒"标志物的原因之一。

1941年5月2日到1941年10月3日,陪都建设计划委员会举行了三次会议——1941年也是重庆城被轰炸最密集的一年。通过会议的报告事项和讨论决议,可以了解彼时委员会对于重庆市政的具体工作意见。表9.4、表9.5、表9.6是根据档案资料整理的三次会议讨论和决议的主要内容。三次会议的内容,总体上是从宏大到具体,从远期考虑到处理当前问题的状况。较为结构性的,也往往是工程量巨大的项目则被"缓议"和搁置。

表9.4　陪都建设计划委员会第一次会议的报告与讨论事项及其决议情况

| 1941年5月2日第一次会议 | | 决议情况 |
|---|---|---|
| 报告事项 | 1. 本会组织规程及拟定各项章则<br>2. 本会各组工作报告<br>3. 本会总务、技术两组工作计划大纲 | |
| 讨论事项 | 1. 主任委员交议: 为拟订陪都计划工作纲要及初步工作纲要提请公决案 | 修正通过, 原案交秘书处详加整理 |
| | 2. 主任委员交议: 拟具陪都分区办法提请公决案 | 原则通过, 交秘书处详加审核, 按照随时情形, 再为修正 |
| | 3. 主任委员交议: 陪都行政区应否设立提请公决案 | 缓议 |
| | 4. 主任委员交议: 拟在陪都建设巨厦若干所, 以应目前急需, 并垂永久纪念, 提请公决案 | 交周副委员钟岳、魏委员道明、张委员嵲、康委员心如、刘委员纪文、吴委员国桢审查。由周副主任委员召集 |
| | 5. 主任委员交议: 拟订技术组测量开办经费、测量队月经费及查勘费月支各预算, 提请公决案 | 通过。交主管组详加研究, 拟具具体办法 |
| | 6. 刘委员嵲提议: 请由本会切实计划扩充陪都公用事业, 并以全力促其早日实现案 | 通过。交主管组详加研究, 拟具具体办法 |
| | 7. 张委员维翰提议: 请本会速行绘制各项图表, 以为设计之依据案 | 通过 |
| | 8. 张委员维翰提议: 请速完成市区测量, 并依据之测土制成地势模型, 以便利设计案 | 通过 |
| | 9. 张委员维翰提议: 城区道路系统, 应函请市政府赶速完成, 以利交通案 | 通过。并交市府统筹从速办理 |
| 临时动议 | 1. 主任委员提议: 陪都建设计划范围不应受重庆市市区限制, 市区以外, 认为有应在范围之内者, 当随时列入本会建设计划中 | 通过 |
| | 2. 主任提议: 陪都党务、土地、卫生各问题, 俱关重要, 应详为考核计划整理案 | 通过。交秘书处详加研究, 拟具办法 |

表 9.5 　陪都建设计划委员会第二次会议的报告与讨论事项及其决议情况

| | 1941 年 7 月 15 日第二次会议 | 决议情况 |
|---|---|---|
| 讨论事项 | 1. 为拟具建筑行政院及外交部办公房舍计划及预算案 | 一致赞成通过，呈请行政院核发经费，俾便施工 |
| | 2. 为拟订扩充陪都公用事业计划案 | 因各种公用事业价格飞涨，最后的决议是呈行政院核定 |
| | 3. 为拟具改进陪都公共卫生计划案 | 通过 |
| | 4. 为拟具陪都土地整理方案 | 通过 |
| | 5. 为重庆市政府拟具整理扩大市区土地测量计划纲要案 | 与第四案合并通过 |
| | 6. 为拟具南温泉整理计划案 | 请刘委员峙、张委员维翰、陈委员访先审查，由刘委员召集，并请技术组丁副组长参加 |
| | 7. 为拆移大溪沟电力厂机案 | 通过。呈院转知 |
| | 8. 为拟具重庆市区东段地形测量计划案 | 通过 |
| | 9. 为拟在新开寺开辟新村案 | 通过。呈院 |
| 临时动议 | 10. 为修老鹰岩便道案 | 通过 |
| | 11. 为解决山洞给水问题 | 通过，并包括歌乐山在内 |
| | 12. 为扩充中央公园案 | 通过 |
| | 13. 为拟具出版计划案 | 通过 |
| | 14. 为拟具本会疏散房屋案 | 通过。采取疏散建筑办法 |
| | 15. 本会会计案 | 通过 |
| | 16. 为筹设新电力厂案 | 通过 |
| | 17. 扩充水上交通 | 通过，与第二案并案办理 |

表 9.6 　陪都建设计划委员会第三次会议的报告与讨论事项及其决议情况

| | 1941 年 10 月 3 日第三次会议 | 决议情况 |
|---|---|---|
| 报告事项 | 1. 总务组报告<br>2. 财务组报告<br>3. 技术组报告<br>附件：①技术组改为科为系经过职掌报告书；②本会技术人员任用审查委员会组织规程；③修葺陪都府县两孔庙报告；④本会疏散房屋计划；⑤技术组计划；⑥第二次委员会各案执行情形表 | |
| 讨论事项 | 1. 主任委员交议：为拟举行大清除以重卫生而整市容，附具办法，提请公决案 | 通过 |
| | 2. 主任委员交议：为拟具陪都交通卫生整理方案，提请公决案 | 修正通过 |
| | 3. 技术组签呈：为实践国父遗教及适应迫切需要，拟建造各式房舍以裕民居，并拟具概算图样，提请公决案 | 通过 |
| | 4. 技术组签呈：为增强陪都消极防空及便利扬子、嘉陵两江间交通，拟于复兴关下开辟隧道，造具概算图样，提请公决案 | 缓议 |
| | 5. 技术组签呈：为拟具陪都市郊公路交通整理方案，提请公决案 | 通过。会同有关机关召开会议商讨整理办法 |
| | 6. 技术组签呈：为联系成渝、复新两路，拟开辟小龙坎至石桥铺道路，以利交通而资繁荣，提请公决案 | 通过 |

| 1941 年 10 月 3 日第三次会议 | | 决议情况 |
|---|---|---|
| 讨论事项 | 7. 技术组签呈：为拟从速修筑北区干路，以利交通，提请公决案 | 缓议 |
| | 8. 技术组签呈：为拟会同重庆市政府办理陪都土地陈报，提请公决案 | 通过 |
| | 9. 技术组签呈：为拟会同重庆市政府办理陪都户口总调查，提请公决案 | 通过 |
| | 10. 潘委员文华提议：为拟请测量各公私防空洞，以便将来沟通，改为地下公路，提请公决案 | 原则通过。交技术组拟具计划 |
| | 11. 潘委员文华提议：为拟请建筑扩大体育场，以增强市民体魄，提请公决案 | 原则通过。交技术组拟具计划 |
| | 12. 潘委员文华提议：为拟请建立复兴文献馆、伟大图书馆、工商品陈列馆，提请公决案 | 原则通过。先选择地点，交由技术组拟计划 |
| 临时动议 | 主任临时动议：改良农村，先行改善农民生活，首先应有居住问题入手，就陪都市郊先行查勘，拟具农村标准房舍计划图样概算，再行呈报核定执行，以为改良全国农村之示范 | 通过，赶速施行 |

　　第三次会议的报告中有一项是"修葺陪都府县两孔庙报告"，这也是这一时期的一项工作。[1] 重庆府的文庙始建于宋代，历经明清修缮，规模较大。无论是在清代，还是民国初年时期，文庙在重庆城中一直占据有重要的位置，一直是地方重要的公共建筑。1924 年邓锡侯任四川省省长时，还曾明令重庆各机关各委任职以上官员往文庙与祭 [2]。图 9.12 是西德尼·D. 甘博在 1917 年拍摄的重庆文庙，可以见其恢宏与壮大。

　　重庆文庙在日军轰炸中受损，1935 年国民政府行政院令山东省政府邀请梁思成参与曲阜文庙的修葺计划。"查会同勘估曲阜孔子陵庙工程一案，前奉行政院令，会邀古建筑专家一人，会同前往等因；自应遵办。兹查有中国营造学社法式组主任梁思成，曾留美专攻建筑于东方古代建筑，研究有素，堪以当选。" [3] 梁

[1] 具体可见重庆市档案馆副研究员周峥嵘对于该过程的整理文字，以及张峰，《一份沉睡 70 年的手稿——新发现梁思成佚文〈重庆文庙修葺计划〉初探》，《群言》，2016，1 月，52-55 页。
[2] 邓锡侯，省令，《四川政报》，1924，第 2 卷第 2 期，29 页。
[3] 韩复榘，公函，《山东省政府公报》，1935，第 326 期，64-65 页。

图 9.12　1917 年重庆文庙及文庙前的魁星楼 [1]

[1] 图片来源：杜克大学甘博照片数据库。

思成随后在《中国营造学社汇刊》发表了一份十分详细的《曲阜孔庙之建筑及其修葺计划》[1]。彼时孔祥熙代理国民政府行政院院长，要求山东省政府邀请梁思成参与曲阜孔庙修缮计划的政令直接来自行政院。很可能是孔祥熙已经了解梁思成在中国古代建筑方面的深入工作，《曲阜孔庙之建筑及其修葺计划》也可能给孔祥熙留下了深刻印象。因此，重庆文庙修葺计划，直接由时任陪都计划建设委员会主任的孔祥熙（兼行政院副院长），下达给远在宜宾的梁思成。

因时局状况，梁思成对重庆文庙进行了初步调查，提出如"戟门七楹其东北及西南两角曾经被炸。其阶基及前面石踏步及石陛均尚完整。其柱均用长大之整石为之，至为壮观，但西梢间之南面两柱，已被炸为数段，次梢间之柱已倾斜，其上梁架亦坏。……琉璃瓦除南面东端较完整外，现存部分均极破碎，凌乱不堪。东西山墙上段亦均有被炸处"等。他对文庙外观、建筑风格和损毁情况大致摸清后，征得孔祥熙的同意，委托基泰工程司先行勘测绘制文庙现状图，完成后寄到李庄，并以此为修复设计根据。为慎重起见，该委托以行政院秘书处名义致函基泰工程司："陪都建设计划委员会专门委员梁思成委托台端等初步测量重庆市夫子池圣庙一案，除通知军政部转饬现驻该处之附属机关免滋误会外，相应检同证明书函达查照。此致关颂声、杨廷宝君。附检送证明书一件。行政院秘书处（民国）三十年（1941）四月十八日。"也就是说，重庆文庙的勘测工作是由基泰工程司完成的。但因日机轰炸等原因，基泰工程司一直到 7 月底才完成测绘工作。8 月梁思成给陪都计划建设委员

---

[1] 梁思成，《曲阜孔庙之建筑及其修葺计划》，《中国营造学社汇刊》，1935，第 6 卷第 1 期，1-161 页。

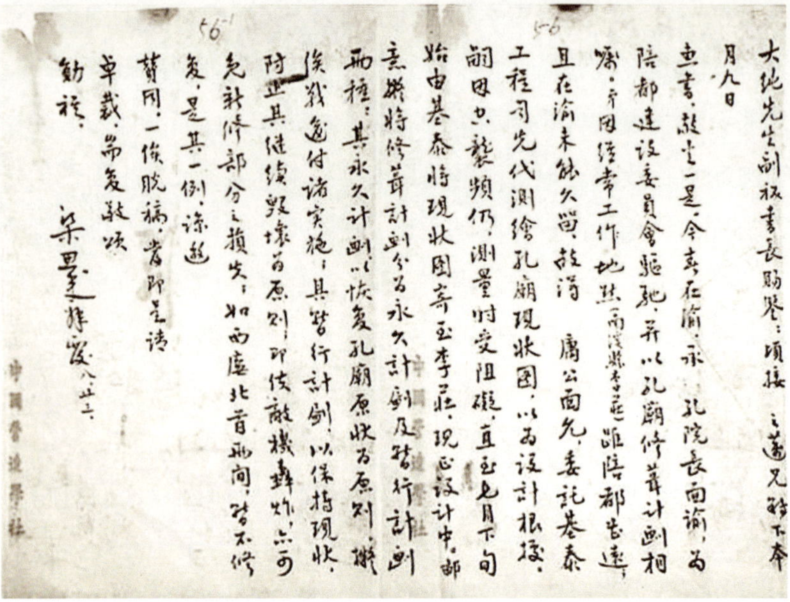

大纯先生副秘书长勋鉴：顷接 之蕃兄转下本
月九日
惠书，敬悉一是。今春在渝，承 孔院长面谕，为
陪都建设委员会驱驰，并以孔庙修葺计划相
嘱。弟因经常工作地点（南溪县李庄）距陪都甚远，
且在渝未能久留，故请 庸公面允，委托基泰
工程司先代测绘孔庙现状图，以为设计根据，
嗣因空袭频仍，测量时受阻碍，直至九月下旬
始由基泰将现状图寄至李庄，现正设计中。鄙
意拟将修葺计划分为永久计划及暂行计划
两种：其永久计划以恢复孔庙原状为原则，拟
俟战后付诸实施；其暂行计划，以保持现状，
防止其继续毁坏为原则，即使敌机轰炸，亦可
免新修部分之损失，如西庑北首两间，皆不修
复，是其一例。谅邀
赞同，一俟脱稿，当即呈请
卓裁，并复敬颂
勋祺。
梁思成拜启 八、廿六
中国营造学社

图 9.13 梁思成致陪都建设计划委员会副秘书长许大纯的信件

会副秘书长许大纯去信，提出永久和暂行两种方案（图 9.13）。梁思成在 1941 年的孔子圣诞日（9 月 28 日）提交了《重庆文庙修葺计划》，但最终因战时状况，包括物价上涨、文庙为一些单位所占用等原因[1]最终没有完成修缮计划。

该时期还有一位负责具体市政工作的重庆工务局局长吴华甫。从他的论述中也可以一定程度了解彼时的陪都重庆的市政状况。他在 1944 年年初的《市政工程年刊》刊发了《陪都市政建设》一文，归纳任职 5 年来的陪都建设经验和构想。他谈到，5 年来“惨淡经验……惟以经费所限，所定计划，就整个市区言仅及局部，其能实施者，又只为全部计划汇中之一部而已”。他在文中详细谈了 3 个方面的构想。第一即是交通，但值得注意的是，他谈到

[1] 按照前引周峥嵘文，陪都建设计划委员会在 1942 年春被解散，也直接导致了文庙修葺计划的落空。

的非之前时期主要关注的市内交通，而是从外部的关联来建设重庆的交通。他注意到机场位置的新选址、铁路交通在西、南、北方向上如何连入更大范围的网络（西、南边在九龙铺和菜园坝，北边在唐家沱和江北）；讨论到沟通两江的困难，以及对沟通两江的"隧道"与桥梁之争，认为从技术角度出发，规划建设适合战时的铁桥较为合理，并认为在嘉陵江一侧，宜选址在石门、大溪沟两处；在长江一侧，宜在望龙门、九龙铺两处，进而形成网状交通格局。他十分强调道路间的联系，谈到堤路建设由于标高低（低于主干路25米以上），应选择在临江门的北区干路、储奇门、朝天门等相对较低处连接入路网。

第二是分区规划的讨论。他列举彼时都市分区的不同意见。他持应有分区之观点，认为商业区应在旧城及江北、南岸已经逐渐发展的地区；工业区应在长江下游江北县城以东、唐家沱一带，既得交通便利又避免污染重庆城饮水源；新住宅区主要分布在沿着嘉陵江北岸一带；风景区包括黄山、歌乐山等；行政区则建议在复九路一带。

第三，他提出都市计划应具有前瞻性和一定的延续性，并讨论都市建设费用的4种路径："一、在市税总收入内支付；二、征收受益费；三、借款或发行建设公债；四、中央拨款补助"，认为4种办法应兼筹并顾，才能推进陪都市政建设的工作。最后他仍然谈到了重庆房屋的营造管理，要更加现代化。[1]

总之，在战局和城市被屡次轰炸的状况下，孔、吴时期重庆市政在实践上是许多具体的工作，特别是一些应对性的紧急工作，缺乏结合长远计划的内容。一部分是比如开辟火巷、制定建筑规则、建设防空洞等应对战时状况的建设；另外的一部分是解决城

---

[1] 吴华甫，《陪都市政建设》，《中国市政工程年刊》，1944，第1期，55-56页。

市发展急需的内容，如沟通中区干路和南区干路之间的凯旋路以及一些局部的、日常的工作。

但按照孔祥熙的说法，1941 年可能完成了一个初步的陪都建设计划案。参拟计划案的市政专家、工程专家也可能部分参与了《市政评论》的"陪都建设专刊"的撰文或讨论。这次的讨论，相比较之前的若干计划，体现了市政和都市计划向着更加精深发展。现代都市计划中的一些要素，包括土地分区利用、交通规划、公园绿地系统等都得到一定程度的讨论。专刊中体现出受到西方现代都市规划理念的影响。此阶段的都市计划工作和相关讨论，可能影响了战后的《陪都十年建设计划草案》。而从吴华甫的论述上看，此时重庆的范围已经大大扩展，关联性和外部性的考虑已经逐渐占有支配性的地位。

## 9.2.5 "张笃伦—周宗莲计划"

国民政府行政院政务委员、中执委常务委员、教育部长、全国经济委员会委员朱家骅 1947 年撰文《新重庆建设与新时代》，讲述战后重庆建设的希望。文中他将重庆对比成都后来居上的历史发展分为 3 个时期。一是唐宋以来中国政治经济中心由关中转移到长江下游；二是清末中日《马关条约》定重庆为商埠，进而重庆成了地区的贸易枢纽；三是抗战期间国民政府西迁重庆，使得重庆从单一的商业都市，成为全国政治、经济、文化中心，后方的最大都市。他回应随着国民政府和大量企业、人员回迁，重庆很可能冷落状况的观点，认为新时代赋予重庆使命更大。他提出，一是重庆的交通地位极度优越，不仅仅是当下的川、康区域中心，随着西部铁路网完成，重庆将成为中国西部最大的陆道交通中心；加之水路，特别是航空路线的发展，将使得重庆可以跻身世界大都会行列。二是重庆资源蕴藏丰富，故将来能由消费型的都市转变为生产型的工业都市。三是川东河流水利的充分开发将使得重庆工业与民用有充分之电力。[1] 这是从历史过程和宏观格局，从国际、全国和地区层面很有见地地检讨重庆城市的发展。

图 9.14 是战后 1946 年重庆城图像。1946 年初重庆市政府的陪都建设计划委员会成立后，很快根据蒋介石的指示，经过 3 个月的工作（2 月到 5 月）完成了建设计划草案。重庆市市长张笃伦兼委员会主任，但具体工作由常务委员周宗莲负责。《陪都建设计划草案》涉及内容繁多。它一方面是对重庆未来十年发展的想象，另一方面也体现了彼时中国市政与都市计划一般性的最高水准。周宗莲曾刊文《陪都建设计划述略》，介绍计划的要点。他首先谈到重庆的 3 个定位：第一是西部各省的进出口枢纽，是西部地区的经济中心；第二是广大腹地的制造业中心；第三是百万人口的居住地。在这一定位基础上，提出人口分布、绿地系统、交通系统、港务系统、住房问题、公共卫生、公共基础设施、进度安排几个方面内容的设想。1946 年周宗莲在《市政工程年刊》上还刊发了《市区规划与国土规划》，谈到市区规划的一般性内容，认为建市，建现代市是建设现代国家的必需；而且市区的规划要与区域规划和国土规划关联。和吴华甫的观点类似，周宗莲的计划观念中也有着强烈外部性意识。

1946 年还有一些学者发表了对重庆城市问题和建设的讨论。如唐鸿烈在《建设新重庆之途径》一文中指出重庆目前所具有的都市雏形，是在战时人力、物力、财力极度困难的情况下，在空袭威胁下的建设，大多是草率行事。他指出重庆市有 4 个方面的重大问题：①缺乏交通干道系统的联系进而造成对工商业发展的阻碍；②房屋过于密集，且因随地临时建造而简陋凌乱，对于土地利用和

---

[1] 朱家骅，《新重庆建设与新时代》，《新重庆》，1947，第 1 卷第 3 期，18 页。

图 9.14　1946 年抗战结束后的重庆城市鸟瞰

（资料来源：过志杰，《生活》，1946，第 2 期，17 页）

市容皆有大害；③因人口大量汇集和缺乏应有的下水道等工程，导致环境卫生问题极为严重；④水电、轮渡、公共汽车等公共交通供不应求，其他如图书馆、博物馆、体育场等影响市民精神生活的设施或缺失或极为简陋。他提出建设的几个方面：①建设两江大桥；②结合地形等实际情况，建设道路系统；③结合人口与地形状况，进行都市分区并制订建筑计划和取缔法规，实施营建管理；④完善与市民福利设施相关的公用与公共事业；⑤由于战争的阴影仍在，提出新重庆的城市建设要符合国防建设需要。[1]

傅光培在 1947 年《新重庆》的创刊号中讨论了重庆市的财政与建设问题。他谈到财政为一切建设的基础。为了新重庆的建设，市政府通过设立市立银行、整理财政来增加市财政收入。整理财政包括增加税收、节省经费和统筹分配 3 个方面，并试图在财、人、事三方面达到平衡。在 1946 年 7 月中央与地方财政划分拟定后，重庆获得一些新增税目而收入略有增加，但却伴随着国家财政补助的减少。傅光培谈到由于重庆市处于地区性交易枢纽而有其课税的优越性，进而可以促进建设事业。他也谈到十年建设计划草案的基本构成和执行情况。"计划"是在成立陪都建设计划委员会后，聘请数十位国内外专家，在各种困难条件下，经过近 3 个月的研讨和工作后提出，包括了"总论、人口分布、工商分析、土地区划、绿地系统、卫星市镇、交通系统、港务设备、公共建筑、居室规划、卫生设施、公用设备、市容整理、教育文化、社会事业、计划实施"十六章 [2]。计划制订后的一年间，

[1] 唐鸿烈，《建设新重庆之途径》，《报报》，1946，第 2 卷第 2 期，36-38 页。
[2] 《新重庆》创刊号中有报道，1946 年 5 月，美籍都市计划专家戈登偕同内政部司长哈雄文来重庆，协助重庆的建设计划。国府路及岳军路的示范新村出自戈登之手。根据黄宝勋的说法，5 月《陪都建设计划草案》已经完成，戈登与哈雄文的来临，很可能只是增加了该草案名义上的科学性和权威性，并无实质上的大改进。重庆都市计划委员会在 1947 年的《新重庆》第三期发表了《重庆市十年建设计划述略》，可供参考。

按计划推进了三大工程的初步建设，即北区干线、下水道工程和两江大桥。最后他认为"在市库绝顶空虚、社会经济千疮百孔中，已经殚精竭虑、悉力以赴了。年来路政、水电、交通的成果，已经具体而微的昭示十年建设计画的实现并非美丽的远景，只要加强此后的努力，粹励奋发……建设新重庆是必成的。重庆这城市，无需费辞，她已经有独特的画时代的意义包含其中"[1]。

在这一刊中，黎宁和吴人初分别讨论城市土地重划的重要性以及新重庆可能的土地重划方案。黎宁谈到，中国向来缺乏有工业基础的大都市；中国的都市是有一些中国小商人的聚集，经历时间便形成占用土地形状大小不一的参差状况，进而影响到建筑布局、道路交通路线和公共卫生。他引用了刚刚通过的土地政策纲领中关于土地重划或国有的内容，认为国家政策的执行需要时间，目前应先实行土地重划。他提出土地重划能够提高城市的经济效能、地价，避免城市改造时的损失以及补贴市政建设经费；最后，通过土地重划达到市地国有的目的。他以北区干道为例尝试土地重划，认为"如无土地重划之科学手段，则不能将征收土地加以利用或集中，更不能使土地整齐划一。属于政府之原有堤塘街道等公地，亦无法利用。政府虽投巨资以开辟市区，地权所有者虽愿意缴纳巨额之收益费，自市政计划之得失言，政府无利益，而人民亦无利益，因无土地重划，即无法增加区域效能也"[2]。吴人初则谈到了要通过土地权属调整，防止出现少数人的土地垄断。他谈到随着重庆日趋成为地区交通与商业中心，"为一般土地投机者所逐鹿，地价之高涨，

[1] 傅光培，《重庆建设的新阶段》，《新重庆》，1947，创刊号，67页。傅光培时任重庆市府会计长。
[2] 黎宁，《论土地重划并试划重庆北区干道》，《新重庆》，1947，创刊号，14页。黎宁在《新重庆》的第三期还发表了《重庆市北区干路之区域划分》一文。

不特无可避免，其高涨之比率，亦难想像。如何免除此少数人之集中土地，造成垄断局面，如何实现国父平均地权之旨，而消弭'土地恐慌'，实应及早筹维，预为防止。因此市地私有面积应加以限制，并应规定私有土地面积之最高额，凡超过最高额者，将其额外土地出售，或由政府征购，同时采用累进制以征其地价税或土地增值税"[1]。他还谈到重庆市的土地登记。登记是土地的确权，也是土地重划前的必要。

黄宝勋在 1947、1948 年的《新重庆》上讨论了重庆的市政建设计划和年度的工作（表 9.7，表 9.8）。黄宝勋在归纳 1947—1948 年的市政建设工作中谈道："重庆市开始实施十年建设计划，于三十六年度开始。从三十五年五月起，建设计划草案完成以后，随即付诸实施，因当时大局未获安定、物价上涨、市库支绌，虽难按照计画中预定的步骤迈进，但仍能择其重要而需要甚急的几样工作，以大无畏的精神，坚忍的毅力，在艰苦中推动。……上半年的成绩，虽然未能尽如理想，但是我们却已收获到：一，市民已渐渐能认识建设之重要性，阻力渐减；二，已经树立下大事业开端的良好基础；三，政府逐步获到威信，为市民求福利的实干精神，已得到一般的了解，助力渐增……经济拮据的情形，当然还在加重，而选政、役政、粮政以及学潮、工潮、金融的不稳定，在在增加了政府的烦扰。但当局者仍然能以'在安定中求进步''以进步保障安定'的政策下，勇往直前。"[2]

---

[1] 吴人初，《重庆市土地之利用》，《新重庆》，1947，创刊号，15 页。
[2] 黄宝勋，《一年来之重庆市政》，《新重庆》，1948，第 2 卷第 1 期，45 页。

图9.15  抗战胜利纪功碑

（资料来源：《新重庆》，1947，创刊号，6页）

**表 9.7　1946 年的重庆市政建设项目**

| | |
|---|---|
| 1 | 北区干路及沿线之土地重划（图 9.16） |
| 2 | 无轨电车（从北区干路经国府路、中山路、较场口、林森路至南区马路） |
| 3 | 全市干道之改建 |
| 4 | 中正医院（在美使馆旧址改建） |
| 5 | 抗战胜利纪功碑（图 9.15） |
| 6 | 通远门隧道（中一路通和平路）（图 9.16） |
| 7 | 中正大桥（东水门至南岸龙门浩）（图 9.16） |
| 8 | 下水道工程（首先一至七区）（图 9.16） |
| 9—15 | 市民住宅、石板坡火巷、林森路翻修、城区环境电话、煤气厂、大阳沟菜市场、联合汽车站 |

（资料来源：根据黄宝勋，《重庆市建设计划与实施》，《新重庆》，1947，创刊号，49-54 页）

**表 9.8　1947 年的重庆市政建设项目**

| | |
|---|---|
| 1 | 和平隧道（即 1946 年提出的通远门隧道），于 1947 年 7 月 18 日通车 |
| 2 | 岳军路，即北区干路；于 1947 年 7 月完成西段工程 |
| 3 | 菜珊路，1946 年 10 月完成 |
| 4 | 沧白路 |
| 5 | 神飞路（由中一支路经神仙洞街、飞来寺两路口） |
| 6 | 路面翻修与路面拓宽 |
| 7 | 下水道工程；已经完成二十公里 |
| 8 | 抗战胜利纪功碑；八月即可完工 |
| 9—15 | 公用事业（水电、公共汽车及轮渡） |

（资料来源：根据黄宝勋，《重庆市的新建设》，《新重庆》，1947，第 1 卷第 3 期，57-58 页）

　　张笃伦时期的市政计划与建设，开始于充满新希望的计划，却执行于困难万端的状况。由于《陪都十年建设计划草案》的拟定，几个重大项目已经进入实际操作和建设阶段，并先后完成了北区干道、都市下水道、和平路隧道等重要建设和一些局部路段的沟通。此时的讨论涉及都市财政、都市土地重划、都市土地的确权、区域与城市关联、建筑的现代化等核心问题。由于都市化引起的都市土地和住房价格的急速上涨问题，进而导致少数人的土地垄断和社会的高度分异已经为政府和专业人士所注意——他们是在孙文都市土地"涨价归公"的要旨下的思考和实践。

重慶新建設——橋

跨越其江中之正大橋
（假圖）↑

↑北區幹線直通橋道郊京之一堝

重慶新建設——路

（左上內）道郊築栗士煤區乐那

北區幹郊↑

道建門都平開築道入口↓

人行道↓

道建門都平開築道口↓

重慶新建設——下水道

← 三孔方溝（混凝土溝渠）未加蓋形狀
↓ 沙市卿下水道施工情況

← 三孔方溝轉彎處修建之中形狀
↓ 大孤嘴三孔方溝加蓋後完成散步道（附近即牛佳區）

图9.16　1947年的重庆新建设：计划中的桥、北区干道、和平隧道和下水道工程

（资料来源：重庆新建设，《新重庆》，1947，第1卷第3期，6-8页）

## 9.3 范型转换：现代化的困境与城市的遗产

    20世纪20年代到40年代末的重庆城市，处在社会与国家大转型，在"农业社会"向"工业社会"转变的大格局中，从"王朝"向"民族国家"转变的过程中。这是一个"范型"的转换过程，不能脱离这一大背景来讨论重庆城市的现代化。无论是清末西方资本主义国家的入侵，还是日本的入侵，都是已经进入工业社会的国家试图重新调整前工业社会时期的国际、地区政治和经济结构的过程。重庆在清末被迫开埠，从法律意义上接受了这一进程。对于四川的社会而言，同样处在这一同构异型的转变过程中，要从小农社会转向现代社会。从清末民初开始，便日趋浮现了新、旧(新社会阶层与旧社会阶层、新产业与旧行业等)间的激烈冲突。从民国初年到1933年四川境内大大小小的四百多场战争，既是中国境内北洋政府与国民政府斗争在内陆的延伸，也是本身内部社会结构的调整过程，加上"防区制"的特殊安排。

    残酷的军事战争是"范型"转换过程的一种表征。20世纪20年代到40年代的重庆城市建设，深陷战争与现代化之间冲突的困境。在第一个15年中，重庆处在四川地区内部持续不断的战争与自身发展的矛盾中。战争胜败的决定性因素之一在于财政状况。"防区制"的做法，使得各军阀就地收税，极力剥夺地方的劳动剩余。但农业能够提供的税赋是相对的定额，它不能化明天的预期收益为今天所用——尽管有些军阀已经荒唐地将田赋收取到20世纪50年代以后。可以说，以农业为主要税种，是旧式的税赋方式。

    刘湘在1927年将其军事和行政机构迁移到重庆的主要考虑，除了重庆能够扼制进、出川的咽喉外，最重要的一点，是重庆能够生产出金融、商贸的巨大潜力税收，能够化远期收益为当下所使用。刘湘也的确在刘航琛等的辅佐下达到了这一目的。但金融、商贸以及工业的发展需要新空间，需要不同于传统农业社会生产出来的空间，这就是商埠和新城市。需要通过商埠和城市的建设，来促进人员、物资、信息的流动，加速流动性、降低各种交易成本，形成资本生产与再生产的循环。因此，经营战争与经营城市处在辩证关系之中：战争需要城市市政的发展，来吸引和促进资本积累，却本身要吸取和消耗大量资本，留给城市建设的资金十分有限却又不可不为之。20 世纪 20 年代初到 1935 年前的重庆就是这样的状况。特别是 1927 年刘湘初步控制川东后，他需要以重庆为主要基地，生产出一个金融和商贸的财团（尽管随着战争的胜利，防区扩大使得田赋仍然占有相当比重），以缓急相济，来支持他打赢战争，但潘文华能够支用的市政经费十分有限。从 1927 年记录其详细市政工作的《重庆商埠督办月刊》中看，他既缺少专有的税务机构，也较难以获得新税种来支持新的建设；往往只能就一事一议，通过附加税的方式等获得经费。在杨森处，他通过调动军队、化兵为工，以减少资本消耗的同时，希望通过国际贷款和华侨捐资来实现重大项目的建设。

1935 年以后的状况，逐渐使得重庆处于全国的政治、经济和文化中心，是康心如指出的，整个大后方的重心，数千年来重庆历史上空前未有的特殊状况。此时重庆市政发展的困境，不再是地区战争对于地方剩余的吸取，而是受制于民族国家间的战争，对于全国经济剩余的吸取和消耗，重庆不能置身其外。更加特别的是，重庆不仅不能置身其外，还要在短时接纳西迁而来的大量人口、物资、产业。此时的重庆既无足够的市政经费，还必须在仓促间建设，苦心经营以应对战时问题和满足战时需要。

对 20 世纪上半叶重庆市政建设的历史回顾，可获得以下几个方面的推论。

第一，从 20 世纪 20 年代到 40 年代末，对于重庆商埠、城市问题的认知和应对策略，已经从地方的特殊性向着普遍性和一般性转移。早期市政关注地方具体的物质建设，比如刘湘在 1921 年的发言中，认为重庆商埠的市政即是建设马路、水道、船坞；到了康心如时期，便议到行政分区、通过市营企业和金融来生产市财政；孔—吴到张—周时期，人口与产业的分析与预测、都市分区、外部交通关联和网络、绿地系统、住房问题、卫星城镇、公共卫生、基础设施与文化设施等现代都市的一般性问题已经成为普遍性的讨论议题。地方城市的发展越来越受制于一套现代城市发展的"基本语法"，被迫用一套更加理性的、促进经济效益导向的空间语法来进行城市的计划与建设。

第二，历史过程中市政计划与建设从基本物质工程导向向着社会建设转化，同时却又向着科学化和专科化方向转化，这是一个在广度和深度同时转化的过程。沈怡曾经指出："今人每误以为市政工程即是市政，实属大谬。此种错误观念，若不设法纠正，则此后办理市政之人，将日惟以拆屋筑路为能事，而不知其他。至于社会之是否安宁，人民之是否乐业，俱非表面所能得见，谁复过而问焉。"[1] 市政即市之政，市之建设与运营，是市的整体发展而非局部的物质建设。它需要启发于观念的改变，启动于基本物质工程，如 1921 年杨森时期开始开辟新区、建设马路、整理市容等。但它的目的是要改变整体结构，不仅仅是物质的结构，更是社会的结构和观念形态，它要创造出一个新世界，为现代市民提供一个美好的新世界。

[1] 沈怡，《市政工程概论》，上海：商务印书馆，1931，76 页。

1927年开始的潘文华时期，已经有商埠参议会；潘文华需要通过商埠参议会来确认或者追认某项税收的合理化；1939年以康心如为首的临时参议会更是促进了重庆的市政建设，起到了一定的参与和监督市政的作用。事情发展的另外一个方向是科学化和专业化。1921年，杨森的市政机构组织是粗犷简单的；在知识和技术方面，特别需要借助美国、德国工程师来完成科学勘测和设计的工作；到了后一个15年，特别是陪都时期，市政机构的组成繁复而分工明确，也有相当数量留学欧美的专业人员主管、主持具体的行政、技术工作。孔祥熙在《市政评论》的"陪都建设专刊"上已经将人群分为"市政专家"和"工程专家"。这一过程，既是社会分工深化的必然，也出现了因分工带来的对于世界理解的局部化、出现对于市政的如沈怡指出的"大谬"理解。市政建设被狭隘地认为是市政的物质建设工程，更随着市政组织的完善和官僚化、市政法规体系的繁复化而忘却市政初发时的理想和灵光，掉入常规工作的操作。

第三，"道路交通"始终是贯穿30年间重庆市政建设最基本的问题。尽管历史过程中"城头变幻大王旗"，政权不断更迭，屡次提出的建设计划方案却无一不是对重庆商埠、城市交通的改进，包括陆路机动交通、水路交通与码头、两江大桥、隧道、街道等。另外，早在20世纪20年代就已经启动地区性的交通网络建设。刘湘试图沟通川内各大城市间的机动交通，特别是成都和重庆间的交通路线；到了20世纪40年代，区域性交通与城市交通之间的关系更受重视，政治家、市政专家和技术专家越来越意识到区域的交通结构作为一种外部性力量对地方城市发展的支配性作用。地方城市的内部交通结构调整，需要与区域性的结构配合起来。重庆具有良好的区位，使其成为地区的经济、商贸中心

（这是它长期的定位，陪都是特殊阶段的状况）。但由于重庆复杂的地理条件，坐落于山地和两江环抱处，使得其在财政支绌和技术不发达的状况下，建设的展开极为困难。它也因此并不能获得如大多数平原地区的城市那样整齐划一的市容（作为现代的一种表征）。克服地理复杂性带来的交通建设困难始终是重庆市政发展过程中的核心问题之一；然而却在某种程度上，成为重庆城市视觉身份特征的一个突出要素。

最后一方面，重庆的行政地位与市政建设紧密相关，它在很大程度上决定地方政府的管辖空间、财政来源、行政机构规模等，进而支配了市政建设。杨森时期的重庆商埠，是分裂和动荡中四川的一个治点；彼时的四川状况，按照蒋廷黻的说法，是由一群不能左右国家大局的军阀构成，四川也因之不能成为国家战略格局的一部分。重庆商埠也因之不能获得国家、四川省的政策与经济资源。市政行政组织简陋，需要依靠重庆商会的协助，市政建设十分有限。潘文华时期的商埠和市，情况也差去不远，虽然重庆在 1929 年获国民政府认可，正式建市，却仍然是分裂中的四川的一个城市而已。从商埠到建市，潘文华日渐完善了市政组织机构，但困顿于财政支绌。他的管辖范围也仅限制在老城，以及通远门外开辟的新区和两江长下游的少许地区。此时的省、市、县划界仍然不明确并充满了矛盾冲突和博弈。1939 年被确定直辖市后，乃至 1940 年的陪都后，重庆获得了前所未有的发展空间。之前与省、县之间的矛盾冲突被这一提升行政级别的合法性所消解或削弱，市辖范围从原先的 12 万亩增加到 43 万亩，市行政组织大大扩充，市财政得到来自国民政府的政策和经费支持，虽然伴随着畸形城市化带来的头绪万端的复杂社会问题（特别包括粮食、住房和公共卫生问题）。1945 年抗战结束后，国民政府回迁南京，重庆很快由战时的国家政治、经济和文化中心回落到地区的经济中心；国家财政补贴剧减，陪都建设计划委员会被要求改名为重庆建设计划委员会。也就是说，重庆的城市建设和现代化进程，不仅是自身发展的结果，更与四川省，特别与国家、与国民政府之间的关系紧密相关。这是一个辩证的过程。一个城市能够在国家和地区层级体系中占有什么样的位置，与历史过程中自身条件有关；而地方的发展却又越来越依赖于日趋结构化的国家和地区层级体系。

这些方面既是重庆城市现代化过程中遭遇的状况与发展中的问题与困境，也可以说是 20 世纪上半叶重庆城的重要历史遗产。它不仅留下来一座实体的城，一座经历屡次川内战争和被日军狂轰滥炸后依然屹立的城，它更留下了看不见的、潜藏在物体的城内的各种错综复杂关联的生产和社会关系。这种错综复杂总体是趋向现代化的。它越来越受制于现代城市发展的一般性问题，用理性方法和手段来应对地方的情况；市政建设正经历着更深化的社会分工，这既促进了社会的生产，也同时带来社会生产要素间的隔阂；区域和城市内部的道路交通都亟待建设；它如何才能在国家战略格局中占有一席之地甚至是重要的地位呢？它正在经历着从小农社会的一个府级治所，向现代社会的地区商贸、政治中心的转变；它正经历着现代化的过程，城市化的过程。然而这一现代化和城市化却缺乏工业化的基础，陪都的辉煌只是短暂的、光亮的一瞬，地区的商贸中心长期以来一直都是它的角色。然而，这一角色和定位将在新的历史时期发生改变。

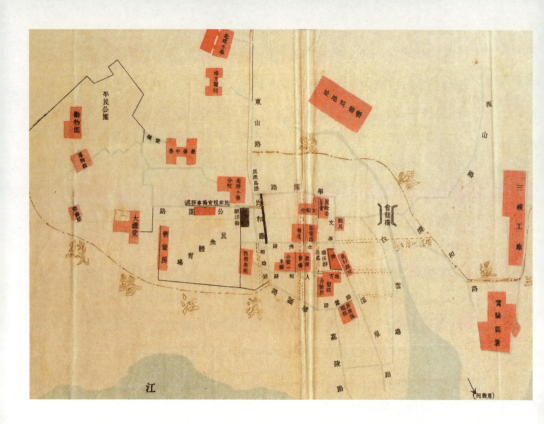

**10**

## "建设"作为关键词：
## 卢作孚与重庆早期现代化<sup>[1]</sup>

[1] 20 世纪 20—40 年代卢作孚经营的北碚在行政区划上属于巴县，不属于彼时的重庆市。此处指的重庆是文化意义上的重庆，非行政辖区的重庆。原文发表在：杨宇振，《卢作孚的城镇建设实践和思想初探——一份近代城市史视野中的历史人物研究简报》，《华中建筑》，2000，第 12 期，135-138 页，有较大增补。

近代中国城市的发展有外来因素，也有处于当时境地的国人的自觉努力，是作用力与反作用力共同作用的结果。但长期以来，学术研究偏重于外力的影响，而对于国人如何根据时局，因势利导，创造性地建设地方城市着墨甚少。"中国近代化文明不全是来自西方"，"中国城市的近代化不能只视为欧风美雨孵化的结果，还要看到中国人为适应新局面而所做的近代化努力"[1]。有必要重新认识早期现代中国探索国家尤其是地方发展和建设之路的前贤们，研究、分析、总结、借鉴他们的努力；从早年注重斗争向注重建设、从史实描述向历史事件的关联追问、从简单的阶级或者阶层划分认识向注重地方精英的能动作用拓展，进而进一步推进中国城市发展史的研究，使之更具人文价值。

卢作孚先生是这一个时期的杰出代表（图 10.1）。他在中国的内陆腹地，用 10 年左右的时间里彻底改变了重庆北碚的城镇景观与人民面貌；在 20 年左右的时间内，创造了一支破浪长江的船队、一个提供近万个工作岗位的公司。他是如何改造城镇的？

---

[1] 隗瀛涛主编，《近代重庆城市史》，成都：四川大学出版社，1991，9-10 页。

图 10.1  卢作孚先生（1893—1952）

（资料来源：《国营招商局七十五周年纪念刊》，
1947，纪念刊，第 1 页）

他是如何经营实业的？研究重庆、四川乃至中国城市的早期现代
化，缺失卢作孚先生、缺失了他着力经营的民生公司和著名的北
碚城镇，就等于缺少精彩的一章。回顾和总结卢作孚先生的"城
市人文"建设思想和实践，对于今天中国城市的建设，尤其是西
部广大的内陆地区，有着十分深邃的现实价值。

## 10.1  民生公司与重庆北碚城镇现代化建设

卢作孚（1893—1952）是中国早期现代著名的实业家，是具
有现代意识的爱国知识分子和社会建设健将；曾经与"张之洞、
张謇、范旭东"一起被毛泽东誉为中国近代民族工业不能忘记的

人[1]。其一生变换过多种社会角色，有过许多的实业经营，但最为成功和对社会影响、贡献最大的是其苦心经营的民生公司和北碚建设。

### 10.1.1　沟通川江与重庆早期现代化

1921 年在《交通公报》上有一则报道"国内要闻：各国竞争长江上游之航"，谈到从宜昌到重庆的路线日益成为外商竞争的对象，"惜国人之资本家多投资于虚空事业而不注重于此。固有利益坐令外人之代谋可慨焉夫"[2]。在 1924 年《交通公报》还有一次长江上游航线的调查，谈道："扬子江上游之宜昌城区在前二年外商尤不重视川汉交通。其时民船多而江轮少，外轮更以渝宜江流之湍激，航驶至为危险，故类皆视为畏途……当时船少货拥，轮脚价大……区区数百里江流，其运费较之输往欧美各国尤巨数倍。营业之佳，不特在国内航路上占第一，即世界任何航路，亦无此种运率也。职是之故，自去岁起在华各国航商逐纷纷投资经营。"[3]（表 10.1）但 1925 年"五卅惨案"后，外轮逐渐减少。"十年以来，华商公司迭受军事拉用影响，损失极钜，如川江公司等即因此负债，以致停业。截至民国二十年止，华商公司之有起色者，仅民生公司而已。"[4]

民生公司始创于 1925 年，第一艘"民生"号轮船吨位仅 70 吨（可与表 10.1 中各国及华商运营的轮船吨位比对）。历经十多年的用心经营，到 1937 年抗战前夕，民生公司的轮船承担了长江上游支配性份额的运输业务，航线延伸到上海，并在宜昌、汉口、

[1] 凌耀伦，《加强对卢作孚的思想研究——对卢作孚主要思想观点的介绍与评述》，载于凌耀伦、周永林编《卢作孚研究文集》，北京：北京大学出版社，2000，1 页。
[2]《交通公报》，1921，第 57 期，116 页。
[3]《交通公报》，1924，第 529 期，7 页。
[4] 重庆中国银行编，《重庆经济概况》，重庆：重庆中国银行，1934，148-149 页。

九江、南京、上海等地设立了分公司或办事处。长期以来,对于"民生实业"的研究大多停留在卢作孚杰出的经营管理思想和实业公司的发展历程上。这当然是不可或缺的,但在卢作孚看来也许不是最为重要的内容。民生公司的历史价值和作用应该从当时中国的时局和四川的状况来重新审视。

表 10.1　1924 年长江上游的航轮

| 船　名 | 船　旗 | 注册吨 | 级　别 | 经理公司 | 各国共吨位数 |
|---|---|---|---|---|---|
| 安澜 | 英国 | 1 421 | 甲级 | 亚细亚洋行 | |
| 万县 | 英国 | 1 100 | 甲级 | 太古公司 | |
| 福和 | 英国 | 500 | 甲级 | 怡和洋行 | |
| 昌和 | 英国 | 690 | 甲级 | 怡和洋行 | 4 822 |
| 隆茂 | 英国 | 671 | 甲级 | 隆茂洋行 | |
| 蜀通 | 英国 | 220 | 乙级 | 隆茂洋行 | |
| 庆和 | 英国 | 220 | 乙级 | 怡和洋行 | |
| 大来喜 | 美国 | 563 | 甲级 | 大来洋行 | |
| 美仁 | 美国 | 475 | 甲级 | 美顺公司 | 1 727 |
| 大来游 | 美国 | 328 | 甲级 | 大来洋行 | |
| 美川 | 美国 | 361 | 乙级 | 美孚洋行 | |
| 江庆 | 法国 | 576 | 甲级 | 招商局 | |
| 新蜀通 | 法国 | 360 | 甲级 | 聚福公司 | |
| 吉庆 | 法国 | 366 | 甲级 | A.Chiris | 2 330 |
| 新山东 | 法国 | 563 | 甲级 | A.Chiris | |
| 蜀享 | 法国 | 465 | 甲级 | A.Chiris | |
| 云阳丸 | 日本 | 1 025 | 甲级 | 日清公司 | |
| 宣仁 | 日本 | 516 | | | |
| 明德 | 日本 | 516 | | | 2 835 |
| 宜阳丸 | 日本 | 516 | 甲级 | 日清公司 | |
| 德阳丸 | 日本 | 262 | 乙级 | 日清公司 | |
| 孚昌 | 意大利 | 136 | 乙级 | 聚福公司 | 136 |
| 夔明 | 中国 | 161 | 乙级 | 大来经理 | 333 |
| 字水 | 中国 | 172 | 乙级 | 大来经理 | |

（资料来源:《调查:长江上游航业之竞争(续)》(附表),《交通公报》,1924,第 530 期,6-8 页)

1927—1937 年这 10 年左右的时间是早期现代中国特殊的发展时期。经过 1926—1928 年的北伐战争,军阀割据初步结束,1928 年国民政府得到国际社会承认,中国实现了名义上的统一。四川之形势与全国有着类似之处。1926 年后,刘湘初步控制了四川的大部分地区,因"防区制"而四分五裂的四川始有可能趋向统一。这近十年是重庆城市以刘湘为代表的执政军人与以卢作孚为代表的城市绅商积极合作、实现地方自治的时期；城市的地域空间结构、经济结构和社会结构都产生诸多变化。因为区位、交通条件以及时局等因素，此时的四川甚少为外省人士所认知。当时四川远离中国政治、经济、文化中心，既无铁路也无与外省连接之完整公路，主要的联系通道就是长江水道。然而长江中之川江段又江流激涌、暗礁四布，造成了入川的"难于上青天"。"有一个'异乡'在现在底中国祕密地存在着。这个'异乡'就是僻处西南底四川。""外省人士，不有认为四川是文化落后，野蛮混乱的么？外省人士，不有认为四川是崎岖阻险，神秘难知的么？"[1]

　　传统四川地域文化的独特性加上信息的闭塞也造成了川人缺乏全国视野。四川的战局混乱和缺乏在全国战略的重要性也是造成其"国中之异乡"的重要因素。上海《大公报》称四川为"魔窟"。同时，偏僻而分裂的四川对逐鹿中原的南北军阀缺乏足够的战略意义，甚少进入"中央政府"关注的视野。这种情形直到日军入侵，四川成为战争大后方，其重要性才急剧凸显出来。

　　卢作孚认识到建设四川必须让国人认识四川，帮助四川；让川人了解外面世界发生的事情，利用时局状况解决自己的问题。其中首要的就是建设交通事业。根据四川的地方特点，卢作孚选择了以长江为依托的、航运为主的交通事业。处于 20 世纪二三十年代民族主义大背景中，卢作孚在刘湘为主的大军阀和大财团支持下，应用其经营和管理才能，逐渐控制了川江的大部分航运，同时将业务延续至武汉、上海等地，沟通了长江

---

[1] 参见王宜昌，《关于国立成都大学》，《成都大学旅沪同学会会刊》，1930，第 1 期，1 页。

沿岸城市、城镇的经济、文化往来，促进了这些城市的早期现代化发展。"战前自沪欲赴四川各地，或转往西南者均由轮船溯长江，先经夔府，或万县，终点为重庆，而再分途，绝少经西南以行者。轮船公司往来船只，以川人卢作孚（四川省委）所办民生公司为最多。"[1] 其中，自然以地处内陆又居水道枢纽的重庆城市获益最多，颇受以上海为主的东部城市影响。以城市建设为例，20世纪二三十年代重庆商埠督办公署曾委任市政特派员"弛赴长江一带各大都市，详纲调查市政之建设及其发展，随时汇报回署，籍资借镜"[2]。

认识卢作孚在中国早期现代化的作用必须重新审视民生轮船公司沟通长江对沿江城市发展的重要意义，对促进区域城市化和城市的早期现代化起到的客观作用。对于近代重庆，航运业始终是重庆交通中心的主体；重庆的早期现代化和城市化过程是伴随着其在区域经济、交通的重要性日深而进行的。可以说，没有近代交通事业发展和交通中心的形成，就没有重庆城市的近代化。民生公司的壮大和发展是重庆城市早期现代化不可忽视的重要因素。

另外，假如没有卢作孚和民生公司，时代的发展可能会产生另一个长江上的"轮船大王"，但卢作孚的独特之处在于他作为一个实业家对"国家现代化"的理解和实践[3]。"现代的物质建设"和"现代的社会组织"是卢作孚"国家现代化"思想的核心内容。

---

[1] 高绍聪，《重庆琐记》，载于陈雪春编，《山城晓雾》，天津：百花文艺出版社，2003，120页。
[2] 《重庆商埠督办公署月刊》，1927，第7期。
[3] 凌耀伦认为，卢作孚是中国实业家中明确提出现代化思想的第一人。参见凌耀伦，《卢作孚与民生公司》，成都：四川大学出版社，1987。

卢作孚认为，中国的弱点只在没有走入现代，没有完成现代的物质建设，没有完成现代的社会组织，没有运用现代的科学方法去完成物质建设和社会组织。他认为政治应以建设为中心，建设则应以生产为中心（图 10.2）。关于这两方面已经有部分文章着重论述，在此不重复再议。一个实业家具有开阔的国家视野、具有完整的国家建设的理论建构和实践，同时具有强烈的爱国主义情怀，事实上这已经完全超越一个普通意义上的实业家。抗日战争爆发后，卢作孚告诉民生公司职工国家对外战争开始了，民生公司的任务也就开始了，民生公司应首先动员起来参加战争！被平民教育家晏阳初称之为"中国实业上敦刻尔克"的"1938 年宜昌大撤退"一方面体现了卢作孚如何受命于国家危难之时，以超人的管理和创造才能，成功地保存了全中国的兵工工业、航空工业、重工业、轻工业的生命以及数以万计的人员，为抗战后方，尤其是为在重庆建立起新的工业基地起到了极为重要的作用；另一方面，更是显示出卢作孚利用水上运输帮助国家和社会的爱国主义情怀。

## 10.1.2　重庆北碚城镇的"现代化"建设

北碚处于嘉陵江下游巴县、江北、璧山、合川四县的交界处，距重庆大约 60 公里，是卢作孚在 20 世纪 20 年代初任江巴璧合四县峡防局局长时开始"乡村现代化"的实验场所（图 10.3），是卢作孚"准备将那一个区域布置经营成一个现代乡镇的模型"[1]的典型代表。图 10.4 是 1941 年《北碚月刊》上刊载的街市改建图。北碚"数载经营，成绩斐然……境内鸡犬相闻，筑苞松茂，

[1] 卢作孚对于建立民生公司的初衷与总结。参见卢作孚：《一桩惨淡经营的事业——记民生实业公司》，载于《文史资料选辑》136 辑，17 页。

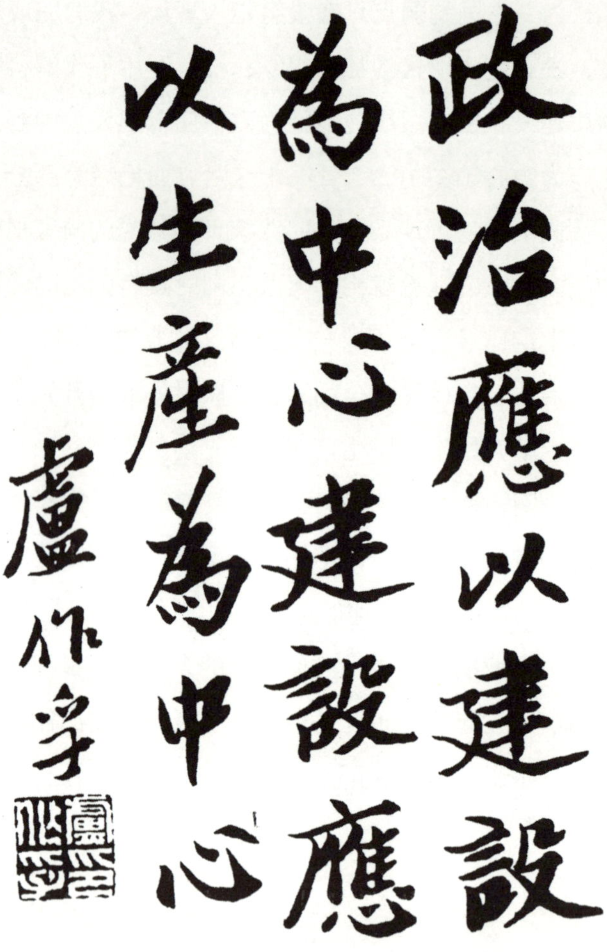

政治應以建設為中心
建設應以生產為中心

盧作孚

图 10.2　卢作孚题字："政治应以建设为中心，建设应以生产为中心"[1]

（资料来源：《四川县训》，1935，第 2 卷第 8 期，1 页）

---

[1] 时卢作孚任四川省建设厅厅长。

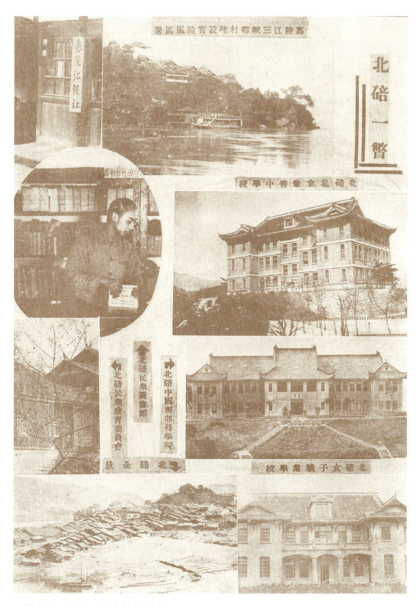

图 10.3　嘉陵江三峡乡村建设实验区

（资料来源：《工作月刊》，1936，第 1 卷第 1 期，1 页）

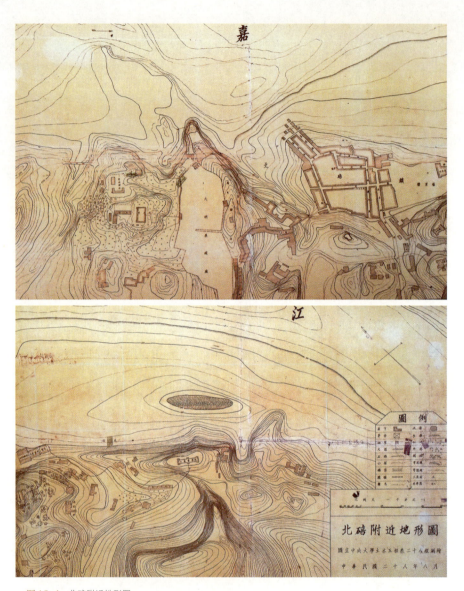

图 10.4　北碚附近地形图

（注：局部，1939 年。）

人民熙熙攘攘，衣食丰裕，《大公报》誉之为魔窟桃源，实无愧色。纷乱之川局，乃有此另一天地，讵吾人意料所及哉"[1]。到了1944年，美国《亚洲与美洲》（*Asia and America's*）杂志刊登了一篇《卢作孚与他的长江船队》的文章，认为北碚是"平地涌现出来的现代化市镇"，称赞"北碚现在有了博物馆和公园，有了公路和公共体育场，有了漂亮的图书馆和一些建设得很好的学校，还有一个非常现代化的城市市容。北碚是迄今为止中国城市规划最杰出的例子"[2]。这样的赞誉可能是在战时状况下的一种感受。但北碚的建设不仅是物质建设，它的社会、文化建设很可能给外来者留下了深刻的印象。它的物质建设是朴素、必要和促进社会和文化的发展的。

北碚建设的意义同样不仅在北碚自身。从全国层面上看，一方面，它是中国内陆地区早期现代化的典型模式，是中国人自主经营城镇的典型代表。刘湘参观北碚建设后感慨北碚处处体现了"我"的特色，而非照搬的现代化，并非"西洋式徒供消耗奢侈的洋八股"。另一方面，它是全国"乡村建设运动"的典范。20世纪二三十年代的中国，乡村运动如火如荼，一些有社会责任感的知识分子试图通过乡村建设试验，推广某些改良措施，改变农村破产的状况，其中著名的例子是晏阳初的河北定县、梁漱溟的山东邹平和卢作孚的四川北碚，其中又以北碚最具"工业化"和"现代化"之色彩。乡村建设运动是中国早期现代城市建设史不可或缺的内容，是中国人自觉探索国家发展道路的努力。

[1] 李鸿球参观北碚后留下的深刻印象，参见李鸿球，《巴蜀鸿爪录》，载于中国社会科学院近代史研究所编辑，《近代史资料》，总85号，北京：中国社会科学出版社，1994。
[2] T. H. Sun. Lu Tso-fu and His Yangtze Fleet. 《亚洲与美洲》（*Asia and Americas*）. June 1944. p. 248.

从区域层面上看，北碚的发展之路有别于重庆城市的发展模式。"北碚城市发展与重庆城市发展的差异很大……（北碚）制定的发展规划比较完备，城市拓展基本按规划逐步进行，整个城市的基础设施同城市的发展基本适应"[1]。这一点与重庆"因首都地位所发生之需要……种种进步，半由于自然发展，半由于因应战时之经营，皆非完整有系统计划之产物"，"发展局阻于半岛一隅，更以抗战其间，人口突增，国库支绌，因而一切设施，因陋就简，勉应急需。既乏通盘之发展筹措，遑论配合之计划实施，以致酿成现在之畸形状态"[2] 颇为不同。

重庆与北碚在人的精神面貌上也有很大不同。北碚以"人的训练"，创造了现代化的另一种模式。这种"北碚模式"区别于深受"上海模式"影响的"重庆模式"。"卢作孚在北碚的建设风格是独特的，尤其是他在20世纪30年代初引进沿海现代性要素的举措，颇具独创性。从这个意义上说，北碚的建设远远超越了乡村建设的内涵，成为研究内陆中国现代化的典型个案。"[3]

1932年卢作孚在上海中国银行有一次演讲，谈到他1926年以来的一些工作，可以看作其在这一现代化初发时期所做的工作和思考。之后他很快任四川省建设厅厅长、国民政府交通部次长、粮食部部长等职，进入了一个更广大和更复杂的社会关联和政治体系中。在这个简明扼要记录卢作孚演讲的"谈话录"中，称其为"现任民生实业公司总经理，川康殖边银行经理，创办实业甚多，为人朴实

---

[1] 重庆市地方志编撰委员会，《重庆市志》，成都：四川大学出版社，1992，736页。
[2] 参见1946年由陪都建设计划委员会制订的《陪都十年建设计划草案》中对于近代重庆城市的描述。
[3] 张瑾，《权力、冲突与变革——1926—1937年重庆城市现代化研究》，重庆：重庆出版社，2003，321页。

勤劳，有'四川省的甘地'之称"[1]。这一讲稿可以看成卢作孚对于这一时期工作的自我总结，"可知其目光心力之所萃注"。

卢作孚在演讲中谈道："大概自民国十五年以来，我在重庆和几个朋友，做过几件事情。在经营方面，办有川康殖边银行，另外还有一爿民生实业公司，内部办三种事业：①航业……②机器厂……③自来水及电灯厂……还有北碚铁路公司，设在长江上流，专以运煤为主。又在乡间北碚地方，办一小小的农村银行……另外还办一家小小的工厂。关于文化方面，办一中国西北科学院[2]，以调查农村生活为主，不在深切的研究，所以另外设立农产化验所及农场，并附设中小学校各一，其意义在培植科学和生产事业人才……另外再设立一个小小的医院……有一个温泉，在那边就开辟公园，供人游览。并设立一个小小的图书馆、小小的公共运动场和公共阅报社。从北碚到重庆，有一个乡村电话，此外还有乡村警察。因为在前几年，四川匪风甚炽，才组织一个机关，叫做峡防局，来办这件事情。差不多除了中国西北科学院之外，其余事情，都由这个峡防局办理的。"[3]

从卢作孚这个演讲中，可以看到其思考和实践的路径。这是一个在社会分工不发达的地方启动现代化的一种模型。首先是生产与经营；这需要办置生产企业群和银行。其次是文化事业，在于培养相关需要的现代劳动力。再次是休闲和积极性娱乐的场所。进而是与外部的关联及内部的管理。内部的管理当然不是最后的设置，却是重要的设置。如前卢作孚的题字，其政治的核心在于建设，在于生产。

[1]《谈话录（一）卢作孚君》，《中行生活》，1932，第1卷第3期，37页。
[2] 即中国西部科学院。
[3]《谈话录（一）卢作孚君》，《中行生活》，1932，第1卷第3期，37页。

## 10.2　卢作孚的城镇建设思想

1934 年卢作孚发表了《建设中国的困难所在及其必循的道路》一文，将其从 1926 年以来的实践进行了理论归纳。他提出小农中国社会的核心是以"家庭"为核心构成的集团生活，是以"家庭"为核心的竞争。当下巨大的困难，是要如何把这一种紧密的关系转换为适应现代生活的、人与人之间的新型的关系。他提出："我们要进入现代，不受现代的淘汰，一向的集团生活，即不能不有所转变，不能不有现代的集团组织。分析起来：不能不有现代的相互倚赖关系（生产的技能）；不能不有现代的比赛标准（事业的活动）；不能不有现代的道德条件（各负其责、各尽其能）；不能不有现代的训练，不能不训练个人去创造现代的社会环境，同时又不能不创造现代的社会环境去训练个人。这是当前根本的问题，任何事业不能避免。"[1] 进而他谈到了北碚实验和民生公司的实验，都是试图将以"家庭"为中心的组织转变为现代的集团组织的实践。

也就是说，卢作孚考虑将社会关系的转变作为建设民族国家的办法。但是旧式社会关系的转变，需要通过新的生产力来发生作用。这就需要通过建设现代产业，应用新的知识与技术，配合与新时期的休憩方式；需要将个体从家庭的集体方式中解脱出来，成为社会大生产的一员。而这一过程，需要实践的新空间。一种空间载于具体的实业，这就是现代航业作为主业的民生公司；另外的一种，则是承载更具多元社会内容的北碚。北碚此时仍然是巴县的一个乡村，但它很快因为卢作孚及其同事们的努力和实验，经由一条不同于重庆城区的现代化路径，

---

[1] 卢作孚,《建设中国的困难所在及其必循的道路》,《中行生活》, 1934, 第 29 期, 670 页。

转变成具有现代意义的小城镇。

范崇实[1]在阅读了卢作孚关于《建设中国的困难和路径》的文章后，写了一封信给卢作孚。信中谈道："你的论断，非常精当。我这两年亦是常常这样想着：的确，中国的问题，不是临时国家的存亡问题，而是根本上新的社会建设问题。如果新的社会建设不起，那末无论去学德模克拉西、法西士蒂，以及布尔雪维克[2]，都不会成功的。欧美的一切良法美意，典章制度一搬到中国来，就失其效力，而反为弊薮，是因为没有预先改良土壤的缘故一样。"[3]他接着谈道，要建设新社会，需要将家庭范围缩小；要提倡新的行为标准与道德准条；以及要有一群人或者多群的积极行动来发生影响——而民生公司和北碚的同仁就是这样的一群人。他希望有更多的这样的一群人，共同积极行动，多方提倡和响应，以建设新社会。

北碚中有着这样的一群人。北碚的发展在重庆早期城镇化过程中成为独具特色的另类，"并非照搬的现代化""洋八股"，这是与卢作孚深厚的"城市人文"建设思想紧密相关的。卢作孚从"化匪为民、寓工于兵"着手，以经济生产为前导，以人的训练、市民社会的维育为核心，以公共事业的建设为依托开始了北碚的全面经营。回顾、探讨、总结卢作孚的城市建设思想，对于重新认知政府在城市发展中的作用和导向、面对当前城市建设僵化而缺乏感性，以及营造地方特色的城镇等问题意义深远。

[1] 曾任国民革命军第二十一军政治部主任、四川善后督办公署驻京办事处主任等职。
[2] 即今日语言之民主、法西斯和布尔什维克。
[3] 范崇实，《响应（至卢作孚函）》，《新世界》，1934，第59期，70页。

## 10.2.1　持续学习并结合地方创造性地加以应用

1935 年卢作孚在上海图书学校有一次演讲。他谈到实践与思考及学习之间的关系。他认为需要抱着问题去学习，要结合问题去寻找可能的答案。他谈道："我们必须认识一个人作事之后，才可以运用思想，才能够发现问题。有了问题，自然要求解决，所谓求解决，即是求结果，这样才能使所学的合乎实用。假使无工作，当然就没有问题，没有问题，就没有方法。所以，也就不能切于实用。试看我国的留学生，虽则在外国读了许多的理论，但外国的各种好方法，还是不能拿来用。这是因为他们没有实地去作的缘故。"[1]

卢作孚要求青年第一要他们头脑有现代整个世界那样大，能在非常明了整个世界的状态下决定自己的办法；第二是要他们的问题至少有中国那样大；第三要他们在可能的范围内"创造一个现代的物质建设和社会组织"。事实上他自己也是如此实践的，北碚的城镇是其广阔视野中中国众多城市的建设经验与北碚地方实践相结合的产物。

1930 年卢作孚为谋求事业发展，本着"带着问题出去，求得答案回来"的目的，曾到华东、华北、东北等地考察。卢作孚每到一地，每接触一事、一物、一人，常把自己经营的事业的意义和目的，与全国的建设问题联系在一起。"根据卢作孚《东北游记》，'北碚模式'的源头应该是糅合了上海的现代工业技术，德国建设青岛的城市经验，日本建设大连的经验，以及张謇建设南通的经验。"[2]

---

[1] 滕大征，《卢作孚先生讲演记录》，《工读试刊》，1935，第 7 期，49 页。
[2] 张瑾，《权力、冲突与变革——1926—1937 年重庆城市现代化研究》，重庆：重庆出版社，2003，324 页。

对于地方的建设，卢作孚有十分明确的方向，即要把地方建设成"生产的区域、文化的区域和游览的区域"。但所有的生产事业、文化事业和游览区域的建设均是基于地方的资源、地方的实际情况而有序地展开，并非盲目地跟随东部发达地区。基于嘉陵江区域丰富的矿产资源而建设矿业和配套的北川铁路[1]；基于提高大众知识水平和地区生产的需求而建设兼善中学、图书馆、博物馆和中国西部科学院等；基于温泉寺特有的山水美景、历史遗迹而建设温泉公园等，无一不是建设一处、成就一处、为社会造福一处（图10.3）。

## 10.2.2 "物质建设"与"社会组织改造"并重

北碚初期的建设经费，也就是峡防局的经费来源大约有两个方面，一为二十一军军部的拨款，一为嘉陵江上来往船只的抽税。因此事业建设经常捉襟见肘，颇为困难。卢作孚深刻认识到峡防局事业终不能仰赖于人，生产事业是峡防局发展的根本。到了1933年，北碚已经有三峡染织厂、文笔坨自然电厂、盐井溪水门汀厂、洪济造水厂、嘉陵江宝源煤球厂、义瑞桐油公司、遐光油漆公司、北川民业铁路（图10.5）以及七大煤矿等众多企业。这些生产事业为北碚建设提供了牢靠的物质基础。

在注重"物质建设"的同时，卢作孚十分注意"社会组织的改造"，并不厚此薄彼，这一点值得今天的我们高度重视。从早年"化匪为民、寓工于兵"（图10.6）到后来"现代集团生活"的提倡，均是卢作孚着眼于社会组织改造的有效举措；同时，

---

[1] 北川铁路系四川第一条铁路。《江北建设特刊》上介绍守而慈"为丹麦人，民国十六年应北川铁路筹备处之聘，来川在县境内建筑北川铁路，已成三分之一，业经通车营业，实开四川铁路之先河，守君曾任胶济铁路总工程师，现年六十九岁，仍在北川公司服务"。见《江北建设特刊》，1934，9月，18页。

图 10.5　北川铁路工程师守而慈与北川铁路

（资料来源：《江北建设特刊》，1934，9月，18页；《川游所见》（三）《生产建设：北川铁路》，《申报月刊》，1935，第4卷第12期，1页；《长渝线经济调查附图：北川铁路》，《铁路月刊：平汉线》，1936，第80期，13页）

图 10.6　峡防局的"化匪为民、寓工于兵"

（资料来源：根据《中华（上海）》，1930，第 1 期，25 页整理）

他将两者紧密地结合起来，在物质建设中训练人的技能、开拓人的视野、改变人的观念，激发人们积极向上、乐于求知的精神面貌。"北碚归来，心理上只觉到一种轻松和愉快……整个北碚民众的情绪是沉着的、刚毅的。大家都分别站在自己的本位上，十二分努力地在工作。我们感觉到北碚是处处都透露着新生的光芒。"[1]——这无疑是巨大的成功。

### 10.2.3　大众教育与公众参与

北碚被誉为"迄今为止中国城市规划最杰出的例子"，我想不仅因为它合理的城镇布局、整洁美丽的街道，更在于它培育了一个"家园城镇"的观念，一个人们热爱、自觉维护自己生活的地方，一个人们以"家园"为自豪的观念。这种观念的取得是通

---

[1]1939 年 8 月 19 日的《中央日报》。

图 10.7 北碚的夏节

（资料来源：《工作月刊》，1936，第 1 卷第 2 期，1 页）

过"大众教育"和"公众参与"的办法。关于"大众教育"也有不少文章涉及，在此也不多议。需要着重指出的是卢作孚十分注意"家事、国事、天下事"的平民化宣传，借助《嘉陵江日报》等的简单文字、利用民生轮船公司沟通长江获得的信息、公司成员外出考察以及邀请著名社会人士来北碚演讲等多种渠道，促使北碚的人民获得从日常生活到世界大事的多维信息。这在闭塞的内陆地区尤其显得重要。

在城镇建设上，卢作孚"极为重视发动民众和组织民众的工作，让民众自己起来解决公共的问题……不但大众出力，大众出钱，而且是大众自己组织和领导。由这些公共活动而激发起大众管理公共事务的兴趣，训练大众管理公共事务的能力"[1]。北碚的平民公园和北碚市场的建设是"公众参与"两个典型例子。两件事都是深受民众欢迎的大事，也都是依靠民众自己的力量，以艰苦创业的精神办起来的。卢作孚在《四川嘉陵江三峡的乡村运动》一文中描绘了一幅地方人们建设家园的动人景象："筑堤的工人，加以每天数百市民在那里工作，欢呼歌唱，非常热闹。许多老人亦常在那里欣赏他们的工作。"[2]1937年北碚的夏节（端午节）更是体现了全民参与的向上的蓬勃精神（图 10.7）。公园、体育场、博物馆、图书馆、西部科学院以及领导机关等完全向人们开放；各种不同职业的人们在大街上宣传知识、提供帮助；嘉陵江两岸人山人海，龙舟赛鼓声正隆；可容纳两千多人的民众会堂中，川剧、京剧、歌舞、魔术、杂技令人眼花缭乱；夜间的体育场中，电影刚刚开始放映，间歇的时候，必有普及科学知识的幻灯片播放和讲解。

---

[1] 卢国纪，《我的父亲卢作孚》，成都：四川人民出版社，2003，137-138 页。
[2] 参见卢作孚对于北碚乡村运动的回忆。卢作孚，《四川嘉陵江三峡的乡村运动》，载于唐文光、李萱华编，《卢作孚文选》，重庆：西南师范大学出版社，1989。

北碚的成功实验推动周边乡镇社会公共事业的兴办。"他们要办一个民众学校，就有人捐助房屋；他们要建书报阅览处，要建筑菜场，便有人捐助木材、石灰、砖瓦以至工钱。凡地方应兴应举的事，他们自己集议，自己解决，迅速地把乡村建设搞起来了。"[1] "市民社会的维育"是城市化进程关键的因素。城市化不是简单的城市人口聚集和城市规模的扩张，它还代表着城市社会关系和城市居民心理结构的变化。新的社会关系是"基于职业利益和行业利益的代表现代市场经济价值观的新型社会关系……其特征明显地有别于建立在依赖于家庭、宗族和村落集体的公共社会关系——乡村文化之上的传统人格心理"，"人是社会文化变迁诸因素中最基本最重要的促变力量。只有建立起与现代城市特征相匹配的现代城市文化，才能消除城市化的深层文化障碍"[2]。从这点上看，卢作孚通过现代物质事业的建设和自觉的社会组织改造，普及全民教育和倡导公众参与公共事务的建设和管理，取得了巨大的成功，成为推动重庆城市早期现代化的、独具特色的"本土"动力。

## 10.2.4　科学研究与地方建设相结合

卢作孚十分重视科学研究在地方建设中的作用。他认为由学术研究而及于社会的影响，是最有希望的新进化；一切事业都由学术研究出发，一切学术都应着眼或归宿于社会用途上是当时中国急切的需要。1930年的东北之行曾让他震惊于日本人的科学经营而反差于中国人的漫不经心。他事后写道："他们

---

[1] 高孟先，《卢作孚与北碚建设》. 中国人民政治协商会议全国委员会文史资料研究委员会，《文史资料选辑》第74辑，北京：文史资料出版社，1981，102页。
[2] 徐晖，《中国城市化进程中的文化因素》，《上海社会科学院学术季刊》，2000，第3期，82-90页。

（指日本人）侵略满蒙，有两个更厉害的武器为平常人所忽视，一是满蒙资源馆，一是中央试验所。凡满蒙的矿产、农产、畜牧，都被日本人将标本收集起来，将数量统计起来，将地形测量起来，绘图列表，并制模型加以说明，一一陈列在满蒙资源馆里……别人已把我们的家底囊括到几间屋子里去，我们自己还在梦中。"[1]

中国西部科学院的建立是卢作孚"科学研究与地方建设相结合"理念的直接体现。按照卢作孚的话就是"把科学家运动到四川来帮助我们探查地上和地下的出产；把工程师运动到四川来，利用四川所有的出产，帮助我们确定生产的计划；把金融界有力量的人运动到四川来，帮助我们的钱去经营或开发各种事业。"[2] 还应该补充一个注脚的是，中国西部科学院的成立不仅宣传了北碚、宣传了四川，使得当时中国科学社的众多学术精英、社会精英对封闭的四川有一个初步的了解，进而着手"帮助四川做几件事"。这也是抗战后有大量的科研机构迁至北碚原因的发端[3]，从而进一步推进了北碚的城镇化发展。

## 10.2.5 公共设施与事业的建设

北碚不是"小上海"。北碚的城镇面貌最大的变化在于公共设施的变化。街道两旁种满了法国梧桐；市场中有了街心花园；城镇中有了医院、运动场、民众会堂；有了民众教育办事处、图书馆、博物馆、动物园；有了平民公园、温泉公园（图10.8）。卢作孚在资金困难的情况下，发动社会各界捐款出力，致力于北

[1] 高孟先，《卢作孚与北碚建设》. 中国人民政治协商会议全国委员会文史资料研究委员会，《文史资料选辑》第74辑，北京：文史资料出版社，1981.
[2] 卢国纪，《我的父亲卢作孚》，成都：四川人民出版社，2003，180页。
[3] 抗战时期，北碚集中了20多所国家一流的研究机构，3 000多位专家学者。李约瑟称之为"此间最大的科学中心"。

图 10.8　重庆北碚风景

（资料来源：郎静山，《旅行杂志》，1939，第 13 卷第 4 期，
2 页）

碚的公共设施的苦心经营，为北碚的民众营造了一个"文化的区
域、游览的区域"，造成了一个社会环境，以促使人们的行动发
生变化，从而去影响周围。北碚也因为这一内容丰富的"游览的
区域"，成为来自东部地区的参观者赞叹和留下记忆的地方。

## 10.3　一种内陆城镇建设思想的现实意义

卢作孚创建的民生公司和苦心经营的北碚小城无疑是重庆城
市早期现代化重要的推进力量。其中，尤其以北碚的建设体现了在封闭的内陆地区，国人自主经营、建设家园的自觉努力，使得北碚在当时成为许多人称赞的理想城镇（图10.9）。卢作孚有许多梦想，我想把其中的一个节录于下（卢作孚关于建设现代集团生活的设想），使我们能更深刻地感受这位实业家，或者应该说是具有爱国情怀的社会改良家的社会理想：

"我们的预备是每个人可以倚赖着事业工作到老，不至于有职业的恐慌；如其老到不能工作了，则退休后有养老金；任何时间死亡有抚恤金。公司要决定住宅区域，无论无家庭有家庭的职工，都可以住居。里边是要有美丽的花园，简单而艺术的家具，有小学，有医院，有运动场，有电影院和戏园，有图书馆和博物馆，有极周到的消费品的供给，有极良好的公共秩序和公共习惯。凡你需要享用的，都不需要你自己积聚甚多的财富去设置，凡你的将来和你的儿女的将来，都不需要你自己积聚甚多的财富去预备，亦不需要你的家庭帮助你，更不需要你的亲戚邻里朋友帮助你，只需要你替你所在的社

左1：北碚鸟瞰
左2：北碚鸟瞰
右1：北温泉鸟瞰
右2：西部科学院
内部展陈

图10.9　1932年北碚景观

（资料来源：根据《中华（上海）》，1932，第14期，27页整理）

会努力地积聚财富，这一个社会是会尽量地从各方面帮助你的，凡你所需要，它都会供给你的。"[1]

毫无疑问，这是充满乌托邦的人文情怀，是媲美于罗伯特·欧文新协和村的理想蓝图。研究卢作孚的实践和思想，不仅在于认识卢作孚在重庆城市早期现代化中的重要推进作用，更具有学术上和现实上的多重意义。

（1）从学术上看，中国城市建设史研究的深入有必要由物及人，由物及事

人是城市的主体，城市的历史是由城市中的人继承、发展和创造出来，城市的研究离不开对城市中"人"的研究。早年的研究着力点在城市空间结构的演变、城市历史文化保护等，缺乏给予建设、生活于城市中的人足够重视；而这就如研究一部舞台剧，我们对于舞台布景颇有研究，却忘却了演员的精彩表演和观众的冷热反应。其中，尤其应该注重城市精英的城市建设思想，卢作孚"城市人文"建设思想的总结就是该领域的一个初步尝试。

（2）重新认识卢作孚在重庆乃至中国早期现代城市建设史上的意义

从张謇（1853—1926 年）经营南通到卢作孚建设北碚，都是中国城市早期现代化历程中有典型意义的案例：在时间层面上是中国城市由近代走向早期现代的历程；在空间层面上是中国城市早期现代化、城市化由沿海向内陆深化的过程；而两者的共同之处在于"是中国人基于中国理念，比较自觉地、有一定创造性地、通过较为全面的规划、建设、经营的……有代表性的城市"[2]。

---

[1] 卢作孚，《中国的建设问题与人的训练》，上海：生活书店，1934，72-73 页。
[2] 吴良镛，《张謇与南通"中国近代第一城"》，《城市规划》，2003，第 7 期，8 页。

西方现代城市规划理论的起始多必论及罗伯特·欧文、查尔斯·傅立叶、E.霍华德等早期致力于城市改良的社会改革家、实践家；今天我们重新认识中国城市建设理论，也有必要给予像张謇、卢作孚、晏阳初、梁漱溟、黄炎培等这些探讨早期现代中国的发展并孜孜不倦于实践的人们足够重视，重新评价他们的历史价值，学习他们的成功经验。"……像卢作孚先生这样在经济建设中有过卓越贡献的知识分子……他们是在动荡不宁的旧中国建设现代化的实行者，在对中国社会和文化进行改造的实践中创造了许多有价值的经验。"[1]

（3）以史为鉴，建设今天的"家园城市"

今日之中国与 20 世纪二三十年代之中国有着许多类似的情况。七八十年前，中国向世界的开放格局、国内社会阶层的分化、新兴阶层的出现和发挥的作用、政府在城市发展与建设中的角色、大众接受新生事物的反应等方面就如历史的螺旋式上升，与今日中国社会状况有着许多可比较和借鉴之处。以史为鉴，可以使人们更加清楚、更加明智地选择未来的发展道路。

过去的几十年中，中国的城市建设在取得巨大发展的同时也出现了不少问题，其中，最为复杂和对未来将产生深远而长久影响的可能是"城市文化"的建设问题，也是我们长期未给予足够重视的方面。如何经营城市，把"物质的城市"变成"安居乐业的城市""家园城市"，卢作孚的"城市人文"建设思想依然散发着闪亮的光芒，有着其深刻的现实价值。其注重学习而又不盲目模仿，物质与社会组织建设并重，善于发动群众，引导大众建设、维护自己的城市，举办各种全民参与的多类型活动，营造多

---

[1] 经叔平对于卢作孚的评述,载于赵晓玲《卢作孚的梦想与实践》,成都: 四川人民出版社, 2002, 序言部分。

彩的集体文化氛围，为大众建设丰富的文化活动设施等举措，都是今日物质建设极大丰富而人文精神匮乏的时代可以大力汲取的营养。

最后还补充一点对卢作孚先生个人的感受，希望并非多余的话。这是伴随着研究过程中认知卢作孚的深入而油然生起的崇敬之心。如前文提及，毛泽东曾经说过，中国民族工业有四个人不能忘记，他们是张之洞、张謇、卢作孚和范旭东。相比于两广总督张之洞、状元实业家张謇和留日化工博士范旭东，卢作孚的初发既无权力，没有社会承认之地位，也未受过正规教育，在经营条件上也与他们不可比。然而，通过审时度势、艰苦努力和因势利导，他创造了内陆地区实业和城镇发展的奇迹！而更令人心仪的，是在渐进的调研和阅读过程中逐渐感受到的其人格魅力。在和一些与卢作孚先生交往过的老人聊天时，往往可以感受到他们对其的尊敬、崇仰之情——在沧海桑田后的今天，如果一个人不是有着高尚品质，恐怕早已被汹涌的历史浪潮冲刷得无痕无迹。几年前在对民生公司（时卢国纪先生负责）的访谈中，也可以感受到从人员精神面貌到公司的物质配备都大不同于当下的一些做法，应仍有卢氏遗风于其中，由此而可窥当年之场景。另外，在各种历史文献中都可以解读出卢作孚先生"善于思、勤于业，敏于行、敦于教"的行事作风。其拟定的诸多修身自省的文字，时至今日仍然大有裨益。

最后引用几位其时代人物，他的朋友的言语。晏阳初博士说："生我者父母，知我者作孚。"大儒梁漱溟说："作孚先生胸怀高旷，公而忘私，为而不有，庶几乎可比于古之贤哲焉。"张群说，卢作孚"是一个没有受过正规学校教育的学者，一个没有现代个人享受要求的现代企业家，一个没有钱的大亨"。

第三部分

# 经验与感知中的重庆城

涂山斜月落，巴国曙鸡鸣。
乱艇烟初合，三江夜潮生。
霜寒催晓角，石气录高城。
不寐闻猿啸，迢迢入峡声。

渝州夜泊
【清】王士禛

**11**

帝国余晖中的重庆城
及其建筑样型

阿奇博尔德·约翰·立德（Archibald John Little，1838—1908年）在《扁舟过三峡》（*Through the Yang-tse Gorges*）的序言中谈到"一个人口庞大的民族解决了最大多数人的生活问题，尽管是不完善的，却取得了一定程度的成功。各级官吏贪污受贿，对国家的治理不算好；但毕竟还统治着这个国家。财富分配是公平的，穷人受折磨而富人妄自尊大这种欧洲式惯例，在这里是例外。赋税轻微，秩序良好……教育是自愿的、普遍的"[1]。立德在1883年从宜昌坐小船旅行至重庆，每日写作，留下了详细的记录，特别其中有多章有关帝国晚期重庆的状况。清末开始有许多外人——包括外国传教士、商人等旅行到达或者途经重庆，留下众多文字记载、素描或者照片。以下首先采用清末两张意象地图，讨论彼时一般性的城与建筑的形态，进而利用和结合游记文字、部分图像和档案资料在一定程度上重构城与建筑样型。

---

[1] 阿奇博尔德·约翰·立德，《扁舟过三峡》，黄立思译，昆明：云南人民出版社，2001，1页。

图 11.1　《渝城图》中的四种建筑样式

## 11.1　两张舆图中的符号建筑

　　清末有多张内容详细的重庆舆图，如国璋、张云轩、刘子如署之图，这 3 张图虽有区别，但总体上较相近。本文采用张云轩图，另外一张使用艾仕元的《渝城图》。张云轩的《重庆府治全图》绘制于 1886—1891 年。艾仕元的《渝城图》根据推测绘制于 1860—1886 年，略早于《重庆府治全图》。

　　《渝城图》中房屋密集，几个主要码头处均绘制有人群活动，以及标注有不同群体，包括各船帮的占据地段，是带有一定社会活动内容的舆图。仔细分析其建筑符号构成，却只有 4 种基本型（图 11.1）。第一种为侧投影的重檐歇山顶加两向开洞的房屋体，如会馆、寺庙、城门楼、鼓楼等建筑，此类建筑及其表达在《渝城图》中占有较大视觉比重。第二种为正投影的单檐庑殿顶加中间开有洞口的房屋体，如总镇都督府、重庆府、巴县衙署等均为此类表达。第三种建筑符号为简单的两坡顶，这是一般民房；此类房屋数量众多，是图中最基本房屋样式。民房在城墙外，在朝天门城门附近，部分转变成吊脚的形式。最后一种是亭台楼阁类的建筑符号，如魁星楼、青龙阁等 [1]。从这张图的各种绘制符号详细程度上看，此图很可能是民间绘制；前面提到的会馆、寺庙、道观等绘制笔墨较多，而官衙类建筑则寥寥几笔，相对简单。图中"崇因寺"也可能是绘制者观念和日常生活中十分重要的一处，在整个画面中占有相当比重 [2]。

---

[1] 照壁、牌楼类也归在此类，不另列图。
[2] 在《清代巴县档案汇编·乾隆卷》中有两条档案可以看出崇因寺在当时巴县社会生活中的重要地位。两条档案一条为乾隆二十七年（1762）为皇太后祝寿，一条为乾隆二十八年（1763）为皇帝祝寿。两条档案中的祝寿地方均为崇因寺，"所有崇因寺内需用布棚、灯彩、桌椅、什物等项，合行饬办。为此，牌仰该衙官攒，查照排内事理，迅即选差健役，前往崇因寺找搭布棚及天花板、水红灯、桌椅、磁器、锅盆等项，逐一预备齐全，毋致临期有误"。见四川省档案馆，《清代巴县档案汇编·乾隆卷》，北京：档案出版社，1991，308-309 页。

图 11.2　沿着街道布局的一般民房

图 11.3　有合院的重要公共建筑群

大量民房在图中是简单的符号。它更加具体的构成可能是什么状态？在巴县档案中，有许多关于铺面、民房转让的契约。现选取其中一条，用来观察一般性铺面的状况。档案中谈到，乾隆五十七年（1792），因为原房主移业就业，将临江坊石板街铺面楼房地基五间转让，包括"七柱铺面五间，连后批厦五间，楼板、地振、窗格、梯门、柜台、铺板俱全。左边铺面，后吊楼厦子一间，楼板、楼扶各全。中间铺面，后两分水厨房一间，东厢五间，两傍墙园后面地基寸土、寸木、寸石、片瓦一并在内。前抵官街，后抵罗宅墙脚为界，左抵傅宅为界，右抵官街为界，四至分明毫无紊乱"[1]。

房屋群体的组合关系上，有两种基本构成。一种是民房沿着街道、城墙布局，这是普遍情况。另外的一种，就是由围墙围合的院子，院子内再布置如寺庙、道观、会馆、府衙等建筑；绝大部分主要建筑，即前面两类：重檐歇山顶和庑殿顶的房屋，均有院子围合。一些重要的公共建筑围院前还设置了照壁，如川东兵备道、重庆府、行台、经历司、巴县衙、都督府、武圣庙、崇因寺等（图11.2、图11.3）。在这张映射重庆城的舆图中，城墙、城门以及城中的金碧山都是重要的视觉要素，是这个城的重要构成，是绘制者对于重庆城观念的体现，也十分可能是彼时重庆一般人理解这个城的基本意象。张之洞写重庆诗句"名城危踞层岩上"中的"层岩"在这张图上表达很清楚，城墙坐落在连绵的巨大岩石上。此图还有一个突出的特点，那就是带有强烈主观意向地将重庆城象形地绘制成"龟状"，朝天门、千厮门、东水门圈围的三角形地带为龟头处，五福宫、桂香阁后标注为"龟尾坝"。在长江南岸山上绘有一涂山亭，下附录了在此高处遥看长江和重

---

[1] 四川省档案馆，《清代巴县档案汇编·乾隆卷》，北京：档案出版社，1991，257 页。

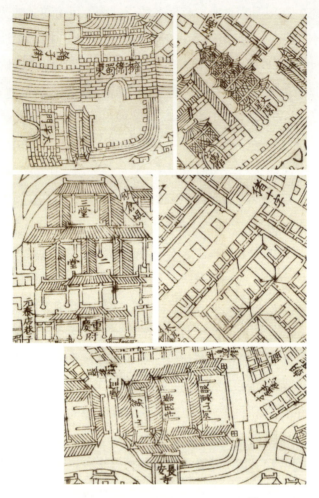

图 11.4　《重庆府治全图》中的五种基本建筑类型和符号[1]

---

[1] 此图存于哈佛大学图书馆，是单色版本，图 11.5 用的是彩色版本。

庆城感受的《登涂山亭子》："涂顶摩天峻，危亭望眼殊。江山连楚蜀，城郭耸巴渝。万户云为宅，双虹水作都。东川此门户，凭眺一踌躇。"

张云轩的《重庆府治全图》相比《渝城图》而言，要抽象一些。所有建筑采用正投影或者正侧投影的符号化方式表达。从基本型上看，它只比《渝城图》多一种。第一种是重檐歇山顶加基座，如城门楼及老鼓楼。它把城楼与其他类型的建筑区分开来，图中只有城门楼是重檐歇山顶[1]。第二种是类庑殿顶加示意性的梁柱，如府衙、县衙等。第三种是部分侧投影绘制的单檐歇山顶，是寺庙、公所等建筑。[2] 第四种则由一个正投单向坡顶加示意性的梁柱构成，部分交接处形成双坡顶，部分甚至屋顶都不表达，这是一般民房；这种房屋不像《渝城图》中是固定方向表达，而是朝向主道路绘制。最后一种，仍然是一些比较特殊类型建筑物的表达，如青龙阁、魁星阁等（图 11.4）。日本建筑考察者伊东忠太 1902 年年底在重庆停留 9 天，他在概览重庆城内的建筑后说："重庆并无值得一看的古建，寺院方面，罗汉寺还算比较出名，内有五百罗汉像，但亦不过尔尔，难有耳目一新之感，报恩寺的伽蓝建筑亦属平庸。江南会馆有文星阁，系一楼阁，八角五层，其造型与塔刹几无不同……禹王庙也算是重庆著名建筑之一。禹王庙界壁端缘嵌有龙头，口中含珠……重庆民居……规格布局大致统一……此地民居建筑，厅堂分有前、中、后 3 处，并按此顺序布局，经前厅而中厅，再到后堂……重庆民居建筑的太过粗简与有欠成熟亦令笔者惊诧"[3]。

---

[1] 值得注意的是，其中只有千厮门、储奇门的瓮城城楼是单檐屋顶，其他都为重檐屋顶。另外，图中还有一处，即重庆府文庙大成殿为重檐顶。
[2] 因图中不能很清楚表达，仅仅就图形上看，也有可能是庑殿顶的表达。但因这些建筑多为民间的公共建筑，庑殿顶的可能性不大。
[3] 伊东忠太，《中国纪行》，薛雅明，王铁钧译，北京：中国画报出版社，2017，183 页。

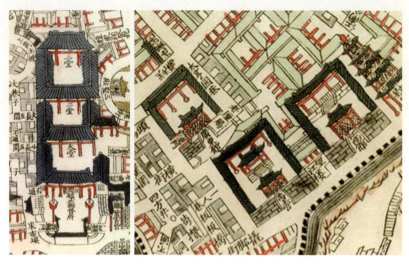

图 11.5　《重庆府治全图》中两种合院形态

　　在房屋组合方式上，《重庆府治全图》和《渝城图》比较没有太大不同。但《渝城图》中官署建筑群和公所、庙宇、道观等建筑群容易区分，《重庆府治全图》中则不然。《重庆府治全图》中的院子有两种形态，一种是正殿或主屋加双坡顶的侧屋、侧廊或回廊；一种则是正殿或主屋加朝向内院的单坡顶侧屋、侧廊或回廊，院子外围是高墙（图 11.5）。可能由于绘图方式的不同，《渝城图》在嘉陵江一侧的城墙外，并没有绘制密集住房；但在《重庆府治全图》中，则沿着两江密密麻麻布集了许多住房，特别是在嘉陵江一带，有数量众多的社会活动内容。此图中，在长江南岸群峰上表达内容比《渝城图》多了一些，包括详细的道观布局以及应该是文峰塔的塔状建筑。图中金碧山虽然有示意，但和《渝城图》中相比，意象已经大为减弱。金碧山下到朝天门一带，绘制有大量的官衙、公所类建筑，在全图占有支配性的比重。《重庆府治全图》的题字上说："渝乃蜀东要地，形如龟而活泼；颈似鹅以高扬。"

19世纪中后期的《渝城图》和《重庆府治全图》是彼时重庆城的一种映像。[1]重庆城首先是帝国在地方的治所。各种大大小小、林林总总的帝国行政机构，从川东兵备道、重庆府到巴县衙等，以及各种礼制建筑占据着重庆城的重要位置。包括文庙、关帝庙、城隍庙等的礼制建筑是帝国系统必要的构成，是整个文化体系的物质化形态。然而地处要冲的重庆城不仅是一个行政城市，它还是一个十分重要的商业城市。两图中沿着嘉陵江、长江沿岸均绘制了大量的运输货船[2]，桅杆林立，图中还有数量众多的各种公所和会馆。商业的发达，使得民间力量在地方治理方面起到了一定作用。这些作用曾经引起诸如施坚雅、何炳棣等的关注，讨论此时的中国是否可能发展出一种既不同于之前传统的中国社会，也不同于西方的新社会形态。

1883年立德到重庆后，在山西会馆[3]受到过一次邀约，他对于这次活动有扼要的记录和讨论。他谈道："今天去访问山西会馆。这是一座漂亮、宽敞、装饰华丽的建筑物，坐落在城墙以内，面朝对岸风景优美的山峦。站在会馆与城墙之间的平台上，从城墙的炮眼向外望，景色十分壮丽。但是从房子内部却什么也看不

---

[1] 图中绘制的基本建筑类型仅是绘制者观念中的一种分类与表达，它们与实际有关，但不必然真实地反映现实。
[2] 根据清代巴县档案中关于船运的资料，清末在重庆挂号登记的船帮分为大河、小河和下河三大帮。大河帮在光绪十二年（1886）有嘉定、叙府、綦江、泸州、江津、长宁等帮，有船600余只；道光十五年（1835）小河帮有渠达、长庆、兴隆、顺庆、中江、绵州、遂宁、合州等帮；下河有长涪、中丰、夔丰、归州、宜黄、宜昌、辰州、宝庆、湘乡帮，船850只。三河船帮帮船只以重庆为中心，上至嘉定、渠达，下至宜昌、辰州等。见四川省档案馆，《清代巴县档案汇编·乾隆卷》，北京：档案出版社，1991，6页。
[3] 山西公所在储奇门和太平门间。

见，和通常一样，会馆由四面高墙封闭起来。宴会和戏曲表演正在进行，活跃的人群八个人一桌坐下，院子内摆满桌子……公共会馆的辉煌与豪华和各个家庭的相对贫困形成对比……一切公共庆典，无论是宗教的还是世俗的，都须尊重共同的利益；私人生活中的严格节约与公共场合中的豪华奢侈相结合；贸易问题的解决由行会讨论，避开法律和律师；行会制定的规则毫无异议地服从，成文的行规自然严格遵守；对行会可自由捐款和赠与财产。遇到灾难和不幸时，则首先是行会给与资助……为了会员的利益和行业的声誉，行会常常履行一些职责……在这里，个人的不幸受到行会的关注，当他遇到官吏的不公正勒索，或受到强大垄断公司的专横压力时，同样会得到保护。"[1] 他把重庆的会馆属性类比中世纪欧洲的行会。

## 11.2  西人游记与图像中的城与建筑

对《渝城图》和《重庆府治全图》中的建筑符号进行分析虽然有助于理解帝国晚期重庆城及其一般性建筑状况，但它们仍然抽象和不够具体，还需要借助文本与图像中的城与建筑，才能获得更加感性的认知。下文以"时间"为轨，列举部分从 19 世纪中叶到 20 世纪初西人描写感知重庆的文字和图像，以更进一步地描绘和共构晚清重庆城与建筑的"帝国样型"。

法国传教士古伯察（Evariste Régis Huc，1813—1860）在 1839 年就进入中国，在 1844 年开始计划重走玄奘路，并最终在 1846 年的 1 月 29 日抵达拉萨。但随即被驻藏大臣琦善驱逐，在 2 月 26 日离开拉萨，前往成都。进而由成都沿江而下，途经重庆。总体上

---

[1] 阿奇博尔德·约翰·立德，《扁舟过三峡》，黄立思译，昆明：云南人民出版社，2001，155-156 页。

古伯察的文字评述、议论多于现象的描写，对于社会文化状态的对比与评论多于对物质现象的表述。古伯察谈到，他们一行"到达重庆时，太阳还没有完全西沉。在四川省，重庆是排列在成都府之后的第一流的重要城市。它坐落在长江的左岸，占有利的地理位置。在重庆的对岸，有另一座大城市，使人望去感到江面很宽阔。重庆是一个大商业中心，几乎是全国各省商品的集散地"[1]。他谈到了重庆有许多活跃的基督教团体，以及在重庆度过夜里的奇异状况。结合在重庆的经验，他讲到了中国各省普遍的、作为一种维护公共安全方式的守夜人制度，以及住房火灾后的民间和官方的行为。他说："经常使我们羡慕的一件事是中国人在房屋烧毁后开始重建房屋的惊人活力。救火队一走，瓦匠和木匠就在依然冒烟的地面上忙碌起来。不过，来建房的人通常不是原来的趁火打劫者，趁火打劫者消失了，溜走了。他们是这个国家热衷于做买卖和从事投机事业的人，在火焰吞噬着房屋时，总有一群买主来买地皮，建造新房屋。购买合同几乎是在大火旁边签定的"。[2]

古伯察虽然没有详细描写重庆的城和建筑，却在多处阐述了他关于中国各处城镇、房屋和园林的经验。一是因为讨论帝国晚期的重庆不能脱离帝国的普遍状况，二是因古伯察是较早进入中国的传教士且留下了较为详细的文字，此处摘引两处。第一处是他受邀到成都府衙。他说："从建筑学观点看，衙门的设计风格很少出色，大堂总是不高，只有一层；屋顶有装饰物，还有一面面小旗，只表明是办公的地方；它总是被大墙围住，而墙几乎同房屋一样高。在这围墙里，你看到一个个大院子和一重重厅堂，还有一个个花园……展示豪华的东西是四五个一系列的门朝着同

---

[1] 古伯察，《中华帝国纪行（上）》，张子清、王雪飞、冯冬译，南京：南京出版社，2006，109页。
[2] 古伯察，《中华帝国纪行（上）》，张子清、王雪飞、冯冬译，南京：南京出版社，2006，116页。

一个方向，把不同的院子隔开来了。这些门装饰着著名的历史人物像或神话里的人物像，画得粗糙，但颜色总是很鲜艳。当这一重重门相继开启时，发出很大的响声，并展示宽大走廊尽头的大堂，知府就在这里执法……在最后一个大堂升高一级的台阶式的地面上摆了一张大桌子，桌面上铺了红布。在大堂两侧的墙上挂了各种武器和刑具。知府坐在桌子后面，主簿、书吏和武士站立两旁。下面是公众、被告和衙役或站或跪的地方，衙役专门折磨中国司法的不幸牺牲者。在大堂后面是知府及其家属居住的房间。衙门也常常做监牢，一间间牢房建在第一个大院里。"[1] 古伯察虽然没有描写重庆的府衙，但由于清代的规制，它的形态不会与成都府衙相差太远。

在另外的一处，古伯察谈到寺庙、住宅和城镇。他说住宅区中的寺庙："它两边的耳厢是供外来官员住宿的，此处还有厅堂可供文人聚会和商家集会，还有戏台、观测台和宝塔……这种多用途建筑物在中国较为常见，其构造很难描述，只能说它颇具中国特色。中华帝国的公共建筑，以及寺庙、民房和村镇，在建筑学上无法归类，或许可以称之中国风格吧……市镇几乎全都是依照同样规划建造的。它们通常都是四边筑有高墙的方城，每隔一段就有一座城楼，城外常有城河（或为水濠，或为干濠）。那些有关中国的书籍常说，城中街道又宽又直，其实再加上一句也不会错，即还有些街道又窄又弯（南方城市尤其如此）。……城里也好，乡下也好，房屋普遍较矮，两层楼房极为罕见。那些上等建筑多为砖木结构，粉墙青瓦；次等则为土木结构，茅草屋顶……无论城市大小，远远望去，都能看到一两座巨人般出类拔萃的高塔。……遍布中国各地的宝塔和庙宇多得惊人，几乎每个乡村都

---

[1] 古伯察，《中华帝国纪行（上）》，张子清、王雪飞、冯冬译，南京：南京出版社，2006，24 页。

有，路上或是田头都能看见它们的踪影。"[1]

在古伯察进入四川 15 年以后的 1861 年，英国的托马斯·布莱基斯顿[2]（Thomas W. Blakiston，1832—1891）组建"扬子江上游考察队"，在 4 月 28 日抵达重庆，滞留重庆至 5 月 12 日，继续往下游航行，远至屏山后因发生暴乱遂沿江返回，在 6 月 5 日返抵重庆至 10 日。布莱基斯顿在次年出版的 *Five Months on the Yangtze*（《扬子江上的五个月》，国内翻译为《江行五月》）是近代最早考察长江，详细记录航道情况、沿途地理、社会、地质、物产、物价等状况的著作之一，是之后的费迪南德·冯·李希霍芬、威廉·吉尔、立德、谢立三等航行长江的重要参考资料。

布莱基斯顿一行从上海到汉口、宜昌，由宜昌航行进川。穿过湖北界后，"次日清晨，乘着一阵清爽的微风，我们驶出那片昏黑暗淡的地区，来到了巫山县（Wu-Shan hien）。这是我们所见的第一个四川城镇，大家都急切地想要看看这个中国城市的外貌是否有所不同。但是，没有什么不同。它仍旧是那种铅灰色的样子，只有带有弧形屋顶的一两座寺庙耸立其中，较为显眼，城周四面则围以破旧的城墙，城门及城角上也照例建有既像塔又像房屋的建筑。其样式布局合乎规制，可能与其他诸多城池都是根据同一法式筑造出来的"。[3] 这段描述是布莱基斯顿对于沿江中国城市普遍性状况的认知。另外一种，是沿途中塔与江、城间的关系，一种普遍的，也是"没有例外"的关系。他谈道："我们在峡谷口就已看见的一座洁净白塔俯视着河口，向沿江而来的旅行者们宣告：有一座城池就在附近。还有其他几座小塔高居于城

---

[1] 古伯察，《中华帝国纪行（下）》，张子清、王雪飞、冯冬译，南京：南京出版社，2006，88-89 页。
[2] 托马斯·布莱基斯顿，英国探险家、博物学家和皇家地理学会会员。
[3] 托马斯·布莱基斯顿，《江行五月》，马剑、孙琳译，北京：中国地图出版社，2013，122 页。

图 11.6　约翰·汤姆森拍摄的沿江风景与聚落（1869 年）

［资料来源：约翰·汤姆森，《中国人与中国影像》（*Illustrations of China and its People*，）vol.3，Plate XXI］

图 11.7　约翰·汤姆森拍摄的巫峡风景（1869 年）

［资料来源：约翰·汤姆森，《中国人与中国影像》（*Illustrations of China and its People*）vol.3，Plate XXIV］

后的山顶上。每当驶近一座城镇，就会有一座或数座这种别致的宝塔映入眼帘，在我的记忆中，尚无例外。"[1]

布莱基斯顿一行在 1861 年 4 月 28 下午 4 点半抵达重庆太平门码头。布莱基斯顿描述了重庆在中国西部的重要经济地位，认为："在四川省，重庆的政治地位仅次于成都，但却是省内最重要的贸易中心城市，可与帝国中的任何大城市相提并论……重庆在华西的地位就如同汉口之于华中、上海之于沿海以及广州之于华南。"[2]布莱基斯顿并没有对重庆城内或者建筑进行详细的描写，原因之一在于存在受攻击的危险，他没有太多机会细细观看内城，拜访道台路程是封闭在轿子里的行进。他唯一写到的一处是访问在重庆的传教士的中国式居所："所有的中国房舍都有两进甚至更多庭院，由此及彼，需要穿过其间层层叠叠的屏风。"[3]但是随行的巴顿医生（Alfred Barton）绘制了一幅十分精细的重庆府城图（图 5.1）。这很可能是一幅最早的西方人用透视方法绘制的重庆城，具有重要的历史价值。图中的绘制表现了高筑而雄伟的重庆城墙，城墙上的城门楼以及城对岸，亦即长江南岸群峰上的高塔。

1869 年，苏格兰的摄影师约翰·汤姆森（John Thomson，1837—1921 年）曾经也如布莱基斯顿般溯江而上，但很可惜他最终只抵达巫山，在到夔州府的航程上最终折回[4]。他没有抵达重庆，但在从宜昌到巫山间拍摄了不少城镇的照片。这些照片可以用来丰满布莱基斯顿在这段航程上的文字描述（图 11.6、图 11.7）。

---

[1] 托马斯·布莱基斯顿，《江行五月》，北京：中国地图出版社，2013，132 页。
[2] 托马斯·布莱基斯顿，《江行五月》，北京：中国地图出版社，2013，184 页。
[3] 托马斯·布莱基斯顿，《江行五月》，北京：中国地图出版社，2013，194 页。
[4] 见约翰·汤姆森, Through China with a Camera, westminster A constalle&co. 1898, 211 页。汤姆森还出版过四卷本的《中国和中国人的影像》。

1871 年德国的李希霍芬（Ferdinand von Richthofen，1833—1905 年）从成都沿江而下，途经重庆；在 4 月 17 日抵达重庆，23 日离开。作为地理学家，李希霍芬更多关注重庆的物产、产业、地形等。他描述了重庆的地理状况并将重庆与成都比较。"重庆府建在一个由柔和沉陷的岩石构成的略微崎岖的平地上，该平地像一条舌头延伸在两江——嘉陵江在此汇入长江——之间……重要的地方得到了很好的加固……江边的城墙外边有许多竹子和蒲团做成的房子，水位高时移去……城市也不如成都府美丽。街道较成都的窄，没那么干净，没有漂亮的房屋立面，也没有那许多垂下的招牌，奢侈就更没有了。就连在商店里都很难见到奢侈品，看不到成都城可见的那样多的首饰和饰品商店、银饰、书籍、图画等。这里只有贸易。城市的地面颇为不平，总是上上下下，坐轿子是一种折磨。没有街道是直的，都弯弯曲曲，曲曲折折。"[1]

因夏季长江岷江段水路汹涌，日本人竹添进一郎（1842—1917 年）在 1876 年由成都经陆路抵达重庆，再进入三峡。他在 7 月 19 日宿来凤驿站，20 日进入重庆，22 日离开重庆。他记载道："自入川省，每县有德政坊、每闾有节孝坊，坊皆华表、两柱刻兽、上题联句，又揭匾额，镂金施彩，最为壮观；所费率数百千金，颂德政者多近世人。盖数十年来，风俗浇漓，循吏不易得过，有治功稍优者，民俱推捧，必为建坊。"因走陆路，竹添进一郎一行经过浮图关入城。他描写了一路的山地景致："走数十里，抵重庆府。依山为城，高而长，如大带拖天际。躡蹬而上，百八十余级，始至城门，又历九十余级，乃出街上。范记云，盛夏无水，山水皆有瘴。询之曰，瘴气大减于昔时，但井不可食用，充洗涤

---

[1] 李希霍芬，《中国旅行日记（下册）》，李岩、王彦会译，北京：商务印书馆，2016，705 页。

之用而已。"[1]他在随后的文字中讲到了彼时重庆和江北的袄教之乱。竹添进一郎是较早进入四川的日本人，他的观察视角和西方人多有不同。

英国人威廉·吉尔（William John Gill，1843—1882 年）1877 年从长江下游逆流而上，在 4 月 8 日抵达重庆。他对于重庆没有太多描述，主要叙述了与在重庆传教士的来往；也没有留下重庆照片，因为拍照会被扔石头、砖块，以至于最后没有能够很好地成像。但是和其他平原地区城市笔直的道路相比，重庆迷宫般的不规则道路给吉尔留下深刻印象。他说："重庆城修得很不规矩，有许多弯弯曲曲的街道，以至于人们不得不用'从左边''从右边'来表达去任何地方的方向。通常说来，在中国，城镇修建具有一定规制，人们会说'向北走''向南走'等。这已经成为习惯了，即便到了开阔的村庄里，他们也用这样的表达，已经成为一种规矩了。"[2]吉尔从长江下游进入四川省后，还有一小段很好的文字，描写了当时的地景，是川内特别是重庆周边很普遍的一种美好景观。这段文字可以和后面丁乐梅的文字比照阅读："这块土地富饶茂盛，令人难以想象。红色的土壤，映衬着嫩绿的早禾，令人赏心悦目。时令正当油菜开花季节，闪亮的黄色田野一片接着一片。所有山谷下面，都有种着稻子的梯田，不时出现一小片小麦和豆子。房屋看起来舒适结实，每家都掩映在竹丛之中。美丽的庙宇则独自伫立在树林之中。"[3]

---

[1] 竹添进一郎，《栈云峡雨日记（中册）》，1879，8 页。
[2]William John Gill, *The River of Golden Sand: The Narrative of a Journey through China and Eastern Tibet to Burmah*，此段文字根据英文翻译。
[3] 威廉·吉尔，《金沙江》，北京：中国地图出版社，2013，65 页。

1876 年中英《烟台条约》中规定英国可以派员驻寓重庆[1]。谢立三（Alexander Hosie，1853—1925 年）在 1881 年受英派遣，沿江而上进驻重庆（1882 年 1 月 24 日抵达重庆）。他以重庆为基地，从不同路线到四川成都、贵州、云南等地旅行，在 1890 年出版《在西部中国的三年》。他谈到重庆城"建造在从鸟瞰嘉陵江的山顶一直延伸到扬子江河床的山坡上；城墙外没有什么值得注意的郊外。从河对岸鸟瞰重庆城，可以看到几乎没有一块地没有房子。只有西北角城墙角落里有一两个菜地，四处零星地有些树，是这个建在山上的、布满着密密麻麻的灰色房子中的一点不同。据说有大约 20 万人，是西部中国的商业大都市"[2]。谢立三的这本书是由比他大 15 岁的阿奇博尔德·立德做的一个长序言。

立德早在 1859 年就来到中国。1883 年走了一条和布莱基斯顿、谢立三相同的航路进川。在 1888 年出版的《扁舟过三峡》中记录了他抵达重庆后拜访谢立三，但因谢立三到贵州调研而未见。立德关于重庆城与建筑的记述详细而深刻，具体见《文本中的城市》一节。立德关于三峡之行的写作多次被其后的莫里循、伯德等人引用。立德夫人（Mrs Archibald Little，1845—1926 年）1887—1907 年与立德共同在中国生活，其中有部分时间居住在重庆。她出版有《在中国农场的日记》（*My Diary in a Chinese Farm*）（1896）、《亲密接触中国》（*Intimate China*）（1899）、《穿蓝色长袍的国度》（*The Land of the Blue Gown*）（1901）等。和其他一些过客不同，他们因为有较长的一段时间工作、居住

---

[1] 条约规定 "British merchants will not be allowed to reside at Ch'ung-k'ing, or to open establishment or warehouse there, so long as no steamers have access to the port. When streamer have succeeded in ascending the river so far, further arrangements can be taken into consideration."
[2] Alexander Hosie (1853-1925)，*Three Years in Western China*, 1890, pp. 12-13.

和生活在重庆，所以文字中的城和建筑就更加立体。

相比立德较概括的文字（包括本文引用的其他男性作者的文字），立德夫人的写作细腻而具体。比如在《穿蓝色长袍的国度》中有一长章描写在重庆的生活，各种细细碎碎的日常生活。但恰恰是从这些日常生活的多样状态中，体现出了和之前各位作者描写的重庆所不同的、生动的一面。此处不能展开她关于彼时重庆每日生活的议题，仅就部分她观察到的重庆城和房子的方面简要引述。她说，重庆"这个炎热的大城市里，居民住房拥挤不堪，连吸口新鲜空气的地方都找不到"[1]，为此她到长江对岸去租农房。然而应租的房屋中供放着积满灰尘的祖先牌位，所有人都不得触摸，只有男主人才能有资格打扫牌位。某日他们夫妇两位在住下来的房屋晒台上观看闪电，看到了隔壁工人在自家晒台上朝着打雷的方向不停磕头。暴雨来临，"我想重庆城都要被冲走了"。佣人们请假去庙会拜神，一些人也赶着去庙会兜售物品。他们去拜访一位老妇人，这位老妇人的棺材已经准备好。立德让她对老妇人说已经看到棺材，并要夸奖棺木做得好，并说这是中国人的礼节。女房东给去世的各种亲属烧去信件和计算好的纸钱；房东对祖先牌位磕头、烧纸钱和往地上泼两杯酒，完成仪式后开始享用供品。邻村死了个贫穷的女人，道士们彻夜作法事，但乐声引起狗在黑夜中叫个不停。很有意思的是，立德夫妇搬入了新买的房子。"搬家那天我们在最大的炭盆里燃起熊熊的火苗。苦力们用两根竹竿抬着火盆像抬轿子一样在街上穿行。有人告诉我，买了房子后，应把房子的大梁拿掉，换上根新的，表示房子已经换了主人，不然旧主人的债主会向新主人索债。晚上，新房子异常

---

[1] 立德，《穿蓝色长袍的国度》，王成东、刘云浩译，北京：时事出版社，1998，157页。

图 11.8　立德夫人
从南岸拍摄的重庆城

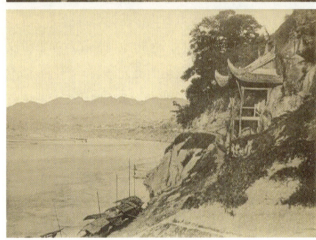

图 11.9　立德夫人
从嘉陵江一侧拍摄的
重庆城

图 11.10　立德夫人拍摄的川江沿岸的典型房屋

（资料来源：图 11.8、图 11.9、图 11.10 来
自立德夫人著《在中国农场的日记》）

漂亮。这所房子有两进院，外面的一个院子里面还有个院子。屋里屋外张灯结彩，挂满了中国的灯笼和装满鲜花的花盆。椅子铺上了红色的刺绣，最里面的屋子还铺了红地毯，墙上挂满了深红色的贺幛。"[1]

立德夫人在《亲密接触中国》中还有一章详细描写过重庆。在本文中谈到的西人里，她与立德以及后面的陶维新夫妇，是较久居住和生活在重庆的人。她自己说："重庆值得专门用一章来大书特书，因为这是我唯一居住了多年的中国城市。"[2] 因为她的经验与细致描写，此处引用部分文字。她说重庆："城墙高耸，除了战乱暴动，日落时所有城门一律关闭，但有两扇城门延迟到日落后一两个小时才关。整个城市依山而建。夏季，山上岩石发热，酷暑难当。大多数街道都有遮盖，一是防晒，一是防雨，因为重庆经常下雨。这样，新鲜的空气无法进入，一丝微风也难得见着。这儿极少刮风，你看看山头纹丝不动的树荫和凉篷就知道了。"[3] 对重庆城进行了一个概要的描述后，她进而谈到典型的重庆房子："走在脏乱的小巷子，穿入一扇大门，周围墙很高，防火的——火灾是中国城市的巨大隐患，后来重庆整个街区都在一场大火中烧毁。这堵墙将房子围了起来，那扇门便是唯一的出入口。你穿过一个仿佛院子的地方，然后走过长长的通道，来到另一个门前，迈入一个装饰着盆景花卉的院子。房子大门正对着院子，进入大门，你便看见宽大的前厅，欧洲人把这当作饭厅。穿过一道屏风，两边又是两扇敞开的门，

---

[1] 立德，《穿蓝色长袍的国度》，王成东、刘云浩译，北京：时事出版社，1998，197 页。
[2] 阿绮波德·立德，《亲密接触中国》，杨柏、冯冬、周素平译，南京：南京出版社，2008，25 页。
[3] 阿绮波德·立德，《亲密接触中国》，杨柏、冯冬、周素平译，南京：南京出版社，2008，33 页。

上面挂着门帘，这就到客厅了。客厅只有一面墙壁，另外两面是纸糊的窗格（有时也装玻璃），约半堵墙高。两侧的窗格紧邻两间狭长的厢房，约 13 英尺宽……厢房里墙也是纸糊的窗格，偶尔装上玻璃。天花板上糊了一层纸，以防止屋顶瓦片落下灰尘……房门上没有把手和门闩，屋外的墙壁与屋内的隔间仿佛都由薄薄的木板做成。天气干燥时，木板收缩，中间裂开一条条大缝。这下子你该知道，在这种房子里，室外温度是多少，室内温度就相应是多少……尽管房子修得美观，高屋顶，硬木柱，黑屋檐，白糊纸，装饰华美的外厅，镶着黑白绘画的屋檐，精心雕刻的包金横梁，等等。" [1]

她有接着讲述了在重庆逛街的经验——立德夫人很可能是第一个独自在清末重庆城里逛街的西方妇人（图 11.8—图 11.10）。她说，"重庆的街道……最宽的地方也只有八英尺，且非常拥挤。在重庆逛街就像被一大群人挟着前行。涌动的行人呀，轿子呀（由苦力抬着，有时前面一两个人开道，在人群中劈出一条路），运货的骡呀、驴呀、马呀，还有无数的'棒棒'（扛货的苦力），肩上挑着根扁担，扁担两端用绳子系着两个大筐。凡是能在街上做的事，人们都在街上做：叫卖的小贩呀，他们摊子上的东西可多着呢……街角处常见盛满水的大桶，作消防用，上面无一例外长满水草。一大队苦力每天跑下陡坡，去河里打水，一路挑，一路滴水。另一队则把城市的排泄物运去肥田。人们用一种软质煤作燃料，于是一筐筐的煤挑在'棒棒'扁担的两头，不断运进城里。街上充满了煤灰、煤烟、滴水，以及喧闹的人群，逛街实在不悦。" [2] 她在另外的一处，讲到了室内的一般布局："（客厅）

[1] 阿绮波德·立德，《亲密接触中国》，杨柏、冯冬、周素平译，南京：南京出版社，2008，33-34 页。
[2] 阿绮波德·立德，《亲密接触中国》，杨柏、冯冬、周素平译，南京：南京出版社，2008，34-36 页。

四周的墙壁旁，摆了几张小桌和雕木椅，椅子很大，分布在桌子两侧，笔直的椅背倚着墙……地板多半由硬泥铺成，墙上刷得粉白，挂着长方形的卷轴字画，通常为名言警句，书法一般都很漂亮。屋子最里头摆着神坛似的供桌，上面立着祖宗灵牌，白镴烛台，还有花瓶、香炉、小香钵。在这张桌子以及两旁的椅子上，不能悬挂任何刺绣，除非过春节或大宴宾客。"[1] 她还谈到了重庆的社交礼仪、节日活动、闷热天气和潜在的火灾威胁、鸦片和学堂中学童们扯直了嗓门在诵读儒家经典。她沿着长江上行，一路拍了一些照片，在重庆城内也有不少记录。图 11.11 中左边是大佛寺，右边是城内的神仙洞；图 11.12 为江南会馆；图 11.13 为江南会馆一角。

图 11.11　大佛寺与神仙洞

[1] 阿绮波德·立德，《亲密接触中国》，杨柏、冯冬、周素平译，南京：南京出版社，2008，38 页。

图 11.12　江南会馆

图 11.13　江南会馆一角

（资料来源：图 11.1、图 11.12、图 11.13 来自立德夫人著《亲密接触中国》）

澳大利亚人乔治·莫理循（George Ernest Morrison，1862—1920 年）[1] 在 1894 年独自溯江而上来到重庆。他到唐家沱海关后，下船走陆路到重庆。当坐着舢板渡江前往时，他注意到这里数量众多，居住在江边的贫穷、饥饿和悲惨的苦力；他说这是他在中国见过的物质条件最差的、最悲惨的苦力。他拜访了重庆海关税务司的德国人夏德博士（Dr. F. Hirth），居住在重庆城内最高处的五福宫边中式房屋里；拜访了美国美以美会的传教士，居住在靠近嘉陵江一侧的唯一一栋带花园的西式住宅里；以及他们修建的靠着城墙的中西合璧的医院。他谈道："重庆是一个非常富有的城市……它的城墙规模巨大。临近山顶上的高塔把好运带给城里。很多的寺庙、规模宏大的衙门和各式各样的建筑，最华美的莫过于文庙。重庆城也很大，街道很陡，踏步是从坚硬的岩石上凿出来的，只有常爬山的人才会觉得舒服。有钱的人才雇得起滑竿，而在每一个主要的街角处都有许多抬滑竿的人在等着。白天城里的街道上熙熙攘攘、拥挤不堪；夜里却死一般的寂静和空旷，只有远处守夜人的竹梆声，一边提醒着他自己不要睡着，一边警告着盗贼。"[2] 莫理循随后接着向西往，由通远门出城。出城时立德一直陪着他。莫理循说，立德是一位经验丰富的旅行家和中国权威，经营着在重庆的重庆交通公司，他写的关于长江三峡的书无人不晓。莫理循的书中有从南岸看重庆城的照片（图 11.14），可以看到南岸的田野风光和重庆城逶迤在群山与大江之中；他也记录了令他印象深刻的城内的会馆（图 11.15）。最后，莫理循经过了浮图关继续向西，书中配有浮图关城墙、城门楼以及前方的牌坊（图 11.16），以及重庆周边的地景（图

---

[1] 这次的旅行记录他在次年出版，中文版翻译为《一个澳大利亚人在中国》。以下引用内容由笔者根据英文版翻译。

[2]George Ernest Morrison, *An Australian in China: Being the Narrative of a Quiet Journey Across China to Burma*, London: HORACE COX; 1895, p. 45.

图 11.14　莫里循书中的
重庆城（1894 年）

图 11.15　莫里循书中的
重庆某会馆（1894 年）

图 11.16　莫里循书中的
重庆浮图关（1894 年）

图 11.17　莫里循书中的重庆周边地景[1]

（资料来源：图 11.14、图 11.15、图 11.16、图 11.17 来自莫里循著《一个澳大利亚人在中国》）

[1]　根据莫里循儿子在《莫里循眼里的近代中国》序言中所说，莫里循很可能一直到
1910 年前自己都没有拍过照片。如果是这样，那么莫里循在《一个澳大利亚人在中国》
中的照片很可能主要是立德夫妇所提供。立德夫妇在出版的书中，有多幅照片一样。

11.17）——类似的风景在多位作者，如前文的威廉·吉尔、后文的丁乐梅等的文字中均有所描述。

英国人伊莎贝拉·露西·伯德（Isabella Lucy Bird，1831—1904 年）是第一位英国皇家地理学会女会员。她在 1899 年出版了《扬子江流域及其以远》（*The Yangtze Valley and Beyond*），其中讲述了她从成都沿江而下，途经重庆[1]。1898 年的 6 月 1 日，她抵达重庆。她在重庆待的时间不长，却有很细致深入的描写。也因为她的描述与其他男性作者的不同，以下引用她较多的文字。

她谈道：

"重庆城不管从上游来还是下游来，都是一个最突出的、最令人印象深刻的城市。在深入内陆 1 500 英里的地方，有重庆这样一个 40 万 ~50 万人的城镇[2]，其中包括 2 500 个回族人。重庆是中国西部的商业大都会、帝国最繁荣的城市之一。它的创建者选择了把它修建在一个无可拓展的场地上。它的各种仓库、会馆、商行、商店和不管是富人还是穷人的住宅，都密密实实地挤在长江与其北边的嘉陵江之间的一块倾斜的砂岩半岛上；修建在冬季水面之上 100~400 英尺的地方……它让我想起来魁北克，也想起来还有城墙时期爱丁堡的密集状况[3]。

"重庆是灰色却壮观的城。一些塔、亭子和寺庙在灰色的巨大、不规则和有射击孔的城墙圈里高耸醒目。从河边到城门有约 20 英尺宽、很陡的石阶，总是塞满了来来往往的拥挤人群。……船帆云集、各种活动挤满了江岸和每一个附近的港湾。陆地上和水面上忙碌的、密密麻麻的各种活动，共同构成一幅令人印象极为深刻的画面。

---

[1] Bird 还在 1900 年出版 *Chinese Pictures：Notes on photographs made in China*。
[2] 这里的数值应该有误。
[3] 在立德夫人的描述中，同样把重庆与魁北克和爱丁堡比较。

"登上太平门的大石阶——因四处是上上下下的抬水工、背着棉纱的苦力而显得凌乱不堪，我来到重庆海关长的房子。海关长的房子修筑在一小块岩石高地上，房子和它之后的山岩距离只有 4 英尺。从海关看出去风景优美如画。可以看到高岩下的塔和慈善馆的花园，也可以看到滚滚长江东逝水……但是房子空间并不大。守卫海关长的中国卫兵使原来不大的空间显得更挤……但是相比较重庆大多数的房子，这个房子已经算是十分宽敞的了。

"重庆城盘踞的巨岩下，是城墙外大量用竹子和竹席建造起来的房子。长江夏季水位比冬季水位大概高出 90 英尺，并且水位上涨速度很快。我 6 月 1 日抵达重庆时，城外的竹子城镇几乎已经消失了。最高处一点剩下的部分被急急忙忙地拆解移除，肩扛背负转移了。每一小时的转移都给这个巨大的、灰色的城增添了一份尊严，藐视奔腾而下的黄褐色的洪流。在重庆，以及长江上游的许多城镇，人类的工作与自然之间的和谐还没有被打破，外国人不艺术的、与自然对抗的、不和谐的和丑陋的做法的那邪恶一天在这里还没有来到。

"几乎比起其他任何地方，重庆使我更感受到商业组织的严密性……我从这里知道，也从其他地方知道，它们服务于他们自己，组织和制度要求的无比的商业荣耀和忠诚使得商人们很满意。在这个大贸易的城市中，有 8 个其他省份富丽堂皇的会馆及其严厉的商业规章制度和组织。还有许多钱庄（买卖汇票），其中有 17 个在具有处理钱庄天分的山西省人的控制中。还有超过 20 家的地方钱庄，用于货币的交换，如将钱文换成银子或者反之。这些钱庄并不直接投钱在物品上，而是以百分之十到十二的年息借钱给个人，并雇用一些人在商业区中打探消息，了解客户的需求

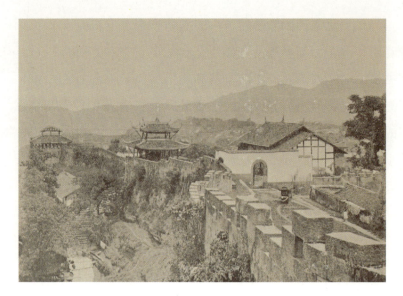

图 11.18 伯德拍摄的重庆城一角，可见城墙与城门楼（1898 年）

图 11.19 伯德拍摄的重庆某慈善会馆的庭院和景观（1898 年）

（资料来源：图 11.18、图 11.19 来自伯德著《扬子江流域及其以远》）

和状况，以及评估他们的信用。钱庄最多只会借 20 万两给个人。他们有非常谨慎和严格的各种办法来保证雇员的忠诚。"[1]

图 11.18 是伯德拍摄的重庆城一角。根据她书中描述的活动范围，以及结合相关图像判断，此照片中的城门楼很可能是通远门的城门楼。远处为炮台，此时炮台还有屋顶。在下文魏司夫妇的照片中，炮台已经无屋顶。图 11.19 是她拍摄的某慈善会馆的庭院与景观。该照片记录的可能是在城西的天宫街道一侧的"体心堂"。

陶维新（Robert J. Davidson，1864—1942）夫妇 1886 年来到四川传教。陶维新与梅益盛在 1905 年出版了《中国西部的生活：两位四川省居住者的描述》（*Life in West China described by two residents in the province of Sz-chwan*）。书中第 4 章详细介绍了彼时重庆城的状况；第 17 章介绍了公谊会 1894—1904 年 10 年间在重庆的工作。在介绍入川航程的文字中，陶维新引用了包括伊莎丽拉·露茜·伯德等多人的相关文字，可以作为进一步索引研究的资料，此处不详述。重庆城给陶维新留下的经验是："从各个城门开始，不规则的石阶一步接一步向上，连到又长又挤的街道。商店里充满各种的物品，显现商业的繁荣。这里售卖的外国物品数量持续增加。因为棒棒抬水一路滴漏，大大小小的街道几乎总是湿的。整个城市的 35 000 人 [2]，靠从江里供水，用扁担一桶一桶肩挑上来。两桶水 8~14 文（1/4~1/2 便士）。光挑水的棒棒在这个城里就有好几千。

"大多数街道又窄又脏，气味不好。各条街道修得高低不一，城本身也是非常不规则，在城里走很不容易辨别方向。夏天城里非常闷热；这大概是必然的，因为实在是太多房子了，密密麻麻

---

[1] 伊莎丽拉·露茜·伯德，*The Yangtze Valley and Beyond*，1898，pp. 491-496. 引用内容由笔者根据英文版翻译。图 11.18、图 11.19 来自该书。
[2] 陶维新的这个人口数据应指的是城墙内人口。

堆在一起，特别气温在华氏 90~100 度（32~38 摄氏度）时。冬天潮湿又阴郁，但春、秋季节气候宜人。外人现在可以过江到四处种着松树的南岸山上，从城里大多数出发大概需要两个小时；而且可以在几个峰顶的地方或周围找到夏季度假的房子。城里城外都有很多寺庙。也有许多小商店售卖蜡烛、烧纸、香烛，用于寺庙、家中、店里和上坟时祭祀用。

"重庆坐落在海平面 1 050 英尺以上的高程，距海 1 500 英里的内陆。此处的扬子江在低水位的时候大概有 800 码宽；高水位时，当激流从上游的山区冲刷而下，四处涌溢，水面可以达到 2/3 英里宽。因为激流和突然来的强风，渡江常常很危险。不太容易理解江流的汹涌，如果没有经历几周的时间沿长江溯流而上，最后来到重庆，在距海 1 000 多英里后看到它的样子，也才有可能意识到再向西几百英里仍然还可以航行。"[1]

陶维新的活动很可能大部分在南岸地区，书中所附地图，很大比重是在长江南岸的教会学校。书中重庆部分的照片，也应该是海棠溪周围的景观。

美国人盖洛（William Edgar Gei，1865—1925 年）在 1904 年溯江而上，和莫理循一样，他在唐家沱关即下船，步行抵达重庆，首先到中国内地会（C.I.M.）的驻地。文中他主要谈到，也是他经验的，在重庆各种各样的教会[2]，一些如猪鬃、药材、山羊皮、货币生产等产业，以及苦力的运费标准等。但他印象最深刻的，

[1]Robert J. Davidson and Isaac Mason, *Life in West China described by two residents in the province of Sz-chwan*, 1905, pp. 41-42；引用内容由笔者根据英文版翻译。Robert J. Davidson，中文名陶维新，1864 年出生，1886 年来到四川传教，在中国近 40 年，1942 年去世，对四川的近代教育事业有重要贡献。

[2]他谈到，重庆是传教团活动的中心城市。有 50 个传教团在此活动；这些传教士是一群很有教养和修身的人，对于任何城市都是一种荣耀。见 William Edgar Geil, *A Yankee on the Yangtze*, NY：A.C. Armstrong and Son, 1904, p. 105。

大概是四川省里竹子的利用。他说："在四川省的各个商业繁忙的、挤满人群的街道上，可以看到许许多多用竹子做的东西。的确，在这个省份里，人们可以住在用竹子屋顶做的竹房子里，坐着竹桌子边上的竹凳子，把脚跷在竹脚凳上，戴着竹帽、穿着竹鞋。他还可以一手拿着竹碗、一手拿着竹筷吃着竹笋。吃完用竹枝烧的饭，桌子可以用竹扫把清理，手里扇着竹扇子，在竹床上打盹午休，躺在竹垫子上，枕着竹枕头。他的幼儿可能躺在竹摇篮里，手里拿着竹子做的玩具。起来后，他会用竹烟筒抽上几口，用一只竹笔，在竹做的纸上写信。或者，取下挂在竹竿上的竹篮子装他的文章，手里支着竹雨伞出门。他可能穿过一座竹子搭建的桥，用竹勺子喝水，用竹片擦汗。因为竹子的可变性和柔韧性，各种竹子做的东西体现了中国人想象力和创造力。"[1]

在 1909—1910 年，美国人托马斯·克劳德·张伯伦（Thomas Chrowder Chamberlin，1843—1928 年）[2] 作为东方教育调查团（Oriental Educational Investigation Commission）的一员对中国进行了广泛的调查。他随行的儿子罗林·T. 张伯伦（Rollin T. Chamberlin, 1881—1949 年）拍摄了大量的照片。1909 年 4 月 23 日，他们从上游而下抵达重庆。和前述大多数西方旅行者一样，罗林·T. 张伯伦也从南岸、城西一带拍摄了重庆城（图 11.20、图 11.21）；比较特别的是，他还从长江江岸和城内部分地方观察重庆（图 11.22—图 11.24）。在日记中，托马斯·张伯伦写道："停靠在扬子江与嘉陵江交汇处。醒来后，雨天。上岸，花了一整个早晨在重庆街道里游逛。沿着城墙完整走了一圈（据说有 $4\frac{3}{4}$ 英里长），走上右边是嘉陵江河岸的城墙，接着转回左边河岸是扬

---

[1] William Edgar Geil, *A Yankee on the Yangtze*, NY: A.C. Armstrong and Son, 1904, p. 106。
[2] 托马斯·克劳德·张伯伦是美国德高望重的地理学家和教育者。

图 11.20　张伯伦从南岸平视拍摄的重庆城，远端为东水门处文星阁（1909 年）

（注：原照片英文标注 "German gunboat"。）

图 11.21　张伯伦从南岸俯视拍摄的傍晚时分的重庆城（1909 年）

（注：原照片英文标注 "Chungking in the early evening"。）

图 11.22　张伯伦从长江江

滩拍摄的重庆城（1909 年）

（注：原照片英文标注"Beach at Chungking"。）

图 11.23　张伯伦拍摄的城

门楼与城墙（1909 年）

（注：原照片英文标注"On the city wall of Chungking"。）

图 11.24　张伯伦拍摄的夫

子池与魁星楼（1909 年）

（注：原英文标注"Pagoda within walled enclosure Chungking"。）

[资料来源：图 11.20、图 11.21、图 11.22、图 11.23、图 11.24 来自美国伯洛伊特（Beloit）学院网站张伯伦数据库]

子江的城墙。站在西南端山上的城墙远观，可以看到很美的城和两江景色。一些风景如画般的寺庙建在坐落在山上的这座城里。城很密集，远比有 9 英里城墙的成都要来得密集。据可能比较准确的预测，有大概 50 万人居住在这个城里。重庆城并不比成都大，但通常认为经济上比成都繁荣。沿着主要街道的许多商店和房屋说明了这样的情况。房屋比通常情况的要高。"[1]

丁乐梅（Edwin John Dingle，1881—1972 年），一位英国记者，1909 年初从上海到宜昌，沿江而上，最后从重庆上岸，徒步向西，进入云南和缅甸。1909 年是清末新政轰轰烈烈展开的时期，也是一个充满动荡和冲突的时期。他在序言中谈道，他想要了解这个变化中的国家，"目的地是那个全世界都为之瞩目的帝国。她凌驾于世界所有国家之上，正在向更美好的未来蜕变，即将钻出历史的躯壳。'革命、革命，革命！'就是她的回声，而我正在前往聆听的途中"[2]。他问道，他也论断："如果这是一场真正的革命，它是否遍及了全中国？它是否即将造就帝制的末日？……人们都知道那些位于长江上游以及与首都之间通了铁路的发达省份已经取得了斐然成就；然而人们却很难相信类似中国版'欧洲主义'（译注：主张欧洲各国在政治上、经济上联合）的思潮并没能对西部和西南部地区产生丝毫影响，就算有一丁点儿，也是以蜗牛的速度。"[3] 他的意思是，东部中国的剧烈变革，对内陆地区的影响很小。

到达重庆后，丁乐梅和吉尔类似，没有描述重庆状况，但描写了领事馆和与一些传教士的来往。但入川后四川的整体氛围给

---

[1] 翻译自托马斯·张伯伦的手写日记。
[2][3] 丁乐梅，《徒步穿越中国：1909—1910 一个英国人的中国旅行记》，陈易之译，北京：光明日报出版社，2013，3 页。

他很深刻的感受，他说道："中国人——这里我指的是诸如四川这样的内陆省份——意识到了他们正处在一个进退两难的历史阶段。……自从有历史起，他们就一直盘踞于那块与世隔绝的礁石。现在，为了发展、制造和买卖，他们出航驶向商贸，驶向政治，驶向文学，驶向科学，驶向所有在欧洲被冠以'先进'之名的事物"，"她将从西方民族那里吸收许多的商业、科学、外交、文化与文明知识。但是新生可以因此而生吗？由内而外还是由外而内呢？"[1]——这是一个极为重要的问题。这里更加动态的、变化和多样的大地景观给他留下了深刻印象。"路两旁的金黄色的葡萄与小麦连绵不绝，豆荚与粉色的花朵交相辉映，低下头来就可看到罂粟花点缀其间，在七彩的美丽海洋中它们轻柔地摇曳……人们摇动着辘轳，用这种原始手段来灌溉梯田，不浪费任何一平方英尺，甚至连两块肥沃田地之间的泥岸上都种满了卷心菜和莴笋，小麦和罂粟则种在顶上一层。这里没有篱笆。大雾令前方的山林蒙上了一层沉重的铅灰色，不过一旦走出了大雾，就能看到一望无垠的多彩画卷，绿色、紫色、棕色、黄色和金色在云雾缭绕的天空下四处涌动，浑然一体，妙不可言。两三座这样清秀而平缓的山坡，一路向南或径直向北，成了雄伟壮阔的山脉。"[2]

德国恩斯特·鲍希曼（又译伯斯曼，Ernst Boerschmann，1873—1949 年）以德国驻北京公使馆官方科学顾问的身份，在 1906—1909 年对中国 14 个省进行广泛的建筑调查[3]。他在 1908 年 4 月至 1909 年 5 月展开西部和南部中国各省的调查，可能在 1908 年年底或 1909 年年初抵达重庆。鲍希曼拍摄重庆的视角和

---

[1] 丁乐梅，《徒步穿越中国：1909—1910 一个英国人的中国旅行记》，陈易之译，北京：光明日报出版社，2013，44-47 页。
[2] 丁乐梅，《徒步穿越中国：1909—1910 一个英国人的中国旅行记》，陈易之译，北京：光明日报出版社，2013，36-37 页。
[3] 鲍希曼 1932 年成为中国营造学社的通讯会员。

图 11.25　恩斯特·鲍希曼拍摄的一公共建筑入口[1]（注：重庆府或巴县城隍庙，约在1908年年底或1909年年初。）

（资料来源：图版26。原德文该图下方标注 "Eingang in den Tempel des Stadtgottes in Tschungkingfu, Prov. Szeschuan"，并简要注释有材料做法：石材、陶、灰泥，镶嵌与瓷片）

图 11.26　恩斯特·鲍希曼拍摄的重庆巷子里的住屋入口

（资料来源：Ernst Boerschmann, Chinesische Baukeramik, 1927, 图版27）

（资料来源：图11.25、图11.26来自鲍希曼著《中国建筑与景观》）

[1] 德文正文解释：Eingangstor in den Tempel des Stadtgottes für den Kreisbezirk von Tschungking in der Provinz Szetschuan. Im Unterbau dreiteilig, im Aufbau fünfteilig mit dreigestaffelten Dachern。

之前其他人有所不同，他虽然也拍摄有从远处观看的照片，如从江边拍摄的重庆的塔，但更多的却是靠近拍摄的场景。这与他要研究中国建筑有关。图 11.25 是他拍摄的重庆一个公共建筑的入口。其中有众多彼时重庆机构的名称，是有重要史料价值的一张照片。照片正中深色的建筑原始名称无法辨识，其他包括有三□治所、警察东三分局[1]、巴县三费□局、川东戒烟□、□二里保甲、团练等。[2] 根据鲍希曼的照片注释和向楚《巴县志》中对于巴县三费局设置地方的描述，这个建筑应是巴县的城隍庙[3]。建筑入口底部为三间四壁柱式，中间宽两边窄，中一间为入口；入口顶上横梁处有横向匾额；中间两壁柱升高后，两壁柱间再裂分为三间四壁柱，仍为中宽两边窄，中一间为竖向匾额。六壁柱共"支撑"中间完整的一个"屋顶"和两边各两个"半跨屋顶"——这里称之为"屋顶"实为不具有屋顶功能的"屋顶符号"。整个入口如一牌坊坎嵌入高墙中。这一做法应是彼时重庆及其周边城镇里，大部分祠庙、公所的主要做法，也是一种较为特别的做法，进而影响到上层人士修建住房的形式。鲍希曼拍摄的重庆照片中，有两张在巷子里的住屋入口，也基本是类似形制，只是规格要小许多（图 11.26）。

德国人魏司（Fritz Weiss，1877—1955 年）夫妇[4]，1911 年

---

[1] 清末重庆城案警察分区管理，东三分局管理范围在东水门一带；见清末民初重庆内部空间结构一节的"巡警区域图"。东三分局的牌子很显然最新；巴县三费分局则要老旧许多。另外，川东戒烟局很可能是川东戒烟总局。

[2] 图 11.25 中不可辨识字以"□"代替。

[3] 该建筑的门口对联的起首字左边应是"城"、右边应是"隍"字。这张照片是鲍希曼书中的图版 26，对于该图的正文解释是："26. 四川省重庆县城隍庙入口大门基础三部分、上方建筑五部分、屋面三阶式；题刻：中匾 县城隍庙 门匾 保境安民（意译） 这些题字绝大多数是官方告示。又，在向楚主编的《巴县志》中有记载：'光绪十五年（1895），县城隍落成，局（指三费局，笔者注）乃迁入庙后小院。'"见向楚主编，《巴县志选注》，重庆：重庆出版社，1989，784 页。

[4] 魏司是德国在四川成都和云南昆明的领事。魏司夫人原名 Hedwig Margarete Weiss-Sonnenburg（1889—1975 年）。1904 年魏司被指派到四川，1907 年任成都领事；期间多次被指派到重庆。1910 年回国度假，并结婚。1911—1912 年新婚夫妇一同来到四川。该节引用的魏司夫人的文字与相关照片，应是 1911 年的重庆状况。他们一直到 1917 年才离开中国。

图 11.27　魏司夫妇拍摄的重庆城
一角（1911 年）

图 11.28　魏司夫妇拍摄的重庆
建筑（1911 年）

图 11.29　魏司夫妇拍摄的从德国
领事馆远眺城市风景（1911 年）

［资料来源：图 11.27、图 11.28、图 11.29 来自"穿越亚洲"（crossasia）网站魏司数据库］

沿江而上来到重庆。魏司夫人记录了她对于重庆的印象。她说：
"我从来就不会忘记当我被滑竿抬着进入到城的第一印象。我的轿夫，扯着嗓子大叫'让开'！当他们换肩时发出唱一样的高声调。在他们前面是两个领事馆的卫兵在开路。他们趾高气扬地驱散挡路的、急急慌慌的小民。他们穿着像是蓝色的制服，在前面绣着'德国领事馆'。但是街上难以形容的喧嚣和混乱，完全没有办法让出路来。街道两边全是小商贩和苦力，倔强的驴子被驱赶着。"

"这座城市建造在凿出来的砂岩上，看上去既不美也不很有魅力。但是她完全地融入大地景观。高踞又有点阴郁，她鸟瞰着两条奔腾的江河流过。一条是清澈的、翠绿的河，在重庆城墙的脚下，和它的大哥，浑浊暗黄的长江交汇在一起。它们是商业的通道，是富裕的四川省商业地区的流动通道。有些地区还在重庆城门以西。城墙间有高突的城门楼和拱门，弯弯曲曲地环围着城，快没有办法装下看上去过度拥挤的密密麻麻的房子了。"[1]

在这次旅程中，魏司夫妇拍摄了一些重庆的照片。从文字描述与照片上看，拍摄的大部分地方都应在城西通远门一带。图 11.27 应是从出通远门后城外的道路拍摄的通远门城楼与炮台。该图中部的建筑群部分，用张云轩的《重庆府治全图》比对，很可能"桂香坪"。图 11.28 是魏司夫妇拍摄的重庆地景与建筑。德文标注这张照片是德国领事馆，但无法辨认出哪一栋是德国领事馆，很可能是照片中远处山上的建筑。魏司夫人谈道，德国领事馆修建在山上，是一栋半欧式的建筑，视线可以越过城西的城墙，看到附近山的风景。图 11.29 他们拍摄的从德国领

---

[1] 根据该关于魏司夫妇的链接中英文稿翻译。

图 11.30　甘博拍摄的江北城（1917 年）

事馆远眺城市风景。

　　美国人西德尼·戴维·甘博（Sidney David Gamble，1890—1968 年）于 1917 年到四川调查，在四川拍摄了大量的照片[1]，以下选取其中的 3 张。图 11.30 是从重庆城北望江北的照片，其中应是魁星楼，十分突出。图 11.31 是从长江江滩拍摄的场景。江边堆挤小帆板，长长的石梯引向远处的城门，此处可能是东水城门外；照片中的阁楼塔应是东水门内的文星阁。和其他人较为不同的是，甘博拍摄了大量的地方社会生活的场景，如图 11.32 是他拍摄的重庆城内某处送子观音的雕塑。

[1] 在杜克大学网站上，甘博照片库中重庆目录栏中有 92 张照片。

图 11.31　甘博拍摄的重庆江滩、城墙和城门（1917 年）

图 11.32　甘博拍摄的重庆城内的送子观音像（1917 年）

（资料来源：图 11.30、图 11.31、图 11.32 来自杜克大学甘博数据库）

## 11.3  重庆城的"帝国样型"

从 1846 年古伯察的重庆描写，经由布莱基斯顿、李希霍芬、威廉·吉尔、立德、立德夫人、莫里循、伊莎贝尔·伯德等的文字，到 1909 年张伯伦、鲍希曼，1911 年魏司夫妇，1917 年甘博的照片，从不同的角度、略有差异的时间年份共同拼贴了一幅清末民初重庆"帝国样型"的状况和面貌。此时的重庆城，是日趋颓败的帝国的一部分，却是长江上游地区最富有、最繁华的城市。他们大部分从下游逆流而上，经历峡江漫长的旅程和各种自然和社会的艰险，途经夔州、万县，暂停唐家沱，接着远望见一座白塔，提醒着重庆城的到来。船转过大佛寺，江流汹涌中是一座修建在山上的、壮观的、房屋密集的、岿然不动的城池。远远望去，两江交汇处的朝天门城墙弯曲成一个坚固的弧形，江边连续不断的大踏步连接入城门。稍远处，三元庙的亭子高耸，公所、祠庙的封火山墙突显在低矮的、密集和灰暗的民房群里；透过封火山墙的阻隔，可以隐约看见里面房屋的高大和壮观。城的四处，落着几个高起来的楼阁式塔，屋顶线条俊朗飘逸，和大多在山梁处的一条、几簇绿化共同点缀着高度密集的城。城墙周边桅杆林立、船只来来往往；稍微往上一点，就是一大片竹子搭建、随江水降落而拆建的临时房屋。船慢慢接近这座宏伟壮观的城。江滩地上有各种小买卖、水果等杂食，也有一些架着竹板堆放煤球。沿着城门留下来几条通道，蚂蚁般的、来来去去的劳力把江水、食物等抬入高筑岩石上的城，供养着这个城日常生活的必需；还有各种光着膀子的、短袖的搬运工，把货物卸下船或装上船，把货物背入城或者背出来——他们共同构成了这个城最日常、最可见的景观。然而这些外来游历者此时还不能进城，只能请人送帖子到川东道，知会外人的来临；他们也要通知在重庆的教会，和在重庆的西方人取得联系。接着，他们有些能够在弯曲的、不宽的、高低起伏的、水沥沥的街道相对自由地行走，有些却只能藏在轿子里，前往道台或传教士处。但毫无疑问的是，对于重庆人而言，他们的来临是日常生活的小变奏，他们是不多的、少见的外来人；有些冒着被丢石头的风险走在街道上；更多的是被一群人，特别是孩子们围追，几乎无法脱身。也是这一原因，大多数过境的外来者仅拜访城西领事馆区或教会区，少于深入城内。傍晚鼓楼上低闷沉厚的鼓声四传，沿江的八个城门关闭，再稍晚一点，通远门也关闭了[1]，整座城关闭了。大街上除了打更的人再无他人，在防盗和"小心火烛"的吆喝声中，伴随着远远的几声零星狗叫。这个白天极为热闹、繁忙、喧嚣、蒸腾的城，随着夜晚来临彻底安静下来、黑暗下来，只有天上的月亮和它的倒影，在奔腾不息江水面上点点泛光。

留住重庆城一段时间的外来者，很快就发现这座城另一种更深层次的景观。各种商品分区贸易，主要街道的铺面里摆满了杂碎的用品。为生活疲劳奔波是这个城里绝大多数人的普遍状态，初一、十五或是重大日子里的敬神祭祖是常规节事，也是重要的事情。外来者偶尔会遇上婚丧嫁娶，这更是一般人生活中的要事，要热闹上一段时间。立德等人有机会与当地的高级官员和商业领袖有更多更频繁交往。这是一个商业高度发达和有严密的商业组织的城市，各帮各行有细密的帮规行规。各会馆、公所、祠堂里的庆典或宴会奢华而高调，色彩艳丽；高高的封火山墙内外，是两个不同的世界。道、府、县的官衙例行公事，往往息事宁人，不积极开拓，如前述"循吏不易得过"，如立德所说："各级官

---

[1] 按照立德夫人的文字，不只通远门，也可能包括朝天门关闭要略晚一点。

吏贪污受贿，对国家的治理不算好，但毕竟还统治着这个国家。"各公所、会馆、商帮间的矛盾冲突，最终还需要提交到官衙来解决。但由于缺乏足够的激励机制和十分有限的地方建设经费，官衙能不作为就不作为。地方性的公共事务更多由各省会馆联合商议、组织和执行，但须经过官衙许可。这个城最大的隐患不是夏日间汹涌的、高涨的江水，不是夏日的潮热、冬日的阴冷，而是超高密度的房屋和人口状况下频发的火灾。城里的房子，那些会馆、公所自然不用说，稍微富有一点的人家，一定也是封火山墙高筑，构成了一个商业流动世界中房屋间相互高度隔离的景观。离开这座密集的城，到郊外远行是一种放松；稍微富有的人家往往城里有住房，郊外也购置房屋。城外的风景，层层叠叠的、满是水稻田的山坡地上此一簇、彼一簇的油菜花和罂粟花给许多外来者留下了深刻的印象。

人多地狭使得重庆城内居住不易，经济和用地的压力形成密集房屋群下明确的产权边界，这从地图和照片中不能直接读出。《巴县档案》中有大量的铺房买卖契约、土地占用状子等。房屋的"四至"十分明确，官产与私产的边界也很清晰。常常发生的状况是，公产遭遇私人侵占，进而将公产租与私人，获得经济收益。如乾隆二十三年（1758）重庆镇标向巴县县衙提出："本营所管禁城金字门以西靠城地方，原系官地。先年原有房屋，历经数十余年无紊。于本年二月内，奉文拆留马道。此诚盛举，遂将房屋拆毁。讵意恶棍铺民屠起文乘隙将伊旧城墙脚拆去，占出官地长三丈有余，靠南占出官地宽五尺，挨北占出官地宽二尺有余。"[1]又如乾隆三十八年（1773）私人租用官地，"承认祖宪署前左边

---

[1] 见四川省档案馆，《清代巴县档案汇编·乾隆卷》，北京：档案出版社，1991 中的这类合约，295 页。

官基空地，进深一丈，自置铺房，每年纳地租"[1]。

　　重庆城的建筑，因社会阶层的不同分为几种类型。一种是如川东道、府治、县治的衙门等，这一类建筑的等级、规模、用色等有官方的规定。礼制建筑（如文庙）有别于官衙，但等级、规模仍然根据官方的规定设置。重庆城内有道、府、县三级行政机构，府、县的大大小小的行政和礼制配置建筑都需具有（不仅在城内，如历坛等在城外），城里就有着大量的官方机构建筑。另外的一类，是公所、会馆等商业行会组织的建筑，它们和官衙建筑类似，也是通过合院进行空间组织，但往往带有会馆原籍的地方特征（如江西会馆、陕西会馆、福建会馆等），不仅体现在祭拜的尊神不同，也对于建筑形态有较大影响，形成了各有特色的地方会馆。然而由于重庆城内高密度人口和频发火灾，重要商业机构的建筑需要通过高筑封火山墙降低火灾受害风险，这是这些会馆共有的特点。民间的房屋，大致可以分为3种：一类是富有人家的宅居，合院的布局，配有高大的封火山墙和富丽堂皇的门头，外部封闭内部开敞，配与花草树木，甚至开凿园林。更多的一类是一般性的铺面和住房，五柱或七柱的进深，三间或五间的开间，穿斗结构和两坡顶，可能情况下主要建筑再加以封火山墙。由于人口和土地的压力，这些房子，如前托马斯·张伯伦的感受，比一般城市里的房子修建得要高一些。第三类是沿着城墙外侧的江滩地，大量修建了许多简陋的、竹木的临时房屋。这些后来被称为"吊脚楼"的房子，是重庆城里最贫穷的人群居住的房屋。它作为和常规房屋十分不一样的形态，引起了外来者的注意。重庆城里的这些各种不同建筑，需要修建在山冈上，形成了高低错落的形态和需要根据地形修

---

[1] 四川省档案馆，《清代巴县档案汇编·乾隆卷》，北京：档案出版社，1991，295 页。

正常规布局，也造成了建筑间相互影响的状况。如《巴县档案》中有载，乾隆五十三年（1788），"东水门外大马头普济寺，乃渝城古刹。因本年六月内大水泛涨，庙宇冲坏……赏准赐御资助，善缘募化。今已兴工，理宜浩净，但此庙左右隙地，昔有无知之徒，诓搭竹房住家，不无滋扰，兼后接城脚，城上居民，每以渣滓臭水倾泼下城，污秽庙宇"[1]。

此时重庆城的物质形态，是多种力量叠合、共塑和互相作用而成。第一种即是王朝帝国规定的行政等级形态。不同行政等级的城按规定设置有其相应的行政机构规模与数量，占据有不同面积的土地及建筑规模和装饰内容等。《钦定大清律例》的"礼律·仪制"规定："职官一品二品厅房七间九架，屋脊许用花样兽吻，梁栋斗拱檐桷彩色绘饰，正门三间五架，门用绿油，兽面铜环；三品至五品，厅房五间七架，许用兽吻，梁栋拱檐角青碧绘饰，正门三间三架，门用黑油，兽面摆锡环；六品至九品，厅房三间三架，梁栋止用土黄刷饰，正门一间三架，门用黑油，铁环；庶民所居堂舍不过三架五架，不用斗拱彩色雕饰。"这是一种法律规定的形式，进而形成了观念，在《重庆府治全图》中表现得尤其明显。重庆府城内最高的行政机构是"川东总镇都督府"，其次是"重庆府"。图中可见"都督府"建筑群体的图形绘制巨大，比"重庆府"在占地、建筑体量上要庞大许多；如果和"巴县衙"[2]相比，就更显现出巨大差异性来——实际的房屋有等级、规模、用材、装饰内容等的差别，但并不会如《重庆府治全图》中表现的那般，这是在观念的表现上夸大了该种差异（图11.33）。对称、威严、讲究礼制是这类建筑的基本特点。

---

[1] 四川省档案馆，《清代巴县档案汇编·乾隆卷》，北京：档案出版社，1991，313-314 页。
[2] 向楚主编的《巴县志》中，巴县县衙按照清制设吏、户、礼、兵、刑、工六房，置典胥房书。

图 11.33 　《重庆府治全图》中三种不同行政等级机构的建筑形态与规模

（注：按照同等比例截图。）

彭伯通的业师张孟虚在民国初年有进入巴县衙门的经验，彭伯通很可能结合老师的回忆记载了巴县衙门的格局和使用："巴县署正中为大堂、二堂，大堂在前，二堂在后。大堂两庑为吏、户、礼、兵、刑、工六房。二堂两庑为花厅、签押房。二堂后面本为三堂，但从来不用，改为官眷居处。正堂右为大厨房，左为典史署。大堂前为大坝。大坝右为监狱、茶馆，大坝左为衙神祠、马王庙、朝天驿。大坝前并排仪门两座，仪门习称二门。出仪门为甬壁，甬壁左右分别为东辕门和西辕门，习称头门。"[1]此段文字可和古伯察对衙署的描述对照理解。

第二种力量很显然是风水的力量。两图中都将重庆城类比"龟形"，《重庆府治全图》中还谈到重庆城如"鹅颈高扬"。这都是一种象形，取形美好的意象表达。如魁星楼、青龙阁、文峰塔这类在今天看来十分不实用的建筑[2]，从其形到其名，却都是彼时"修补风水"极重要的构成；七星岗更是直接的体现[3]。1883年立德在穿越三峡的旅途中记录风水对周边城镇的重要性，每每谈到各地方修筑某些塔或楼，就是为了修补风水、改变不好的运气。他谈道："众所周知，中国人对坟墓和房屋能否选一个好址看得无比重要，认为坟墓的风水对死者的子孙后代，房屋的风水对居住者的运气都有很大影响。至于是否有利于健康则不看重（但中国的泥土占卜很可能把这一点看作基

---

[1] 彭伯通，《重庆地名趣谈》，重庆：重庆出版社，2001，82页。
[2] 特别是一些实心塔，完全无实际的使用功能，连登高远望都不可用。
[3] 在《从普遍观念到地理现实：清末民初的重庆城内部空间结构》一节中详细讨论了重庆城"九开八闭十七门象九宫八卦"的问题，以及七星岗的处于八卦中的"坎位"以镇火之意象，在此不复述。

本原则）。"[1]他在另外一处谈道："至于贫穷的原因，居民们并未认识到这是由于被光秃秃的群山包围，与外界隔绝之故，也未认识到是由于当局禁止采用现代化手段提高煤产量所致，却认为是风水有问题。于是大量人力物力浪费在补救风水缺陷上，例如，在左岸下行1英里处的一块白色岩石上修建的一座新塔，已竣工6层……沿河的每一座城镇几乎都有塔，或新或旧，通常建在左岸或北岸（河流大体为东西走向），从城镇下行一二英里处，认为这样可以阻止本城财富被急流冲至下面的城镇。"[2]重庆城的"龟形""九开八闭十七门象九宫八卦"、大佛寺、"青狮白象锁大江"、文峰塔等的设置都是基于风水观念的营造。民间建筑的选址、营造、礼仪过程，如立德所言，风水的考虑"看得无比重要"。在立德夫人细细碎碎的描写中，我们也可以看到风水的力量在日常生活中的作用。

第三种是经济的力量。[3]重庆是"江山连楚蜀""蜀东要地"，这既是从帝国角度认识重庆军事与地区安全的重要性，也是一种经济区位的重要性。立德引用他人的表述，认为只要从宜昌到重庆间的400英里航路开通，就可以再造一个西部的上海，"重庆是中国西部的中心"，这是从经济意义上认知重庆的重要性。地处要冲，以水路为依托的贸易使得重庆九门中除通远门外的八门码头地区十分忙碌。巨额贸易也加大了重庆城内外的社会分化；城外竹木建构的简易房屋密布，簇拥修建在磐石上的重庆城；城门内沿着长江一带长期以来即是行政的

---

[1] 阿奇博尔德·约翰·立德，《扁舟过三峡》，黄立思译，昆明：云南人民出版社，2001，54页。
[2] 阿奇博尔德·约翰·立德，《扁舟过三峡》，黄立思译，昆明：云南人民出版社，2001，61页。
[3] 《明代的城池与人口》一节中讨论过城池规模与行政等级及经济发展之间的关联与差异。

区域，却也越来越是经济的区域，以致人口和房屋高度密集；遍布林林总总的各类衙署、公所、会馆等。这些官方的、行会的建筑形成了理解帝国晚期重庆城的最重要构成，它们基本样型的组合方式是带有高墙围合的院落，具有高度的保护性和内向性。我们在之前诸多西人游历重庆的文字中，也可以十分明显感知清末重庆经济的繁荣。

第四种力量是帝国的营造体系，主要体现在《钦定工部营造则例》[1]《钦定工部续增则例》和《钦定工部保固则例》中。工部奏请钦定营造则例中谈到编撰这一工作的考虑，提出工部"为工程总汇之区，省试考核款项纷繁先经……于雍正十二年（1734）及乾隆三十三年（1768）等年将坛庙、城垣、衙署、仓廒、河工、海塘以及军装器具各项做法工料并各省物件价值纂辑成例，奏请钦定……惟是近年以来……旧制少加更正者，现在积存渐多，若不急为编辑成书，诚恐条件纷繁，日久散佚，承办人员一时难于检查……内外办理或有歧异。相应奏明，将前项未经编辑条款逐一检齐，分门编列，刊刻成帙。庶部中易于查对，外省共得遵行。准驳之间不致滋弊，考核益昭画一"。[2] 也就是说，帝国的工部编辑了一套通行的、详细的"则例"，包括做法、价格、工期、责任人等的规定，各省需按照此规则行事，以申请国家经费、建设或维修以及结算。作为川东地区要冲的重庆府，同样要遵循这

[1]《钦定工部则例》卷1—21 为属营缮司关于坛庙、城垣、公廨、仓廒、营房、物料、工役的则例；卷22—38 为属虞衡司关于钱法、军需、杂料的则例；卷39—104 为属都水司关于河工、漕河、水利、海塘、江防、桥道、藏冰、织造、杂项、礼典、沟渠、关税的则例；卷105—111 为属屯田司关于陵寝、坟茔、薪炭、煤窑的则例；卷112—114 为关于制造库的则例；卷115 及卷116 为关于节慎库（财务部门）的则例；卷117—142 为通например。
[2] 故宫博物院编，《故宫珍本丛刊》294 册《钦定工部则例三种·第一册》，海口：海南出版社，2000，1 页。

一套国家规定，不能例外，也不可例外。《清代巴县档案汇编·乾隆卷》中有两条档案，是巴县县令离任前申报的清册（见下）。从这两条档案中也可以看出，作为县令，他必须维护任内经管的城垣、坛壝、衙署等。这即是帝国营造体系在巴县地方的构成和表现。

乾隆四十年（1775）十二月十三日《巴县申贲城垣坛壝衙署清册·巴县申报清册》

遵将前署亮任内经管卑县城垣、坛壝、衙署、造具清册呈贲。须至申者。计开：

——城垣周围九里七分，长二千六百一十八丈七寸五分。[1]

——社稷坛一所。

——风云雷电一所。

——县衙署一所，头门、仪门、大堂、二堂、内宅及书役房俱全。

以上城垣、坛署俱各齐全坚固，理合登明。

乾隆四十八年（1783）七月初五日《巴县移交清册》

——重庆城垣周围九里七分，长二千六百一十八丈七尺五寸。设立九门……城垣城楼，俱系完固，并无倒塌。

---

[1] 应为二千六百一十八丈七尺五寸。

——衙署一所，经前县徐详修，于乾隆四十六年十一月十一日在藩库领银九百八十五两修理。自四十七年二月初八兴工起，至七月初四日工竣。头门三间、仪门五间、捕班房一所、大堂三间、二堂三间、东西厢房六间、左厅四间、对厅三间、三堂五间、东西厢房四间、西书房上下八间、厨房五间、望江书房三间、三堂左右书房，窗壁俱全，均系坚固。公案桌两张，勅印架两个，案椅二把，云点二面。

——南北坛二所。

——养济院一所。

最后的一个力量，也是亘古恒久的力量，就是地方的历史、地理过程和现实。重庆处在长江和嘉陵江两条大江的合流处，"江山连楚蜀"，既是重庆政治和经济重要性的原因，也影响、左右和限制重庆城的营建。从江滩到大梁子有六七十米的高度差，也是重庆城营造的现实。从八个沿江城门修筑石阶攀高通达城中，是这个城的基本空间结构。两江环抱导致的用地十分有限，以及随着贸易繁荣带来的人口日趋增加，帝国晚期的重庆城中、城外人口极度密集、人烟辐辏。如何利用、克服两江环抱和山地地形的状况，如何应对高密度人口带来的各种社会问题、包括公共安全等，如前所述，始终是帝国晚期以来重庆城面临的严峻问题。

光绪三十二年（1906），《四川官报》转录《北洋官报》报道"遣学建筑"："两江督宪以近来推行新政，形式与精神二者不可缺一。故于营缮工程之事颇为注重，惟中国建筑之学问向不讲求，遇有重大工程不能不聘用洋员洋匠，甚非持久之计。现特饬令学务处遴选素优东文、算学之学生十名，资遣出洋，前往日本专习工科内建筑学一门，以备将来应用。"[1] 中华帝国遇到了严峻挑战。这一挑战虽然是以军事战争为前提产生的，更深层次的原因，却是观念的改变、知识和技术系统的改变。出洋"遣学建筑"是新政变革的一部分，是知识与技术改变的开始。它们日渐广泛地应用，持续地改变着，最后结构性地改变了帝国的城和建筑，改变了帝国晚期重庆的城和建筑。

---

[1]《京外新闻: 遣学建筑》（录《北洋官报》），载于《四川官报》，1906，第 14 期，52 页。

**12**

文本中的城市：
1883 年阿奇博尔德·立德眼中的重庆城[1]

[1] 原文发表在：杨宇振，赵晓霞，《文本中的城市——〈扁舟过三峡〉解读》，《第 13 次中国近代建筑史学术年会论文集》，2012，691-699 页，有增删。

## 12.1　城市与文本

　　城市依靠什么存在？城市是一种物质现实、一种社会组织还是一种观念？如果是其中某一种（或者都是），那么物质现实、社会组织与各种不同的观念在历史过程中发生着什么样的演变？这些演变在地方、与远方发生着什么样的关联？人们需要记得住这些变化吗？能够记得住这些变化吗？

　　在我的阅读经验中，至少到民国初年的一些学者[1]，在出外远行时，总有访寻古迹、地方古书、查看坍塌故碑的习惯，希望通过旧有物质、文字记录建构曾经的历史。历史保留在物质体上，保留在图像和文字中。

　　然而，其中存在着"作者与读者"的复杂关系。卡尔维诺（Italo Calvino）在《看不见的城市》中写道："城市不会泄露自己的过去，只会把它像手纹一样藏起来，它被写在街巷的角落、窗格的护栏、楼梯的扶手、避雷的天线和旗杆上，每一道印记都

---

[1] 也许称之为学者并不合适，用"士人"更为恰当。

是抓挠、锯锉、刻凿、猛击留下的痕迹。"[1]——与此类似，作者会泄露他的秘密吗？或者说，文字能表示作者的意图吗？"词不达意"是词无法表达意图？还是词中另有别的意图？更进一步，文本（文字的物质化）能够被解读吗？文本中作者的意图能够被读者认知吗？

罗兰·巴尔特（Roland Bathes）在《作者之死》中分裂了作者和文本间的关系。他认为，虽然通过分析作者身份、政治观点、所处时代的历史背景、宗教信仰、种族、道德观念、精神分析等，是解读一部作品的一种方式，但这种方法显然存在着严重的不足。当文本离开作者，进入公共阅读领域时，作者已经无法控制"文本的被解读"。文本的意义由无数个有着不同文化背景、生活经历等的读者所决定。

斯图亚特·霍尔（Stuart Hall）则指出，意义被"组码"和"解码"。"组码"是通过创造者以一种编码的、非直接形态的方式，将意义放置在文本中的过程；而当读者索取意义时，"解码"则产生——可能是以一种与原作者意图不同的方式[2]。

但是，无论是作者还是读者，都离不开所在的物质世界、社会关系和渗透与深藏在其中的观念和意义。无论是作者还是读者，都必然生活在一定范围的空间尺度中；弥漫在空间中的价值观念、意识形态、审美意象等伴随着从不停止的规训过程穿刺了每一个个体。然而，这样的表述并不够清晰和准确。"生活在一定范围的空间尺度"往往与阶层的位置有关系。也就是说，在某一个一定边界的空间里[3]，存在着各种不同层级、不同尺度的亚空间。

---

[1] 卡尔维诺，《看不见的城市》. 张宓译，南京：译林出版社，2012，9 页。
[2] 参照和部分引用 Savage, Michael. *Urban sociology, capitalism, and modernity*, New York：Continuum，1993，pp.122-146。
[3] 这一定义仍然需要进一步深入讨论。在一个全球化的时期，哪里是空间的边界？或者什么是全球化时期的"空间"定义？

这些不同层级和尺度的亚空间可能存在着交叠之处，特别是在"公共空间"——然而即便如此，作为物质形态的"公共空间"，对于不同阶层之人，仍然可能存在着极为不同的意义。

无论是作者还是读者，以两种方式获得对世界的认知：身体的经验和大脑的思辨。身体移动受限于"皮囊"的存在、时间的"苦短"，往往只能在有限的物质空间范围和时间范畴里、在一定的社会关系中获得感知和经验。从这一方面上看，在"阶层空间"作为第一要素的限定条件下，物理空间的活动范围大小、社会空间中涉世的深浅将直接影响到其对于世界的认知——观念与意义的形成过程。然而这样的表述仍然不够准确，因为缺失了对于观念空间的讨论。身体的运动是一种和异质性对象接触的过程，有其较大的物理性限制；然而观念却可流动，观念的获取虽然同样受限于"阶层空间"的限度，比起身体，却更有可能溢出既定的空间边界。这种可能性是一种辩证过程。一方面，上层（比如，统治阶层）为着维护既得利益而广泛推行某些观念，并可能将观念与现实的物质和社会利益结合起来——比如"天地君亲师"就是很好的例子。这些观念可以穿刺不同的"阶层空间"，进而成为一种统治技巧和维护社会秩序的必需。另一方面，观念的流动性——古时往往通过口碑、书籍得以在时空中流动；当下则通过书籍、互联网，使得人的存在可以一定程度地脱离日常的所在，感知古往今来的各种观念，进而有可能产生对于当下的批判性思维。

这也就意味着，观念或意义的获取既有可能是通过身体感知，基于已经获得的经验，在对各种不同异质性的感知和比较过程中产生；也可能通过观念空间中的"被灌输"或者（以及）主动获取（产生主动的判断能力）。有自主性的个体，能够将这两者进行比对思辨，产生思考与实践。

这也就意味着，作者和读者必然的分异。由于物质、社会以及观念空间的差异，进而导致对同一物体（文本、事件、实物等）理解的差别。尽可能"贴近"作者的语境——比如，巫鸿在《武梁祠》中反复强调的"原境"（Context）就是其中的一种——是解读文本的一种基本路径，尽管这种"贴近"只具有整体中的局部可能；或者说，尽量趋向整体的可能。

"城市作为文本"是城市研究中一种很好的视角。在这一假设中，每一个人都是作者，每一个人又同时是读者。每一个人通过身体的移动、物质的实践、观念的传导（往往自觉或不自觉贯穿在物质的实践中），书写着城市——在这一过程中，也感知着城市，阅读着城市。罗兰·巴尔特谈道，"城市是一个话语，而且这个话语实际上是一种语言：城市对其居民说话，我们通过居住、穿行、注视来谈论着我们身处的城市"[1]。然而在这一假设中，有许多重要的问题需要深入研究。比如，谁是当下城市主要的作者，是权力、资本还是社会？如果是其中某一类，或者某几类，那么它们又是以什么样的方式书写着城市这个文本？这个被书写着的文本蕴含着什么样的意义——表达作者什么样的意图？这些意义能够被各种不同读者感知和理解吗？当下正在被书写的文本又和以前的文本有着什么样的不同？文本间出现了什么样的差异？是语法、句子、词汇、字的形态差异？或者，是意义上的什么差异？

"文本中的城市"是观念空间中的城市。城市存在文本之中——这一结果也就是雨果在《巴黎圣母院》中指出的，后来又被罗兰·巴尔特在《符号学与城市规划》中引用的，"文学杀死

---

[1] 罗兰·巴尔特，《符号学历险》，李幼蒸译，北京：中国人民大学出版社，2008，203 页。

建筑"——城市是一种写作，而"纸上的写作"击败了"石头的写作"。在历史变迁的长河中，"石头的写作"往往灰飞烟灭、全无踪影，或者仅留有供后人凭吊的遗迹。而验证它的存在的，则在"纸上的写作"——"文本中的城市"。

对阿奇博尔德·立德的《扁舟过三峡》的解读就是试图片段重建 1883 年的重庆城市景观。《扁舟过三峡》是较早的外国人游历三峡留下的较详细的文本[1]。立德本身是英国皇家地理学会的会员，这一旅行是为着开通宜昌到重庆的机动船航线而准备。文本中显现出来立德的处处小心观察，特别带有中西、中国东部与沿途社会状况与景观等比对的视野。

文中对立德的文本分两个部分进行讨论。第一部分是立德笔下从宜昌到重庆的三峡城镇群的风水景观意象；第二部分是立德滞留时间最长，也是文本中用墨最重的重庆城镇景观与社会状况。

这一工作很显然不能"重建"彼时重庆的全部。巴特谈道："如果我们试图研究一种城市符号学……要求我们众人设法破译我们所居住的城市，如有必要，从一份个人报告开始。把各种读者类别的读解报告收集起来（因为我们有一批读者，包括定居居民和外来人士），我们将因此而发展对城市语言的研究。"[2] 巴特的意思是城市存在于各种不同读者的意象中，更加可能的、完整的城市存在于对各种不同类型读者的文本（成为作者）的关联性解读。前面也谈到，这种工作是整体中的局部解析，但却是尽可能趋向整体的努力。

---

[1] 另外还有一些较早的传教士、旅游者留下的文字，均没有中译本。将另文研究。
[2] 罗兰·巴尔特，《符号学历险》，李幼蒸译，北京：中国人民大学出版社，2008，209 页。

## 12.2 文本中的重庆城

立德在中国生活近 50 年，会说中国话，对中国的情况相当了解。其游记既有对当时中国的社会现状的生动的描述，又时时刻刻带着中西比较的视角，力图重现那个"有趣而又停滞不前的社会文明"。正如作者自己所说："对于这片广阔的土地，无论是从自然界，还是从诸如社会、政治、伦理道德等领域来看，都须我们就其现状和历史作更深入的研究。"[1]

### 12.2.1 风水意象：从宜昌到重庆的城镇群景观意义

立德从上海沿长江乘船到重庆，途经宜昌、巴东、巫山县、归州府、万县、丰都、重庆等地，历时两个月，对沿长江城市带景观进行了详细叙述。在立德的文本中，一个重要印象就是风水在城市营建、社会生活上的重要影响，"自然崇拜似乎是中国人唯一真正的、本土固有而普遍的宗教信仰"。"风水"对于城市营建积极的一面，在立德看来，"风水，从好的方面说，具有最高影响力，使人与土地保持和谐的关系，有如鸟与空气、鱼与水的关系一样，建筑物都与环境协调"。但是往往在个人层面上却有消极的一面，比如在治病方面，"现代的风水只不过是迷信，风水干预一切事情的进程，阻碍人们去真正研究折磨人类，特别是中国人的疾病的治疗方法"。为"补"风水而建的城市景观遍布宜昌到重庆的长江沿线城市：城池的选址讲求跟山川河流地形相互呼应，如位于高处河面的山地平台上，或者两河交汇处从而获得完整的风水；城市几乎都有"补"风水的白塔，立德沿途大

---

[1] 本节所用材料均来自立德《扁舟过三峡》，为避免烦琐，不单独引注。

到一个城市，小到一个乡村，"到处是各式各样的寺庙"，包括观音庙、关帝庙、张飞庙、道观；人们的住宅和坟墓的选址和布局对风水的考究等。

（1）城池选址

对于城池的选址，从风水的角度，立德认为万县和重庆的风水是完整的。"万县的风水是完整的。"北面的山峦挡住了阴（即北）气的影响，河对岸低矮的山峰作为屏障，同时不会阻挡阳气流入。城市上游突出江面的岩石岬角像一条龙拦住激流，形成平静的河湾，以供船只停泊。由于地处河湾拐弯处，向下流的河水将财富送进万县的怀抱，在下游有峡谷阻拦，防止河水把送来的财富又匆匆带走，并且在峡谷岬角上建了一对宝塔和一座钟鼓楼来强化这种风水格局。这样的对于城市风水的言说是一位老者述说的，在立德看来"既有想象力又富有诗意"。

重庆选址也很特殊，立德写道："重庆所在的半岛四周，山峰环绕，形成盆地地貌，又宽又深的扬子江就在山脚下流动；山坡上密布着村庄、农居、酒厂和制造厂。"同时，城池隔江南面高山上还修建一座风水塔来完善重庆的风水。重庆城池的山水格局被形象地称为龟蛇的风水："重庆市形状像一只龟，一条蛇盘绕其上。""大蛇朝内陆方向慈爱地环抱城市，与之相对应的龟位于河对岸，形状像龟伸出的咽喉。蛇与龟使重庆的风水臻于完善，带来了城市的繁荣。"对于当地富商董氏开矿破坏城市风水的行为，立德看到士绅们刻在3块砂岩石碑上的公告，3份公告分别由道台、知府和巴县县令发布。公告称鹅项颈是渝地的咽喉，重庆商业兴盛、人杰地灵都得益于此。由于董氏开采石矿，破坏了地脉，以致"现今科举事业，军事力量及商业经营均持续下降。太平门及朝天门两处最繁华市区亦已冷清萧条"。因此倡议"购回鹅项颈地产，辟为公地，称'培善堂'，以涵养风水"。并强制规定自涪渡岗至朝门洞地段地面和地下禁止采石、烧窑或开沟。

除了城池的选址，城墙和城门也是为了顺应风水而建，甚至城门的开闭也具有保护风水的意义。从宜昌到重庆的长江沿线城市，除了省内太穷的城市巴东，立德经过的城市都有城墙。城墙高低不一，随山就势，通常高于长江水面100~200英尺，是立德眼中中国城市唯一的散步场所。立德途经归州府，就看到"高高的城墙环绕，城墙筑有雉堞，城门上有塔楼；城下临河修筑四层石头江堤，这一切都保存得异常完好"。如此良好的城市景观也许应该归因于归州府拥有仅次于广州的清帝国的厘金站（海关税收），城内人口众多，遍布达官贵人及其下属的豪华住宅。当归州府遭遇6个月无雨的旱灾时，在风水思想的指导下，城市关闭了城池的南门，全地区甚至宣布严格实行斋戒。

（2）塔"补"风水

除了城池选址、城墙和城门，另外一个跟风水密切相关的景观要素是白色的佛塔，"沿河的每一座城镇几乎都有塔，或新或旧，通常建在左岸或北岸（河流大体为东西走向）从城镇下行一二英里处，认为这样可以阻止本城财富被急流冲至下面的城镇"，因此立德沿河乘船逆流而上，通常看到位于山顶上的佛塔时，就知道城市快到了。对于城池选址风水好的城市，希望修塔进一步"补"全风水；本身风水不好的，希望改变其风水不好的命运。比如立德快到万县时，看到一座塔，"这座塔坐落在一个锥形山峰之巅，表明城市已经不远了。再往前走，也是白色、九层，这样就把风水补全了"。省内最穷的城市巴东，将贫穷归咎于风水不好，因此在左岸下行1英里处的一块白色岩石上修建的一座新塔，阻止本城财富被急流冲至下面的城镇。立德向当地人询问新塔对于改

图 12.1　建在山上的重庆府城

图 12.2　1912 年的重庆沿江景观

（资料来源：《进步》，1912，第 3 卷第 1 期，33 页）

善风水的作用，他们称建新塔后巴东 200 年来第一次有秀才中了举人。

（3）住宅、墓地和教堂的选址

除了城池的选址，"中国人对坟墓和房屋能否选一个好址看得无比的重要，认为坟墓的风水对死者的子孙后代，房屋的风水对居住者的运气都有很大的影响"。比如立德所乘船的头桨手曾向立德询问两栋砖房的风水和选址。立德"利用一些科学原理"解释道："一间面向雄伟的景观，可以看到兵书峡，流向这边的河水可以带来繁荣，而另外一间常年被上游的风吹，被吹走好运气。"甚至建议在风水不好的一间房前的台地边缘正对门口修建一个砖砌屏风。而立德参观的重庆富商董先生的祖先墓地就有令人羡慕的风水，"坟墓面朝大河的一段，两岸有高约 500 英尺的陡直山峰为屏障；坟墓位置高于这些山峰，可居高临下地纵向俯视全河段；河流在左边不远处拐弯，其拐角为眼前的山坡所遮挡；因此河水全部是'来水'，为居住者和子孙后代带来福气"。当然这种墓地也只有有钱有势的人家才能修建，比如立德谈到"城市四周，那里单调的坟场占地比活人居住的面积还大"。从西门出城后就是一片单调的坟场，"山上有一大片坟墓，大多数无名，四周连一棵树或一丛灌木也没有"。

传统城市公共建筑的选址更要顺应城市的风水，比如书中谈及的市民跟天主教传教士唯一的一次冲突就是教堂的选址破坏了城市的风水。"在市中心有一处显眼的砂岩崖壁，居高临下，位置优越，崖顶有一座十分古老的道观。"传教士们将这块从道士手中购得的约 4 英亩的地方作为修建教堂的地址。由于这块地位置醒目，修建教堂将干扰风水，人民群起反对，冲突几乎危及传教士的生命。最后传教士妥协，答应在别处修建立德眼中的"一座假冒古典风格的丑陋的灰泥结构高大建筑物"。

## 12.2.2 "名城危踞层岩上"：重庆府城景观与社会状况

重庆府是一座建在山上的城，无论是从扬子江（长江、大江）还是嘉陵江（小河）观看，都无比壮观。清末张之洞途经重庆府，曾有诗咏"名城危踞层岩上，鹰瞵鹗视雄三巴"就是最佳的描写（图 12.1）。图 12.2 是 1912 年重庆沿江景观的照片，较为接近立德到重庆的时期，可供参考。立德到达重庆后，住在东水门附近的白象街商行中，以此为据点，多次考察城内城外，留下很多对当时重庆府城观察的详尽文字。

（1）鸟瞰和游历中的山地城镇景观

立德对重庆的山水格局着墨甚多。立德认为相比长江下游湖北平原山体裸露、荒凉，城镇像临时驻扎在秃山脚下的城寨，令人生畏，"四川的山峦得到既充分又合理的开发利用，就像欧洲城市的周边地区一样；这里的乡村平静而令人愉快，完全没有东部那种使人生厌的景象"。因此在大山的映衬下，山城重庆也有如平地，立德站在长江南岸老君洞寺庙的平台上，"俯视银链般的河流和城市"，感叹"重庆虽然修筑在 100~150 英尺高的垂直砂岩峭壁上，并筑有城墙，但从这里看过去，在远处的一道山脉背景面前，它却显得像在平地上一样。这山脉高出河面 2 040 英尺，是重庆北面的屏障"。"在盆地脚下，河流被岩石分成几个港湾，成百上千只形状不同、大小不一的帆船，安全地停泊在各个河湾和水流平缓处。"

立德在游记中不止一次表达对重庆山地城镇景观的赞美之情，"从远处看，重庆作为内陆山城，优美而独特"，立德爬上重庆城池对岸南山观看半岛城池，"我冒着灼热的阳光坐下欣赏美景。不论从哪一个方向观看重庆市，其景致都令人陶醉；每一个侧面都是一幅新的由岩石、河流、树林、寺庙、城墙上的雉堞，以及高起的屋顶所组成的不同画面，其丰富的细节只有照片才能再现其真像。我坐着，凝视着，足有半小时之久，努力将眼前景象印在脑海里，因为我不知道是否还能重游此地；今后回想旅游所经历的一切时，眼前的印象永远是最令人愉快的画面之一"。

立德还以城市比较的视角来审视欧洲、美洲、日本和重庆的城市风貌的差异，感叹："在欧洲，特别是在美洲，当你凝视最美丽的风景时，那些生硬的人造工程，常常让你兴致大减，除非是纯粹的原始风光。甚至作为唯美主义家乡的美丽的日本，现在也是这样；模仿西方建筑及服饰的狂热，形成笼罩在日出之岛上的黑影。但是在这里，在中国偏远的西部，人类与自然的和谐没有遭到人为的破坏……灰白的雉堞仿佛是崎岖山崖上自然的突起物，城墙顺着高山低谷的走势而蜿蜒起伏，并未显出与自然风貌相冲突的痕迹，而鲁莽的西方风格则疏于此道。这里没有想修建高于邻人房舍的塔楼，盗走他们的空气和阳光的好冒尖的暴发户。只有寺庙和衙门的建筑比民居显眼，寺庙以其绿色和金色的琉璃瓦独具一格，衙门则以两根离奇的旗杆为特征，与西方的光秃秃的柱子和方形旗帜不同。"构成重庆沿江立面景观很重要的要素——城墙，同时也是一个鸟瞰城市的绝佳观景点。

立德在重庆有多次长距离游历，比如：初到重庆从东水门到白象街；两次出城拜访董氏以及做相关调查；坐船到南岸老君洞等；散步从白象街到朝天门，顺着江岸向西，在珊瑚坝不堪孩子们的跟随骚扰，跳身上船到南岸；以及有一次详细的、沿着城墙漫游的愉快经验。

（2）上下半城与社会分层

立德沿途接触了不同职业和阶层的人，包括官员、衙门的差人、富商董先生、地主、佃农、乡村家庭教师、码头搬运工、船工和船主、传教士。但是正如立德所说，"我在旅途中接触的完全是中、下阶层的文明"。立德认为，中国社会总体上维持着和平和繁荣，但是对于不同阶层却有截然不同的看法。比如立德将沿途所见的佛塔、道路、堤坝等公共工程年久失修归因于社会的顶端，即清帝国统治的混乱和无力，认为社会制度的根基已经动摇，"从上到下都在侵吞公款和欺诈；军队只存在于总司令的口袋中；公共粮仓只剩下谷糠；签下并不准备接受的文件，发表宣言却无意遵守，整个清帝国像是个大骗子"。对于地方官员则是体谅其与洋人打交道时的尴尬处境，"应该责备的是体制而不是人，官员大多是和蔼善意的"。而对于生活困苦的底层百姓则是认为"他们的人们不屈不挠，十分勤劳"。总之，"整个社会状况，虽然官吏贪污受贿，但是总体财富分配是公平的，赋税轻微，秩序良好，军队人数较少，财政支出较少，教育是自愿的、普遍的。自公元1644年以来社会保持着和平和繁荣"。

但是在城市中社会分层在空间上的体现则十分明显，特别是居住空间的分异。重庆城内分为上下半城。上城有许多社会上层的住房；下城是历史时期形成的旧区，除了政府的官衙建筑等，还有许多商行和会馆；城外沿着大小江岸，则分布着许多社会下层的（临时）建筑。

很多商行的业主和家眷都住上半城、法国天主教机构"真元堂"、有一套优良的现代化中国庭院式馆舍的英国领事馆以及美国传教士惠勒博士家的庭院都位于上半城，"院内环境优美，能看到小河（支流）对岸江北厅的开阔景观"。而普通民居和商业店铺则位于下半城。"路上的交通量很大，但大家都按约定俗成的习惯协调，极少发生问题。"即"什么人都给轿子让路，行人给骑马者让路，辛苦负重的苦力给所有人让路"。对于穿梭于上下半城的立德来说，登台阶是一个十分重要的空间体验。比如立德第一次在城市东门脚下下船时，"船头对着陡直的岩石斜坡。城市东门在我们上方约 200 英尺"，又如"我再出去散步。从最近的城门朝天门出城，走下 240 磴石级"。

上半城除了教堂、领事馆和上层社会的私人庭院以外，特别值得一提的是爱德堂公共花园。立德受一位富商邀请去爱德堂吃饭。"爱德堂是喜爱游乐的重庆人常去的共有花园之一，这种花园在市内、市外有许多。花园占地二三英亩，由天然石山、树木和小山丘分隔成多处庭园，大大小小的亭子遍布园内；这样的布局可以使每一伙游伴都有独自占用的处所。从石质较软的砂岩上挖出的山洞，是天热时中国人常去的地方，里面凉快又没有穿堂风。这些'堂'大多数由若干个友好的家庭共同拥有，有点类似我们的俱乐部；不同点是能接纳家庭聚会，主人自带厨师及所需物资。爱德堂坐落在城市后方较高的部位，紧挨着城墙内侧，墙外就是直落小河的陡峭山谷，俯临美景，微风习习。"

另外，商会在立德的笔下也有不少描述，比如山西银行所在的白象街"是重庆银行家及批发商云集的主要商业街，有许多很好的商行，一家这样的商行有一整套高高的单层房舍，一间连着一间，当中有院子隔开，包括仓库、办公室以及这个机构雇用的职员和仆人的住处"。立德也谈到了他参观的宁江会馆（即江西会馆）："一个面积宽阔的花园。花园在一个俯临小河的窄谷上，里面有庭院、寺庙、厅堂、鱼池、弯弯曲曲的小石子路、假山等。这个窄谷长满了一丛丛硕大的竹子，整个山野弥漫着植物的芳香；尽管阳光很好，空气还显得潮湿闷热，像在温室中一样。花园中各个优美去处都建有漂亮的亭子，供结伴的游人宴饮和玩耍。柑橘、山茶和杜鹃花长满每一处空地。"

枯水期城墙外河滩地区临时搭建有不少市场和棚户区。沙市、归州府和重庆都有类似的棚户区，如归州府城墙外围的沙质山坡上种植庄稼，要在涨水前收割完毕，沿着水边是用灰泥临时搭建的房屋组成的冬季街道，有鸦片烟窝棚、茶馆及其他适合船民需要的商店。而重庆地处两江交汇，枯水期城墙下有大量的空地，当立德第一次上岸，所见则是，"这次涨水使居住在破败竹棚中的人们受到严重打击，在河水下落时他们将竹棚一直盖到水边，现在则必须仓促后撤"。而朝天门城外河滩也是被底层民众充分利用起来，"我来到眼下干涸的沙滩上，这里挤满了棚屋、商店、鸦片烟馆、木柴和煤炭店，所有这些在一个月后河水急涨时都要拆除"。

（3）公共设施的建设和城市治理

供水设施方面，重庆城里的用水都是挑夫们从河中提取，从各个城门运入。而西方现代化的取水设施和自来水公司却遭到政府的抵制。一个案例是，丰都县新县城的修建和百姓的抵制，原来的丰都城在 1870 年的洪水中被完全冲走，知县在洪水线以上修建了新城，强行让百姓搬进去，百姓宁愿冒洪水危险也不愿每天往 200 英尺的高处背日常用水，知县后被百姓告发其侵吞工程款，百姓后在原址重新盖房。交通设施方面，水路航运的管理相对较好，虽然立德沿途行船艰险，但是每个险滩都设救生船。而与之形成对照的则是糟糕的旱路。立德沿途各个城镇几乎都是泥浆路，重庆出城的道路上浮着一层黑色的尘垢，路窄得只剩下 6 英尺；在主干道上，道路上古代曾有漂亮的石造护栏已经失修，甚至有些地方都没有了，梯级狭窄而陡直，处于要坍塌的状态，小路状况更糟。

立德对于重庆城市有着十分矛盾的感情。对于城外的乡村风光，立德不吝溢美之词："壮美的景观：奔腾的河水；对岸高高的山峰，山坡上的罂粟、大麦和豆类一片绿色，春意正浓；住宅分散坐落，村村树木成荫，景色秀美。"而与之形成鲜明对照的却是"街道宽阔、繁忙、肮脏，可能和我访问过的数以百计的中国城市类似"。对于重庆城内城市卫生条件差的状况，立德写道："从远处看，重庆作为内陆山城，优美而独特，但是，与南欧许多风光旖旎的城镇相比，我很遗憾地说，只要进一步接触，中国城市的美丽之处就完全消失了。肮脏与中国人似乎不可分离，对这个错误的问题完全漠不关心，从最高层到最低层的各个阶级都一样。华丽的丝绸掩盖着从不清洗的皮肤，从官员们富丽的黑貂皮袖口下伸出来的是与肥皂和钳剪无缘的手指甲。春天，辛苦工作的苦力脱掉冬天的棉衣，高兴地展示使裸露的皮肤变丑的疥疮而毫不在乎。狭窄拥挤的街道的唯一打扫者是暴风雨；房子里面，地上的泥土，家具上的尘埃日积月累，都等待着新年来临时一年一次独一无二的大扫除。"

（4）一组建筑群

立德的笔下，位于沙坪坝的董家祖屋是其访问过的中国大宅的"最佳样板"。府邸位于山坡上，"有一处围墙围起来的地方，面积很大，前面是一块宽阔的台地，一段美观的石级通向门口。这是一处华贵的府邸，是我在这个衰落国度中旅行所接触到的最高级的住宅"；"上个世纪（18世纪），一位退休知府花费2万两银子修建了这座府邸。面积达4英亩多的围占地有石墙环绕，墙高10英尺，厚5英尺。里面是相连的院落和没有楼上的高高的厅堂，竖立在石头基座上的巨大木柱支撑着瓦面屋顶，一切都像当年建造时一样鲜艳、辉煌，墙壁为砖砌，地面铺石板。院落一进比一进高，由几级台阶相连。府邸的最后部紧靠垂直切断的岩石，岩面上长满蕨类植物，岩石上方是竹林，岩石正面喷射出一股清流，为别墅提供了泉水。厨房、马厩、仆人住处等外屋都很宽阔。在最低一进院落和外厅之间有一个很深的鱼池，池周围有石码头，两座曲折的雕花石桥跨越池上。庭院内种满了适合这个纬度的华美的亚热带植物，由于长期没有修剪，疯长的花木把弯弯曲曲的步道挤得几乎无法通过。庭院中有一座雅致的石造舞台，用作露天剧场，背景是斑竹林；这种竹是高雅品种，其特征是浅绿的竹身上带有黑色斑纹"。

然而在这传统的中国乡村别墅也可见西方的影响。屋主已将这古老的祖屋提供给宗教上的祖先——天主教在重庆的传教团使用，传教团将此地用作乡间休闲处所和新的传教中心，"当初修造得十分坚固的主要建筑物都维护得非常出色，但是只有一个较小的院落有人居住。小院里布置了一处临时小教堂，张贴着圣徒们的彩色印刷画像，中间是圣母玛利亚"。

## 12.3 文本存在与历史城市可能的再现

1883年的阿奇博尔德·立德既是"读城者"，也是文本的作者。他既不可能了解城的全部——每一个城都太过于复杂，每一刻都在发生着无数微小变化；同时他也不可能记录下自身所有的经历。凯文·林奇在《城市意象》中通过要求"读城者"绘制意象地图等方式来归纳总结"城"被认知的元素 [1]。本文的工作，就是对立德文本的意象性解读，通过若干关键词（或者内容）再现清末重庆府城的状况。1883年的重庆正面临着现代化的初萌，现代产业（比如挖矿、棉纺等）开始出现，然而立即就产生与传统社会之间的矛盾，特别是与普遍性的集体观念——风水意识之间的矛盾（尽管这一矛盾值得进一步研究。在历史的过程中，物质实践是如何与观念之间发生冲突）。然而，立德在这一过程似乎显现出一种极为矛盾的状态。一方面，他欣赏沿着三峡两岸的城镇景观，特别对于重庆更是赞许有加；对于城镇与自然之间的协调与优美有着浓墨的书写，文字中渗透着对于欧美商业泛滥的厌恶。另一方面，他又期待着尽快开发这一片广袤的市场。一方面他对

---

[1] 林奇关于"意象的解读"得到了业界的巨大认可，也影响了一些相关学科，但在罗兰·巴尔特处则遭到批评。"城"不仅仅是物质的，也是社会的和观念的；不同社会阶层、生活与社会经验以及不同受教育程度的读者对于"城"将有着极为不同的感知和经验——这样的表述本身就是有问题的，因为"城"字对他们有着不同的定义、范围和意义。

于帝国曾经的辉煌感知颇多，对于儒家文化在这片土地上的浸润深有体会；另一方面他又批评传教士的做法，借着自己对于中国文化的认知提出改进传教的方式方法。这一文本是一个有观点，却充满着各种矛盾的文本。

按照亨利·列斐伏尔（Henry Lefebvre）对于空间的分析框架，文本是一种"空间的表现"还是一种"表现的空间"？[1]可能都是。感知得来的、经验性的文字是"空间的表现"；而比较性的、思辨的文字则是"表现的空间"。戴维·哈维在《后现代状况》中发展了列斐伏尔的成果，将空间划分为4种不同层级的类型：区分开的和可接近的空间、占用和使用的空间、支配和控制的空间以及创造出来的空间。[2]任何一种创造出来的空间都必须对原有空间进行区分，然后占有、控制、支配，进而进行再创造。而再创造的过程则与物质、社会和观念都相关。然而现代劳动分工过度地区隔了各种空间，在各种亚空间、亚亚空间之间设立了坚硬壁垒。任何一种突出的创意都是渗透边界、整合资源、进行再创造的空间实践。

历史研究本身也是一种空间实践，观念空间中的实践。对于清末重庆府城的重构，其中一种方法就是尽可能接近、占有、使用、支配彼时各类"读城者"留下的文本[3]——尽管如上文所说，解读文本本身亦存在的问题，只有由局部趋向整体的可能。更有效的方法，很可能就是罗兰·巴尔特指出的，需要更多的文本，通过各类文本中的城市，来建构一个可能的城市，历史中的城市，也是观念中的城市。

---

[1] 文本的写作即是一种"空间的实践"。
[2] 戴维·哈维，《后现代的状况》，北京：商务印书馆，2003，221 页。
[3] 另外一个可以参照的文本是立德夫人写的《穿蓝色长袍的国度》一书；内有关于彼时重庆人日常生活更加细节的描写。

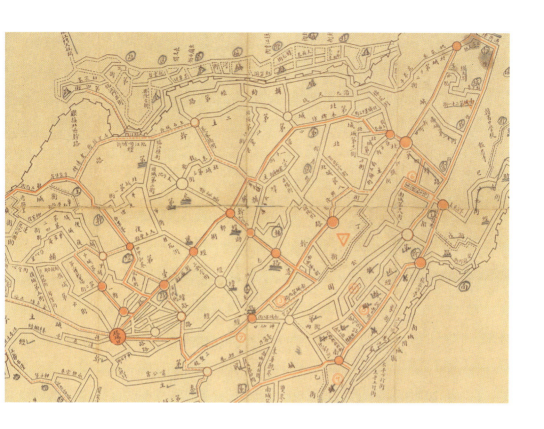

**13**

从《巴蜀鸿爪录》
阅读 20 世纪二三十年代重庆城市景观[1]

[1] 原文发表在：杨宇振，《从〈巴蜀鸿爪录〉阅读三十年代重庆城市景观》，《建筑史》，
2003，第 3 期，208—216 页，有增删。

## 13.1　20世纪二三十年代重庆城市研究的几点思考

20 世纪二三十年代的中国对于今日中国大有可借鉴之处。早在 1995 年，时任总理朱镕基就提出，"中国 20 世纪 30 年代的民营企业家值得研究"。为什么值得研究？就是因为两个不同社会发展阶段却有着某些相似之处，对前者的研究可以作为今日之借鉴。

20 世纪二三十年代是重庆城市早期现代化的重要阶段。自 1891 年开埠以来，受国际、国内时局及四川省内军阀割据与混战的影响，重庆城市建设长期处于停滞不前状态，缺乏自主、有计划的经营。"重庆自开辟商埠以来，所有筹办市政之经过情形、现时状况以及将来建设计划等无案可稽"[1]。1926—1937 年是重庆相对平稳的发展时期，是城市军人执政与城市绅商积极合作时期，城市的地域空间结构、经济结构和社会结构都产生了前所未有的变化。之后的 1937—1945 年，重庆城市处于一个不寻常的

---

[1]《民国十八年国民政府行政院关于重庆申请设置"特别市"的批复》，参见《九年来的重庆建设》，1936。

发展时期。抗日战争爆发使得重庆作为战时首都在较短的时间内聚集了来自东部的大量人群。特殊的历史原因和城市化过程使得重庆城市建设因陋就简，以应临时发展之需要。

重庆处于长江上游地区，是"长江文化带"重要的空间节点。近代以来，受到以"上海"为代表的东部沿海城市文化的影响甚深[1]。中国近代城市建设史的研究，长期以来偏重于沿海、沿江开埠城市独立个案的"近代存留建筑"记述。如果能够深入研究沿江城市"从东渐西"的近现代化过程、城市建设思想的演化过程，结合不同阶段的城市地图（包括计划案）、建筑风貌变化、地方建筑师、绅商的思想和作用等，结合不同区位、不同开埠时段的城市比较、联系的方法，相信会清晰地梳理出一些脉络，取得创新性的成果。然而其前提是加大对个案城市的近现代化过程和演变规律研究。

近代城市史中大量文献资料指出，近代城市的大发展是因为开埠、租界等外来因素。这固然符合历史的过程，但对处于这种境地的人们如何应对外来力量、结合地区实际，创造出新的生机、新的面貌的研究却是甚少[2]。"中国的近代文明不全是来自西方""中国城市的近代化不能只视为欧风美雨孵化的结果，还要看到中国人为适应新局而所做的近代化的努力"[3]——一方面有必要着重研究地方社会人群外来文化的接受模式和反应特征；另一方面需要重新检讨、评估"城市精英"在城市发展过程中的作用。以重庆城市为例，20世纪二三十年代的重庆出现了一批以卢作孚、刘航琛为代表的实业家。在发展实业的同时，这些实业家

---

[1] 参见张瑾，《二十世纪二三十年代"上海模式"对重庆的冲击》，《史学月刊》，2000年，第3期。
[2] 吴良镛先生的《张謇与南通"中国近代第一城"》是该方面研究的一个突破，从"内发性"角度阐述近代地方城市精英在城市建设中的主导作用。
[3] 隗瀛涛主编，《近代重庆城市史》，成都：四川大学出版社，1991，9-10页。

积极参与城市的建设和管理 [1]。其中，卢作孚用了十年左右的时间彻底改变了北碚这个原本匪盗为患的城镇景观、人民的生活状态和精神面貌；在二十年左右的时间，创造了一个拥有一支庞大的船队、提供几千个工作岗位的公司，击败了原本横行长江的西方国家轮船公司，同时沟通长江，连接了沿江的众多城市。他是如何改造城镇的？他是如何经营实业的？他是如何在不利的条件下参与竞争的？"……像卢作孚先生这样在经济建设中有过卓越贡献的知识分子，……他们是在动荡不宁的旧中国建设现代化的实行者，在对中国社会和文化进行改造的实践中创造了许多有价值的经验。" [2]

"城市感受"是人们对于城市的印象。对"城市环境的感知"研究长期以来同样未能引起学者的足够重视。——就如研究一部舞台剧，我们对于舞台布景颇有研究，却忘却了演员的表演、观众的反应。通过"文字记录"的解读是了解人们城市感受和城市印象很好的途径。对于近代城市的研究，则更是大可借鉴报纸杂志、文学作品、方志游记等文字资料，结合地方文化特点和历史时局，获得突破性的成果。近代中国作家大多有着深厚的文学功底和国学修养，通过他们犀利而又优美的文字，通常可以勾勒出一幅别具特色的城市画像。大抵读过《北京乎——现代作家笔下的北京（1919—1949）》[3]的人，对于其中陈独秀、周作人、沈从文、老舍等笔下的老北京恐怕很难忘怀。他们的描述，他们的城市情怀是丰满的、色彩斑斓的城市印象画。

---

[1] 潘文华任重庆商务督办、市长期间的重要决策组织之一 ——市参事会系由社会名流和绅商组成。

[2] 经叔平对于卢作孚的评述，载于赵晓玲，《卢作孚的梦想与实践》，成都：四川人民出版社，2002，序言部分。

[3] 参见姜德明编，《北京乎》，北京：生活·读书·新知三联书店，1992。

写于 1933 年的《巴蜀鸿爪录》正是这样一篇记录城市感受的细腻文章。细细阅读这篇文章，好像随着剑花楼主回到了八十多年前的重庆，昨日城市之影像渐渐展现出来。

## 13.2 《巴蜀鸿爪录》[1] 中展现的城市景观

《巴蜀鸿爪录》是一部记录详细的考察日记。作者李鸿球，字韶清，号剑花楼主，曾任多家实业的高级职务，是一位亦文亦商的人物。1933 年 2 月，受所奉职银行委派，入川调查当地社会经济状况。从上海溯江而上，经停沙市、宜昌、万县、重庆等地，所到之处，均详记见闻并颇多评论。对于作者的个人背景，目前没有更进一步的资料，但从作者的行文以及文中 2 月 17 日生日对自己的简单回溯，可以知道作者是一名受过正规教育并有强烈社会责任感的知识分子。"不萦心于个人饥饱，专注目于社会之福利……吾固不必能为大禹、范文正，但不可不有此志趣"是其生日自勉。

《巴蜀鸿爪录》反映了 20 世纪 30 年代沿江城市，尤其是重庆地区的政治、经济和社会情景，并对于沿途的自然风光、风土人情、名胜古迹、城市建设多有记述，是一份研究 20 世纪 30 年代城市发展很有价值的史料。归纳其中，本文就经济状况、城市建设以及作者颇为喜爱的"北碚小镇"摘而论述之 [2]，希望结合当时地方的历史背景和社会发展状况，勾勒出一幅 30 年代的重庆城市景观图像。

---

[1] 章伯峰，《近代史资料》总 85 号，中国社会科学院近代史研究所近代史资料编辑部，北京：中国社会科学出版社，1994，118-152 页。
[2] 文中所引，除特别标注外，均从《巴蜀鸿爪录》中摘引，不另引注。

### 13.2.1　经济产业状况

至 1933 年，重庆的经济已经显示出与外部世界紧密关联的状况，颇受国际与国内形势影响。这在《巴蜀鸿爪录》中有诸多记录。

在重庆调查地方产业，"闻桐油跌价，非因美国种桐，实因世界经济凋落，一时难望起色"。"川中黄丝本为出口大宗，民国二十年价忽狂跌，丝商大受亏折，几不能支。"1929—1933 年世界主要的资本主义国家爆发了空前的经济危机，导致了世界经济贸易的严重萧条。中国主要的沿海、沿江口岸城市莫不能免。重庆亦然。另一方面，重庆受以上海为代表的东部地区影响也可见诸以下文字。"长江流域无处不有宁波人，所至又皆生涯鼎盛，盖团结坚牢所至也。""国内大埠，如天津、汉口，迄今尚无交易所，而重庆独有之，世人或以为怪，而不知其中实有历史关系。按重庆出入之货，均以上海为枢纽，故申埠汇税特多……遂组织证券交易所……改开申票行市。""往中华国货介绍所。……宗旨有二：其一，为提倡国货，尽量推销；其二，为改良川省商业制度，免除庄客危险。闻沪埠工厂，已有四十余家接洽就绪。"

上海作为当时全国近代化程度最深、发展最快、接受西方文化影响最为强烈的城市，对于沿江、沿海岸的城市有着辐射性的影响，而其最顺畅的通道莫过借用长江天然水道。"上海既是长江下游地区的中心，又充当了整个沿江城市近代化的领头羊。其他沿江城市则接受上海的商业、金融、工业等领域的技术、产业、资金、信息等全方位的转移。"[1] 作者在游历重庆时，每每将其比之汉、沪。"自朝天门入城，至大梁子，寓世界旅馆。楼房四层，

---

[1] 张仲礼，熊月之，沈祖炜，《长江沿江城市与中国近代化》，上海：上海人民出版社，2002，45 页。

巍然大厦，设备完全，俨同上海""重庆……四川第一大埠也。地在长江北岸，当嘉陵江入江入口，与江北及弹子石隔岸相望，若武汉三镇然"，"入夜、笙歌达旦，繁华之象；比与沪、汉"。

至于川内状况，令人印象最为深刻的是"税率之高，名目之繁，亘古未闻"；"捐税如此繁重，商务盛衰，不言而喻"；"市内商业，以黄丝、山货、药材为大宗。征战频年，捐税奇重，方之往昔，大有逊色"；"访药材、山货两业，咸以税捐过重，营业不振，咨嗟叹息，状至可怜"。作者在 3 月 9 日返沪的日记中有一篇具体而微的总结"论文"，对于当日中国农村之问题、社会经济状况和解决的途径做了深入的论述，提出必须加强城乡之间的经济链条，大力发展交通，使各地"供需相应，有无相通"，同时控制和限制外贸入口。又言"余尝谓吾国实业，失败于技术者十之一二，失败于管理者十之七八，大抵管理之人，多由官僚政客出身，既非专门人才，自必事事隔膜，加以道德败坏，视实业如官衙，一旦得权，收括任意，其失败也宜矣"。

## 13.2.2　城镇建设

作者旅途停经沙市、宜昌、万县和重庆，对四城市景观均有所描述，然而侧重点不同。沙市以荆州古城、承天寺、关圣庙、章华寺、文庙等历史遗迹为主；宜昌逗留时日较短，仅有"旧城内街巷狭小……小南门外为商埠，马路纵横，洋楼节比，足与汉皋相若"等简单叙述；相较前面二市，万县市政建设作者"最为满意"，尽管其中有"冷风频吹，手足战憟，竟不及遗"的苦乐体验；重庆的记录甚是详尽，对于风景优美、人民安乐的北碚更是费了不少笔墨。

从作者描述重庆城市景观的文字中，一方面可以看到 20 世

图 13.1　重庆市的远景与街景（1936 年）

（资料来源：根据长渝线经济调查附图：重庆市街道，《铁路月刊：平汉线》，1936，第 80 期，9 页整理）

纪 30 年代的重庆作为地区经济中心，已具有现代城市雏形；"川江行轮以来，又以此为终点。更有汽车直达成都，水陆交通，川、陕、云、贵、西康之货，多由此出入。城在山巅，民屋层叠而上。近年市政更新，马路贯通，商店皆崇楼辉煌，市内汽车、电灯、自来水均有，居民约三十余万，熙来攘往，络绎不绝"；"自大梁子乘汽车出临江门，马路平坦，略无颠簸。城外多达官住宅，宏楼杰阁，稀密相间。匡庐牯岭，仿佛似之"；"行三十里，至磁器口，有烟囱三五，似工商业亦颇发达"等。图 13.1 是 1936 年重庆城的远景与街道景观，可以作为李鸿球感知的重庆城的参照。

城市近代化的步伐不仅表现在具象的城市形态演变上，也体现于市民社会的变化中。明清之际，重庆"图经荡灭，民鲜土著，故老无征"；从明末至乾隆年间，以"湖广籍"为主的大规模移民浪潮从未间断。每一次汹涌而来的人流带来了新的文化、产生了新的社会空间结构，也导致了重庆城市文化"突变性"。这种以"移民"为主要城市居民的结构导致了重庆城市容易接受外来思想，具有"开风气之先"的特点。而这种特点强烈地体现在重庆人接受外来事物的方面。文中谈到重庆妇女"衣饰尤极摩登，轻绸薄，曳及双踝，领长似鹤，腰细于峰，不论中下妇女，剪裁悉入式，吴娃虽娇，当亦却步"；谈到人群参加证券交易时，"全川风靡，群情若狂……当交易时，万头攒动，人声鼎沸"均是 20 世纪 30 年代重庆人的精神风貌的写照。

1946 年制定的《陪都十年建设计划草案》[1] 将重庆城市的发展分为 6 个阶段（见图 13.2）。

①陪都核心，由两汉迄今，均在两江汇流处，最初

---

[1] 参见 1946 制定的《陪都十年建设计划草案》中"人口分布"节。

时期，城市中心，偏居今日陕西街、林森路一带，以其接近江边，有航运及取水之便利。

②嗣后城内外开辟公路，自来水厂建立。人口重心，乃向城中移动。今之都邮街遂取城南之中心地位而代之。

③民国十五年修筑通远门公路，选定市区。（民国）十七年划定新市区范围……面积达8平方公里……新市区之开辟关系由沿江趋向内陆公路，车站与轮船码头，互争雄长。

④民国十八年，市政府正式成立，（民国）二十二年重划市区，以巴县城郊、江北附郭及南岸五塘，划归市政府管辖……合计水陆面积为93.5方公里。

⑤（民国）二十六年国府西迁，复于民国二十九年将市区扩大，计面积约300方公里。

⑥北达北碚，南至南温泉，东起广场坝，西抵白市驿，约1 940方公里的面积为预期的第六期。


1933年的重庆处于上述6个阶段中之第4阶段，是重庆城市建设历史过程中关键时期，相对平稳和自我发展的城市建设时期。之后的1937—1946年，作为抗战后方，"因首都地位所发生之需要，市区道路及公共事业亦日有增进，但此种种进步，半由于自然发展，半由于因应战时之经营，皆非完整有系统计划之产物"。[1]"人口突增，国库支绌，因而一切设施，因陋就简，勉应急需。既乏通盘之发展筹措，遑论配合之计划实施，以致酿成现在之畸形状态。"[2]1926年之前的四川地区军阀混战，重庆

[1] 参见《陪都十年建设计划草案》中张群撰写的《重庆市十年建设计划序》。
[2] 参见《陪都十年建设计划草案》中总论部分。

城市屡屡易主，"先后五年中间迭丁战事……无从容规划之时间，以致对外事业毫无表现，对内组织复欠完密，经费子虚、精神涣散"[1]。除了1921—1922年杨森任重庆督办时对嘉陵江北岸略有经营之外，城市建设无从谈起。"旧日之重庆街道狭隘曲折，房屋凌乱参杂，缺乏给水排水排污设施，常造成通沟时有淤塞而溢流街面；供电不足，电话稀缺，公共空间除五福宫附近外无一树木，除夫子池、莲花池两污塘外无一水池"[2]。

"在1926年以后的十年中，是刘湘的权威在全省最高时期，而这一时期也是重庆发生了一些引人注目的变化的十年"[3]。由于刘湘入主重庆，其二十一军在川军中的绝对优势，"军力之厚，川中无与伦比"；加上民国中央政府对四川内部政治、军事格局"袖手旁观"[4]使得重庆获得了相对稳定的发展时期。刘湘"闻其人头脑清醒，持躬勤谨，除新式武器外，无他嗜好。对于川政，颇有努力改善之意。即论今日川中各军政治，尤以刘之防地为佳"。

重庆的地区交通、经济枢纽为二十一军带来了丰厚的税收，使得刘湘得以装备其庞大的军队。重庆对于刘湘的主要价值在于税收，这也是为什么在《巴蜀鸿爪录》中作者对于川中"税收奇重"感受的一个历史注脚。刘湘的入主重庆改变了城市的中心格局。（重庆）"军部为最高权力机关，其次为市政府，辖市区以内之事"。城市中心从旧时的镇署、府署转变为军部、市政府，所有

---

[1] 参见1936年《九年来之重庆建设》中市政机关之沿革部分。
[2] 参见《九年来之重庆建设》中旧重庆之写真部分。
[3]Robert A.Kapp. Chungking as a Center of Warlord Power, 1926-1937. In Mark Elvin and William Skinner edited: The Chinese City Between Two World. p.156, 170, 149. California, Stanford University Press, 1974. 转引自张瑾：《二三十年代影响重庆城市变迁的几个因素》，《重庆大学学报：社会科学版》，1999，第2期。
[4] 参见王东杰，《国中的"异乡"：二十世纪二三十年代旅外川人认知中的全国与四川》，《历史研究》，2002，第3期。

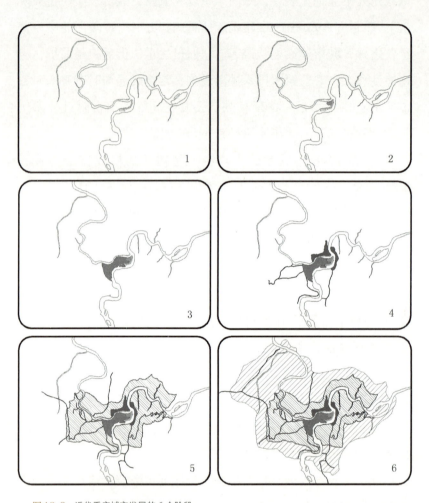

图13.2　近代重庆城市发展的 6 个阶段

（资料来源：根据《陪都十年建设计划草案》中图纸整理改绘）

重大事项均需呈报二十一军军部。1926 年战事结束后，刘湘"认为建设重庆不容再缓"，随即委任三十三师师长潘文华任商埠督办，"给予全权选以积极建设"。潘文华"受命之初既无法令之依据又无成案之参采，披荆斩棘百度新拟。一方面谋经济上之筹集，一方面为制度上之草创，日月孜孜，爰有现在（指 1936 年的城市面貌，笔者注）"[1]。

从总结潘文华在 1927—1936 年任督办（后改为市长）期间执政成绩的重要文献《九年来之重庆市政》中看，其在城市工程建设方面采取了若干重大举措，影响了后来重庆城市的发展格局。一是城市地域空间的扩张。1927 年之前，重庆城市与乡村无显著分野，城市管理区域暂以设置警察巡岗为准，集中在原巴县城区和江北县附近。1927 年改设市政厅后规定重庆上下游南北岸环城各 30 里为市政区域。1929 年设市后一度将巴县与江北县划入很大一块，城区面积曾经扩张到 525 平方公里，随后缩减至 187 平方公里，初步形成现代重庆城市横跨两江，以中区为核心夹带南北的基本格局。而其中至关重要的步骤是开辟了通远门以西的"附郭坟地"，为城市向西拓展打下了关键的基础。至 1937 年新市区已经是"街市绵延栋宇连云户口众多，其繁盛不亚城区矣"[2]。

一是新区城市主要交通干道的开辟。规划中将新区道路分为宽 60 尺的干路、宽 30 尺的连接干路的支路以及宽 24 尺的连接支路或村落的市街。建设过程中强制性地修筑了中干线、南干线、数条连接南北的支路以及若干停车场，大大促进了新、老城区的繁荣，使得城市的活动重心开始从沿江区域向市区道路干线两侧移动；商店、旅馆、饭店、娱乐中心、行政管理机

[1] 参见《九年来之重庆建设》中总纲部分。
[2] 杨世才：《重庆指南》，1937，36 页。

图 13.3　聚兴诚银行与处于四川重庆商业场的《新蜀报》地址（1934年）

（资料来源：《聚星》，1934，第1期，4页；《新蜀报四千号纪念特刊》，1934，纪念刊，7页）

构和公司企业向干线两侧聚集，出现了新的、繁荣的城市景观。到了 1940 年，重庆城内"……显出一派的都市气象来。诸如柏油马路，四五层的立体式大厦、影院、剧场、咖啡室、西餐社、油碧煌辉的汽车和闪烁光芒的霓虹灯，凡都市所有者，无不应有尽有"。[1]

由于城市建设"百度新拟"，之前无历史经验可以"参采"，商埠督办公署曾委任市政特派员"驰赴长江一带各大都市，详细调查市政之建设及其发展，随时汇报回署，籍资借镜"[2]，从现有资料看，当时建筑风格甚受汉沪影响，有突出的西洋化倾向（图13.3）。这是剑花楼主在大梁子处"俨同上海"感受的一个历史注脚。

1927—1936 年是重庆城市早期现代化的发端，"重庆市建设之雏形虽闭门造车未敢能合辙，然九年来经营之苦心与经营之困难已耗却无限汗血矣"。[3] 对于重庆近代城市发展的研究，不能仅仅看到开埠、设市、陪都三个历史阶段，更要研究"川人"对于地方城市的经营。"开埠"是纳入了资本主义国家的视野，是融入全球经济大流的初始；"设省辖市"是强化了国民党民国政府对于地方城市的管理，进一步纳入了国家的视野；"陪都"则是特殊的历史原因将重庆推向国际舞台，成为亚洲地区反法西斯中心的特殊发展时期。开埠、设市、陪都均是来自外部的力量，如何利用这些力量、引导这些力量，结合地方的现实推动城市的前进则是地方民众的努力。

---

[1] 吴济生，《新都见闻录》，上海：上海光明书局，1940，15 页。
[2]《重庆商埠月刊》，1927 年第 7 期。转引自张瑾，《二三十年代影响重庆城市变迁的几个因素》，《重庆大学学报：社会科学版》，1999，第 2 期。
[3] 参见《九年来之重庆建设》中总纲部分。

### 13.2.3　北碚小镇

北碚是作者旅程最西端的一站，也是作者长长旅程中最为喜爱的地方，离开时甚至"回首瞻顾，眷恋不已"。为什么作者在游历了诸多繁华城市后会对一个边远小镇如此恋恋不舍？

北碚是卢作孚在 20 年代初任江巴璧合四县峡防局局长时开始"乡村现代化"的实验场所，是卢作孚"准备将那一个区域布置经营成一个现代乡镇模型"[1]的典型代表。北碚"数载经营，成绩斐然……境内鸡犬相闻，筑苞松茂，人民熙熙攘攘，衣食丰裕，大公报誉之为魔窟桃源，实无愧色。纷乱之川局，乃有此另一天地，诅吾人意料所及哉"。到了 1944 年，美国 *Asia and America's* 杂志刊登了一篇《卢作孚与他的长江船队》的文章，认为北碚是"平地涌现出来的现代化市镇"，称赞"北碚现在有了博物馆和公园，有了公路和公共体育场，有了漂亮的图书馆和一些建设得很好的学校，还有一个非常现代化的城市市容。北碚是迄今为止中国城市规划最杰出的例子"。[2]

北碚能够取得如此成绩，可以说是卢作孚"国家现代化"思想与实践的集中体现[3]。卢作孚在《建设中国的困难及其必循的道路》指出，"中国的根本办法是建国不是救亡；是需要建设成功一个现代的国家，使自有不亡的保障；是要从国防上建设现代的海陆空军，从交通上建设现代的铁路、汽车路、轮船、飞机、电报、电话，从产业上建设现代的矿山、工厂、农

---

[1] 卢作孚对建立民生公司的初衷与总结，参见卢作孚：一桩惨淡经营的事业——记民生实公司，载于《文史资料选辑》136 辑，17 页。

[2] T. H. Sun. Lu Tso-fu and His Yangtze Fleet. *Asia and America's*. June, 1944, p. 248.

[3] 凌耀伦认为卢作孚是中国实业家中明确提出现代化思想的第一人，参见凌耀伦，《卢作孚与民生公司》，成都：四川大学出版社，1987，12。

场，从文化上建设现代的科学研究机关、社会教育机关和学校。这些建设都是国家的根本"。他就是这样建设北碚的，他要"将嘉陵江三峡布置成一个生产的区域，文化的区域，游览的区域"。[1]

卢作孚从"化匪为民、寓工于兵"着手，以经济生产为前导，以人的训练、市民社会的维育为核心，以公共事业的建设为依托开始了北碚的全面"经营"。经过五六年的建设，到了1933年，北碚的市容已经是"街宽而洁，市肆亦整齐"；通过"寓工于兵"和"现代生活的运动"，包括各种以科学为主的新知识的广播、国际、国内新闻的广播、生活常识的普及以及全民健身的体育运动等，北碚民众的精神已是大为改观，充满积极之面貌，故有剑花楼主"今嘉陵饭店侍役及北碚各机关工厂职工，灰衣灰帽气象赳赳者，固皆防兵"的描述和感受。北碚同时极为重视公共事业的建设，"始终朝着建立'一个大众公共享受的城市'目标努力"[2]。《巴蜀鸿爪录》有载"至公共体育场，峡防队正在操练，军容甚盛，其西为兼善中学，巨厦所筑，尚未竣工。由右侧小道至陈列馆，藏喇嘛生活用具及西藏文化品甚多。出后门，至公园。其上为动物园，布置虽简，秩序极佳"。因为北碚中国西部科学院的建立和发展以及卢作孚的努力等原因，中国科学社于1933年赴北碚开年会，称赞"北碚本一小村落，自卢氏经营后，文化发展，市政必举，实国内一模范村也"。[3]

北碚附近的北温泉公园是卢作孚利用嘉陵江自然风光刻意建

[1] 卢作孚，《建设中国的困难及其必循的道路》，《卢作孚文集》，北京：北京大学出版社，1999，335-336 页。
[2] 张瑾，《权力、冲突与变革——1926—1937 年重庆城市现代化研究》，重庆：重庆出版社，2003，328 页。
[3]《中国科学社第 18 次年会记事》，《科学》，1934，第 18 卷第 1 期。

图 13.4　北温泉公园

（资料来源：根据《四川特辑：北碚温泉》，《良友》，1941，第 162 期，18-19 页整理）

设的"游览区域"，"这里不但是峡区民众游息的中心，还吸引了不少附近县市的旅游者来此观光。当时，在四川的一个乡村中有这样现代布置的园地，实属创见"[1]。当前对于卢作孚"乡村建设"研究为数不多的成果中，大多着眼于北碚本身的经济生产、民众的文化生活和公共事业的建设，对于卢作孚从地区的自然特点（山地、江河、温泉），以历史建筑遗迹（温泉寺）为依托，因地制宜地营造旅游胜地却没有引起足够的重视，而这恰恰是给外来的人们最深印象的地方之一。剑花楼主在北碚不长的时间内曾经两次游览北温泉公园（图 13.4），山水之美景、温泉之去乏令其"有出尘之想"。

北碚的乡村现代化建设应该重新引起学术界的重视。从全国层面上看，一方面，它是中国内陆地区早期现代化的典型模式，是中国人自主经营城镇的典型代表。刘湘参观北碚建设后感慨北碚处处体现了"我"的特色，而非照搬的现代化，并非"西洋式徒供消耗奢侈的洋八股"[2]。另一方面，它是全国"乡村建设运动"的典范。20 世纪二三十年代的中国，乡村运动如火如荼，一些有社会责任感的知识分子试图通过乡村建设试验，推广某些改良措施，改变农村破产的状况，其中最为著名的例子是晏阳初的河北定县、梁漱溟的山东邹平和卢作孚的四川北碚。乡村建设运动是中国近现代城市建设史不可或缺的内容，是中国人自觉探索国家发展道路的努力。

从区域层面上看，北碚的发展之路有别于重庆城市的发展模式。张谨称之为"北碚模式"，以区别于深受"上海模式"影响的"重庆模式"。北碚以"人的训练、市民社会的维育为核心"，

[1] 高孟先，《卢作孚与北碚建设》，《文史资料选刊》47 辑，北京：文史资料出版社，1981，100 页。
[2]《刘甫澄军长在峡防局演讲》，载于《嘉陵江日报》1931 年 9 月 1 日。

创造了现代化的另一种模式。"北碚不仅有大自然的美，且已用人力去改造一番，因峡区各事业，都是现代化、组织化、艺术化，在最近将来不仅望北碚事业这样，还望四川都这样"。[1]

## 13.3　农村破产，都市进步

20 世纪二三十年代是重庆城市变迁的重要阶段，是重庆从传统城市向近代工业城市转型的重要时期。城市的管治机构、管治版图、经济结构、社会阶层等均发生了巨大的变化。20 世纪二三十年代的重庆城市发展一方面和全国形势的发展紧密相关，受到开埠、租界以及国内战争等的影响，一方面又有自己独特的状况。这就是以军人执政为背景，以刘湘为代表的军人政权集团和以卢作孚为代表的城市绅商相结合，共同促进了城市的早期现代化。

用《巴蜀鸿爪录》中的文字来简要描绘 20 世纪二三十年代的重庆城市图景就是"军政紊乱，人民痛苦，农村破产，都市进步"。其中，北碚作为内陆地区的一个新兴小镇，在卢作孚"国家现代化"思想的指导和实践下，成为当时人人为之称赞的"理想城镇"。

---

[1]《中央行营参谋团第一批来北碚参观》，载于《嘉陵江日报》1935 年 6 月 21 日。

**14**

# 陪都时期重庆城市图景素描<sup>[1]</sup>

[1] 原文发表在：杨宇振，《陪都时期重庆城市图景素描》，《城市史研究》，2005，总第23期，1-16页，有增删。

近代中国城市经历了 3 个普遍而典型的阶段：从封建社会向西方开放的早期阶段、国内革命战争阶段以及第二次世界大战中的抗日战争阶段。相较其他城市，重庆的发展矛盾剧烈，其中尤其以 20 世纪 30 年代至 40 年代的历史，是中国近代城市发展中具有特殊意义的时期。如果说，第一阶段的典型历史是以广州、上海、天津为代表的沿海开埠城市的历史；第二阶段历史舞台主角是与战争紧密相关的北京、南京和武汉；那么第三阶段的历史聚光灯则投在了重庆这个长江沿岸的内陆山城。

"陪都时期"是重庆城市发展的特殊阶段。一方面，随着人口的激增、行政地位跃升和战时交通运输需要等因素，城市化和区域现代化的过程大大加快。重庆成为川、滇、陕、甘、青、藏以及缅甸等货物集散地。"以经济论，则为华西之唯一吐纳口及贸易之中心。在交通上，则下达荆沙武汉上海，上溯四江以达川康滇黔，为重要运输水道……总之，本市将成为华西政治、经济、交通、商业之中心。"[1] 另一方面，作为抗战后方，"因首都地

---

[1] 参见《陪都十年建设计划草案》中总论部分。

位所发生之需要，市区道路及公共事业亦日有增进，但此种种进步，半由于自然发展，半由于因应战时之经营，皆非完整有系统计划之产物"。[1] "人口突增，国库支绌，因而一切设施，因陋就简，勉应急需。既乏通盘之发展筹措，遑论配合之计划实施，以致酿成现在之畸形状态。……全国大都市中如今日重庆之破碎支离者，实属罕见"[2]。

可以说，"陪都时期"是重庆城市发展纳入国家与国际视野的关键阶段，是城市文化的转型阶段。由于历史的机缘，使得重庆从一个区域的中心城市成为全国关注的焦点，继而成为亚洲反法西斯的中心、国际媒体聚集的城市；同时也成为人类战争史上"无区别轰炸"战略的第一个受害城市[3]。由于响应民国政府"到四川去"的口号，数量庞大的"下江人"[4] 开始从四面八方涌进四川、涌入重庆，使得重庆人口从 1935 年的三十几万人猛增到 1945 年抗战结束的一百多万人（见表8.3）。这一新历史时期的特殊"移民潮"完全不同于历史上任何一次的"填四川"，在外来人口占大多数的情况下、在"下江人"更为"体面"的生活方式影响下、在近代交通、媒体、物资交流比以往任何一个时期更为迅捷的情况下，重庆城市文化个性在抗战的十四年中悄悄而快速地转变着。

然而，"他乡"终究不是"故乡"。有着"为着抗战的关系，一时流寓来此，终究是要回到'脚底下'去的"[5] 想法的人不是少数。随着抗战的结束、国民政府回迁南京，政治重要性

---

[1] 参见《陪都十年建设计划草案》中张群撰写的《重庆市十年建设计划序》。
[2] 参见《陪都十年建设计划草案》中总论部分。
[3] 前田哲南，《重庆大轰炸》，成都：成都科技大学出版社，1989。
[4] 所谓的"下江人"，亦称"脚底下"人，系四川谓客籍者之称谓，多指来自长江下游地区人士。
[5] 钱歌川，《巴山夜雨》，载于陈雪春编，《山城晓雾》，天津：百花文艺出版社，2003，65 页。

的下降、人口的急剧减少以及战争带来的破坏等使得重庆城市短期内无法恢复正常的城市建设。"陪都时期"的重庆同时是一种特殊状态的城市化过程。在七八年的时间内城市人口增长了 5~6 倍，城市的地域空间虽然有所扩展，但大量人口始终聚集在重庆半岛上。这种因战争导致的严重畸形的城市化过程给重庆带来了什么？城市生态环境发生了怎样的改变？城市的空间结构受到了什么样的作用力而发生了调整？城市文化个性又有哪些变化？城市政府如何应对这一过程？城市建设采取了哪些措施？……都值得深究。重庆是抗战时期城市发展研究的最典型案例。

为了更加清晰地揭示 20 世纪 40 年代重庆城市景观的面貌，下文以《陪都十年建设计划草案》[1] 中的大量调查数据为主要支撑，参照相关重要城市建设文献，结合历史地图解读，以数据统计实证与陪都时期记录重庆城市的感性文字相结合、补充的研究方法，从区域交通网络、城市空间拓展与演变、城市安全与卫生、城市人口分布与职业构成 4 个方面，尝试描绘当时城市图景的一个侧面。

## 14.1  区域交通网络

四川盆地区域城镇格局一方面与全国的政治、经济空间变化及重心迁移有关；另一方面也和以重庆为中心的川东区域交

---

[1]《陪都十年建设计划草案》是中国进入近代以来一部较早的、由国人自主完成的城市总体规划文本；是续《大上海计划》《首都计划》之后较重要的城市计划案，同时也是抗日战争结束后国家致力于城市建设的第一部比较完整的总体规划文本。1946 年 5 月 1 日民国政府回迁南京。为了修复战争带来城市面貌的荒芜，防止人口、工业等急剧撤退导致重庆城市的衰落，蒋介石下令编制建设《陪都十年建设计划草案》，并指示以交通、卫生和平民福利为目标。《建设计划》中的表格、数据为研究近代中国以及重庆城市保留相当多的宝贵资料。本文利用其中众多的统计数据作为研究基础。

通网络日趋成熟紧密相关。明清以来，重庆在四川盆地的重要性日趋凸显[1]。进入近代，这种历史的惯性更为明显。"自清末通商后，长江通行轮船，商业猛增……截至抗战前止，其正常成长中可注意者：贸易额由光绪十七年之关银280万两，而增至民国十九年之8 600万两，39年中增加30倍。"[2]

图14.1是1940年民国政府交通部总管理处制作的全国主要公路路线略图。[3]从图中可以清晰解读四川地区相对具有较完整和密集的区域交通网络，这无疑在抗战时期对于西北、西南的沟通起

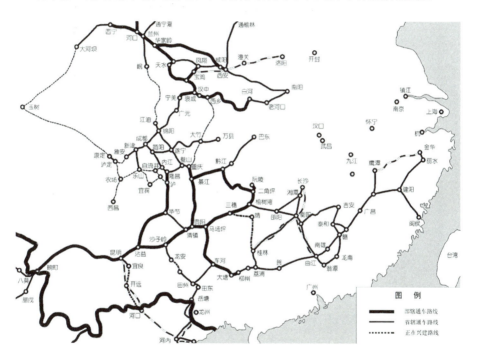

图14.1　1940年全国主要公路路线略图

（资料来源：根据民国政府交通部总管理处制作底图整理改绘，原图载于《三十年来之中国工程》，1946）

---

[1] 蓝勇，《明清时期西南地区城镇分布的地理演变》，《中国历史地理论丛》，1995，第1期。

[2] 参见《陪都十年建设计划草案》中总论部分。

[3] 此图未包括敌占区的公路路线图。

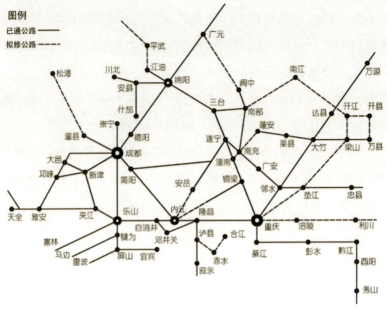

图 14.2　四川重庆地区区域公路交通简图（1946 年）

（资料来源：根据《陪都十年建设计划草案》中图纸整理改绘）

到重要作用。同时，图纸背后横贯中国的万里长江穿越了东西方向的空白区域，成为东西部之间交流的黄金水道。"战前自沪欲赴四川各地，或转往西南者均由轮船溯长江，先经夔府，或万县，终点为重庆，而再分途，绝少经西南以行者。"[1] 近代以来的这种交流以轮船开通川江（宜宾—重庆—宜昌段）为标志而日趋汹涌，以抗战伊始民国政府西迁重庆为阶段特征而渐弱。

　　为了更加清晰地说明 20 世纪 40 年代重庆在区域交通网络中的地位和作用，下文引用《建设计划》中的两张地图，并结合1940 年《震旦杂志》中的一份交通简图讨论。图 14.2 是四川与重庆地区公路交通简图。从图中可以看出拟修的公路路线多集中在川东地区；以成都为中心的公路网络和城镇密度较以重庆为中

[1] 高绍聪，《重庆琐记》，载于陈雪春编，《山城晓雾》，天津：百花文艺出版社，2003，120 页。

心的区域为高。根据图标符号，该区有成都、重庆两个一级城市；绵阳、乐山、内江三个二级城市。重庆是川东地区唯一的大城市，其城际公路路线多达 6 个方向，直通川陕、川黔、川滇、川湘、成渝五线。但这张图没有能够显示出不同道路路线在彼时的重要性。图 14.3 描绘了 1940 年四川区域内及与周边省区关键的陆路交通干道。可以看到南北方向上，由兰州经天水到广元是一条重要的沟通西北与四川的要道；进而由广元至成都、内江至重庆，是川北的一条主要道路；再由重庆南下至贵阳再达昆明。东西方向上，由万县至成都是一条历史时期的驿道（中部大路）转变而来的路线。

图 14.4 是四川重庆地区水运交通简图。图中包括了轮船与木船的两种交通工具的可行船路线。轮船沿岷江西进至乐山、沿嘉陵江北上至南充；其长距离、长时段、大负荷的运输能力大大促进了沿江城市的经济发展。而木船依然是 20 世纪 40 年代川江上主要的运输工具，在某些航道以及在枯水季节都是轮船无法替代的。近代以来四川盆地交通网络与城镇空间结构的调整，有其自身特点，和华北、华东等地区有很大不同。铁路的修建远远滞后，而水路继续发挥作用并伴随着长江上游轮船路线的开通而大大加强。

将三图叠置，即将公路路网与水路路网叠置，就可以清晰地理解 20 世纪 40 年代的重庆城市在区域交通网络中四通八达、独一无二的重要地位。"连贯水陆交通各线，上溯陕、甘、川、康、滇、黔，下达武汉、南京、上海，则货物之集散吐纳，仍以本市为总枢，本市实一内陆良港也。"[1]

---

[1] 参见《陪都十年建设计划草案》中总论部分。

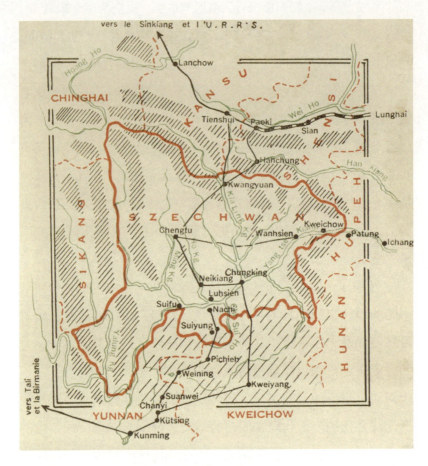

图 14.3　1940 年四川区域内及与周边省区关键的交通干道

（资料来源：《震旦杂志》，1940，第 1 卷第 4 期，83 页）

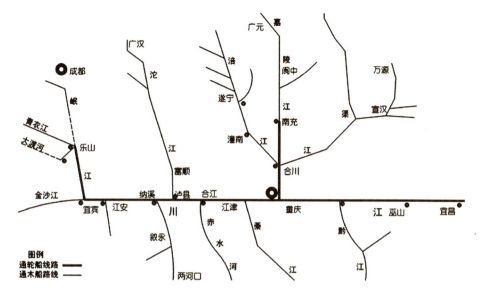

图14.4 四川重庆地区区域水运交通简图（1946年）

（资料来源：根据《陪都十年建设计划草案》中图纸整理改绘）

　　重庆与小一点范围的周边交通关系又是如何呢？图14.5是1939年的东川邮区舆图局部，可以用于参考。在这张邮驿路线图中，有不同等级的邮政管理局信息和邮路信息。重庆是邮局管理局所在地，连接的七向陆路通路，均为"逐日昼夜兼程邮班"；同时还是轮船邮路和民船邮路的枢纽。周边的二等邮局[1]所在地包括了分布在嘉陵江一带的江北、沙坪坝、龙隐镇（今日磁器口所在）、北碚场，以及向内陆的璧山。而长江上下游附近地区并无二等及以上邮局所在，由此也可判断彼时重庆附近嘉陵江地区比长江地区在经济发展上可能更为繁荣。周边三等邮局所在地包括了化龙桥、小龙坎、山洞、青木关、土主、土沱、溪柏、广阳坝、木洞、小温泉、温泉场、大渡口、白市驿、走马、来风驿。

---

[1] 值得注意的是，在这张图中，重庆附近地区缺乏一等邮局所在地。

图14.5 重庆附近图（局部，1939年）
（资料来源：东川邮区奥图局部）

## 14.2 城市空间拓展与演变

经过开埠之后 50 年左右的发展，20 世纪 40 年代重庆城市处于传统与现代剧烈的互动过程中，城市景观既保留有大量的传统手工业、商业的状态，同时又受到越来越有力的以"工业化"为特征的现代力量冲击。在这半个世纪的时间里，城市市政管理力量的演变某种程度上是传统城市向近现代城市演变的一种映照。从清末的县治到县治与会馆、商会、团练势力共存是清朝中央政府权力势弱而民间地方自治权力增强的体现；警察的出现是近代城市市政管理的初影；而军部则是在社会巨大变动过程中实现地方强权管理的必需。之后建立的商埠督办、市政公所、普通市、直属市、陪都等则逐步进入了近现代市政管理的轨道，同时也是逐步纳入中央政府视野的过程。

从具体的城市形态与城市空间结构上看，在 1927—1935 年，伴随着通远门以西地区的开辟、城内公路的修筑以及公共交通的兴起，以及成渝马路的修筑，城市的重心逐渐由长江北岸沿江地区向嘉陵江南岸移动，其中尤其以军部、政府机关、城市绅商纷纷迁往新市区为标志。同时，原来"九开八闭"[1]城市格局中沿江的部分城门区域——原本因水运而繁华的地区，十分有限的山坡、谷地上人口继续膨胀，房屋密度持续增高，逐渐沦为新的城市贫民窟，其中以临江门地区为典型代表。

新的社会形态形成伴随着新的社会阶层出现与分离。掌握权力与金钱的阶层急于占据城市中的良好区位，而"工业化"社会中出现的汽车、电灯、自来水、公路等促成了这一个阶层的愿望，

---

[1] 传统重庆城市象征"九宫八卦"的"九开八闭十七门"，尤其是其中的 9 个开门，在新市区开辟之前具有极为清晰的空间意象。除了通远门外，其他八门均沿江布局，是城市重要的物资交流窗口。

使得他们有可能远离容易取水的江河岸区，脱离潮湿的河谷地带，进而占据高处、远处条件良好的山坡地。"新建各式住宅，栉比连云，曾家岩一带，尤多军政大员富绅巨贾之别墅。汽车扬尘，顾盼其间"[1]"自大梁子乘汽车出临江门，马路平坦，略无颠簸。城外多达官住宅，宏楼杰阁，稀密相间"[2]。另一方面，传统城市商业区的惯性持续作用，以朝天门、陕西街等为代表的商业区密度进一步加大。"若都邮街会仙桥小梁子诸地，则崇楼夹道，上达五六层。其下柏油路如带一环，行人蚁聚，亦仿佛近代化之都市矣"[3]。

因此，可以将进入近代以来的重庆城市空间演变抽象为两个金字塔方向上的运动：一个是塔尖朝东的水平层面上的金字塔，其人群运动趋向塔底，城市向西扩展，进入抗战以来，这种扩张的速度更加明显，但同时由于商业活动和历史的惯性，塔尖人群密度持续增高；一个是垂直空间高度上的金字塔，其人群运动趋向塔顶，其中以行政、军部、绅商为代表。两个金字塔综合作用最明显的结果是城市行政区、居住区与商业区空间距离上的进一步分离。具体的趋势是内城、海拔相对较高处、沿公路交通区域的兴起；而沿江地带，尤其是沿长江北岸狭长地带逐渐衰退；加上重庆特殊的山地地貌和江河襟带，于是有了 1940 年重庆给人的强烈反差印象："沿江的外观非常坍败，不堪入目，只见沿岸高高低低，很峻峭的山城，满排着破旧不堪，用长木支柱的板屋，和七倒八歪斜的茅棚……但如进去里面一看，就显出一派的都会的气象来。诸如柏油马路，四五层的立体式大厦、影院、剧场、

---

[1] 陆思红，《新重庆》，上海：上海中华书局，1939，23 页。
[2] 李鸿球，《巴蜀鸿爪录》，载于中国社会科学院近代史研究所编辑，《近代史资料》总85号，北京：中国社会科学出版社，1994，118-152 页。
[3] 张恨水，《重庆旅感录》，载于曾智中编，《张恨水说重庆》，成都：四川文艺出版社，2001，42 页。

咖啡室、西餐社、油碧煌辉的汽车，和闪烁光芒的霓虹灯，凡都市所有者，无不应有尽有。"[1]

陪都时期的重庆基本上是这种趋势的延展和变形。由于城市扩张和人口向江北、南岸和西部的广大地区疏散，形成了旧城区、新市区、郊区三大格局。同时，历史的事件与特殊的地方气候结合在一起，形成了"雾重庆"城市景观。重庆的雾季大致从每年的11月开始，次年的4月结束。为了躲避日机的轰炸，形成了大量城市人群雾区与非雾区、城市与郊区之间周期性迁移的特殊状况；这种流动在相当程度上影响到城市生活的正常运转。雾区时间"三百六十行就全靠在这四个月内做大批的生意，捞进一年的衣食之资，享乐之费，乃至弥补意外的损失"[2]；非雾区时间则是日机可能的轰炸期，城市的萧条期。

## 14.3 城市人口分布与职业构成

城市人口分布与职业构成是城市景观重要的组成部分，它们是直接影响城市感受的关键因子。以往城市景观研究大多重视城市实体物理环境，如建筑物分布、风格等，然而"黄鹤一去不复返，此地空余黄鹤楼"前后情景是大有差异的。城市物理环境的形成背后是社会经济力量和经济逻辑推进的结果，其潜在的、可把握的，而且较为清晰的因子就是人口分布与职业构成。

图14.6是根据《陪都十年建设计划草案》重新绘制的重庆城市半岛分区示意图。图表14.1是对应的各区人口密度曲线。

[1] 吴济生，《新都见闻录》，上海：上海光明书局，1940，15页。
[2] 茅盾，《雾重庆拾零》，载于陈雪春编，《山城晓雾》，天津：百花文艺出版社，2003，34页。

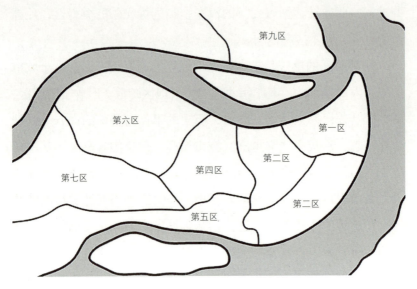

图 14.6　重庆城市半岛地区的分区示意图（局部）

（资料来源：《陪都十年建设计划草案》）

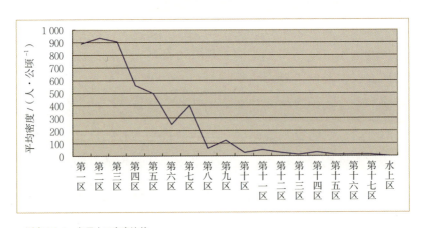

图表 14.1　各区人口密度比较

从表中可以解读半岛上第一至第七区占总人口的绝大比例以及可以想象的高密度。为了获得更为直观和感性的城市景观认识，表14.1是第一至第三区中人口密度最高的街区路段和房屋层数统计。有限城市土地中人口的不断堆积、膨胀使得居住其中的人有着"一次疏散、二次疏散，重庆的人口不知为什么愈疏散愈多，马路上摩肩擦踵，推不完，挤不开；一天到晚，无时无刻不像戏院子门口散场一般"[1]的城市感受。重庆半岛上的这种高密集的历史惯性一直延续下来，在改革开放至今，在新的社会需求和经济力量的推动下，城市空前密集，城市建筑群"欲与天公试比高"。

表14.1　城市密集区段的人口密度

| 区　别 | 街　名 | 人口密度（人/公顷） | 附　注 |
|---|---|---|---|
| 第一区 | 打铜街段 | 1 650 | 四五层房屋 |
| 第一区 | 曹家巷段 | 1 280 | 多为5层 |
| 第一区 | 过街楼段 | 930 | 三四层房屋 |
| 第二区 | 都邮街1段 | 1 470 | 两三层房屋 |
| 第二区 | 都邮街2段 | 770 | 两三层房屋 |
| 第二区 | 都邮街3段 | 1 050 | 三四层房屋 |
| 第二区 | 都邮街4段 | 1 080 | 三四层房屋 |
| 第三区 | 文华街段 | 1 410 | 三四层房屋 |

图表14.2是1942、1945、1946年重庆各类职业构成比例与演变的统计。从表中可以看出作为第一产业的农业人口比例有较大幅度的减少，而商业服务业和无职业人口则有相当幅度的增加。这幅图表清晰地映射了陪都时期重庆城市化的演变进程。同时，"最堪注意者即本市无业一项之人数，占最大比例。以无业一项，

---

[1] 思红，《重庆生活片段》，载于陈雪春编，《山城晓雾》，天津：百花文艺出版社，2003，114页。

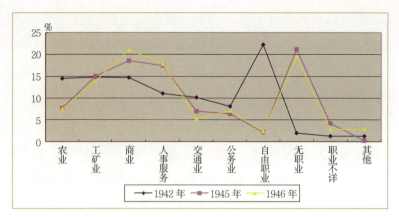

图表 14.2　各类职业构成比例与演变

大半为旧式大家庭中及旧社会中之专恃祖业或他人之收入者，并包括一部分失业人员，此确为本市严重之社会问题，又棚户苦力，竟与年而增。大半因四郊农村衰败，壮丁乃入市操人力车船夫等业，以资糊口，此为近代人口集中之常态，亦可反映我国一般社会经济情形也"。[1]

如《陪都十年建设计划草案》中所言，城市中大量无业游民是近代以来新型城乡关系形成过程中出现的问题和新的城市景观。作为城市"游民主体"的性质会发生改变，趋势的发生却是历史的必然。早在20世纪二三十年代，《巴蜀鸿爪录》总结的重庆城市图景是"农村破产，都市进步"[2]。随着城市化进程的加快，这一新型的城乡关系和人口流动已经成为新城市图景重要的组成部分。

1947年重庆建设计划委员会常务委员黄宝勋在《重庆市之棚户问题》一文中详细讨论了重庆沿江棚户的调查情况。他谈到城区各码头，"以朝天码头最先修筑，渐次顺两江江岸向西发展，

---

[1] 参见《陪都十年建设计划草案》人口分布中之职业分析部分。
[2] 李鸿球，《巴蜀鸿爪录》，载于中国社会科学院近代史研究所编辑，《近代史资料集》，总85号，北京：中国社会科学出版社，1994。

表 14.2  1—7 区的五类棚户人数

单位：人

| 项 目 | 1 | 2 | 3 | 4 | 5 | 6 | 7 | 总 计 |
|---|---|---|---|---|---|---|---|---|
| 第一、二类 | 5 850 | 705 | 1 533 | 115 | 3 866 | 582 | 2 228 | 14 879 |
| 第三类 | 836 | 465 | 614 | 187 | 1 437 | 334 | 203 | 5 151 |
| 第四类 | 561 | 190 | 448 | 0 | 1 270 | 21 | 0 | 4 076 |
| 第五类 | 136 | 28 | 63 | 32 | 133 | 43 | 45 | 480 |

（资料来源：黄宝勋，《重庆市之棚户问题》，《新重庆》，1947，第 1 卷第 3 期，50–54 页）

如嘉陵码头筑于民国十六年，江北码头建于民国十七年；民十九建千厮门码头，民廿一年建太平门码头，民廿四年筑储奇及金紫两码头。人口集中之程序亦渐循码头兴建之先后而成长"[1]；进而在两江码头范围聚集了大量的棚户。由于重庆的进出口超过一半以上要依靠水运，因此需要大量的码头工人。他谈到沿江的苦力至少在两万人左右，再加上小贩、简陋旅栈、茶馆等，总数当在 5 万人以上。他把棚户分为了五类。第一类为原始棚户，即包括码头工人、挑水工人、渔户等；第二类是为第一类棚户提供日常生活必需品、日常生活服务的棚户；第三类是因前两类共同形成的环境后，低微收入人群随之迁入，如力夫、滑竿夫等；第四类是一些经营的商人，因水运便利和堆放货物方便起见聚集于此；第五类则是一些无固定职业的游民，如地痞、赌棍、乞丐等。表 14.2 是 1—7 区的五类棚户人数，可以看出棚户最主要还是分布在两江交接的第一区。南纪门一带也是大量棚户集聚之处，特别是穷苦民众的汇聚处，也是一些小商人堆积货物之处。

---

[1] 黄宝勋，《重庆市之棚户问题》，《新重庆》，1947，第 1 卷第 3 期，504 页。

## 14.4　城市安全与城市卫生

与近代城市"公共事物"相关的研究正成为城市研究的重点与热点。关注更大多数人的共同利益，发展相应的社会公共事物成为近现代城市区别于传统城市的重要特征，也是近现代"市民社会"形成的基础。陪都时期的重庆城市生态发生了巨大变化，以"公共安全"和"公共卫生"为主的城市生态问题严重困扰着重庆城市的发展；这其中既有来自日本军队"无区别轰炸"的威胁，更有来自自身负载巨大人口数量的压力。国民政府西迁重庆后，进行了多次人口统计，其目的除了为进行更好的监管，更大的作用是企图解决城市有限容量与越来越多的城市居民之间的矛盾。

从记录政府行为的《重庆市临时参议会六年两届经过概要》（1946 年）、《四年来之重庆建设》（1942 年）、《重庆市建设方案》（1940 年）等档案史料可以大致解读陪都时期重庆面临的主要城市问题。"衣食住行"中，以"食"和"住"最为突出，"以解决粮食问题一案最为切要，诚以当时川省粮价暴涨，而重庆更入粮荒状态"。[1]——这在众多滞留重庆的作家文人略具调侃的作品中也可得到深刻感受，如茅盾的《雾重庆拾零》、子冈的《重庆的米和煤》、张恨水的《重庆旅感录》、思红的《重庆生活片段》等。平抑城市物价，降低通货膨胀，保证城市基本供给，稳定人心成为陪都政府最为棘手的问题。大量城市临时法令法规中体现出"疏通供给管道、疏散城市人口以及使用行政手段调控城市物价"是政府采取的基本方法。火灾始终是困扰近代重庆城市安全的主要问题。表 14.3 是根据《重庆市志》整理的 1912—

---

[1]《重庆市临时参议会六年两届经过概要》，载于《档案史料与研究》，1997，第 2 期，37 页。

1946年较严重的城市火灾。表中可以看出从 1937 年起，火灾的频率远比之前为高。图 14.7 是 1938 年 5 月间临江门地区的一次大火。日本军队的燃烧弹、传统房屋的简易结构和高密度以及重庆特有的城市山地地理空间是严重影响城市安全的综合因素。图 14.8 是 1940 年日本轰炸后重庆大火景象。大火燃烧至夜间。这不是一张常规的夜景图，而是大火燃烧到夜间的火景图。为了更加接近当时作为城市严重问题的火灾的状况，提供了 1939 年重庆市警察局的火灾统计表（图 14.9）。防空洞建设、城市消防控制以及交通成为重庆市政府面临的首要城市安全问题。成立于 1938 年底的工务局专司建设事业之计划与实施，1942 年总结其 4 年来的经营成果大致有以下 6 项：开辟火巷、道路工程、公共工程、公共事业管理、营造管理以及防空洞工程等 [1]。

图 14.7　1938 年 5 月 8 日临江门地区大火

（资料来源：《太安丰保险界》，1938，第 4 卷，第 14 期，2 页）

[1] 参见《四年来之重庆建设（1942 年）》，载于《档案史料与研究》，2001，第 1 期，48-50 页。

图 14.8　1940 年重庆被轰炸后大火燃烧至夜间

（资料来源：辛子，《中华（上海）》，1940，第 94 期，9 页）

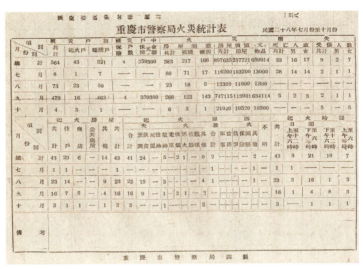

图 14.9　1939 年 7—10 月重庆市警察局的火灾统计表

## 表 14.3　1912—1946 年近代重庆城市主要火灾统计

（根据《重庆市志》第一卷大事记统计）

| 时　间 | 地　点 | 受灾规模 |
|---|---|---|
| 1912.7.31 | 市区 | 全城 1/5 房屋被毁 |
| 1916.7.26 | 重庆镇守署 | 10 余户 |
| 1917.1.25 | 江北县城 | 1 000 余户 |
| 1920.2.10 | 较场口一带 | 数千家 |
| 1924.8.26 | 城区 | 2 000 家 |
| 1927.5.18 | 金紫门外竹林街 | 358 家 |
| 1928.4.19 | 城区内外大片范围 ( 千厮门、石板坡、临江门等 ) | 7 000 余户 |
| 1930.3.14 | 东水门 | 1 000 余户 |
| 1930.8.25 | 储奇门河街一带约 2 平方公里 | 逾万家 |
| 1931.12.22 | 千厮门 | 1 000 余户 |
| 1937.2.19 | 石板坡地区 | 400 余户 |
| 1937.3.5 | 以观音岩为首的 3 处 | 仅观音岩就有 1 000 余户 |
| 1938.5.8 | 临江门正街至大码头一带 | 7 000 余户 |
| 1939.5.4 | 市区 | 1 200 余栋 |
| 1944.5.12 | 朝天门盐井巷及信义街 | 400 余间 |
| 1944.8.19 | 黄沙溪至菜园坝沿江 | 近 1 000 栋 |
| 1945.5.9 | 市区安乐洞 | 835 户 |
| 1946.5.17 | 江北城 | 400 户 |
| 1946.8.22 | 石板坡地区 | 2 640 户 |
| 1946.9.2 | 下半城 ( 东水门、朝天门、陕西街、千厮门一带 ) | 9 601 户 |

抗战后期，长期积累下来的城市公共卫生问题日趋凸显。《陪都十年建设计划草案》中卫生设施一栏里关于医院的设置，大致折射出了当时大众健康问题。全市除了设置普通病床 3 000 床外，肺病有 2 000 床；传染病有 2 100 床；精神病和花柳病各 200 床；从中可见肺病和传染病作为典型的近现代城市病的严重性。出于城市公共卫生问题紧迫性，1946 年重庆设立了专门的下水道工程处，由卫生署聘用美国卫生工程专家 Arthur B.Morril 为顾问，采用现代都市建设理论和工程技术，对新旧城区分期施工，使得重庆成为全国最早具有新型下水道的城市。[1]

钱哥川在 1945 年 8 月撰写的《夏重庆》是一篇感受和反映当时城市安全与城市卫生的文章。文中写道："近乎一百万人挤在这个小小的半岛上……使这地方无端成了一个绝好的肺病培养所了"；"霍乱也就大肆其虐，冤枉送了许多人命"，由于房屋密集，容易延烧以及缺水，"在重庆夏天最可怕的，还不是太阳，而是火灾…… 一烧就是几百家"；同时由于下水道不畅，"有浸水到一丈多深的……"一雨而成水灾。[2]——这些感性的描述使人深刻体会到陪都时期重庆城市安全和城市卫生问题的严重性；以至于"正所谓想来重庆，求天求地；到了重庆，怨天怨地；离开重庆，谢天谢地"[3]成为一种普遍的社会心理。这一方面与特殊战争时期有限的城市建设条件有关；另一方面更是与城市人口溢出当时的城市容量有密切关系，是城市基础设施建设无法满足城市快速、畸形发展的恶性结果。

---

[1] 参见彭伯通，《重庆地名趣谈》，重庆：重庆出版社，2001，123 页。
[2] [3] 钱歌川，《夏重庆》，载于陈雪春编，《山城晓雾》，天津：百花文艺出版社，2003，70-72 页。

## 14.5　二元矛盾结构的多维叠合

陪都时期的重庆城市"大发展"与"大破坏"共存，其中的矛盾是空前剧烈和严峻的。地域结构中，重庆作为抗战后方的首位城市在区域的作用史无前例地增强。人口向城市聚集、城市地域空间扩张、以道路拓展为主的城市基础设施改善、工矿业和商业以及服务业等在空间上向城市聚集、新城市景观出现、社会阶层与空间分异加剧、城市生活方式与价值观念普及等都充分体现了陪都时期重庆处于城市化加速进程中。还都南京后，"忆重庆"成为短暂热点报道，图 14.10 是 1946 年的一张彩色的重庆城影像。

然而抗战中，重庆城市"战争破坏—城市建设"的二元矛盾始终未能缓和；国防安全为第一的城市建设观与城市正常发展之间的严重冲突，"种种进步，半由于自然发展，半由于因应战时之经营，皆非完整有系统计划之产物"[1]。生态格局中，"有限城市容量——不断增长的城市人口"之间的两难结构无法解决，日趋突出的矛盾导向了近代工业城市典型的城市卫生与安全问题。政治与文化格局中，则有着"国家—地方"二元关系的涨落。陪都时期以下江人为主体的"下江文化"对于重庆城市影响是巨大的。应该说这一时期是近代重庆城市被动纳入国家视野的过程，是重庆城市文化的转型和突变过程；这一过程的深层内容包括了城市政府的组织架构、法令法规、思想视野直至生活方式和观念

---

[1] 参见《陪都十年建设计划草案》中张群撰写的《重庆市十年建设计划序》。

图 14.10　1946 年的陪都重庆彩色风景照片

（资料来源：《艺文画报》，1946，第 1 卷，第 3 期，2 页）

等方面。城市建设中，山地地理空间与江河襟带始终限制和左右着城市形态和城市空间的演变和发展，这组关系比中国其他任何一个大城市更具有典型性。

这种具有共同指向的二元矛盾结构的多维叠合关系是陪都时期重庆城市发展的典型特征。在这些复杂的矛盾关系中，陪都时期的重庆城市显示出斑驳多元的文化面貌。"重庆有点矛盾了么？然而大家正爱这矛盾。""憎恶她的人尽管憎恶，流连她的人却留恋愈深。"[1]

---

[1] 司马訏，《重庆之魅力》，载于陈雪春编，《山城晓雾》，天津：百花文艺出版社，2003，125-126 页。

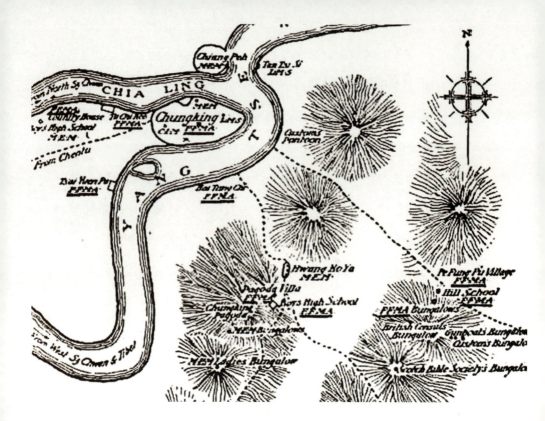

**15**

———

城市历史地图与近代文学
解读中的重庆城市意象[1]

———

[1] 原文发表在：杨宇振，《城市历史地图与近代文学解读中的重庆城市意象》，《南方建筑》，2001，第 4 期，33—37 页，有增删。

## 15.1 城市意象、地图与文学

　　城市意象是研究城市居民行为与城市环境之间关系的重要工具。进入 20 世纪 70 年代以来，"环境与行为"的课题成为人文地理学和行为地理学主要研究内容之一。[1] 相比较城市功能空间结构和社会空间结构的内容，行为与环境的互动研究更重视作为"个体的人"或具有"一定共性的群体人"对客观存在的认知、学习与决策等。

　　城市史学领域中，结合城市居民的感知解读城市景观的研究还有待拓展。在"城市—人"的二元结构中，通常多重视城市结构、空间等的演变状态；人作为研究元素常以阶层属性的面貌出现——缺乏对"人"应有的重视客观上导致了城市历史细节的模糊。

　　在城市规划领域，比较突出的学术成果显然是凯文·林奇基于大量案例总结归纳基础上，在《城市意象》一书中提出的

---

[1]　参见 R.J. 约翰斯顿，《地理学与地理学家》，唐晓峰等译，北京：商务印书馆，1999。

城市意象认知五要素：标志、区域、路径、边缘以及节点。另外，R. 拉波波特在《建成环境的意义》一书中对人如何获得环境感知的研究也具有借鉴意义。但总的来说，当前成果多重视人对物理空间环境的感知而较少涉及真实、复杂的城市生活。这里所谈的"城市意象"与凯文·林奇基于城市实体环境（Physical Environment）研究中所指的"Image of City"有一定区别；该名词指向更趋向具有"一定共性的群体人"对于"城市空间形态与复杂城市生活"综合的整体感受。

近代城市史学与城市规划学借用现代地理学中"城市意象"的概念和研究方法，便是试图通过历史上具有一定共性社会群体的城市感知记录，解读或者说描绘近代城市的面貌。这种解读相对于基于数据实证与理性分析框架之上的现代认识和解析，更加逼近城市生活的复杂性。城市意象的形成不仅在于城市物质空间的感受，很大一部分还在于真实、具体、感性的城市生活之中。由于城市人群的复杂性、生活轨迹的差异性等导致城市认知的差异是巨大的；简单地说就是不同的人对城市有不同的感受，难于精确把握。这既是意象研究的难点，也是它的价值所在。从另一个角度看，由于城市群体面临着类似的城市问题，因此他们的城市感受也就具有一定的普遍性和可把握性。

解读"城市意象"重要的工具之一就是城市"认知地图"。"认知地图是'由认知过程所构成，在这些过程中，人们能够认识、编码、储存、提取和处理关于他们空间环境的属性的信息（唐斯和斯蒂，1973）。'"[1] 对于近代城市史的研究，城市历史地图反映了一定群体对城市空间结构与形态的认知，具有一定"认知地图"的作用。"图像……必然蕴涵着某种有意识的选择、设

---

[1] 参见 R. J. 约翰斯顿，《地理学与地理学家》，北京：商务印书馆，1999。

计和构想，而有意识的选择、设计与构想之中就积累了历史和传统，……在那些看似无意或随意的想象背后，恰恰隐藏了历史、价值和观念。"[1]——葛兆光先生这一段"图像与思想史"研究之间关系的精要论述同样可贴切地用于解析城市历史地图与城市空间形态、城市意象研究的关系。

城市历史地图的信息集中于历史城市空间结构和形态的认知；历史过程中具体、感性的城市生活认知则需求诉于记录城市状态的文学作品。通过"文字记录"的解读是了解人们城市感受和城市印象很好的途径。近代以来，以"城市"为主要描绘对象和场景布局的城市文学，留下了大量关于城市的文字；同时涌现了一批对于城市生活敏感而又善于记录、转载于文字的近现代作家，如茅盾、老舍、巴金、张爱玲、张恨水、黄裳等。近代城市文学记录是研究近代城市意向的重要资源。

## 15.2 重庆城市空间意象

从城市空间结构上看，传统重庆城市象征"九宫八卦"的"九开八闭十七门"，尤其是其中的 9 个开门，在新市区开辟之前具有十分清晰的空间意象。重庆是山城与江城，在陆路不发达而水路畅通的交通条件下，九门中除通远门外均沿江布局。明清以来的重庆已成为川东区域中心城市[2]，四方辐辏，各业荟萃，8 个城门是 8 个主要的物资与信息交流窗口。同时，各行业

---

[1] 葛兆光，《思想史研究视野中的图像——关于图像文献研究的方法》，《中国社会科学》，2002，第 4 期，74-83 页。

[2] 学者蓝勇通过较系统的州县等级、人口、城市规模数据及个别城市经济量化指标来分析明清时期四川城镇的地理空间变化，指出"明代四川东南地区城镇经济已有十分大的发展，其经济地位更加突出，而唐代和北宋为四川经济重心的川北和川西的两个地区的经济地位则明显下降"。参见蓝勇，《明清时期西南地区城镇分布的地理演变》，《中国历史地理论丛》，1995，第 1 期。

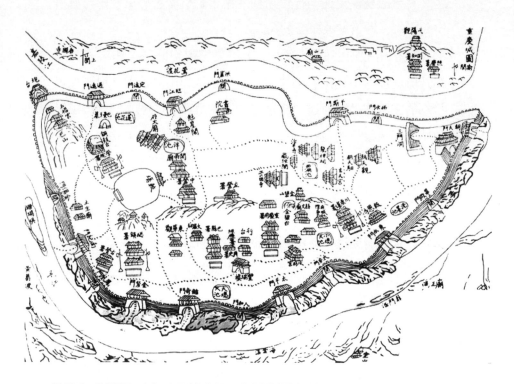

图 15.1　襟带两江，有着"九开八闭十七门"的重庆传统城市形态

长期以来集约形成的活动场所促成了分段集中的商号；城市商业空间有着明晰的分区，而这种分区又与城门货物的进出紧密联系在一起。"重庆的'九门八码头'是非常著名，无人不知的。不过重庆人对于九门的进出，又各有取其义，而分别着进出的事情性质。例如朝天门正当扬子江与嘉陵江交会之点，凡从长江下游，入川到渝，均须先达此处，为唯一正码头，犹如普通人家的大门一样。""朝天门迎官接圣，通远门卜葬造坟，千厮门花包如雪，南纪门菜担如云，太平门木料整整，临江门煤炭纷纷，金紫门镇台驻衙，储奇门药材回春，更有那东水门的流传古井，对岸是真武山江上峰青"是传统重庆城市空间图像一幅很逼真的描绘（图 15.1）。[1]

重庆是山城，自然就有高低变化。大梁子是城的山脊线。从城内最低的朝天门（海拔 195 米）到最高的大梁子（海拔 269 米）是城里主要的一条道路，也是城里"上半城和下半城"主要分界线。大量的石阶是重庆留给外来者最直接的体验和感受。"重庆是一座山城，建筑在拔海二百四十呎的砂岩上，三面临江，市区密集在高下不平的岗陵上，分为上下二城。市内除了一部分主要的马路可以通行车辆外，联络上下城间的支线以及通达江滨的坡道，都用石级筑成，磴道相接，不善步行的都视为畏途，城外和长江南岸的住宅，多半建在高低不平的小山顶上，更需爬登许多石级才能到达。石级是重庆的象征，和它冬天的雾是同样予人以深刻印象的"。[2] 下半城大致范围是沿着朝天门到大梁子南边的区域，北部区域自然也就是上半城。"上、下半城"的概念由来已久。下半城狭长而坡度陡，面积远比上半城小，但历史上长期以来比

[1] 吴济生，《新都见闻录》，上海：上海光明书局，1949，8-10 页。
[2] 《重庆——石级之城》，《良友》，1941，第 169 期，14 页。

图 15.2　重庆石级之城一——朝天门码头

（资料来源：根据《良友》，1941，第169期，14页相关资料整理）

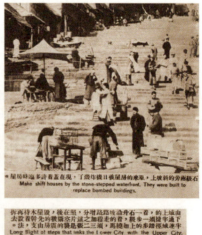

图 15.3　重庆石级之城二

（资料来源：根据《良友》，1941，第169期，14页相关资料整理）

上半城繁荣；重庆府署、重庆镇署、巴县署、川东道署以及会馆群等重要的社会职能机构都分布在下半城。

更进一步的刻画必须和传统社会结构结合起来。除了经济、交通等因素以外，君权政治、宗教等因素在传统社会生活中依然占有相当比例。社会生活的重心——府衙、治所以及主要寺庙所在地是城市主要的空间"节点"；而从城市最为"尊贵"的城门或活动频繁的城门至府衙之间的道路自然成为城市意象中最主要的"路径"元素。同时，作为传统城市基本户籍管理单元与邻里单元构成，"里坊"的正街（里坊与主要街道之间的联系）成为次一级的"路径"元素。这种传统城市空间意象认知的基本范式完全可以从众多地方志中的城市地图表达元素、文本的描述方式中获得明确的解读。

就重庆城市而言，从城东朝天门至城西府衙之间的街道就是城市中最为明晰的"路径"——从历史地图和文献中看，除了从朝天门到大梁子这条主要的道路外，陕西街、上下都邮街也是城中沟通南北很主要的路径。作为城内海拔最高点（280米），城西的五福宫长期以来是重庆城坐观两江，俯瞰全城的登高胜地。历史时期留下大量的题咏也说明了五福宫是重庆城市整体意象中一个重要"节点"。同时，山城中仅有的、处于上下半城之间的大平坝，作为阅兵校场的较场坝是一个特殊城市空间节点。

通远门的推倒和新市区的开辟——城墙作为传统城市典型特征的衰败以及马路作为新时期城市元素的兴起和延展，动摇了这种稳定的城市空间意象。城市的向西扩展形成了3组关系：新市区、老城以及连接两者的马路。1927年以后，以马路开辟、马路两边新景观为主题的文字多见于文。在1940年高绍聪《陪都

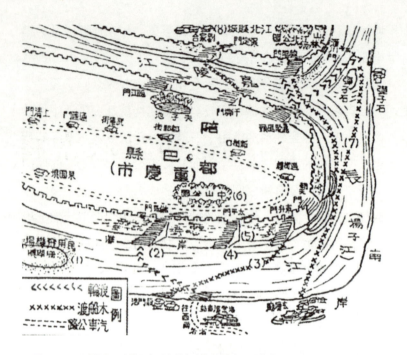

图 15.4 《陪都景观素描》中重庆城市意象地图（1940 年）

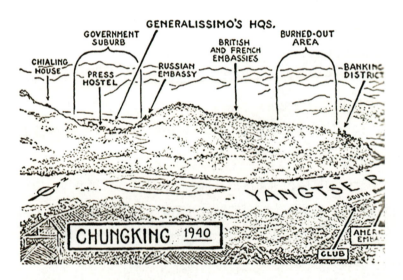

图 15.5 1940 年重庆城意象图（1940 年）

景观素描》中的城市意象地图中可以看出除了原有的老城门地区，中区干道与南区干道成为城市主要认知"路径"（图15.4）——朱自清先生的"重庆东到西长，有一圈儿马路，南到北短，中间却隔着无数层坡儿"[1]可以作为这一意象的补充，而贯穿其中的上清寺、通远门、武库街、都邮街、新街口、过街楼、菜园坝以及中央公园等成为新的意象元素。同时由于城区的扩展与人口的疏散，江北、南岸区域进一步纳入视野，与旧城半岛形成组群关系；沟通三者之间的交通干线被纳入关注的视野。地图中机械交通元素具有强烈视觉效果，表达了其主要意图和关注点。值得注意的是，这张意象图中城门仍然占据极为重要的位置。

然而新旧城市的空间意象并非决然不同的，而是有所延续重叠的：中区干道就是基于朝天门到大梁子这条道路的延伸；较场口从原来的阅兵场转换为上、下半城间的交通枢纽；同时，原有的城门区域和码头一起依然起着十分重要的城市记忆的定位作用等。两空间意象之间最大的不同是"静止"向"动态"的变化，略具"图—底"之间的关系意味。传统城市的空间意象更重于"实体"具象的感受，而近代以来的空间意象则更重于"路径"元素，更关注于"流动"的方向和可能性。这既是城市观念的转变，也是近代城市转型的表现。

图15.5是1940年某位西方人士对重庆的意象图。这张意象图不同于高绍聪介绍陪都交通路线，却更详细地标注了主要领事馆的位置。图表达了从南岸望重庆城，陕西街一带标注为银行区；临江门在1938年5月遭遇大火，到了1940年仍然没有能够恢复，图中标注着"烧光了的地区"；稍微向西，在靠近长江一侧则是英国和法国的领事馆。沿着嘉陵江向西，有苏联大使馆、司令部、

---

[1] 朱自清，《重庆行记》，载于陈雪春编，《山城晓雾》，天津：百花文艺出版社，2003，58页。

图 15.6 1945 年重庆城的卡通地图

新闻旅馆（Press Hostel）、政府的郊区以及嘉陵江一带的住房。在南岸则标注了美国大使馆和俱乐部。《重庆往事》是一位犹太人在二战期间为躲避纳粹迫害逃难到重庆后的回忆录。书中谈到南岸区因外国人相对较多，也较少受到轰炸之灾。书中也谈到了处在南岸的俱乐部，是外国士兵消遣之所。图15.4和图15.5都较为简略和结构性示意。图15.6是一张1945年重庆城区详细的意象图，标注有各种细节和信息。既包括城内外及江上交通，也包括许多处使用功能和社会活动。Press Hostel大概是当时许多外国记者汇聚之处，该图上还另外用铅笔在图上画叉，标识出该旅馆位置。

## 15.3 作家笔下的城市整体意象与文化嬗变

对于近代以来的重庆城市，城市居民中占据有相当比例的"下江人[1]"可以作为研究中的城市感受主体。这是因为：其一，"下江人"是相对于本土川人而言的外来群体，这个群体具有一定的共性，如多来自长江下游近代化相对发达的地区，有较宽广的视野、较好的教育背景以及在重庆相似的经历等；其二，通过城市比较的视野容易获得城市意象的定位；其三，陪都时期的下江人具有相对"话语权"，今天的资料多是客居的"下江人"留下来的，为研究展开提供了基础。

### 15.3.1 整体意象

古人诗咏"片叶沉浮巴子国，两江襟带浮图关"是重庆自然

---

[1] 所谓"下江人"，亦称"脚底下"人，系四川对客籍者之称谓，多指来自长江下游地区人士。

特征形象写照。重庆这种独特的山地地理空间在下江人笔中多有记录。高绍聪的"山顶上有一个城圈，里外有许多的房屋"[1]的意象很可能是大多数下江人对重庆城市最初步和最直接的印象。"重庆因山建市，街道极错落之能事。旧街巷坡道高低，行路频频上下。新街道则大度迂回，行路又展转需时"[2]"重庆是一座山城，她正和香港一样，纡回的马路和高矗的洋房，都是建筑在山顶上的，只是富丽堂皇不及香港罢了"[3]是这种意象的具体化。其中最为具象、感性和细腻的是张恨水在《重庆旅感录》《山城回忆录》中"上下难分屋是楼""不堪风雨吊脚楼"描述的遍布山城的平民住房。这种和下江地区砖混房或钢筋混凝土房屋相比较简陋不堪的木结构房屋，是重庆城市最主要的景观组成，也是包括梁实秋、丰子恺等在内大量寄渝文人亲身体验和作文留忆的对象（图 15.7）。

图 15.7 丰子恺绘的
重庆"抗建式"建筑

[1] 高绍聪，《陪都重庆素描》，载于陈雪春编，《山城晓雾》，天津：百花文艺出版社，2003，222 页。
[2] 张恨水，《重庆旅感录》，载于陈雪春编，《山城晓雾》，天津：百花文艺出版社，2003，11 页。
[3] 沧一，《重庆现状》，载于陈雪春编，《山城晓雾》，天津：百花文艺出版社，2003，42 页。

### 15.3.2　城市景观

民国政府西迁之前的重庆城市有一段相对平稳的城市发展和建设期（1926—1937）。在大军阀刘湘基本控制四川政局的情况下，其幕僚潘文华主政重庆达九年之久。这九年是重庆城市步入近代化的起步和关键阶段。特殊时期的军事权力与新兴城市阶层财富结合的巨大力量，加速推动着城市的近代化和区域城市化。

伴随着城市近代化的一个特点就是城市功能分区"凸显化"。这也给当时的人们留下了深刻印象，其中比较典型的是传统商业区与新市区的高级住宅、行政区。"上半城居民较多，下半城则为商业区域。最繁盛之街道，为都邮街、小梁子、陕西街等处，商店均两层以上之洋式门面，建筑雄伟，街市整洁，颇有沪汉之风。"[1] "若都邮街会仙桥小梁子诸地，则崇楼夹道，上达五六层。其下柏油路如带一环，行人蚁聚，亦仿佛近代化之都市矣。""通衢商肆，楼高十丈，窗饰辉煌，百货罗列，观其外表，俨然沪汉模样也。"[2] 上述描述是比较典型的话语——其中值得注意的是城市感受中普遍的"俨然沪汉"。

新市区"周围十余里，红楼碧槛……出通远门，至上清寺，又一南京之山西路上"[3] "新建各式住宅，栉比连云，曾家岩一带，尤多军政大员富绅巨贾之别墅。汽车扬尘，顾盼其间"[4] "自大梁子乘汽车出临江门，马路平坦，略无颠簸。城外多达官住宅，宏楼杰阁，稀密相间"[5]。——新的技术体系、经济力量和社会

---

[1] 薛绍铭，《黔滇川旅行记》，载于陈雪春编，《山城晓雾》，天津：百花文艺出版社，2003，95页。

[2] 张恨水，《重庆旅感录》，载于陈雪春编，《山城晓雾》，天津：百花文艺出版社，2003，11页。

[3] 张恨水，《重庆旅感录》，载于陈雪春编，《山城晓雾》，天津：百花文艺出版社，2003，15页。

[4] 陆思红，《新重庆》，上海：上海中华书局，1939，23页。

[5] 李鸿球，《巴蜀鸿爪录》，载于中国社会科学院近代史研究所编辑，《近代史资料集》，总85号，北京：中国社会科学出版社，1994。

需求共同推进了城市行政区、居住区与商业区空间距离上的分离。

### 15.3.3　城市文化嬗变

同时，新的城市居民带来了新的城市景象。"自去年十月起，脚底下人与脚底下货，充溢重庆市上。市招飘展，不书南京，即书上海。……南北方言，溢洋盈耳。客主之势既移，上下江之别，殆亦维持不易矣"[1]"宾主杂处，言习渐通……南自江浙，北及幽燕，各音皆有，而今而后，四川当非昔日之四川"[2]。这大概是极为鲜明的状况，丰子恺记录了这一情形（图15.8）。

五方杂处的人群聚落与战争格局使得原本狭隘的本土居民获得了开阔视野。陪都之前的四川地理特征、交通条件与在全国

图15.8　丰子恺绘的下江人与四川人的沟通

[1] 张恨水，《重庆旅感录》，载于陈雪春编，《山城晓雾》，天津：百花文艺出版社，2003，15页。
[2] 张恨水，《重庆旅感录》，载于陈雪春编，《山城晓雾》，天津：百花文艺出版社，2003，22页。

的政治格局使其颇为闭塞。"夔门以内乡民，绝少与外省人接触"[1]。全国抗战时局如火如荼，然而"一入夔门，正如进了桃花源一样，什么事都平静下来了！"[2]但经过多年陪都抗战，"重庆这地方，就是如此的，每日浸沉在大大小小的新闻中，重庆市民也习惯地迎接这些大小刺激，一旦离开这山城，还会感到耳目寂寞"[3]——政治空间格局的改变、城市主体的转换、城市风尚的悄然变化以及新的技术体系的运用等从各个方面推动着陪都时期重庆城市文化的转型。

然而，应当注意的是城市文化转型不是"突如一夜春风来，千树万树梨花开"的模式，而是新旧交替、长时段消长变化的过程。新出现的、异质的景观容易获得认知，而传统的、日常的景观变化却是较难觉察的。张恨水的"拦街一索是关城"是城市新旧景观交替的图画描绘，很好地说明了作为传统城市典型特征的城墙虽然被拆除了，作为近代城市特征之一的警察却依然沿用着传统的管理方法："警察沿着旧习，十时以后，还关城门。但剩有的城门，孤零的关起，是无用的，没城墙，人家照样的来去。于是警察在城墙遗址所在，拦街横上一条草绳子，就算关了城了。"[4]

城市文化的整体感性认知通常在城市比较视野中容易获得定位。客籍的城市居民自然而然地会将重庆城市与其他亲历城市进行比较。西南城市中典型的话语是成都、昆明如"小北平"——冰心的"昆明生活，很自由，很温煦，'京派的'"[5]是典型的城市感受描述，在许多其他作家笔下都可以获得成都、昆明"平

[1] 张恨水，《重庆旅感录》，载于陈雪春编，《山城晓雾》，天津：百花文艺出版社，2003，22页。
[2] 沧一，《重庆现状》，载于陈雪春编，《山城晓雾》，天津：百花文艺出版社，2003，41页。
[3] 子冈，《陪都近闻》，载于陈雪春编，《山城晓雾》，天津：百花文艺出版社，2003，261页。
[4] 张恨水，《山城回忆录》，载于曾智中编，《张恨水说重庆》，成都：四川文艺出版社，2001，24页。
[5] 冰心，摆龙门阵——从昆明到重庆，载于陈雪春编，《山城晓雾》，天津：百花文艺出版社，2003，103页。

和、稳定、有序"的这种感受；而独独重庆类上海。"成都如小北平，重庆如小上海。以人情风俗言，大抵近是"[1] "重庆简直跟上海差不多……重庆热闹，俗气"[2] 重庆"是上海式之重庆"[3] "重庆是暴发户的天堂，冒险家的乐园"[4] "是的，重庆真是一个大上海的缩影。除了没有洋鬼子底租界外，这里几乎应有尽有"[5]——高密度的五方杂处以及时局变化的敏感导致了人群生理空间挤压和心理空间的紧张，可能是使得陪都时期的重庆与上海有类似城市感受的主要原因。另一方面，贯穿南中国的长江近代化空间轴将上海、武汉、重庆三大沿江核心城市串在了一起。地理交通枢纽基础上城市文化的"杂糅、开新和俚俗"是它们共同的特点。

## 15.4　重庆小上海

近代以来的重庆城市在空间结构格局上已经从传统的"九门八码头"向城中新兴的"马路"倾斜，出现更为复杂多样的城市意象元素。城市意象从具象的、实体的元素向"路径"元素的近代转换是城市转型的体现。伴随着城市行政功能的急剧强化和外来人口的大量增加，重庆城市文化在抗战中发生了巨大的转型，从一个闭塞的内陆区域中心城市跃升为国际媒体关注的焦点城市；同时，作为长江沿岸最重要的城市之一，特殊的历史过程使得近代重庆城市文化受东部地区影响深刻，"重庆小上海"成为当时的普遍话语。

[1] 张恨水，《重庆旅感录》，载于陈雪春编，《山城晓雾》，天津：百花文艺出版社，2003，11 页。
[2] 朱自清，《重庆一瞥》，载于陈雪春编，《山城晓雾》，天津：百花文艺出版社，2003，46 页。
[3] 高绍聪，《重庆琐记》，载于陈雪春编，《山城晓雾》，天津：百花文艺出版社，2003，120 页。
[4] 司马訏，《重庆之魅力》，载于陈雪春编，《山城晓雾》，天津：百花文艺出版社，2003，125 页。
[5] 沧一，《重庆现状》，载于陈雪春编，《山城晓雾》，天津：百花文艺出版社，2003，42 页。

余　论

————

空间与现代性的生产：
　世界史中的重庆

艾瑞克・霍布斯鲍姆把过去两百多年间的世界史划分成四个阶段：1789—1848 年的"革命的年代"、1848—1875 年的"资本的年代"、1875—1914 年的"帝国的年代"以及 1914—1991 年的"极端的年代"。这首先是基于西欧历史的撰写，由西欧的现代化而遍及其他地区与国家的撰写，是现代世界史的一种写法。重庆的近现代过程，有自身的历史特点与分期，却可参照这四个阶段进行观察和讨论，进而将外部的变化与内部的变动结合起来。重庆的近现代过程是中国也是世界近现代历史的一部分，是这一段并不太长的阶段中一个中国内陆城市的历史。由于所处西南的区位和三峡激流的阻隔，这也是一段迟到的现代化历史。

一

　　1789 年至 1848 年是"革命的年代"，霍布斯鲍姆主要论述的是这一时期的双元革命：法国的政治革命和英国的产业革命，共同构成新社会的胜利，进而影响和震荡了世界的其他地区。"在西方的商人、蒸汽机和坚船利炮前，以及在西方的思想面前，世界上古老文明和帝国都投降了、崩溃了。印度沦为由英国殖民总督统治的一个省，伊斯兰国家危机重重、摇摇欲坠，非洲遭到赤裸裸的征服，甚至庞大的中华帝国，也被迫于 1839—1842 年向西方殖民者开放门户。"[1] 他也谈道，"1789 年的世界绝对是一个乡村世界……农业问题就是 1789 年世界的基本问题"[2]。经由双元革命，欧洲世界的封建制被议会民主制逐渐替代，小农生产方式被大机器的生产方式所逐渐替代。

1789 年，在英、法的西边，隔着大西洋的美国，57 岁的乔治·华盛顿当选第一任总统。在英、法遥远的东边，隔着喜马拉雅山的大清国，乾隆皇帝已经在位 54 年。18 世纪中后期是清王朝的鼎盛时期。"西方对中国 18 世纪的看法首先出现在一些欧洲人的报告中，这些欧洲人是住在北京宫廷中的传教士以及生活在帝国各地的商人。他们此时对已开始在英国出现的工业革命仍茫然无知，而对中国文化的精美和辉煌感到震惊。"[3] 四年后的 1793 年，乾隆接见前来为他祝寿的英使马嘎尔尼，拒绝了使团提出的贸易和传教要求。朝贡的观念是帝国治理的一种基本构成。远在西南的重庆，对于马嘎尔尼使团的入华既不知晓也不关心。几年前的重庆城，由于长期缺乏维修，几段城墙严重坍塌，在知府的督促下，通过动员与强迫地方捐款方式筹得筑城经费，重点维修了"接官迎圣"的朝天门——而省城成都府城的修筑却是从乾隆那里得到了拨款。修筑城墙是地方上的一件大事。此时的重庆城，已经是一个重要的地区商业与贸易中心，八省会首在地方公共管理与安全等事务上发挥着重要作用。然而公共工程、公共事务的举办，对于地方官员而言是能免则免，除非已经到势不得已。杨联陞在

---

[1] 艾瑞克·霍布斯鲍姆，《革命的年代》，张晓华等译，南京：江苏人民出版社，1999，5 页。
[2] 艾瑞克·霍布斯鲍姆，《革命的年代》，张晓华等译，南京：江苏人民出版社，1999，9-12 页。
[3] 韩书瑞，罗友枝，《十八世纪中国社会·序言》，南京：江苏人民出版社，2009，2 页。

讨论帝国的公共工程建设时引用顾炎武的话："今日所以百事皆废者正缘国家取州县之财，纤毫尽归之于上，而吏与民交困遂无以为修举之资。"[1] 瞿同祖对于清代地方政府进行详细的技术性分析，指出朝廷政府高度的政治与经济集权，服从是所有官员必须遵守的价值标准和终极目标。由于朝廷没有给地方政府必要的经济灵活性，导致"陋规"的普遍盛行和一般民众的贫困。这一政府运作的基本机制，导致城乡景观的败落，成为马嘎尔尼等人笔下彼时的中国社会景观。

此时的中国知识分子，关心的是经典文化中的天地人和与尊卑有序，以优雅的文字、潇洒的书法表达个人的经验和感知。对于地方的描写，也大多不脱这样的状况。至于批判与建议国家发展的策论，一直到光绪二十四年（1898）后才成为科举鼓励的内容。乾隆四十九年（1784），川东道尹沈青任在《渝州觉林寺碑记》中写气象万千的重庆："汉唐以来，蜀东重镇也。踞涪、忠、夔、巫之上游，面涂山，跨字水，浮图关扼其西，朝天嘴镇其东，鳞比万灶，翅集千帆，环以三江，襟带泸、叙，水陆要冲，胜甲他郡。其幽林邃室，宝梵琳宫，在城者固多，而在对江者为尤胜，余……慨然溯江流之震撼排訾，山色之縱隆翠崒环城，气象万万千千，已极雄观，无以伦比。及寻字水、文峰山、海棠溪、黄葛渡诸迹，又获睹其奇，而朝烟暮霞，风帆沙鸟，无穷之景，触目纷然来者，更绕余趣也。"[2]

1789 到 1848 年是法、英等国新兴资产阶级与旧贵族等之间激烈博弈的半个世纪。此时既有与贵族政权间的激烈战争，也有随着时间的进程，面对新社会状况的反思与实践。1789 年后雅各

---

[1] 杨联陞，《国史探微》，北京：新星出版社，2005，109 页。
[2] 向楚，《巴县志选注》，重庆：重庆出版社，1989，878 页。

宾派的革命与残酷专政给后世留下了许多讨论的空间。拿破仑在19世纪初扫荡了欧洲大陆并远征俄国；而英国的罗伯特·欧文不满于新生产力与生产方式带来的社会状况，1824年到美洲建设"新协和村"，试图以小社团内的合作方式来抵抗社会失序。1848年出现遍及欧洲的普遍革命，尽管昙花一现却震撼社会主流阶层，推进了社会的民主进程。在资本主义高歌猛进的同时，欧洲的天空中飘荡着"共产主义的幽灵"；1848年，马克思、恩格斯发表具有历史里程碑意义的《共产党宣言》，既称赞资本主义在历史过程中的革命性作用，又严厉批判资本主义带来尖锐的社会问题。马克思和恩格斯指出："资产阶级时代，却有一个特点：它使阶级对立简单化了。整个社会日益分裂为两大敌对的阵营，分裂为两大相互直接对立的阶级：资产阶级和无产阶级。"[1]资本主义不仅带来了阶级的对立，成为19世纪下半叶以来支配社会发展的基本问题，也带来城镇环境的日渐恶化。英国在1848年立法对公共卫生领域进行干预与控制，通过的《公共卫生法案》可以看成最早的城镇规划法案。1848年欧洲革命的中心在巴黎。激烈的巴黎"二月革命"，最终导致拿破仑·波拿巴成为法国第二共和国的总统以及1852年法兰西第二帝国民选的皇帝。在他的授意下，在奥斯曼铁腕意志的执行下，中世纪的巴黎史无前例地大规模更新和重建，逐渐透出现代性的光辉，成为之后各国各城钦羡和学习的对象。

回到东边的中国，1848年是道光皇帝在位的第28年。就在不久的几年前，虎门销烟导致鸦片战争爆发。这是东西半球两个帝国间首次爆发的战争，一个新帝国与一个老帝国间因贸易导致的战争。战争中，重庆镇左营的士兵被调用至广东对英参战，巴

[1] 马克思、恩格斯，《马克思恩格斯选集（卷1）》，北京：人民出版社，2012，273 页。

县负责购料造船。[1] 和半个世纪前乾隆皇帝严正拒绝马嘎尔尼的贸易与传教请求不同，在坚船利炮的威胁下，道光皇帝被迫签订《南京条约》（1842 年）与作为附件的《五口通商章程》（1843 年），解除对天主教的传教禁令（1846 年，容闳在该年赴美留学）。东部沿海的广州、福州、厦门、宁波、上海成为对外贸易的口岸城市。殷海光讲："在这个条约里，中国的关税自主在事实上丧失了。可是，当时的人对于这方面的重大损失懵然不知。他们最伤心的事是以上国之尊降而与'夷人'平等称谓。"[2] 在接下来的近一个世纪中，原本处在帝国地理边沿的小上海，逐渐成为远东的大都市；在这一历史过程中，它既是中国"得风气之先"的城市，也是中国内陆其他后发城市学习和模仿的对象。两年后，焦虑与困顿的道光皇帝去世；也恰恰在这一年，太平天国兴起，开始纵横南方中国。在西部，四川的哥老会在 1850 年成立，逐渐成为地方社会关系复杂、影响广泛和深远的民间组织。1846 年，法国传教士古伯察从长江上游顺流而下，途经重庆，作为过客的他不能察觉地方基层暗流涌动的社会网络。在记录中，他谈到重庆是一个大商业中心，是各省商品的集散地。他也描写了彼时普遍的城镇景观和衙门的建筑。此时的中国城镇与建筑，是地方物质现实、威权治理与风水理念相结合的产物。帝国晚期，和之前多年的行政运作并无不同，"治人"是整个治理体系的核心，西方的"治物"观念和做法尚未抵达重庆，仍然是不可想象之物。

彼时的黑格尔（1770—1831）在《历史哲学》中谈到对中国的理解："中国很早就已经进展到了它今日的情状，但是因为它客观的存在和主观运动之间仍然缺少一种对峙，所以无从发生任

---

[1] 重庆市地方志编撰委员会总编辑室，《重庆市志》（第一卷），成都：四川大学出版社，1992，41 页。
[2] 殷海光，《中国文化的展望》，上海：上海三联书店，2002，14 页。

何变化，一种终古如此的固定的东西代替了一种真正的历史的东西。中国和印度可以说还在世界历史的局外，而只是预期着、等待着若干因素的结合，然后才能够得到活泼的进步……它的统治并不是个人的识见，而是君主的专制政体……天子实在就是中心，各事都由他来决断，国家和人民的福利因此都听命于他。全部行政机构多少是按照成规来进行的……除了天子的监督、审查以外，就没有其他合法权力或者机关的存在。政府官吏们的尽职，并非出于他们自己的良知或者自己的荣誉心，而是一种外界的命令和严厉的制裁，政府就靠这个来维持自己。"[1] 从 1840 年开始，作为一个整体的中国逐渐进入了一个黑格尔指出的"预期着、等待着若干因素的结合，然后才能够得到活泼的进步"的状态；但作为一个局部的重庆，在相当长的一段时间内，仍然保持着基本不变的状态。

## 二

1848 到 1875 年是西欧资本主义发展的黄金时期，是霍布斯鲍姆指出的"资本的时代"。尽管出现严重的社会分化，生产力的快速发展和世界范围市场前所未有的巨大开拓，使得社会四处洋溢着自由、进步、自信的氛围，这是一个与过去快速决裂的时代。大卫·哈维论述道："一八四八年以前……顶多只能粗浅地处理中古时代都市基础设施的问题；在一八四八年之后则出现了奥斯曼，是他强迫巴黎走入现代……一八四八年之前，所谓的制造业者多半都是散布各处的手工业者；之后则绝大部分手工业都

---

[1] 何兆武、柳卸林主编，《中国印象——世界名人论中国文化》，桂林：广西师范大学出版社，2001，170-171 页。

被机械与现代工业所取代。一八四八年之前只有小店铺沿着狭窄、弯曲的巷弄或骑楼开张；之后在大马路旁出现了巨大笨拙的百货公司。一八四八年之前盛行的是乌托邦主义与浪漫主义，之后则是顽固的管理主义及科学社会主义。一八四八年之前，运水人是个重要职业，但到了一八七零年，随着自来水的普及，运水人几乎完全消失。"[1]

巴塞罗那、巴黎、维也纳的经典规划与建设，都是这个时期的产物。这是现代城市建设的灵韵时期，之后的其他城市大多只是模仿和复制罢了。从区域层面上看，哈维举了一个例子。在 1850 年，法国只有 1 931 千米的铁路，到了 1870 年，已经形成 19 400 千米的复杂铁路网，运载量也大大提高。电报系统也从原来的几乎为零，到十年后已经铺设 23 000 千米。这些铁路与电报系统，也进一步跨越国境，向南边的意大利、向东边的奥斯曼帝国等延伸。哈维深刻地指出，"1848 年，资本和劳动力过剩所造成的冲击，此时透过空间关系改善计划以及为此而进行的大规模长期投资而加以吸收"[2]。在这个阶段，城市的气质显著地发生了变化，本雅明说，奥斯曼的巴黎改造"使巴黎人疏离了自己的城市。他们不再有家园感，而是开始意识到大都市的非人性质"[3]。

1848 到 1875 年的西欧仍然处于帝制向共和制转变的阶段。身处两个阶段的托克维尔撰写了《论美国的民主》《旧制度与大革命》等，对于产生社会革命的深层机制与社会发展进行讨论。他理性倾向民主，而内心向往自由。他说："在思想上我倾向民主制度，但由于本能，我却是一个贵族——这就是说，我蔑视与

---

[1] 大卫·哈维，《巴黎：现代性之都》，黄煜文译，台北：群学出版有限公司，2007，20 页。
[2] 大卫·哈维，《巴黎：现代性之都》，黄煜文译，台北：群学出版有限公司，2007，124 页。
[3] 本雅明，《巴黎，19 世纪的首都》，刘北成译，上海：上海人民出版社，2006，26 页。

惧怕群众。自由、法制、尊重权利，对这些我极端热爱——但我并不热爱民主……我无比崇尚的是自由。"[1] 作为个体的托克维尔体现了彼时进步贵族的困境。

1851 年在伦敦海德公园举办的第一届世界博览会是一个标志性事件，向世界宣称维多利亚时期英国的工业成就——马克思把它看成资本主义商品拜物教的标志。本雅明则说："世界博览会使商品的交换价值大放光彩。它们造成了一个让商品的使用价值退到幕后的结构。它们为人们打开了一个幻境，让人们进来寻求开心。……人们享受着自己的异化和对他人的异化。"[2] 主展馆水晶宫中密集地展示着各国的工业制品和商品。为功能需求的形态，采用模数化的低成本快速建造，采用钢材和平板玻璃，长 564 米、高 39 米的水晶宫，本身成为最成功的展品，它也标志着古典建筑向现代建筑转型的开始。在水晶宫内，大清国的展场是一个有彩绘的中国式亭子。

1861 年，法兰西第二帝国皇帝拿破仑三世将掠夺来的圆明园物品举办展览，引起轰动。当时维克多·雨果在复信一位上尉关于"远征"大清国一事时谈道："时光的流逝会使一切都属于全人类所有。艺术大师、诗人、哲学家，他们都知道圆明园。伏尔泰也曾谈到它。人们一向把希腊的巴特农神庙、埃及的金字塔、罗马的竞技场、巴黎的圣母院和东方的圆明园相提并论。如果不能目睹圆明园，人们就在梦中看到它。它仿佛在遥远的苍茫暮色中隐约眺见前所未知的惊人杰作，宛如亚洲文明的轮廓崛起在欧洲文明的地平线上。这一奇迹现已荡然无存。有一天，两个强盗闯进圆明园，一个大肆抢劫，一个纵火焚烧。"雨果最后揶揄

---

[1] 托克维尔，《社会平等与政治自由》，1977，21 页，转引自托克维尔，《旧制度与大革命》，北京：商务印书馆，1997，iv 页。
[2] 本雅明，《巴黎，19 世纪的首都》，刘北成译，上海：上海人民出版社，2006，13 页。

地说："我们欧洲人是文明的，对我们而言，中国人则是'夷人'；而这就是文对野做的事情。"[1]——到了这一时期，在观念上文、野之分已然倒置。

1848 到 1875 年，清朝被迫与多个西方国家签订多个条约，其中包括 1854 年的《上海英法美租界租地章程》。赔款是经济上的损失，割地和开放口岸则是空间转变的开始。租借国通过对口岸城市租借地的建造与经营，引入本国的市政制度，复制和移植建设模型、营造管理与技术以及建筑样式，英法等国在大清国的空间中植入了差异性的空间和景观。1858 年清朝与英、法等国签订的《天津条约》规定，英、法、俄、美有权在北京设立外交使馆，新开包括营口、淡水、汉口、南京等十一个商埠，包括战舰在内的外国船只可以在长江上自由航行，外国人有权在中国内陆地区旅行、商贸和传教，以及禁止在正式公文中用"夷人"指代英国官员等。其中一条具体指出："大合众国民人在通商各港口贸易，或久居，或暂住，均准其租赁民房，或租地自行建楼，并设立医馆、礼拜堂及殡葬之处。"1861 年，清朝设立"总理各国事务衙门"，处理原本十分不熟悉的国际外交事务。这是一个之前拒绝与他者往来的空间被迫与异质空间建立联系的表征。

此时重庆的长江和嘉陵江周边日夜集拥千帆、桅杆林立，和多年之前的状况没有差别。江河里看起来没有什么不同的船只分别隶属于负责重庆以上长江船运的大河帮、嘉陵江的小河帮和重庆长江以下的下河帮，每一帮根据航段差别又有多个小帮。如道光二十五年（1845），小河帮有渠达等七帮、下河有长涪等九帮。

---

[1] 何兆武，柳卸林，《中国印象——世界名人论中国文化》，桂林：广西师范大学出版社，2001，75-77 页。

各大帮的船只数分别为 600~850；仅以滇黔转输京师的铜铅，每年共计 900 万斤左右。[1] 繁忙的商业与船运催生许多地方性的规则，包括各行帮帮规等。

1856 年，范若瑟在重庆任法国天主教川东教区主教。从道光皇帝解除天主教传教的禁令以来，在重庆逐渐聚集了相当数量的传教士，以重庆为中心，向川东、川南乃至贵州、云南等地开展传教活动。传教士的活动与实践成为 19 世纪中后期重庆的异质景观。1858 年，范若瑟提出将处于重庆城中心位置的长安寺，历来是重庆县衙、府衙进行重大仪式的场所改建为天主堂，获得清朝总理衙门的批准，但随后引起重庆地方民众的群起反对和激烈冲突。城中的"要害"之地为外人所占据，是地方人士所不能接受的。"重庆为全川要害，而长安寺地尤全城要害之区，高亘城之脊梁，扑地闾阎，翼然俯跨，右抱岷江、金沙诸水，左环嘉陵、渠、涪，前有涂山屏列，言地利者所必争也……民人以失险堪虞，因愤阻而交讧。"[2] 1863 年，经由川东道协调，长安寺最终交由八省会首使用，八省会首向教会赔款 20 万两白银，由其另行购地建堂。这一在重庆较早的、比较激烈的中外矛盾，不是宗教的直接冲突，而是空间的冲突，是因为长安寺这一"要害"之地、"风水宝地"要被西人占据而引发的冲突。空间冲突背后则是观念之间的差异。

根据 1858 年《天津条约》的规定，外国船只已经可以在长江上自由航行。1861 年英国的托马斯·布莱基斯顿组建了"扬子江上游考察队"溯江而上。他描写了一幅西方想象的中华帝国景观："一块富饶的大平原，河渠纵横，四通八达；遍植桑

[1]《清代巴县档案汇编（乾隆卷）》，北京：档案出版社，1991，序言及正文中"运输"部分。
[2]《八省筹办公益案证》，载于向楚，《巴县志选注》，重庆：重庆出版社，1989，705-706 页。

树和茶树，无数金黄色的野鸡栖息其间，筑巢落窝；树荫下，鸬鹚卖力捕鱼；每当行至转弯处，就会有精致的宝塔和高高的拱桥呈现在眼前；虽然河流早已改道，以便向位于帝国另一端的大运河供水，但河道上的水车却依然转动不停；百姓们都是观星占卜的行家；由于人口众多，拥挤不堪，因而必须建造浮岛和空中花园，以便满足粮食等需求。"[1] 他的旅行无情地打破了这一想象。文字中他记录了太平天国与清朝之战对长江下游地区城镇的严重破坏，一个内忧外患王朝的颓败景观；也谈到帝国官僚体系的严重腐败。布莱基斯顿一行坐木船在 4 月底抵达重庆。他在文字中记载，重庆在中国具有重要的商业地位，重庆对于华西，就如汉口之于华中，上海之于沿海，广州之于华南。他也记录了当时川东地区普遍种植罂粟。彼时的重庆民众因为长安寺一事，群愤激扬；布莱基斯顿冒着被攻击的危险，坐在封闭的轿子里去拜访范若瑟。他也描写了长江沿线普遍的城镇总体景观：平矮的铅灰色的城镇点缀着稍高的衙门、寺庙建筑，一圈有些破旧的城墙上有城门楼和角楼；靠近城镇的水口就有别致的宝塔。他说，这些城镇应该是根据相同的规制建造出来的。他的描述和几十年前古伯察对沿江城镇的描述并无大区别，这似乎依然是一个亘古不变的城。

1861 年布莱基斯顿的长江之旅对之后二三十年间的旅行者有很大的影响。他在接近重庆的旅途中写到了一般中国人对于政治的漠不关心。他说："中国人其实很容易治理，原因很简单，人人都不愿意多管闲事。如果不受到横征暴敛的话，他们心甘情愿接受任何人的统治。……古伯察的《中华帝国纪行》很有意思，在该书的另一部分，他提及曾从中国人的口中听到这样的话：'我

---

[1] 托马斯·布莱基斯顿，《江行五月》，北京：中国地图出版社，2013，146-147 页。

们对公共事务所涉不多，因为我们认为，如果三亿百姓人人都试图按照自己的意愿行事的话，帝国就难以统治了。'这就是中国的政治哲学。……我认为，来日，一群有影响力的汉人将发动一场革命，提出以推翻当前王朝为目标，并将统治整个国家。"[1] 半个世纪后的历史进程，验证了布莱基斯顿的推测。

## 三

1875 到 1914 年是霍布斯鲍姆提出的"帝国的时代"。资本的时代是自由主义的胜利，它终结于漫长的经济萧条。霍布斯鲍姆说："自由主义的胜利时代事实上是英国工业在国际上处于垄断地位的时代，中小企业可以自由竞争，保证获得利润，而且困难很少。后自由主义时代则是互为竞争对手的国家工业经济——英国的、德国的、美国的——在国际上进行竞争，在经济萧条期间，它们发现要获得足够利润非常困难，于是竞争更加激烈。最后，竞争更导致了经济集中、市场控制和市场操纵。"[2] 世界于是进入帝国之间竞争的时代。世界更加趋向极化，不论是世界范围的经济格局，还是各国内部的社会状况，概莫例外。这一时期随着德国与意大利的统一和日趋强大，出现民族国家间的冲突和重新划分殖民地的尖锐矛盾，最终导致第一次世界大战，以及第一个社会主义国家的出现。1914 年爆发战争后，欧洲陷入艰难的困境。霍布斯鲍姆在《帝国的年代》结尾章中说："对于 1914 年前那个时代的记忆，总是笼罩着一层眷恋的薄幕，总在模糊之中将它视为一个充满秩序、和平的黄金时代，前途一片光明的黄

---

[1] 托马斯·布莱基斯顿，《江行五月》，北京：中国地图出版社，2013，181-182 页。
[2] 艾瑞克·霍布斯鲍姆，《帝国的年代》，贾士蘅译，南京：江苏人民出版社，1999，357 页。

金时代。"[1] 然而对于那个时期的中国人而言，那个时代的记忆，却总是笼罩着一层悲愤的色彩，弥漫着救亡图强的氛围。

1875 年的大清国，经历两次鸦片战争失败以及太平天国运动的冲击，被迫作出变革。此时洋务运动已经举办有年，官僚资本与民间资本引进西方技术，兴办从军事到民用的各种工业，启动了中国的现代化进程。然而，它也加大了原有社会阶层间的分异，潜藏了对于中国社会下一个阶段发展不同方向的争论、博弈与流血的战争。但这一过程主要发生在中国东部，隔着三峡的西南却还是按照原有节奏，日复一日地生活——只有等待川江航道开通后这一状况才有大的变化。1894 年中日甲午战争失败后，社会更加动荡不安。1898 年的戊戌变法虽然失败，却促进之后的激进新政。1905 年清朝派出五大臣出洋考察，预备立宪。1905—1911 年，修订和颁布了国家法律，改革官制、取消科举制度、创办新教育、奖进实业等，并设立咨议局、资政院。1909 年颁布的《城镇乡地方自治章程》，是近代中国城镇现代化的一个里程碑标志——尽管"自治"一波三折。京师也设立了内、外巡警厅，启动了市政变革，为其他的城市树立了模范和方向。此时西方世界包括社会主义在内的各种思潮风起云涌；在国内，孙中山领导的中国革命同盟会作为一支新的政治力量快速浮现，其提出的"驱除鞑虏，恢复中华"纲领是民族主义的口号，"平均地权"的纲领指向大土地贵族与小农间的矛盾。彼时现代国家建设的困境首先是由大清国与西欧国家等外部国家间生产力、生产关系等差异造成的，这种困境与问题被转换成内部的民族矛盾与阶级矛盾，为新政权的生产提供合法性。

---

[1] 艾瑞克·霍布斯鲍姆，贾士蘅译，《帝国的年代》，南京：江苏人民出版社，1999，366 页。

1875 年是光绪元年，在云南发生了马嘉理事件。根据之后签订的《中英烟台条约》，清朝被迫派出郭嵩焘作为驻英公使前去"修好"，这是清国的首位驻外使节。他在《使西纪程》中聊发议论，谈到中国在四陷危机时，"应付处理之方，岂能不一讲求？并不得以和论，无故悬一'和'字为劫持朝廷之资，侈口张目以自快其议论，至有谓'宁可覆国亡家，不可言和'者，京师已屡闻此言……此岂中国高谈阔论，虚骄以自张大时哉？……西洋立国自有本末，诚得其道，则相辅以致富强"[1]。很可能就是他的这一通不长的议论，使得首位驻外使节的旅行笔记不能公开发行，更遭毁板之厄。几年后郭嵩焘去职返国，英国《泰晤士报》有文报道，回顾清朝与西方各国间的交往，"经许多翻难避就，始允不照上邦允许下邦之式，而相视为与国……此等事，中国视为最失国体之一端……吾意尚思劝令中国人知悉，实在办事之才能亦所急需，而中国时苦缺少实在办事之才能也"。[2]

　　因马嘉理事件，中英于 1876 年 9 月 13 日签订《中英烟台条约》，在 1885 年又签订《中英烟台条约续编专条》，1890 年再次签订《中英烟台条约续增专约》（后称《续增专约》）。1876 年的《烟台条约》第三部分提出："……随由中国议准在于湖北宜昌、安徽芜湖、浙江温州、广东北海四处添开通商口岸，作为领事官驻扎处所。又四川重庆府可由英国派员驻寓，查看川省英商事宜。轮船未抵重庆以前，英国商民不得在彼居住，开设行栈。俟轮船上驶后，再行议办。"1877 年重庆府正堂有告示："总理各国事务衙门咨称英国派员驻寓重庆，原为查看英商事宜，所

[1] 陆玉林选注，《使西纪程——郭嵩焘集》，沈阳：辽宁人民出版社，1994，23-39 页。
[2] 陆玉林选注，《使西纪程——郭嵩焘集》，沈阳：辽宁人民出版社，1994，82-86 页。

派来之员翻译官已于二月廿五日到郡。此次来渝住扎，不过为通
商起见，毫无别意，与传教两不相涉……英员出入往来以及住寓
之所，尔等不得在彼侵欺扰害，致启衅端。"[1]

在长江中下游段遍布轮船时，从宜昌到重庆的三峡段仍然是
依靠大量的木船航行。三峡天险阻隔西方商贸的西进，轮船在当
时尚无法驶过长江三峡，这也就成为清朝提出条件的合理理由，
自然地理的复杂成为阻隔社会变迁的要素。但也因《中英烟台条
约》的这一条款，为14年后打开重庆埋下伏笔。此年日本人竹
添进一郎由成都经陆路抵达重庆，在日记中写到，在川省内的一
路行程上树立了许多石牌坊，以颂德政者。他认为，可能因为是
数十年来，清朝政治困难，稍有治功者，就得到民众推戴，为其
建坊。各县乡林立的、精美雕刻的功德坊，成为彼时四川，包括
重庆在内的一种突出景观。

签订《中英烟台条约》后，英人立德一直尝试打通这一自然
天险，经由三峡抵达万县、重庆再而深入西南腹地。1883年，立
德乘坐木船一路沿江而上抵达重庆，勘察航行路线。1888年立德
在英国制造了"固陵号"轮船，准备从宜昌上行重庆，却遭到地
方官府和船户的激烈反对，最终未能成行。两年后，1890年的《续
增专约》规定"重庆即准作为通商口岸无异""英商自宜昌至重
庆往来运货，或雇佣华船，或自备华式之船"——亦即，轮船仍
然不可以行使上游段。签订后，立德致信《泰晤士报》："无论
如何，我们满意地获悉在（中国）已经开放的19处商埠之外，
又增加了第20个口岸，而且是位于中国最富庶、最有利可图的
地区之一的口岸。"[2]

---

[1]《大清国事：重庆府正堂告示（录〈申报〉）》，载于《万国公报》，1877年，第439期，
18页。

[2] 周勇，刘景修译编，《近代重庆经济与社会发展》，成都：四川大学出版社，1987，12页。

1891 年 3 月 1 日，海关的设立意味着重庆的正式开埠——此时距长江下游的上海开埠已经近半个世纪。某种程度上，开埠意味着与资本主义经济的连接。甲午战争后，1895 年与日本签订的《马关条约》中规定，重庆作为日本的通商口岸，且轮船可以上行——根据最惠国待遇，其他国家的轮船亦可上行。1898 年，在被迫放弃"固陵号" 10 年之后，立德再造"利川号"试航川江，在 3 月 9 日成功抵达重庆，打通了川江的航道。随着重庆的开埠，工厂、洋行、票号、信局、轮船招商局、外商轮船、医院、学堂等日渐增加；地区的城乡关系也日渐发生改变。但 1840 年以来的被迫开放，已经造成中国地区经济的巨大不均衡发展。图表 16.1 是 1891 年到 1910 年间江海关、江汉关与重庆关的历年关税变化，可以经由关税数额看到上海、汉口和重庆之间的商品流动性差异和城市之间的差别。

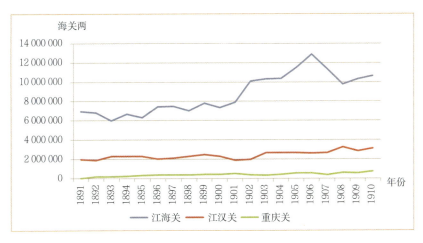

图表 16.1　1891—1910 年江海关、江汉关与重庆关的历年税收

（资料来源：根据汤象龙编著，《中国近代海关税收和分配》，北京：中华书局，1992，74–75 页整理）

此时，有西人对重庆通商价值提出质疑。1897年上海法国工部局董事拟文讨论重庆的通商："……四川一省无论如何富足，终年有大半时候与其他处地方隔绝，实为美中不足……中国准西人在重庆贸易，屈指已有五年，止有英商立德一人，到彼设立利川公司，而亦未著成效。缘沿江各口商务，俱在华人掌握，洋人不能攫夺故也。"他接着讨论商业运作细节，以及各种商贸数据，最后在结论中比较上海与重庆："盖在上海，可以竭其才力，以备具之资本，操纵从心，而起居又极舒适，则何必再到重庆以觅利？重庆每年共有数月与它处不通闻问，住其地而所需之物全致缺如，且夏热冬寒又极不堪耐受。"[1] 到了1905年，对重庆的看法仍然是"重庆僻处西隅，以物产而论，甲于全洲；以识见而觇，囿于一隅。幸近年风气渐开，设商局，兴商会汲汲焉。"[2] 类似"囿于一隅"的观点，在之后几十年间的媒体报道中并不少见。

立德表达了他对当时中国、长江以及中国内陆的看法。他说："沿着扬子江上溯至重庆，可通航的里程为1 400海里，其中宜昌以下为1 000海里，乘坐轮船只需一周时间；其余400海里则需5~6周，比从伦敦至上海的时间还要长。自1875年签订《芝罘条约》（即《烟台条约》）以来，曾讨论过上游河段轮船通航问题，但中国人的阻挠推迟了这种'倒霉的日子'……扬子江不仅是这个面积广袤的帝国东西部交通的主要道路，而且是唯一道路。中国并不存在确切意义的道路，使城镇与城镇、乡村与乡村之间相互连接的只有人行小径；除了走水路外，货物运输只有靠人背肩挑。在北方确实存在畜力车道，供笨重的两轮大车使用，但在华中和华南，陆地旅行完全局限于人行小径，狭窄得两

---

[1] 商政，《论重庆通商》，载于《经世报》，1897，汇编3，58-63页。
[2] 《重庆商会公报缘起》，载于《广益丛报》，1905，第82期，1页。

个人都难以相互错行。几乎各省都留存有古老朝代的高级铺面道路遗迹，但因疏于管理而被毁坏，已废弃几个世纪之久。"[1] 立德 1887 年对于中国城镇交通的描述，与哈维对于 1848 年前巴黎的描述没有太大的差别。

此时巴黎在积极准备 1889 年纪念法国大革命 100 周年的世界博览会，工程师艾菲尔提出建造 324 米高的铁塔。然而，当时铁塔方案遭遇众多知名建筑师、艺术家的激烈反对。艾菲尔辩说："这个纪念碑的建造不仅仅是向现代工程师艺术的致敬，向我们生活着的工业与科学世纪的致敬，也是沿着一条 18 世纪伟大的科学运动，以及 1789 年的大革命铺就的道路前进；它表达向祖国法国的感谢之情。"[2] 反对者则说："作为迄今为止未被破坏的巴黎之美的拥护者，我们，作家、画家、雕塑家、建筑师以及热情的拥护者，以法国品位的名义，用我们全部的力量、用我们全部的愤怒，反对修建这个无用的、怪异的艾菲尔塔！回家想想我们的意见吧，想一下一个愚蠢、可笑的塔像一个巨大的黑烟囱支配了巴黎，在它的野蛮中碾压了圣母院、圣雅克塔、卢浮宫、荣军院的穹顶、凯旋门，所有我们受到羞辱的历史纪念物都会消失在这个疯狂的梦里。"[3] 这一时期是以巴黎为中心的西欧艺术发生大转变的时代。学院派的古典艺术与新浮现的现代艺术之间充满着尖锐的争锋。在绘画领域，古典绘画受到新社会的观念、新社会生活、新工具、新材料等的猛烈冲击，从 19 世纪中期以来，出现了如德拉克洛瓦、马奈、莫奈、雷诺阿、毕沙罗、德加、塞尚、修拉、凡·高、高更等后来被称为印象派和后印象派的画家。

[1] 阿奇博尔德·约翰·立德：《扁舟过三峡》，黄立思译，昆明：云南人民出版社，2001，1-2 页。
[2][3] 作者根据维基百科"艾菲尔塔"词条翻译。

19 世纪末在维也纳出现以克里姆特、瓦格纳等为主要成员的"分离派"，他们这一群体的名称，很明确地表达了一种立场，一种与过去的、与官方提倡的艺术观决裂的立场，尽管它并不意味着成员间有着共同的对于未来的理解、想象与实践。20 世纪初还出现弗洛伊德的精神分析学说和爱因斯坦的相对论，是西方现代科学转型的标志。

贡布里希分析了 19 世纪艺术家面对的困境。他说，传统的艺术家由于传统审美的一致性，所以相对是安全的，但"到了 19 世纪艺术家失去的恰恰就是这种安全感。传统的中断已经给他们打开了无边无际的选择范围……传统的一致性既然不在，艺术家跟赞助人的关系也就出现了紧张状态。赞助人的趣味在某种程度上固定不变，而艺术家却不想一直跟着他的要求……性格或信条允许他们去循规蹈矩从而满足公众需要的艺术家，就跟以自我孤立为荣的艺术家产生了分裂，这种分裂在 19 世纪发展成鸿沟。情况更糟糕的是，由于工业革命的崛起和手工技术的衰落，由于缺乏传统教养的暴发户的冒头，再加上贱货次品生产出来伪充'艺术'，公众的趣味遭到了严重的败坏"[1]。贡布里希虽然谈到的是艺术领域个人经验和社会的普遍状况，却不仅仅发生在艺术界。它是 19 世纪以来加速的变化和不确定性带来的困境，而这种状况在建筑领域同样十分突出。

19 世纪中后期也是西方古典建筑与现代建筑冲突的时期。经济繁荣带来的大规模建设，往往是在满足使用功能需要上各历史时期建筑风格的模仿和拼贴。新的社会功能（如火车站、汽车站、仓库、大跨度桥梁、展览馆等）、新材料、新技术被包裹在旧形式里，这一状态由于大规模生产出现粗制滥造，因此引发要求更

---

[1] 贡布里希，《艺术的故事》，范景中译，南宁：广西美术出版社，2015，501 页。

加的古典以及遵循古法和要求激进变革的两个不同方向的思想。到了19世纪后期，变革已经成为主流，之前受到嘲笑的对象已经成为潮流追求的目标，但变革方向却各有不同。向自然学习、模仿自然、强调工匠的技艺与新技术的结合、去除装饰、应用新工艺与新材料来获得新形式等都是彼时变革的实验与路径。在美国芝加哥的路易斯·沙利文提出"形式追随功能"的经典现代主义的口号——形式首先不再是身份的象征；1896年沙利文和阿德勒设计的、带有电梯的高层建筑纽约保证大厦建成。

1889年艾菲尔铁塔的出现，是西欧社会新技术、新材料、新社会组织形式的表征。关于它的争论，则因为它前所未有的极端形式，因为它能够被建造成如此巨大而高耸，因为它刺破了19世纪巴黎的天空，打破了巴黎城市的寻常状态，而显得典型和有意义。这种争论，这种在维护古典文化与建造现代物之间的激烈冲突，以艾菲尔铁塔之争为标志，在彼时的巴黎、维也纳等城市发生，逐渐扩散到世界的其他地区与城市。不断地从原有的状态中脱离出来，和之前的状态毫不留恋地"分离"，正在成为现代性的一种状态。保罗·利科说："一方面，应该使自己重新扎根在自己的过去之中，应该重建民族的灵魂和提出民族的精神和文化要求……但是，为了进入现代文明，同时也应该进入科学、技术和政治的合理性，这通常需要彻底抛弃古老的文化。事实是：每一种文化都不可能支持和承受世界文明的冲击。这就是矛盾：如何在进行现代化的同时，保存自己的根基？如何在唤起沉睡的古老文化的同时，进入世界文明？"[1]

1850年是道光三十年。科举考试和以往一样进行，"四书五经"仍然是考试的主要内容。此时重庆的考生已经多年没有获

[1] 保罗·利科，《历史与真理》，姜志辉译，上海：上海译文出版社，2004，280页。

得"金榜题名",据查是风水受到了破坏。为了修补重庆城的风水,在两届县令的提议和主持下,在南岸笔架山修建了一座高十丈的砖石文峰塔,上刻《创修涂山文峰塔铭》,谈道:"近世从形家言,郡国州县常植塔于风脉关会处,舮梭锐削,上摩苍霄,谓助山川秀拔,郁起人文。"[1]但光在长江的南岸修建一座文峰塔还不能守住水口。过了 38 年之后的光绪十四年(1888),终于在长江的北岸溉澜溪人头山上修建了一座相近高度的砖石文峰塔。于是南岸江北两塔对峙,完形了重庆城的风水格局。重庆溉澜溪人头山上的文峰塔正在修建之时,也是巴黎艾菲尔铁塔即将完工之时。

十年后的 1898 年,英国人伊莎贝拉·露西·伯德途经重庆,在文字中描写重庆城熙熙攘攘的忙碌,重庆城的众多会馆与钱庄及其严密的商业组织(在立德的对比视野中,类似于欧洲中世纪的行会),城外简易的竹房子随江水涨落的拆与建,并感慨它与自然的和谐,"外国人的不艺术,与自然对抗的、不和谐和丑陋的做法的那邪恶一天在这里还没有到来"[2]。然而 1898 年长江下游的中国,此时的上海已经成为大清国进出口贸易的中心——重庆已然是它腹地市场的一部分,各色人等汇聚在这个远东的、斑斓的都市。1903 年,年轻的重庆巴县人邹容被从日本遣返后停滞上海,在上海刊印《革命军》,呼吁参照美国宪法成立"共和国",被章士钊主编的《苏报》称为"国民教育的第一教科书"。在南通,张謇创办大生纱厂,建设南通,成为中国早期现代化的重要实践。他要处理的是早期现代化进程中新技术与劳动力、空间相结合的基本问题;而远在英国的霍华德,面对的却是资本主义

---

[1] 向楚,《巴县志选注》,重庆:重庆出版社,1989,880 页。
[2] Isabella Lucy Bird, *The Yangtze Valley and Beyond*, Taipei: Earnshaw Books, 2008, 495 页。

带来的尖锐的社会问题、人居环境恶化的问题，试图寻找的是一条更适宜人类生存的道路。

1898 年霍华德出版《明日：一条通往改革的和平之路》，在 1902 年重印时改名为《明日的田园城市》。受到亨利·乔治的《进步与贫困》等的影响，霍华德提倡土地集体所有，通过集体运营、集体收益，以解决当时英国甚至西欧已经十分严重的资本主义土地投机带来的社会问题。他提出一种乌托邦式的城市模型，试图将现代产业的发展、适度规模的人口以及自然环境和谐地结合起来。霍华德的理想，成为现代城镇规划的一个梦，一个美好的、不断被回顾却无法企及的梦。重庆在 1945 年抗战结束后，也曾经追寻过这个绮丽的梦。

# 四

20 世纪初欧洲各国间战争的种子早已在 19 世纪末的"帝国时代"埋下。霍布斯鲍姆说："资本主义发展无可避免地将世界朝国际竞争、帝国主义扩张、冲突和战争的方向推进……经济竞争与各国政治乃至军事行动，已经紧密交织，无法分割……资本主义积累的特色，正是它的无限性……使传统的世界政治结构日趋不稳定的，正是这种世界新模式……但是，使世界局势更为险恶的是，众人不自觉地接受了政治势力理应随经济发展无限增加的观念。"[1]——1934 年纽伦堡运动场的天空中密布的纳粹党员之手向希特勒致敬，是当时常见的一种奇观。类似这样超大规模群众动员的宏大场景，还可以在那一时期的苏联等一些国家看见。20 世纪上半叶发生在欧美的多元思想的冲突，最终归为"资本主

---

[1] 艾瑞克·霍布斯鲍姆，《帝国的年代》，南京：江苏人民出版社，1999，410-413 页。

义"与"社会主义"两大类——尽管对这两个名词有各种不同的解释，进而传播和影响到伊斯兰地区、印度和中国等，成为这些地区和国家内部的社会变迁线索。

20世纪初世界的基本格局与冲突是资本积累危机在全球不同地方日渐"积累"的结果。它既生产了发达资本主义国家内部的经济危机，也生产着发达资本主义国家间为争夺资源、市场等的竞争——最终转化为世界大战。但不只是大国间的关系，资本积累也生产着加剧的地理不均衡发展，使得大国与其殖民地（或半殖民地）间充满不可调和的矛盾，这种斗争叠合上资本主义与各种反资本主义的意识形态，共同构成20世纪初到20世纪中叶斑斓的争取民族国家独立的运动，以及独立后国家建设道路的选择与实践的历史场景。20世纪的各种矛盾和实践并远未有消失，它构成了21世纪经济全球化时代政治、经济与文化运动的基本背景。

1912年大清国的退场与中华民国的成立，是世界历史过程中的一部分。它虽然有自身的独特性，却脱不开世界历史潮流的总体运动趋势。古老帝国的解体和民族国家的建立，是彼时普遍的现象，尽管实践的路径和过程各有不同。它意味着延续数千年的小农社会在面对新的生产力和生产关系时的无力和退败。1912—1928年间的北洋政府时期，从全国层面上看，是一个建制的探索期，是一个随着1917年苏维埃俄国的成立，社会主义思潮加速传播进入中国的时期，也是一个不同意识形态和观念浮现与冲突的时期、众声喧哗的时期。然而对于四川、重庆而言，这一时期却是内部各军阀混战的状况。1923年一位在北京的巴县籍学生撰文回顾一年来的故乡，很能够说明彼时重庆混乱的状况："1.演了一出'大战浮图关'，耍些'狗打架，人遭殃'的把戏；2.发了一百万元的四川银行兑换券，扰乱市面上的金融，害得一般商民叫苦连天；3.各处学款被军队估提，以致各学校当局，无法维持，不得已只好无形的宣告停课，解散，生生的剥夺一般青年应享受的教育权利；4.闹得百物昂贵，水卖至千余文一挑，米卖至千余文一升；5.拉夫拉得厉害，逼得一般苦力，孤逊鸣高日用之物，运输无人，以致挑水贩菜等事，竟变为妇女幼童的特许权；6.把一个很繁华的重庆，现竟进化到行人稀少，清静无为的地步，只落个驻扎兵士多如鲫。"他进而批评重庆各种稀奇古怪的地方宗教，认为虽然受到政府当局的制约，却不能根本解决问题。他说："我只劝你们老老实实的把故乡的教育振顿一下，使之提高和普及，使一般人的脑筋从'迷信化'转而为'科学化'。"[1]

国民政府最初十年间，是相对平稳发展的阶段。1933年重庆在"二刘之战"后，刘湘初步统一四川后，也进入一小段建设发展时期，也才得以获得更加明确的"活泼的进步"。此时重庆只是四川省的一个市。但随着国际格局的变化，重庆的战略地位发生了变化。国民政府的政治、经济中心被迫从长江下游地区快速撤退到有三峡天险和屏障的大后方；1937年，重庆成为中国的战时首都。大量工业、人员在很短的时间里涌入重庆，快速改变着重庆城的景观。在有限资源的状况下，战时应对临时紧急问题的仓皇建设，是当时重庆的基本状态。

20世纪初以来的重庆，由"商埠督办处"而"省属市"，在1939年成为行政院直属市，1940年成为陪都。前一个阶段，与全国其他城市的设立并无大不同；而后一个阶段，是特定时期国际与地区格局导致重庆政治与行政地位的提高。政治与行政的大变动是短时段的状况，它可以在一小段时间内加速或减缓城市的

---

[1] 晏横秋，《故乡一年来底回顾》，载于《巴县留京学生会会报》，1923，第1期，1-5页。

生产（某种程度上也是一种畸形的生产，如抗战时期重庆的快速城市化与 1946 年还都后的重庆状况），成为城市与地区发展长时段过程中的一个起伏的节点，但它不能改变长期的状况与发展的趋势。从本文论述的 18 世纪以来，重庆一直都是西南地区的经济中心，这是在长期的地区经济、交通等状况共同作用下所形成的稳态。作为地区高等级的中心地，新交通的建设（如成渝马路与三峡航路）加速空间的极化，更进一步强化重庆在西南地区的经济中心地位。隗瀛涛说："开埠以后……逐渐形成了以通商口岸（重庆、万县）为中心，从城市到农村的商品推销网和农产品、原料的收购网……重庆开埠以后，四川的基层农村场市不但没有衰落，而且有了进一步发展。"表现在场市数量的增多、规模的扩大，出现专业性场市，以及"市场上的交换也开始由使用价值的交换向价值的交换转变。交换的目的是为了利润，为了再生产。这既是近代资本主义经济初步发展的必然结果，又能为资本主义经济发展服务"[1]。他进一步讨论地区的多级市场构成："就市场体系而言，重庆是长江上游最高级的市场，成都、万县、泸州、宜宾、乐山、南充、广元等中小城市为二级市场，各小县城则为三级市场，县城以下的一些大市镇则为四级市场，而广布于农村的场市则为最基层的市场。整个市场网络如同肌体的神经系统，场市为神经末梢，而城市是神经中枢。城市就是通过这个系统，控制和支配下级市场进而支配广阔的乡村的。"[2]

重庆作为战时首都，使得在内陆的它受到现代化、工业化的猛烈冲击，在短时间里见识了大量来自其他国家与东部地区的人、事、物，开阔了视野；抵抗日本的战争中的精神与政治载体作用

---

[1] 隗瀛涛，《近代长江上游城乡关系研究》，成都：四川出版集团，2003，5-6 页。
[2] 隗瀛涛，《近代长江上游城乡关系研究》，成都：四川出版集团，2003，12 页。成都是否划入二级市场还可以商榷。

使它成为世界史的一部分——对于重庆城而言，这是一种跃进的现代性。到了 20 世纪二三十年代，重庆仍然是中国主流媒体的边缘之地，是中国现代化的边缘之地——虽然对于封闭的四川省而言，重庆的工业化与商业化程度最高。但是，它仍然只是四向高山环围和阻塞中的盆地里四川省的一个市。1935 年四川省政府成立、国民政府计划西迁；1937 年重庆被国民政府指定为"战时首都"，将重庆拽进了那一段中国现代历史的局内和中心位置。但 1937—1945 年的波动，就如长江江面上刮过的大风，引起一阵激流汹涌；然而江底下依然是如过往一般平稳奔腾的江流。天空变幻，重庆仍然是地区的经济中心；"在开放中封闭，在封闭中开放"仍然是重庆一种坚韧而持久的特性。

## 五

如果要讨论全球性的空间变化，时间也许还应回溯到 1453 年，回溯到东罗马帝都君士坦丁堡被土耳其人攻陷的 1453 年。彪悍的土耳其人断裂了欧洲与亚洲的陆路贸易路线，迫使欧洲转向海路，寻找通往亚洲商路的可能。1492 年，哥伦布从西班牙巴罗斯港出发一路向西航行，最后发现加勒比群岛，开启了全球历史新的一幕。随后的几个世纪，欧洲贸易的重心空间从地中海转向大西洋，转向欧洲、美洲和非洲间更加广阔的市场。外部性的贸易关联和经济往来改变着内部、局部的空间结构。远洋贸易需要扩建码头和堆栈，远洋来的原材料、商品需要从码头转送到更深、更广大的腹地。这都需要通过生产有竞争力的商品来占领远方的市场，需要提高生产效能与效率来提升竞争力，需要通过对原材料的深加工来生产附加值，进而销售到尽可能广阔的市场，也需要建立新的金融与会计制度来适应新的、快速的资本流动。洲际间、地区间航线的开通与竞争，是16—18世纪的支配性故事。1588年夏天，英国击溃西班牙的"无敌舰队"，意味着英国作为新时期霸主地位的浮现。随着之后东西半球殖民地的开拓，英国成为"日不落帝国"。大陆腹地间急迫的联系，催生了大规模运输的铁路与火车。于是，国际大港与内部铁路的建设转化为强国的想象，成为孙文的《建国方略》中最重要的发展策略。单个城市的空间转型，受制于这一宏观交通结构的状况。19世纪中期的巴黎，从四向而来的火车停靠在城市周围的几个火车站里，城内却仍然是中世纪时期留下来的狭隘、崎岖的道路。这意味着流动性抵达巴黎后受到了阻滞，无法畅通运动。如何打通、拓宽火车站之间的道路，使之适合于现代交通的要求，成了奥斯曼首当其冲的考虑因素。对于旧城"开肠剖肚"似的修建的纵横交错的大道，是流动性网络的"最后一公里"，却也是现代权力合法性的象征，也成为市民日常的场所，构成他（她）们理解和体验新空间的地方。对机器美学的称颂，对于进步、自由的信心与赞颂，成为现代之初的宏声，却潜藏着波德莱尔提出的现代社会的短暂、流变与追求永恒的矛盾，一种现代性的状况。

　　和自给自足的小农社会不同，资本主义社会需要通过大规模交易来完成资本积累，需要通过市场来形成交易。小农社会的空间是相对静态的空间，人地间、人群的关系稳定，少有变动。资本积累却要解体、解构、摧垮小农社会的一切，从物质、组织到观念，来生产它所需要的生产资料（将使用价值转变为交换价值、将资源变为资产）、自由流动的劳动力（将劳动力从土地的束缚中解放出来）、新的生产方式到生产关系，以生产它渴求的市场。

或者说，资本积累需要通过"消费"小农社会而得以持续生存，它将生产出一个完全不同于过往的时空观体系，通过新空间来培育、促进、加速资本的生产与再生产。

因此，空间成为资本积累关键的要素之一[1]。在资本生产与再生产的过程中，空间具有多种属性与作用，既是生产资料、生产力、生产社会关系的场所，本身亦即是商品，也是劳动力生产与再生产的必须，更是人群获得社会经验与认知的重要场所。空间作为生产资料的交换价值是一个复杂的社会建构过程[2]，通过对全球、区域、城乡之间、城市间与城市内部空间交换价值（区位价值）的调节与再结构，是资本处理危机最重要的方式之一。通过商品交易的手段，资本打开了前工业化帝国的空间，打开了奥斯曼帝国、印度莫卧儿帝国和中华帝国的空间。商品是异常尖锐的利器，它远远不仅是商品本身，其背后是一揽子的资本主义生产关系与生产力。商品的交易是资本主义生产关系与生产力的扩张。但商品流通需要依托空间来实现的。1840年后的大清国，"约开商埠"与"自开商埠"是小农社会中的新空间、大宗商品交易的主要空间。通过"商埠"这一新空间，资本积累降低了与其腹地间的交易成本。重庆在1891年成为"约开商埠"中的一个，是沿长江内陆腹地最深和最晚的通商口岸，意味着重庆在法律框架下成为资本主义生产方式的一个空间驻点[3]。沿着长江流域，

---

[1] 另外的一个是时间，暂不在此讨论。

[2] 任何一个单元的空间并无物理量的差异，1立方米的空间与另外的1立方米的空间并无量上的差别。但在曼哈顿中央公园边上的1立方米空间与重庆老城的1立方米空间却有着显著的价格差别。对于任何一个市场经济的城市而言，城中心的1立方米空间的价格远高过城郊的1立方米空间。从约翰·杜能开始，区位理论一直都是西方地理学研究的重点。

[3] 商埠作为一种新空间是现代城市的雏形。从1891年开埠到1911年的20年间，重庆城里主要的行政管理机构是川东道、重庆府与巴县衙，它们基本职责仍然在于从农业中抽税、维护地区安全以及维育"天地君亲师"的观念。对于商品交易的税收，作为一个新事物，是重庆海关的职责，而重庆海关的直接管理机构是总理各国事务衙门（后改外务部）。1911—1926年的15年间，重庆是川、黔、滇军阀争夺的地方。1921年刘湘委任杨森为商埠督办，试图另辟江北新发展区，将商埠的管理纳入新政权的体系中。

下游的上海在 1842 年、中游的汉口在 1858 年开埠，体现了资本主义在时空上的蔓延。

# 六

现代性是资本主义带来的总体特性。通过资本积累、工业化与城镇化，资本主义改变了地方社会的特性。持续获得利润是其根本目的，工业化和城镇化都是手段；通过工业化提高生产效率，通过城镇化降低各种交易成本、提高交易量与交易效率。地方社会的特性在资本生产与再生产的循环中，在资本积累的过程中，产生物质形态、物质基础、社会阶层、观念的转变、个体日常生活的转变。对于西欧社会而言，稍远一点从 1493 年哥伦布发现新大陆开始，近一点从 1789 年法国大革命开始，就已经进入这个加速转变的过程。对于包括大清国在内的诸多旧帝国，在 19 世纪中后期甚至到 20 世纪初才逐渐进入这一过程。

资本主义生产关系渐渐支配整个地方的社会关系。通过持续生产地理的不均衡发展，资本主义获得巨大的生存空间。它经由生产社会的日渐理性化和管理官僚化，来获得生存空间；它通过持续创新，深化社会分工和加速积累循环，技术与管理的创新，来生产生存空间。马克思和恩格斯在《共产党宣言》中谈到资本主义曾经的革命性力量，谈到"资产阶级在它已经取得了统治的地方把一切封建的、宗法的和田园般的关系都破坏了。它无情地斩断了把人们束缚于天然尊长的形形色色的封建羁绊，它使人和人之间除了赤裸裸的利害关系，除了冷酷无情的'现金交易'，就再也没有任何别的联系了"，也谈道"生产的不断变革，一切社会状况不停地动荡，永远的不安定和变动，这就是资产阶级时代不同于过去一切时代的地方。一切固定的僵化的关系以及与之相适应的素被尊崇的观念和见解都被消除了，一切新形成的关系等不到固定下来就陈旧了。一切等级的和固定的东西都烟消云散了"。[1] 资本积累带来的不断变动是现代性的一个基本特征，它们构成个体体验现代世界的状态，与过去社会完全不同的状态。它使得个人从旧有的社会关系中解放出来，却又将个体捆绑于资本主义的生产关系。它将劳动力从日复一日的农业生产中解放出来，却又将劳动力投入到更加紧张的日复一日的工业劳作中。

现代性的另一个特征，是社会中实践资本主义与反资本主义共存，形成了一种张力，一种对于无论持有任何一端观点人的张力。不同地区资本积累、工业化与城镇化的深度不同，形成不同的资本主义发展阶段与状况、不同的现代性气质。深度资本主义地区与国家的这种二元张力和冲突的现代性，经由商品交易、知识与技术传播、劳动力流动等传递到低度资本主义的地区与国家，往往形成低度资本主义国家总体反资本主义的现代性景观，但这些国家仍然必须推进资本积累、工业化和城镇化。对于后进入资本主义的国家而言，常常处于一种尴尬的困境，处于一种在向深度资本主义国家模仿、学习与如何保持自身文化身份的深度焦虑之中。土耳其的奥尔罕·帕慕克说道："我认为，西方并不是一种概念……它一直是一种工具。只有在将它当作工具时，我们才能进入'文明进程'。我们渴求我们自己的历史和文化中不存在的东西，因为我们在欧洲见到了它们。我们用欧洲的威望来证明自己要求的合理性。在我们国家，欧洲的概念使诉诸武力、激进的政治变革、无情地割断传统成为理所当然的事。大家认为西方强调上述的欧洲概念，反映实证功利主义。有了这样的想法，很

---

[1] 马克思，恩格斯，《马克思恩格斯选集（卷1）》，北京：人民出版社，2008，275 页。

多东西，包括从增加妇女的权利到违反人权，从民主到军事独裁等等，就变得合情合理了。在我整个一生里，我看到我们所有的日常习惯，从餐桌上的举止到性道德，都受到了批判，发生了变化，因为'欧洲人是那么做的'。这些事情我反反复复地在收音机上听到，在电视上看到，还曾听母亲说过。这种论调不是基于理性，而是排斥了理性。"[1]

帕慕克谈到的是奥斯曼帝国转变为土耳其共和国后的个人的经验与思考。李欧梵经由对中华帝国转变为中华民国后的文学作品概况性回顾，认为"从1898年的'维新'运动到梁启超的'新民'观念，再到五四时期新青年、新文化、新文学的一系列宣言，'新'这个词儿几乎伴随着旨在使中国摆脱以往的镣铐、成为一个'现代'的自由民族而发动的每一场社会和知识运动。因此，在中国，'现代性'不仅含有一种对于当代的偏爱之情，而且还有着一种向往西方寻求'新'、寻求'新奇'这样的状况。因此，在中国，现代性这个新概念似乎在不同的层面上继续了西方'资产阶级'现代性的若干常见含义：进化与进步的思想，积极地坚信历史的前进，相信科学和技术的种种益处，相信广阔的人道主义所制定的那种自由和民主的理想。正如史华慈教授指出的，这些自由主义价值观念中有一些在严复及其同代人的著作里得到一种颇有'中国'特色的重新解释：对于个人的信念则与一种狂热的民族主义结合在一起，那是处于一种着眼于使民族富强的目的"[2]。

现代性的生产需要依托空间存在。这个空间单元首先是城市而不是国家，不是旧制的农业县，更不是乡村地区。米歇尔·福

---

[1] 奥尔罕·帕慕克，《别样的色彩》，宋笑飞、林边水译，上海：上海人民出版社，2011，244页。
[2] 李欧梵，《文学潮流（一）：追求现代性》，载于费正清主编，《剑桥中华民国史》，北京：中国社会科学出版社，2007年，第9章"文学的趋势I：对现代性的追求1895—1927年"。

柯（Michel Foucault）谈到，18 世纪以来的欧洲社会，建筑和城市具有强烈的政治性，"所有将政治学当成人之统治艺术的讨论，都加入了一篇或一系列论城市规划、公共设施、卫生以及私人建筑的章节……城市有许多它们自己造成的问题，它们所采取的特殊形式，成为了统治理性的模型而施之于整个国家"[1]。城市空间中数量众多和多样分工的人口、高度流动性等降低商品生产与交易的成本，促进了资本的积累；城市提供的各种商业税成为新政权获得财政收入的重要来源；城市还是新政权生产或者移植现代景观的空间——城市规划与建筑学是其中的治理术之一，以生产和展示权力的合法性。面对激烈的竞争，它必须加速资本的积累、工业化和城镇化，加深现代化的深度，被迫消除它曾经弥漫的"土性"，加速吸收现代性。然而随着现代性的四处存在，它开始焦虑身份特征的丧失和"土性"的消失，却往往只能将"土性"转换为标本或符号，成为消费的对象而存在，然而此"土性"是已经消失了灵性的"土性"。

20 世纪初的中国，是现代城市建制的时期，是现代城乡关系发生剧烈变化的时期，是一个加速生产地区不均衡发展的时期。1842 年以来，诸多不平等条约启动从东到西各主要交通干线上、有经济战略价值"商埠"的建设——一些地方随后自发"开埠"。"商埠"作为一种新空间，首先是商品交易的场所，进而是商品生产的地方。它提供一种新的生产力与生产关系的空间，加速了腹地小农社会的解体。商埠作为资本积累的空间，也生产了全新的空间经验。由"商埠督办处"而"市政厅"而"市"，是新政权试图控制这一新空间的结果。新政权必须依托"商埠""市"，一方面获得商业交易、金融运作的财税收入，来支持其军事与行

[1] 米歇尔·福柯，《空间、知识、权力》，载于包亚明，《后现代性与地理学的政治》，上海：上海教育出版社，2001，2-3 页。

政运作；另一方面，生产新的、现代的空间景观，以获得权力的合法性。因此，它必须小心经营这一新空间，在抽取与扶植之间寻找平衡的道路。它激励了城市的发展，某种程度上，它放任了农村的衰落，由此而失去了部分的合法性，拥有大量人口的农村也成为新力量的运动空间。

　　远在中国内陆的重庆城，帝国晚期以来的发展是世界总体运动的一部分，不脱中国的现代化进程。它从清末一个极重视风水、礼仪、尊卑的城，一个讲求与自然和谐的城，经过半个世纪的动荡和变迁——半个世纪，虽然在它的历史里是极短的一瞬，转变为一个追求理性的城、讲究经济效率的城、引进西方工业化的城。清末的重庆，是帝国文明的一个映像，是帝国的普遍观念、行政结构、商贸组织和物质建设在两江交汇的这一地点上的凝结，也是无边小农经济田野中一个忙碌的商贸与物质转运城市。它的景观已经在清末显现出颓败之状，却有着一种惊人的美，一种迟暮的美，一种仍然保持着与自然和谐的美。它是帝国文明的最后图像，随着开埠、商埠建设、建市、成为战时首都等进入现代化的进程。此时，帝国图像逐渐模糊褪色，另外的一幅现代化图像、致力于民族国家建设的图像却日渐鲜明起来、明亮起来，掩盖和替代了帝国文明的最后图像。1927年以后，城内的机动车路逐渐替代崎岖的街道，城外两江的机动轮码头逐渐替代了木船的码头；城内开始出现自来水，沿袭久远的聚集在7个城门的抬水人渐渐消失了；城内出现了电灯、电报、报纸、银行，出现了钢筋混凝土的建筑，出现了下水道；火烛、信报、钱庄以及老式的四合院房子逐渐成为一种记忆。城内的川东道、重庆府、巴县衙、各种庙堂、各种会馆的建筑，是帝国文明的物质载体，它们在历次的战争中，在日本的狂轰滥炸中，在多次的重大火灾中几乎消失殆尽。1949年9月2日，下半城地区一片火海，熊熊烈火烧毁东水门、朝天门、陕西街、千厮门一带大部分房屋。这是对已经摇摇欲坠的帝国图像的最后一击，从此以后，帝国图像只能从历史的文献中和凝固在黑白照片的影像中去钩沉和想象。

深在内陆的重庆城和在东部"得风气之先"、被称为"东方的巴黎"的上海，从帝国晚期以来逐渐形成一种纠缠的"双元结构"。重庆与上海的"双元结构"，是资本主义的空间蔓延与资本积累带来的地理不均衡发展的结果。自然地理的梯度下降与经济地理的梯度上升形成剪刀型的形态；高海拔、深内陆的低度发展与低海拔、近沿海的高度发展构成长江流域地区持久的普遍状况和景观，典型体现在重庆与上海构成的"双元结构"，形成了封闭与开放、落后与发达、腹地与中心、安全与风险，慢速与快速以及表浅与日深的现代性之间的对立和互补关系[1]。重庆和上海分别是长江上游大区与下游大区的两个中心城市。

施坚雅认为，晚期中华帝国存在着九个地文大区，因为地理的阻隔、交通的联系等原因，大区内部的经济关联超过大区之间的经济关联。各个大区处于经济的半独立状态，有其核心——边缘结构。对于各大区，处于核心地位的城市及其中心职能的发展，是地区发展的关键性因素。经由地区的中心城市，包括经济与政治、社会与文化的各种资源得以更有效地利用。他提出一个重要的问题，20世纪以来的现代化进程，是"加强抑或削弱了城市为中心的区域体系之间及其内部的差异性？"他利用1990年的数据对比1843年、1893年和1953年的数据，得出"明清时期形成的各大区体系至今存在，其持续性非常突出……中国都市体系引人注目的持续性及其变化之缓慢，反映出一种惰性……一如十九

---

[1] 虽然谈到的是重庆与上海这两个城市，却不必然只是这两者间形成的双元关系。它也可以是西部与东部、中国与欧美的发达资本主义国家之间的关系。有趣的是，重庆在20世纪三四十年代被称为"宛如沪汉""小上海"；而上海则在19世纪末、20世纪初被称为"东方的巴黎"。

世纪九十年代，二十世纪九十年代一个地区的各方面的社会经济发展状况仍然严重地受到它在当地和区域体系层级中的位置的影响"[1]的结论。施坚雅谈到的是经由百年的发展，地文大区间结构性强化的趋势；他没有仔细解释的是地文大区内部结构性的状态。一种可能的阐释是，经由地文大区中的高等级中心地城市间的商品交易、政治、经济、文化往来等，经由中心地城市间流动性的加大，依托于中心地城市的空间，不仅强化了地文大区间，也强化了地文大区内部的结构性关系。

也就是说，经由上海与包括重庆在内的其他区的多个中心地城市间持续的各种交换，经由上海与其腹地地区的持续交换，上海不仅增强了它在长江下游地区的中心地位置，它也强化了下游地区与中游、上游等各区的结构性关系，它持续地强化了原有区域间与区域内部的相对关系。也就是说，帝国晚期逐渐形成的重庆与上海间的"双元结构"，经由历史的过程，并未削弱，而是进一步强化了。到了 20 世纪三四十年代，"重庆小上海"已然是各种媒体上常见的表达；深在内陆的重庆一直向往上海的现代与开放，迷恋上海的斑斓和变化，向往上海成为"东方的巴黎"，模仿和复制上海的各种实践和样式，重庆一直深陷在这样的结构之中。深在内陆的重庆，处于区域结构关系中的重庆，是否有可能超越这一历久的双元结构，一种历史过程形成的稳定结构，从自身的历史与文化的积淀，从更广的空间与时间，从世界的范围与世界史的视野来检讨重庆的未来，是一个基本问题，一个反思现代性的问题。

---

[1] 施坚雅主编，《中华帝国晚期的城市》，叶光庭等，译，北京：中华书局，2000，4-7 页。

# 附　录

书中非法定计量单位与法定计量单位对照和换算方式

1 里 =0.5 千米

1 英尺 ≈ 0.30 米

1 英里 ≈ 1.61 千米

1 码 ≈ 0.91 米

1 平方市里 =0.25 平方千米

1 市亩 =667 平方米

1 平方市丈 =11.11 平方米

1 公顷 =0.01 平方千米

# 参考文献

**第一部分**

梁方仲编著，《中国历代户口、田地、田赋统计》，上海：上海人民出版社，1980 年。

蓝勇，《明清时期西南地区城镇分布的地理演变》，《中国历史地理论丛》1995 年第 1 期。

斯波义信，《宋代江南经济史研究》，方健，何忠礼，译，南京：江苏人民出版社，2001 年。

（清）黄廷桂等，《四川通志》，四库全书本，雍正十一年（1733）刻本。

（清）《嘉庆重修一统志》，四部丛刊本。

（明）李贤等，《大明一统志》，四库全书本。

（明）章潢，《图书编》，四库全书本。

（清）和珅等，《大清一统志》，四库丛书本。

谭其骧主编，《简明中国历史地图集》，北京：中国地图出版社，1991 年。

何炳棣，《1368—1953 中国人口研究》，葛剑雄，译，上海：上海古籍出版社，1989 年。

葛剑雄主编，《中国人口史》，上海：复旦大学出版社，2000—2001 年。

李世平，《四川人口史》，成都：四川大学出版社，1987 年。

陈正祥，《中国文化地理》，北京：生活·读书·新知三联书店，1983 年。

任乃强，任新建，《四川州县建置沿革图说》，成都：巴蜀书社，2002 年。

章生道，《城治的形态与结构研究》，转引自施坚雅主编，《中华帝国晚期的城市》，叶光庭等，译，北京：中华书局，2000 年。

牟复礼，《元末明初时期南京的变迁》，转引自施坚雅主编，《中华帝国晚期的城市》，叶光庭等，译，北京：中华书局，2000 年。

应金华，樊丙庚主编，《四川历史文化名城》，成都：四川人民出版社，2000 年。

王笛，《跨出封闭的世界——长江上游区域社会研究（1644—1911）》，北京：中华书局，2001 年。

施坚雅主编，《中华帝国晚期的城市》，叶光庭等，译，北京：中华书局，2000 年。

瞿同祖，《清代地方政府》，北京：法律出版社，2005 年。

杨联陞，《国史探微》，北京：新星出版社，2005 年。

费孝通，《乡土中国》，上海：上海世纪出版集团，2007 年。

郑官应，《长江日记》，转引自丁日初主编，《近代中国：第十辑》，上海：上海社会科学院出版社，2000 年。

哈雷·拉姆利，《修筑台湾三城的发轫与动力》，转引自施坚雅主编，《中华帝国晚期的城市》，叶光庭等，译，北京：中华书局，2000 年。

斯波义信，《宋都杭州的城市生态》，中国地理学会历史地理专业委员会《历史地理》委员主编，《历史地理：第六辑》，上海：上海人民出版社，1988 年。

四川大学历史系、四川省档案馆主编，《清代乾嘉道巴县档案选编（下）》，成都：四川大学出版社，1996 年。

曹树基，《清代江苏城市人口研究》，《杭州师范学院学报（社会科学版）》2002 年第 4 期。

聂云岚主编，《中国歌谣集成》，重庆：科学技术文献出版社重庆分社，1989 年。

周勇，刘景修译编，《近代重庆经济与社会发展（1876—1949）》，成都：四川大学出版社，1987 年。

Michael Savage, *Urban sociology, capitalism, and modernity*, New York: Continuum, 1993.

Manuel Castells, *The urban question: a Marxist approach*, London: E. Arnold, 1977.

李孝悌编，《中国的城市生活》，北京：新星出版社，2006 年。

Robert A. Kapp, "Chungking as a center of warlord Power, 1926-1937," in Mark Elvin and G. William Skinner, ed., *The Chinese city between two worlds*, Stanford, Calif.: Stanford University Press, 1974.

Lee Mclsaac, "The city as nation: Creating a war time capital in Chongqing," in Joseph W. Esherick. ed., *Remaking the Chinese city: modernity and national identity, 1900-1950*, Honolulu : University of Hawaii Press, 1999.

John Friedmann, *China's Urban Transition*, Minneapolis: University of Minnesota Press, 2005.

Thomas W.Blakiston, *Five months on the Yang-Tsze: with a narrative of the exploration of its upper waters, and notices of the present rebellions in China, illustrated from sketches by Alfred Barton, with maps by Arrowsmith.* London: J. Murray, 1862.

姜丽蓉，《三幅重庆府治全图的比较》，转引自曹婉如等编，《中国古代地图集（清代）》，北京：文物出版社，1997 年。

柏书房，《近代中国都市地图集成》，东京：柏书房，1986 年。

Robert John Davidson and Isaac Mason, *Life in west China: described by two residents in the province of Sz-Chwan*, London: Headley Brothers, 1905.

J. E. Spencer, "*Changing Chungking: The Rebuilding of an Old Chinese City,*" Geographical Review, Vol. 29, no. 1 (Jan1939) .

何炳棣，《中国会馆史论》，台北：学生书局，1966 年。

Lewis Mumford, *The culture of cities*, New York: Harcourt, Brace and Company, 1938.

葛兆光，《中国思想史》，上海：复旦大学出版社，2001 年。

黄宗智，《认识中国——走向从实践出发的社会科学》，《中国社会科学》2005 年第 1 期。

Ying-Hwa Chang, *The Internal Structure Of Chinese Cities, 1920's and 1930's: An Ecological Approach,* Dissertation In Candidacy For The Degree Of Doctor Of Philosophy, Princeton University, 1982 .

**第二部分**

重庆市政府秘书处编辑，《重庆市一览》，重庆：重庆市政府庶务股，1936 年。

吴济生，《新都见闻录》，上海：光明书局，1940 年。

罗澍伟主编，《近代天津城市史》，北京：中国社会科学出版社，1993 年。

皮明庥主编，《近代武汉城市史》，北京：中国社会科学出版社，1993 年。

张仲礼，熊月之，沈祖炜主编，《长江沿江城市与中国近代化》，上海：上海人民出版社，2002 年。

张仲礼主编，《近代上海城市研究》，上海：上海人民出版社，1990 年。

小浜正子著，《近代上海的公共性与国家》，葛涛，译，上海：上海古籍出版社，2003 年。

隗瀛涛主编，《中国近代不同类型城市综合研究》，成都：四川大学出版社，1998 年。

重庆市地方志编撰委员会总编辑室，《重庆市志》（第 1 卷），成都：四川大学出版社，1992 年。

徐晖，《中国城市化进程中的文化因素》，《上海社会科学院学术季刊》2000 年第 3 期。


万新年，渡边惇主编，天津社会科学院历史研究所，天津城市科学研究会编，《城市史研究（第 21 辑）》，天津：天津社会科学院出版社，2002 年。

费正清，刘广京编，《剑桥中国晚清史：1800—1911》，北京：中国社会科学出版社，1985 年。

费正清主编，《剑桥中国民国史第 1 部》，章建刚，译，上海：上海人民出版社，1991 年。

（美）周锡瑞，孟宪科，《华北城市的近代化——对近年来国外研究的思考》，《城市史研究》2002 年。

费成康，《中国租界史》，上海：上海社会科学出版社，1991 年。

郑祖安，《百年上海城》，上海：学林出版社，1999 年。

杜赞奇，《从民族国家拯救历史》，北京：社会科学文献出版社，2003 年。

余英时，《中国思想传统的现代诠释》，南京：江苏人民出版社，2003 年。

罗荣渠，《现代化新论续编》，北京：北京大学出版社，1997 年。


《论重庆现情（采日本新报）》，《渝报》1897 年第 5 期。

《重庆商会公报缘起》，《广益丛报》1905 年第 82 期。

《重庆督办处最近大计划》，《中华电气杂志》1922 年第 1 卷第 2 期。

蒋廷黻，《中国近代史》，上海：上海世纪出版集团，2011 年。

重庆中国银行编，《重庆经济概况第三种》，1934 年。

沈云龙等访问，《刘航琛先生访问纪录》，北京：九州出版社，2012 年。

费正清，《中国：传统与变迁》，张沛，译，北京：世界知识出版社，2002 年。

宁芷邨等，《亦官亦商的刘航琛》，中国民主建国会重庆市委员会，重庆市工商联合会文史资料工作委员会编，《重庆工商人物志》，重庆：重庆出版社，1984 年。

《重庆商帮之调查》，《中外经济周刊》1926 年第 190 期。

周勇，刘景修译编，《近代重庆经济与社会发展（1876—1949）》，成都：四川大学出版社，1987 年。

鄄民，《四川农村的破碎状况》，《平旦周报》1932 年第 35 期。

上柯，《四川农村现状一斑》，《生活》1933 年第 8 卷第 43-44 期。

（美）贝西尔（Basil, G.C.），《美国医生看旧重庆》，钱士，汪宏声，译，重庆：重庆出版社，1989 年。

杜重远，《长江之游》，《生活》1932 年第 7 卷第 11 期。

重庆市地方志编纂委员会总编辑室编，《重庆市志》第 1 卷，成都：四川大学出版社，1992 年。

舒新城，《蜀游心影》，上海：开明书店，1929 年。

《警察厅户口调查规则》，《司法公报》1915 年第 93 期。

《重庆商埠督办公署月刊》，1927 年。

乔诚，杨续云，《刘湘》，北京：华夏出版社，1987 年。

《川刘防区收入》，《中行月刊》1931 年第 2 卷第 9 期。

兴隆，《六年来二十一军财政之回顾及以后之展望》，《四川经济月刊》1934 年第 1 卷第 5 期。

民舌，《重庆市杂捐举要》，《民间意识》1934 年第 23-24 期。

《指令重庆商埠督办潘文华呈请拨官产以作办理商埠各项事业经费文》，《财务月刊》1926 年第 2 期。

《重庆市各项收入统计表》，《重庆市政府公报》1939 年第 2-3 期。

陆思红主编，《新重庆》，北京：中华书局，1939 年。

《咨重庆统捐局为过道验票概不征取附加文》，《月刊》1927 年第 1 期。

《呈川康督办署为遵照四川煤油汽油特税附加税》，《月刊》1927 年第 2 期。

《函复重庆统捐局为查照来函酌加手续费为百分之二文》，《月刊》1927 年第 2 期。

重庆市政府秘书处，《九年来之重庆市政》，1936 年。

任侬，《浔渝途中（续）》，《前途》1935 年第 3 卷第 6 期。

《重庆商埠督办公署土地收用规则》，《月刊》1927 年第 7 期。


向楚主编，《巴县志选注》，重庆：重庆出版社，1989 年。

重庆市档案馆，重庆师范大学合编，《中国战时首都档案文献·迁都 定都 还都》，重庆：重庆出版社，2014 年。

万灿，《七省实施巡回审判、川省渝市划界完毕》，《时事月报》1940 年第 23 卷第 3 期。

陈访先等，《对于陪都建设计划的意见》，《市政评论》1941 年第 6 卷第 7-9 期。

仲山，《每周评论：省市划界》，《大无畏周刊》1929 年第 2 期。

赵祖康，《从都市计划观点论上海市之划界》，《市政评论》1946 年第 8 卷第 6 期。


康心如，《两年来之重庆市临时参议会》，《市政评论》1941 年第 6 卷第 6 期。

《重庆陪都建设计划委员会组织规程》，《交通公报》1940 年第 3 卷第 16 期。

《市政小言——由"计划"跃到"实施"：论陪都建设计划委员会的本的工作》，《市政评论》1941 年第 6 卷第 10-11 期。

《修正重庆市都市计划委员会组织规程》，《重庆市政府公报》1940 年第 8-9 期。

向中银，《重庆市临时参议会研究（1939—1946）》，北京：中华书局，2013 年。

《成渝马路督办处之组织》，《新闻报》1922 年。

《重庆市临时参议会六年两届经过概要》，《档案史料与研究》1997 年第 2 期，重庆市档案馆馆藏。

康心如，《两年来之重庆市临时参议会》，《市政评论》1941 年第 6 卷第 6 期。

《新闻摘要：重庆商埠督办处成立纪》，《钱业月报》1921 年第 1 卷第 11 期。

《杨子惠将军的建设精神》，《川康建设》1943 年第 1 卷第 1 期。

《新闻摘要：重庆商埠督办处成立纪》，《钱业月报》1921 年第 1 卷第 11 期。

《新闻摘要：重庆新商埠之大计划》，《钱业月报》1921 年第 1 卷第 11 期。

《调查：渝埠之市政》，《道路月刊》1924 年第 11 卷第 2-3 期。

《调查：如火如茶之全国筑路潮》，《道路月刊》1922 年第 2 卷第 1 期。

《重庆新商埠之工程》，《时兆月报》1922 年第 17 卷第 5 期。

《调查：各省之筑路潮：四川：渝埠扩充轻便铁道》，《道路月刊》1922 年第 2 卷第 2 期。

《重庆商埠近闻》，《道路月刊》1922年第2卷第2期。

《调查：各省之筑路潮：四川：川路纪要》，《道路月刊》1922年第2卷第3期。

《重庆市临时参议会六年两届经过概要》，《档案史料与研究》1997年第2期，重庆市档案馆馆藏。

《四年来之重庆建设（1942年）》，《档案史料与研究》2001年第1期，重庆市档案馆馆藏。

周钟岳，《战时都市建设计划》，《市政评论》1941年第6卷第7-9期。

邓锡侯，《省令》，《四川政报》1924年第2卷第2期。

韩复榘，《公函》，《山东省政府公报》1935年第326期。

梁思成，《曲阜孔庙之建筑及其修葺计划》，《中国营造学社汇刊》1935年第6卷第1期。

吴华甫，《陪都市政建设》，《市政工程年刊》1944年第1期。

朱家骅，《新重庆建设与新时代》，《新重庆》1947年第1卷第3期。

唐鸿烈，《建设新重庆之途径》，《报报》1946年第2卷第2期。

傅光培，《重庆市政建设的新阶段》，《新重庆》1947年创刊号。

黎宁，《论土地重划并试划重庆北区干道》，《新重庆》1947年创刊号。

吴人初，《重庆市土地之利用》，《新重庆》1947年创刊号。

黄宝勋，《一年来之重庆市政》，《新重庆》1948年第2卷第1期。

沈怡，《市政工程概论》，上海：商务印书馆，1931年。


隗瀛涛主编，《近代重庆城市史》，成都：四川大学出版社，1991年。

凌耀伦，《加强对卢作孚的思想研究——对卢作孚主要思想观点的介绍与评述》，转引自凌耀伦，周永林编：《卢作孚研究文集》，北京：北京大学出版社，2000年。

王宜昌，《关于国立成都大学附表》，《国立成都大学旅沪同学会会刊》1930年第1期。

《调查：长江上游航业之竞争（续）（附表）》，《交通公报》1924年第530期。

高绍聪，《重庆琐记》，转引自陈雪春编：《山城晓雾》，天津：百花文艺出版社，2003年。

卢作孚，《一桩惨淡经营的事业——记民生实业公司》，转引自全国政协文史和学习委员会编著，《文史资料选刊》第136辑，北京：中国文史出版社，

2000 年。

李鸿球，《巴蜀鸿爪录》，转引自中国社会科学院近代史研究所《近代史资料》编辑部编，《近代史资料集》，北京：中国社会科学出版社。

张瑾，《权力、冲突与变革——1926—1937 年重庆城市现代化研究》，重庆：重庆出版社，2003 年。

《谈话录：（一）卢作孚君》，《中行生活》1932 年第 1 卷第 3 期。

卢作孚，《建设中国的困难所在及其必循的道路》，《中行生活》1934 年第 29 期。

范崇实，《响应（至卢作孚函）》，《新世界》1934 年第 59 期。

滕大徵，《卢作孚先生讲演记录》，《工读试刊》1935 年第 7 期。

卢国纪，《我的父亲卢作孚》，成都：四川人民出版社，2003 年。

卢作孚，《四川嘉陵江三峡的乡村运动》，转引自唐文光，李萱华主编，《卢作孚文选》，重庆：西南师范大学出版社，1989 年。

高孟先，《卢作孚与北碚建设》，转引自中国人民政治协商会议全国委员会文史资料研究委员会编，《文史资料选辑》第 74 辑，北京：文史资料出版社，1981 年。

徐晖，《中国城市化进程中的文化因素》，《上海社会科学院学术季刊》2000 年第 3 期。

卢作孚，《中国的建设问题与人的训练》，上海：生活书店，1934 年。

吴良镛，《张謇与南通"中国近代第一城"》，《城市规划》2003 年第 27 卷第 7 期。

赵晓铃，《卢作孚的梦想与实践》，成都：四川人民出版社，2002 年。


第三部分

阿奇博尔德·约翰·立德，《扁舟过三峡》，黄立思，译，昆明：云南人民出版社，2001 年。

四川省档案馆编，《清代巴县档案汇编·乾隆卷》，北京：档案出版社，1991 年。

古伯察，《中华帝国纪行》，张子清，王雪飞，冯冬，译，南京：南京出版社，2006 年。

托马斯·布莱基斯顿，《江行五月》，马剑，译，北京：中国地图出版社，2013 年。

John Thomson, *Through China with a camera*, London: Westminster A.

Constable& Co., 1898.

李希霍芬，《李希霍芬中国旅行日记（下册）》，李岩，王彦会，译，北京：商务印书馆，2016 年。

竹添进一郎，股野琢，《栈云峡雨日记》，张明杰，译，北京：中华书局，2007 年。

威廉·吉尔，《金沙江》，曾嵘，译，北京：中国地图出版社，2013 年。

Alexander Hosie, *Three Years in Western China*, London：George Philip & Son 1890.

立德，《穿蓝色长袍的国度》，刘云浩，王成东，译，北京：时事出版社，1998 年。

阿绮波德·立德，《亲密接触中国》，杨柏，冯冬，周素平，译，南京：南京出版社，2008 年。

莫理循，《一个澳大利亚人在中国》，窦坤，译，福州：福建教育出版社，2007 年。

George Ernest Morrison, *An Australian in China: Being the Narrative of a Quiet Journey Across China to Burma*, Taipei: Ch'eng Wen Pub. Co., 1971

Isabella Lucy Bird, *The Yangtze Valley and Beyond*, Taipei: Earnshaw Books, 2008.

Robert John Davidson and Isaac Mason, *Life in west China: described by two residents in the province of Sz-Chwan.* London: Headley Brothers, 1905.

William Edgar Geil, *A Yankee on the Yangtze*, New York: A.C. Armstrong and Son, 1904.

Ernst Boerschmann, *Chinesische Baukeramik*, Berlin: Albert LüdtkeVerlag, 1927.

丁乐梅，《徒步穿越中国：1909—1910》，陈易之，译，北京：光明日报出版社，2013 年。

向楚主编，《巴县志选注》，重庆：重庆出版社，1989 年。

彭伯通，《重庆地名趣谈》，重庆：重庆出版社，2001 年。

故宫博物院编，《钦定工部则例三种·第一册》，海口：海南出版社，2000 年。

《新闻：京外新闻：遣学建筑（录〈北洋官报〉）》，《四川官报》1906 年第 14 期。


Archibald John Little, *Through the Yang-tse gorges*，London: Sampson Low Marston, Searle，& Rivington Ltd., 1898.

卡尔维诺，《看不见的城市》，张宓，译，北京：译林出版社，2006 年。

罗兰·巴尔特，《符号学历险》，李幼蒸，译，北京：中国人民大学出版社，2008 年。

大卫·哈维，《后现代的状况》，阎嘉，译，北京：商务印书馆，2003 年。


姜德明编，《北京乎》，北京：生活·读书·新知三联书店，1992 年。

张仲礼，熊月之，沈祖炜主编，《长江沿江城市与中国近代化》，上海：上海人民出版社，2002 年。

《长渝线经济调查附图：重庆市街道》，《铁路月刊：平汉线》1936 年第 80 期。

王东杰，《国中的"异乡"：二十世纪二三十年代旅外川人认知中的全国与四川》，《历史研究》2002 年第 3 期。

杨世才，《重庆指南》，重庆：重庆指南编辑部，1937 年。

吴济生，《新都见闻录》，上海：光明书局，1940 年。

陪都建设委员会编，《陪都十年建设计划草案》，陪都建设委员会，1946 年。

钱歌川，《巴山夜雨》，载于陈雪春编，《山城晓雾》，天津：百花文艺出版社，2003 年。

中国工程师协会，《三十年来之中国工程》，南京：京华印书馆南京厂，1946 年。

蓝勇，《明清时期西南地区城镇分布的地理演变》，《中国历史地理论丛》1995 年第 1 期。

高绍聪，《重庆琐记》，载于陈雪春编，《山城晓雾》，天津：百花文艺出版社，2003 年。

张恨水，《重庆旅感录》，载于曾智中编，《张恨水说重庆》，成都：四川文艺出版社，2001 年。

茅盾，《雾重庆拾零》，载于陈雪春编，《山城晓雾》，天津：百花文艺出版社，2003 年。

思红，《重庆生活片断》，载于陈雪春编，《山城晓雾》，天津：百花文艺出版社，2003 年。

黄宝勋，《重庆市之棚户问题》，《新重庆》1947 年第 1 卷第 3 期。

彭伯通，《重庆地名趣谈》，重庆：重庆出版社，2001 年。

钱歌川，《夏重庆》，载于陈雪春编，《山城晓雾》，天津：百花文艺出版社，2003 年。

司马訏，《重庆之魅力》，载于陈雪春编，《山城晓雾》，天津：百花文艺出版社，2003 年。


R.J. 约翰斯顿，《地理学与地理学家》，唐晓峰，译，北京：商务印书馆，1999 年。

葛兆光，《思想史研究视野中的图像——关于图像文献研究的方法》，《中国社会科学》2002 年第 4 期。

《重庆——石级之城》，《良友》1941 年第 169 期。

朱自清，《重庆一瞥》，载于陈雪春编，《山城晓雾》，天津：百花文艺出版社，2003 年。

沧一，《重庆现状》，载于陈雪春编，《山城晓雾》，天津：百花文艺出版社，2003 年。

薛绍铭，《黔滇川旅行记》，载于陈雪春编，《山城晓雾》，天津：百花文艺出版社，2003 年。

沧一，《重庆现状》，载于陈雪春编，《山城晓雾》，天津：百花文艺出版社，2003 年。

子冈，《陪都近闻》，载于陈雪春编，《山城晓雾》，天津：百花文艺出版社，2003 年。

冰心，《摆龙门阵——从昆明到重庆》，载于陈雪春编，《山城晓雾》，天津：百花文艺出版社，2003 年。

## 后记　一公里城市

　　在烧煤的火车里摇晃了好几天后，1990 年 8 月底的一天，我从福建漳州抵达了重庆菜园坝火车站。走出站口，眼前的景象使我立刻惊讶于它的高低起伏和蒸腾不息，这一印象历久而未曾褪色消失。多年以后，我先后读到的一百多年间各种人第一眼看到重庆的感受——虽然他们从不同的方向来，一些从长江上游水路或者陆路下来，更多是从下游经由漫长的旅程行船抵达，也有和我一样站立在菜园坝来来往往的喧嚣人群中看展开的城——莫不惊讶于这个城的参差和斑驳景观。如果不算在北京工作的两年半，在波士顿访学的一年，我在重庆已经近 25 年。2005 年年底我开始在重庆大学任教职，从家到办公室约有一公里。之前写的《一公里城市》，讲的就是这一千米里的细微百态构成了我日常的城市。也就是说，我大多时候只能在这一千米里来与回，并不很熟悉这个生活了近 25 年的城，这个越来越巨大和快速的城市；即便是这一千米里，大街背后的小巷里也是我所不知道的，不熟悉的。偶尔我会找着一条小巷走，只是沿着小巷走，并不知道它会把我领到哪里，却可以立刻感觉到老重庆的气息，和不远处大街上不一样的气息。我想，可能这样的情况和经验，对大多数人来说，也许是相近的吧？只是他/她们的也许是"五公里城市""十公里城市"。

我只能屈服于这"一公里城市"了，可是我又不很甘心。这个城有着独特的魅力，我渴望理解生活着的城市。怎么才能够超越这一公里呢？城市历史的研究是其中的一种路径。我很敬佩卡尔·休斯写维也纳，大卫·哈维写巴黎，奥尔罕·帕慕克写伊斯坦布尔，还有卡尔维诺用优美文字构建哲理之城。哈维讲，我们现在有许多城市中的历史（history in city），但我们很缺少城市的历史（history of city）。两者间其实是辩证的关系，是局部与整体间的关系。只是局部研究需要有整体的视野，而整体的研究需要局部间建构关联；既要理解和洞察"一公里城市"里的各种现象，又需要将"一公里城市"的现象变化与运动和更大范围的状况关联到一起。这本书的写作是通往这条路上的探索，是我"不很甘心"的抚慰，是试图超越"一公里城市"的努力之一。

《历史与空间：晚清重庆城及其转变》交稿了，但我的资料库中还留有许多晚清到民国重庆城的图像，包括影像、地图和绘画，有一些内容还较少见。我在想，能不能利用这些图像资料，结合历史文献的研究，从不同方面拼贴出一座想象之城？能不能将人们生活的状态与城市的个性结合在一起，思辨两者间的关系？能不能同时从结构性和细微之处来看这座城的历史呢？

最后谢谢琳和宽，和你们在一起是安慰与乐趣。

杨宇振

2018.04.06

歷史與空間 晚清重慶城及其轉變 楊宇振著

重慶大學出版社

帝國晚期逐漸形成的重慶與上海間的雙元結
構經由歷史的過程並未削弱而是進一步強化
了深在內陸的重慶處於區域結構關係中的重
慶是否有可能超越這一歷久的雙元結構從自
身的歷史與文化的積澱從更廣的空間與時間
從世界的範圍與世界史的視野來檢討重慶的
未來是一個基本問題一個反思現代性的問題